DESCANSO DE CAMINANTES

Diseño de interior y tapa: Isabel Rodrigué

ADOLFO BIOY CASARES

DESCANSO DE CAMINANTES

Diarios íntimos

Edición al cuidado de Daniel Martino

EDITORIAL SUDAMERICANA
BUENOS AIRES

IMPRESO EN ESPAÑA

*Queda hecho el depósito
que previene la ley 11.723.*
© *2001, Editorial Sudamericana S.A.®
Humberto I 531, Buenos Aires.*

www.edsudamericana.com.ar

ISBN 950-07-2028-0

Tenía alguna razón Borges cuando desaprobaba los libros de breve-
dades. Yo replicaba que eran libros de lectura grata y que no veía por
qué se privaría de ellos a los lectores. Los *Note-books* de Samuel
Butler, *A Writer's Note-book* de Somerset Maugham me acompañaron a lo largo de viajes y de años. "Los de Butler se publicaron después de la muerte del autor", dijo Borges y yo aún no vislumbré su
argumento. Sin embargo, de algún modo debí admitirlo, porque a
pesar de tener infinidad de observaciones y reflexiones breves, más o
menos epigramáticas, sin contar sueños, relatos cortos y dísticos, año
tras año he postergado la publicación de mi anunciado libro de breve-
dades. Debo sentir que su publicación, en vida, excedería el límite de
vanidad soportable. Digo *soportable* porque en casi toda publicación
hay vanidad. ¿O es absurdo pensar que al publicar nuestros libros los
proponemos a la admiración de nuestros contemporáneos y aun de
lectores del futuro?

Sea este cuaderno testimonio de la rapidez de manos del pasado,
que oculta, entierra, hace desaparecer todas las cosas, incluso a quien
escribe estas líneas y también a ti, querido lector.

ADOLFO BIOY CASARES

MARGINALIA

9 febrero 1975. Entreveo la posibilidad de un cuento de un alpinista en Suiza al que, en lo alto de una montaña, un señor le dice "Venga a refugiarse" y lo lleva a una cueva, donde hay otros pasajeros. Oyen, por radio, noticias de la invasión. Larga temporada: ganas de salir, temor, amores; por último, todo acabó. Baja a Ginebra. Nadie habla del asunto.

19 febrero 1975. *Encuentro con la estudiosa*. Muy inteligente, pero irremediablemente extraviada por críticos y profesores. Esta gente no sabe cómo se escribe e interpretan como si estuvieran en otro mundo y dijeran: "Un hombre y una mujer, escondidos, entran alborozados en un cuartito, ahí él la moja un poco a ella y salen muy contentos".

31 marzo 1975. *Cuestiones de edad*. Antes nadie calificaba de "obra maestra" *La invención de Morel*. Ahora se habla de mis libros como de obras maestras (con indiferencia, como si *obras maestras* fuera un simple género literario, como si dijeran que son "novelas" o "cuentos"). Hasta me vi en una suerte de Parnaso de la colección Pavillons,[1] que reúne a los tres o cuatro principales autores. Jinetas que se confieren a los que están por irse.

---

[1] Collection "Pavillons", de la editorial Robert Laffont, de París. Allí se habían publica-

Me explicaron que un perro guardián debe ejercitar su instinto. Si el amo no le encomienda algo para defender, el perro un día lo elige. En una casa un perro eligió el cuarto de baño y no permitió que los moradores lo usaran; otro, un *cocker spaniel*, cuando se resiente con sus amos defiende un sillón de la sala.

El carácter de un perro. Cuando viaja en el coche si las personas hablan, ladra hasta que se callan. No deja que su dueña viaje en el asiento de adelante, con el novio; tiene que ir en el de atrás, con él. Cuando lo dejan solo en la casa hace sus necesidades en las camas. Cuando se queda solo con las dos ancianas de la familia, las aterroriza ladrando, corriendo, pasando a toda velocidad al lado de ellas. Respeta al hombre de la familia.

¿Amor a la sociedad? Prácticamente, no existe. Es algo que se alega para perseguir a individuos odiados.

Palabras de un fiscal. "Con los traidores, ¿habrá que ser tan severo? Fuera del hampa (o de la policía o de la política o del ejército o de la diplomacia, que son variedades del hampa) los traidores a lo mejor se hubieran distinguido como personas de imaginación y sensibilidad, tal vez poetas o siquiera novelistas".

Sinceridad de una de mis enamoradas. "Tuve un sueño atroz. Con un tipo. Estábamos en cama y comprendí que quería violarme. Yo

---

do *L'invention de Morel* (1952), *Le songe des héros* (1964), *Journal de la guerre au cochon* (1970), *Nouvelles d'amour* (1971), *Plan d'évasion* (1972), *Nouvelles fantastiques* (1973) y *Dormir au soleil* (1974). Posteriormente se publicarían también *Le héros des femmes* (1982), *Nouveaux contes de Bustos Domecq* (1984), *Nouvelles démesurées* (1989), *Une poupée russe* (1991), *Un champion fragile* (1995). [N. de DM] quería que me besara, no más. Entonces le pregunté si estaba loco. Se enojó, empezó a vestirse, me dejaba... Era horrible".

Es bien sabido que el viajero, cuando llega a tan lejanas regiones, no sabe dónde está y padece de una extraña confusión que lo mueve a reconocer, a recordar parajes que nunca ha visto. Con valerosa frivolidad afirma entonces: "Por aquí yo he pasado".

Descubrimiento muy tardío. Hoy, después de cincuenta y tantos años, he descubierto que el Negro Raúl no me conocía. El Negro Raúl era un popular mendigo de Buenos Aires; aunque tal vez popular en el Barrio Norte, pues me parece que componía el papel de una suerte de bufón de los chicos de la clase alta. Se congraciaba por la risa cordial que blanqueaba en su cara tosca, por algunos pasos de baile, más o menos cómicos, y, sobre todo, por su negrura. Yo siempre creí (sin indagar mucho las causas) que el Negro Raúl me conocía. El hecho me infundía cierto orgullo. Evidentemente, el Negro me saludaba como a un conocido y hasta hoy no se me ocurrió pensar que para lograr sus fines le convenía esa actitud de personaje conocido y aceptado. Desde luego, en esto no mentía; él era un hombre conocido, más conocido que sus muchos protectores. Ahora estoy por afirmar que me llamaba *Adolfito*; habrá oído a la niñera, que me llamaba así, y debió de ser bastante vivo, rápido para pescar en el aire informaciones útiles.

Me acuerdo del Negro, parado y gesticulando, en medio de la calle Uruguay o Montevideo, mientras yo lo miraba y le tiraba monedas desde los balcones del tercer piso de la casa de mi abuela, que hacía esquina (Uruguay 1400), donde vivíamos en aquellos años. Debía de haber entonces poco tráfico, ya que el Negro hacía sus piruetas en medio de la calle y mirando para arriba a la gente que le arrojaba limosna desde los balcones y ventanas.

Del catálogo de un museo de juguetes. Mono en bicicleta, a cuerda, con palanca de dos posiciones, para recorrido grande y recorrido chico. Con fallas por desgaste. En la posición para recorrido grande no funciona, simplemente cumple el recorrido chico. Adviértese, además, que el área del recorrido chico es de menor extensión que la estipulada en el prospecto.

31 agosto 1975. *Para que me lo explique Galton*. Me despierto. Aún acostado, aún en la oscuridad, imagino el cuadrante del reloj con las agujas en las 9 y 5. Enciendo la luz, me incorporo y veo que las agujas del reloj marcan las 9 y 5. Un hecho similar me ocurrió en 1972, en Niza.

Idiomáticas. Guindado. Suerte de confitería, cuyos clientes no bajan de sus automóviles, donde los atiende y sirve el personal. Como me dijo un taxista: "El guindado es el *porche* [sic] de la amueblada".

Un enamorado de las mujeres. "Mándenme una chica cualquiera. Yo le encontraré encantos para quererla y es claro, a la larga, exigencias, amarguras y estupideces que tarde o temprano me pondrán en fuga".

Subjuntivos y condicionales. Irritado por la lentitud con que se desplazaban algunos automóviles, el taxista comentó:
—Yo, si podría, volara.

La gente habla de cualquier modo. "Cuando lo oí, me crucé las manos" por "me hice cruces"; un *Chubut* por *un yoghurt*; *Petit Swing* por *Petit Suisse*; *crisantelmo* por *crisantemo*; *agua de beneficencia* por *Agua Villavicencio*; las *pampas* fúnebres; las *morrois*; el *quíster*. Oído a una maestra de Marta, del Cinco Esquinas: por *Aberdeen Angus*, *Aberdeen Agnus*.

Hablando de cosas de la patria, un amigo francés comentó: "Aunque tenga más lectores que nadie, ¿quién sueña, ni siquiera la computadora de una ciudad de provincia norteamericana, con atribuir la suprema autoridad en literatura a Fernández y González, autor del *Cocinero de su Majestad*, a Georges Ohnet o a la señora Bullrich? En política, donde las consecuencias son más graves, hay otro criterio. Porque se volcaron a su favor tres cuartas partes de los electores del país, entronizamos a Ponson du Terrail (no se habla de este carismático sino de rodillas, a cabeza descubierta), que se nos fue y nos dejó a Madama Delly y al caos. La democracia, caro amigo, es una locura".

"No tenía vicios —es decir, no bebía ni fumaba en exceso—. Pero no podía vivir sin mujer, o mujeres. Dadas sus circunstancias, puede afirmarse que éste fue, en gran parte, el origen de sus infortunios. Reparaba en alguna muchacha fácil, cuyo cuerpo lo atraía...". Lo que O'Sullivan dice de George Gissing, podría tal vez decirse de un servidor.

Hacia 1940, en Pardo, después de leer *Relativity and Robinson*, y *The ABC of Relativity* de Russell, y un libro de un tal Lynch contra Einstein, pensé escribir un cuento sobre un matemático polaco que había descubierto lo que todo el mundo sabe: que la luz no tiene velocidad. Esto explicaría, por cierto, por qué la velocidad de la luz tiene una conducta insólita, que no se parece a la de las otras velocidades.

Me refiere: "La señora de Lonardi me contó que su marido reemplazó a Perón como agregado militar en la embajada de Chile; allí se conocieron; Perón era muy simpático; vivía solo, en un departamento. Ella le preguntó por qué no tenía mucama. Perón contestó: 'No quiero meter la negrada en mi casa'".

Distracción. Acababan de enterrar a un amigo. Veo llegar un camión de las pompas fúnebres. Pienso: "Vienen a buscar el cajón". Creía entonces que enterraban a la gente sin cajón y que éste lo reservaban para sucesivos muertos.

1° octubre 1975. Dijeron las chicas que la libertad sexual volvió difícil la pesca para todas, porque *todas* son pescadoras declaradas, y que para las viejas y las feas ya no hay esperanza. Es claro que las amigas de lo tremendo y de lo misterioso quieren imaginar que se difunde entre los machos una enfermedad que los desinteresa de la mujer.

Si pudiera desplazar el alma al cuerpo de un joven me metería en él para seguir viviendo (*Cf.* Wells). Otra posibilidad sería la de pasar a transeúntes el efecto (el cansancio, el desgaste) de los años: a éste diez; a este otro, diez; a éste, veinte:

—Si pudieras, ¿lo harías?

—Sin escrúpulo.

Mientras conversaba con Maribel Tamargo, yo me decía que un viejo es una señora fea y fogosa, del tiempo en que no era decente que las mujeres hicieran avances.

Meditaciones de un viajero. Para que el viaje fuera una solución y no un simple alivio, el que se va no debiera llevarse. De todos modos, el alivio de partir vale la pena.

Diálogo en una peluquería.
Dramatis personae:

Peluquero argentino.

Cliente (viejo, muy rico, muy deprimido, al borde del suicidio).

Peluquero español.

PELUQUERO ARGENTINO (*al Cliente*): ¿Le digo mi receta? Consígase una compañera. No le importe que ella salga con usted por la plata. Trate de quererla. Vuelva a ver a los amigos.

CLIENTE: Usted lo ha dicho: la tragedia de los ricos es que nos quieren por la plata. A un pobre lo quieren por él (*Se va el Cliente*).

PELUQUERO ESPAÑOL (*A mí*): Qué salame el tío. Cree que el mundo se reparte en dos mitades: los ricos y los pobres. Todos somos pobres para alguien. ¿O se imagina que sólo a él lo quieren por el dinero? Si a mí me busca una mujer ¿el salame ese piensa que es por mi linda cara? Es por mis duros.

Consejos de una madre. "Yo a las que se prostituyen con inteligencia les saco el sombrero. Yo tenía una compañera que andaba con un millonario, y lo obligó a cubrirla de esmeraldas. Cuando se pasó a otro, fue para conseguir un departamento y un regio auto. Después encontró un muchacho serio y con plata y se casó de lo más bien, pero, qué querés, a esas que pierden sus mejores años junto a un viejo y por amor, no las entiendo".

Felicidad. "¿Viene del Centro? —me preguntó Alberto, un panadero de Colegiales—. Feliz de usted. Cuando teníamos el otro negocio, iba al Centro por lo menos dos veces por semana. Yo soy loco por el Centro".

El prójimo. Si me dice que es feliz, pienso que es un tonto. Si me dice que es infeliz, pienso que es un pesado.

Escribir. Cuando yo era joven, un viejo escritor me explicaba: "Escribir lo que no has de publicar no es escribir. Escribir borradores no es escribir. Corregir no es escribir".

Lector de Céline. A los lectores de Céline les gusta que les escriban a gritos.

Sospecho que en estos años de asesinatos y terrorismo, más de uno de pronto jugará con la idea: "Qué bueno que al salir de casa una ráfaga de ametralladora me mande al otro mundo".

Me explicó: "A mi edad, vivir es una cuestión de paciencia. Tenemos que aprender a esperar, en perfecta calma, el momento en que el achaque de turno pase. Desde luego, en una de esas esperas, en perfecta calma, morimos".

Me gusta en los chicos la incipiente racionalidad. La inconsciencia, las niñerías, me desagradan.

¿Quién dijo que los niños alegran la casa? Lloran con más frecuencia que el adulto y con no menor desconsuelo.

Mejor no querer demasiado a los chicos, porque uno no sabe en qué monstruo se convertirán.

Una amiga: "Yo nunca sé por qué dicen que una persona es inteligente. ¿Cómo saben?".

El consenso. Me dijo: "Cuando yo era joven, al mostrarme con ella ponía a la gente en contra. Decían que yo debía de ser un vividor o un degenerado para seguir casado con una vieja. Ahora, si me separara de ella perdería popularidad, porque la gente se complace en vernos como una hermosa pareja de escritores".

Resulta que doy mucha importancia a la comida. Solamente personas muy humildes, o francesas, le dan tanta importancia. Alguna vez oí a un peón de campo, don Juan P. Pees, que el patrón era esto o aquello, pero (y aquí se hacía un alto, para acordar el debido énfasis al reconocimiento) que no era mezquino con la comida del trabajador. Yo he oído con mucho asombro y diversión estas declaraciones que me parecieron marcar la extraordinaria humildad de quien las hacía. Pero ahora sé más al respecto. En Francia vivo feliz (entre otras razones) porque como bien. No se entienda que como sibaríticamente; no, aunque también coma así; lo que me alegra allá es la perfección con que satisfago el hambre; una sensación física que nos mueve a dar complacidas palmadas en la barriga. Otra prueba de la importancia que doy a la comida es mi enojo de anoche, con Silvina, porque me arregló con verduritas, ñoquis y jamón frío.

Nos aplauden por la obra en la hora del naufragio, cuando sólo pedimos un salvavidas.

Si mis novelas y cuentos son creíbles, no lo son por la esencia de la historia, sino por las precauciones que tomo al contarla. Mis adaptadores (para cine o televisión) ingenuamente creen en esa credibilidad y no toman las precauciones adecuadas para el cambio de género. Lo que es creíble para el lector (que no ve, que sólo imagina) puede no serlo para el espectador.

Uno de los agrados del verano en Buenos Aires: descansar en un banco de la plaza, de noche, cuando refresca. Éste es un placer positivo; me pregunto si en invierno habrá alguno equivalente. ¿Estar en cama, con una chica, con la chimenea encendida, mientras afuera llueve? Desde luego; pero este placer es más complejo, menos contemplativo. En la plaza basta el banco, la soledad, la noche y la frescura; en el otro está la chica, tal vez en el paraíso, pero indudablemente un ser, un prójimo, con psicología, en todo caso.

Ética. Reglas de juego comerciales por las que un médico, para no perjudicar pecuniariamente a otro, abandona a un enfermo a sus dolores y a su agonía.

Hacia 1973, Oppenheimer, pero también sus amigos,[2] decían que yo no entendía de política. Entender para ellos era sumergirse, como en un baño tonificante, en la estupidez colectiva. El placer les duró poco.

Supongo que toda persona en algún momento está por creer que pertenece al mejor país, a la mejor tradición del mundo. No sólo los ingleses, los franceses, los italianos, etcétera; aun nosotros mismos, ¡los argentinos! Pensamos, qué suerte, qué prodigio, pertenecer a este país que produjo esta literatura, el tango, el dulce de leche, el poncho de vicuña; este país de escritores y de caballos, ¡de argentinas!, de inmensa llanura, de don Bartolo, don Bernardo, don Vicente, don Carlos, don Julio, don Faustino[3]... El que tiene una casa modesta, difícilmente diferenciable de las que la rodean, encuentra en ella infinidad de motivos de orgullo: "¿Ve este mármol?

[2] Andrés Oppenheimer y Jorge Lafforgue. El 26 de noviembre de 1973, la revista *Siete Días* de Buenos Aires publicó su reportaje a ABC [N. de DM].

[3] Alusión a los versos de Antonino Lamberti: "Cuando mueran don Bartolo,/don Bernardo y don Vicente,/este país quedará solo/ por más que haya mucha gente". ABC se refiere, así, a Bartolomé Mitre, Bernardo de Irigoyen, Vicente López, Carlos Pellegrini, Julio A. Roca y Domingo Faustino Sarmiento. [N. de DM]

El arquitecto eligió personalmente las lajas y las numeró; las vetas se siguen de una laja a otra. La moldura en el frente, donde las otras casas tienen una simple raya blanca, es cara, pero da otro aspecto". Etcétera.

La historia de Romeo y Julieta contada por el padre de uno de ellos. Él hizo todo lo posible por acabar con esa enemistad; cuando parecía que todo iba a mejorar, los otros mataron a su más fiel hijo y seguidor. ¿Cómo queda si permite ese casamiento? Dirán que no es leal con quienes dieron la vida por él. Etcétera.

En la playa dos enamorados se abrazan y besan mutuamente embelesados junto a un perro que agoniza.

¿Sabe por qué Dios nunca permitirá que hablen nuestros queridos animalitos? Para que no digan pavadas.

Beneficio de la duda. Oído en la heladería:
—Siguen matando, matando.
—¿Qué me dice? Una pobre vieja de setenta y tantos años, sentada a la puerta de su casa, en la calle San Pedrito, acribillada a balazos desde un Fiat 128 azul oscuro. Una barbaridad.
—¿Barbaridad? Quién sabe. Si la mataron, en algo habrá andado la viejita.

31 octubre 1975. A veces me parece que nos miramos desde las ventanillas de dos trenes que están en una estación, muy cerca uno del otro, pero que van a correr por diferentes vías. Sin esperanza.

11 noviembre 1975. Me pongo a releer *The Invisible Man*. Voy a leer un capítulo; no puedo soltar el libro y llego al capítulo X o XI.

Todo el principio está bien imaginado, pensado, contado. Después sigue correspondiendo a *daydreamings*; admirables *daydreamings*. Los libros que se parecen a *daydreamings* y que los provocan en el lector son los libros de éxito.

No somos transparentes. Mi amigo Quiveo, mi kinesiólogo, me dijo: "En esta vida moderna, todos sufrimos tensiones, por infinidad de motivos. Por ejemplo, usted: su tensión proviene del temor de perder la situación que ha logrado en la literatura argentina". Alguna vez pensé que debía escribir cuanto antes una novela para aprovechar la notoriedad alcanzada; pero no siento eso como un imperativo: si la situación general no empeora hasta el punto de peligrar la subsistencia, no escribiré la novela hasta estar seguro de tener una buena historia. No, mis tensiones no vienen de ese lado, sino del miedo a la enfermedad, al dolor y a la muerte (que pondría fin a esta cómoda y grata participación mía en el mundo, participación que juzgo todavía incipiente); y también, menos dramáticamente, de verme viejo y de notar que las mujeres ya no se fijan en mí (por lo menos las que no me conocen, las que me cruzan en la calle).

Recuerdos contradictorios. Yo creía que una vez había hecho el amor con élla; hasta recordaba su cuerpo blanco y sus grandes senos. Ella, sin embargo, me dijo (de un modo un poco ridículo, es verdad, pero no por eso menos terminante): "Vos nunca me poseíste".

Un hombre de poca suerte no consigue a nadie que lo quiera. Un hombre de mucha suerte consigue que lo quieran mujeres que no le gustan. (Por cierto, les pasa lo mismo a las mujeres).

Conversación. La conversación con ella anduvo bien, porque la dejaba hablar, apenas de vez en cuando reforzaba con mi asentimiento algo que ella había dicho; como necesitaba más apoyo de mi parte, para encontrarlo seguía hablando.

Sueños. Me quedo dormido y sueño. En seguida despierto, pienso en mi sueño, que me trae a la memoria, cargado de nostalgias, un recuerdo de algún momento de mi vida o de alguna lectura. Mientras procuro precisarlo, ese recuerdo se disuelve en olvido. Lo busco en vano y poco a poco sospecho, comprendo que mi recuerdo no fue más que otro sueño. Debí entender eso en cuanto lo olvidé, porque únicamente los sueños tienen esa propensión a desdibujarse instantáneamente en el olvido. En prueba de esta última afirmación olvido también el primer sueño.

Yo suelo escribir (como en *El sueño de los héroes*, en *Diario de la guerra del cerdo*, en *Dormir al sol*) sobre gente modesta. Hay quienes me elogian porque investigo esos sectores de la sociedad, y quienes suponen que lo hago para quedar bien. Yo escribo sobre esa gente porque estimula mi imaginación. Nada más.

Yo, que dejé de querer a las mujeres cuando se afearon, achacoso y viejo ¿me resignaré a que me abandonen?

La gente fuerte se abre camino sola. De joven yo no me sentía solidario con los jóvenes; la juventud no era una categoría que me interesara (sí la inteligencia, la inventiva, la belleza). Los otros días vi en el cine a una chica rubia y linda que besaba cariñosamente a un viejo y pensé: "Qué simpática (ojalá yo tuviera una así)". Lo que pasa es que ahora hago causa común con los viejos. Los débiles necesitan agremiarse.

Mi organismo ahora: un caso de Erewhon. Un organismo con dos enfermedades simultáneas que exigen terapéuticas opuestas, excluyentes, me parece imperdonable.

31 diciembre 1975. El 31 de diciembre a la noche, en la quinta de López Llausás en Bella Vista, bebí un agua (la del lugar) que me gustó prodigiosamente. Después de un rato descubrí que había descubierto de nuevo —¿después de cuántos años de agua clorada y agua mineral?— el gusto preferido de mi infancia: el gusto del agua.

28 enero 1976. Últimamente nuestra perra Diana nos preocupa mucho. Está vieja, débil y desmejora día a día. Soñé que estábamos afuera, en el campo; la noche era fría y húmeda. Diana se había acostado en el fondo de un pozo; estaba joven, parecía contenta, bien protegida de los signos del tiempo. Pienso: con sus patas débiles no podría salir de ahí, y yo no podré sacarla (por mi lumbago).

31 enero 1976. Estela Canto me contó que, en el Uruguay, las personas más humildes, cuando hablan de nosotros los argentinos, dicen: "Pobre gente".

Silvina Bullrich, con quien almorzó los otros días, le dijo: "Te conviene que te vean conmigo".

Después de un incendio en el bosque de Punta del Este, el marido de Estela pisó un lugar donde la capa sobre la tierra es delgada y hundió un pie en el fuego. Todas las mujeres (Silvina Bullrich, la mucama y alguna otra) le dijeron a Estela: "Menos mal que no se quemó las partes". Estela contó la salida al marido; éste comentó: "Piensan en la parte que usan; el resto no les importa que se achicharre".

Hay que ser muy mal director (¿hay que ser director argentino?) para fracasar en las escenas de cuerpo entero; hay que ser muy bueno para triunfar en los largos primeros planos de una cara que monologa.

Comida del 2 de febrero de 1976. Un platazo de ñoquis con queso. Un buen bife, cinco zanahorias, un gran pedazo de zapallo, una parva de chauchas. Mucho helado de crema de vainilla y frambuesa. Dos manzanas. A la tarde había comido tres cuartos de kilo de pan francés, con dulce de leche y mermelada de frambuesas, bebido dos tazas de té muy cargado y un vaso de agua mineral con efervescencia.

Ideal. Rencor, odio, como en la frase "murió por sus ideales". "¿O usted supone que murió pensando en una sociedad donde reinaría la paz perpetua? No, señor, murió pensando: 'Voy a acabar con estos hijos de una tal por cual'".

8 febrero 1976. Un viejo, indignado por la huelga del personal del Jockey Club, recuerda un discurso de un rector del Colegio Nacional de Buenos Aires, y lo repite, como orador, con sollozos, y a quienes lo escuchan (un sastre italiano y dos o tres socios) los llama "queridos alumnos". Quedan embelesados.

13 febrero 1976. Concluye el film con un asesinato que el espectador desaprueba. El héroe mata a alguien que se cree su amigo. Esto me lleva a pensar en la relativa libertad del argumentista y en la naturaleza temporal, o no, de sus límites.

20 febrero 1976. El viejo teniente coronel, mi vecino, me regala tres libros de Tolstoi. Me dijo: "Ponga 'Recuerdo de Malambio'". Así oí, no sé si así se llama.

23 febrero 1976. La secretaria ojeaba el posfacio de la edición polaca de *Plan de evasión*. Le llamaron la atención algunos nombres:

Roberta Arlta, Jorge Luis Borgesa, Julio Cortazara, Edgara Allana Poe, y Adolfa Bioy Casaresa.

Sugerí:

—Han de ser genitivos.

Me miró sorprendida; ya sobrepuesta, me explicó, no sin irritación:

—Son femeninos. ¿No ve la terminación en *a*?

3 marzo 1976, dolorido. Desde 1972 hasta 1975, mi estado de ánimo fue melancólico. Desde luego por la enfermedad, desde luego por el dolor, pero sobre todo porque estuve dedicado a tragar un ladrillo. El áspero, el inaceptable ladrillo de la propia vejez. Ya que soy un viejo, quiero ser un viejo emprendedor y alegre.

Ver la muerte como simplificación.

La República Argentina de esta época de esperanza. En el vestuario del Jockey Club conocí al nuevo Presidente de la Corte. Dijo que no le importa que lo maten, pero que la sola idea de que lo secuestren le parece una pesadilla. En cuanto a esto último, lo comprendo perfectamente. Va a andar armado; conversó con otro socio acerca de qué revólver le conviene. Me bañé, volví al vestuario. Los interlocutores del Presidente cambiaban; el tema de conversación, no.

29 marzo 1976. Mi docta biógrafa, abriendo la boca para dejar pasar la tonada de su provincia: "Es un muchacho muy culto. Lee el alemán gótico".

YO: ¿Murió alguien en la casa de al lado?
PEDRO: Sí, uno que eran dos.

Debió de recibir una buena noticia, porque ayer tenía el pelo blanco y hoy apareció completamente rubia.

30 marzo 1976. Un criollo se va de la esquina. Dice:
—¿Qué debo, además de irme?

Una chica excepcional. Me atreví a preguntar:
—¿Y por qué usted la encontraba tan excepcional?
—Mire —me dijo—: a mí me gustaba mucho, en ese momento la prefería a cualquier otra, lo que ya es encontrarla excepcional, aunque sea de acuerdo al criterio, menos arbitrario que misterioso, de nuestras preferencias. Después, usted convendrá, a una amante la conocemos bastante mejor que al resto del género humano y, créame, observadas de cerca, no hay dos personas idénticas. Ésta era hija única, vale decir que en su casa la querían mucho, estaban dispuestos a celebrar sus méritos, a ponderarla siempre, usted sabe muy bien que las mujeres nos cuentan su vida como si fuera un escenario donde a cada rato hacen entradas triunfales, ante la ovación del público. Ella me tenía perfectamente informado sobre cada una de las alabanzas que a lo largo de los años le prodigaron su padre, que la adoraba, su madre, sus abuelos, sus tíos, los amigos de la familia. Créame, el testimonio de todos confirmaba, de manera realmente unánime, esa convicción mía de que era una chica excepcional.

Otro argumento para tener en cuenta. Según Boswell (*Journal of my Jaunt*), en su *Hermippus Redivivus or, the Sage's Triumph over Old Age and the Grave, Wherein a Method is Laid Down for Prolonging the Life and Vigour of Man,* Johann Heinrich Cohausen (médico del obispo de Munster) declara que la vida del hombre puede prolongarse ("in health") por el aliento de muchachas (*anhelitu puellarum*).

Fin de una tarde, en Buenos Aires, 1976. El viernes 21 de mayo, cuando salí del cine, me dije: "Empecé bien la tarde". Me había divertido el film, *Primera Plana*, aunque ya lo había visto en el 75, en París. Fui a casa, a tomar el té. Estaba apurado: no sé por qué se me ocurrió que ella me esperaba a las siete, en San José e Hipólito Yrigoyen. En Uruguay y Bartolomé Mitre oí las sirenas, vi pasar rápidas motocicletas, seguidas de patrulleros con armas largas, seguidos de un jeep con un cañón. Llegué a la esquina de la cita a las 7 en punto. Vi coches estacionados en San José, entre Hipólito Yrigoyen y Alsina. Había un lugar libre al comienzo de la cuadra, a unos treinta metros de Yrigoyen. Cuando estacionaba, vi que soldados de fajina, con armas largas, de grueso calibre, custodiaban el edificio de enfrente; les pregunté si podía estacionar; me dijeron que sí. Me fui a la esquina. Al rato estaba pasado de frío. A las siete y media junté coraje y resolví guarecerme en el coche. Cuando estaba por llegar al automóvil vi que los soldados de enfrente no estaban, que la casa tenía la puerta cerrada y oí lo que interpreté como falsas explosiones de un motor o quizá tiros; después oí un clamoreo de voces, que podían ser iracundas, o simplemente enfáticas y a lo mejor festivas; voces que se acercaban, hasta que vi un tropel de personas que corrían hacia donde yo estaba. Iba adelante un individuo con un traje holgado, color ratón, quizá parduzco; ese hombre había rodeado la esquina por la calle y a unos cinco o seis pasos de donde yo estaba, al subir a la vereda, tropezó y cayó. Uno de sus perseguidores (de civil todos) le aplicó un puntapié extraordinario y le gritó: "Hijo de puta". Otro le apuntó desde arriba, con el revólver de caño más grueso y más largo que he visto, y empezó a disparar cápsulas servidas, que en un primer momento creí que eran piedritas. Las cápsulas caían a mi alrededor. Pensé que en esas ocasiones lo más prudente era tirarse cuerpo a tierra; empecé a hacerlo, pero sentí que el momento para eso no había llegado, que con mi cintura frágil quién sabe qué me pasaría si tenía que levantarme apurado y que iba a ensuciarme la ropa; me incorporé, cambié de vereda y por la de los números impares caminé apresuradamente, sin correr, hacia Alsina. Enfrente, andaba una mujer vieja, petisa, muy cambada, con una enorme peluca rubia ladeada; gemía y se contoneaba de miedo. Los tiros seguían. Hubo alguno en la esquina de los pares de Alsina; yo no miré. Me acerqué a un garage y conversé con gente que se refugiaba ahí. Pasó por la calle un Ford Falcon verde, tocando sirena, a toda velocidad; yo vi a una sola persona en ese coche; otros vieron a varios; alguien dijo: "Ésos eran los *tiras* que mataron al hombre". Yo había contado lo que presencié: "No cuente eso. Todavía lo van a llevar de testigo. O si no quieren testigos le van a hacer algo peor". Agradecí el consejo. A pesar del frío, me saqué el sobretodo para ser menos reconocible y fui por San José hacia Yrigoyen. No me atreví a acercarme a mi coche. Aquello era un hervidero de patrulleros. Cuando llegué a Yrigoyen, pensé que lo mejor era tomar nomás el coche. Un policía de civil me dijo: "No se puede pasar". Quise explicarle mi situación. "No insista", me dijo. Crucé Yrigoyen y me quedé mirando, desde la vereda, la puerta de una casa donde venden billetes de lotería. Conversé con un farmacéutico muy amable, que me dijo que seguramente dentro de unos minutos me dejarían sacar el coche, pero que si yo tenía urgencia me llevaba donde yo quisiera en el suyo. Entonces la divisé. Estaba en la esquina, muy asustada porque no me veía y porque cerca de mi coche, tirado en la vereda, había un muerto, al que tapaba un trapo negro; me abrazó, temblando. Dimos la vuelta a la manzana; sin que nos impidieran el paso llegamos por San José hasta donde estaba mi coche. Había muchos policías, coches patrulleros, una ambulancia. En la vereda de enfrente conversaban tranquilamente dos hombres, de campera. Les pregunté: "¿Ustedes son de la policía?". "Sí", me contestaron, con cierta agresividad. "Ese coche es mío —les dije—. ¿Puedo retirarlo?". "Sí, cómo no", me dijeron muy amablemente. No acerté en seguida con la llave en la cerradura; entré, salí. Al lado de ella me sentí confortado, de nuevo en mi mundo. No podía dejar de pensar en ese hombre que ante mis ojos corrió y murió. Menos mal que no le vi la cara, me dije. Cuando le conté el asunto a un amigo, me explicó: "Fue un fusilamiento".

Si alguien hubiera conocido mi estado de ánimo durante los hechos, hubiera pensado que soy muy valiente. La verdad es que no tuve miedo, durante la acción, porque me faltó tiempo para convencerme de lo que pasaba; y después, porque ya había pasado. Además, la situación me pareció irreal. La corrida, menos rápida que esforzada; los balazos, de utilería. Tal vez el momento de los tiros se pareció a escenas de tiros, más intensas, más conmovedoramente detalladas, que vi en el cinematógrafo. Para mí la realidad imitó al arte. Ese momento, único en mi vida, se parecía a momentos de infinidad de películas. Mientras lo vi, me conmovió menos que los del cine; pero me dejó más triste.

Nadie somete a pruebas tan duras nuestra capacidad para la convivencia como una madre. Escena típica: la madre, atenta a cualquier ocupación del momento, quizá a la de contarme algo; el hijo, atareado en la destrucción a mansalva de mis cosas; yo, absorto en lo que me dice la madre. Si un sobrecogedor estrépito justifica la fugaz desviación de la mirada hacia el niño y los restos del candelabro, acompaño el movimiento con una sonrisa de franca satisfacción, pues toda madre vuelca en su hijo su susceptibilidad extrema y no perdonará a quien, siquiera una vez, lo desapruebe.

Sé de una madre a quien la lectura del párrafo precedente ofenderá. Le aseguro que al escribirlo no he pensado en ella ni en sus hijos. He pensado en otras; en casi todas las otras.

Me dice: "Lee el número de *Gente*, sobre el gobierno peronista (el que empezó el 25 de mayo del 73 y acabó el 24 de marzo de 1976).

Uno se entera de muchas cosas que no sabía". No las sabía ella, y tantos otros, que sin embargo contribuyen con sus opiniones equivocadas a la gran opinión general. Recuerdo a mis esperanzados amigos, en París; recuerdo a los que decían que los discursos de Perón les recordaban a los de nuestros mayores estadistas. A lo mejor nombraba en algún discurso a Pellegrini. Yo por aquel tiempo estaba desesperado. Después de leer anoche el número de *Gente*, me entristecí. Había soñado en un ratito la última pesadilla de tres años y recordado la otra, la anterior y espantosa, que empezó en el 43 y concluyó en el 55. Qué país raro, capaz de producir más de siete millones de demonios. Nombres para execración: Ramírez, Farrell, el señor y la señora, el general Lanusse y tantos otros.

Idilio. Me dijo: "A mi marido no lo dejo porque no tengo dónde irme a vivir con los chicos. Ahora vivimos con mi suegra. Yo le digo: 'Sonría de vez en cuando. Si no, ¿cómo la van a querer?'. Tiene una cara de perros. Pero no es mala. Por lo menos conmigo no es mala, cuando le escribo las cartas de amor. Ahora, si no le escribo es una perra. No sabe escribir y tiene un novio en el campo, que le habla de una chancha que tuvo chanchitos. Yo le leo las cartas, en voz alta, y nos matamos de la risa. Ella no sabe si va a casarse, porque no está segura de que el novio se largue hasta acá. Los hijos no le van a permitir que traiga ese hombre a vivir con ella. Les digo que son egoístas, que la madre necesita un hombre. Se hacen los que no entienden, porque lo que pasa es que tienen miedo de que el hombre se quede con unos ladrillos amontonados, que hay junto a la casa. Yo les digo: 'Bueno, y si se queda con los ladrillos, ¿qué hay? ¿No son de ella?'".

Escena. Él muy perturbado porque por fin consigue llevar a la mujer a la cama. Ella se deja hacer, pero dice que no está de ánimo.

Evidentemente está con la mente en otra cosa, tiene preocupaciones serias.

14 junio 1976. Los biógrafos de escritores, cuando carecen de documentos o informaciones, recurren a novelas supuestamente autobiográficas del autor y citan párrafos. Esto último es un error. El lector sabe que el autor se llama James Joyce, no Stephen Dedalus, y que en ese párrafo, como en toda ficción, habría parte de realidad y parte de invención.

Hombre de extrema sensibilidad. El jefe de los jardineros de esa plaza pública observaba atentamente un árbol. Me explicó que realmente lo que observaba era un zorzal, y comentó: "Mire qué lindo es y qué bien canta. En esta plaza hay pájaros porque perseguimos a los chicos que se vienen con hondas. Si usted los deja, matan todos los pajaritos y ni siquiera le dejan un pichón para que venda a la pajarería. Los otros días saqué de un nido un pichón de calandria. El pajarero me dijo que ya tiene la cola larga y que es una maravilla cómo canta. Se acostumbran pronto a la jaula".

7 julio 1976. Manuel trae para su mujer un pan especial de una panadería de la calle Rodríguez Peña. Pedro, que la odia, comenta: "Entonces, ¿por qué está enferma si quiere comer esas cosas finas?".

14 julio 1976. *El escritor como gusano de seda*. Al principio del trabajo, porque es difícil sacar algo de la nada. Cuando ya hay algo, cuesta sacar de ese algo, algo más; pero cuando hay bastante, sin dificultad saca uno todo lo que quiere.

18 julio 1976. Sueño (a la noche, después). En un jardín interior (inexistente) del Jockey Club, donde me encontraba con otras personas, empiezan a caer tenues copos de nieve. Alguien dijo: "Mañana lo leeremos en el diario". Pensé que ese hombre había expresado el deseo de todos los presentes.

22 julio 1976.
—¿Qué es eso?
—Nada. Seguramente alguna bomba.

Por lo que pudiera pasar. Últimamente varias muchachas, aquí y en el extranjero, están escribiendo tesis sobre mí. Entre ellas, ninguna más tonta, ineficaz y fea que la pobre M. El año pasado, me enojé mucho con Silvina porque le dio la dirección de mi hotel en París. Recién llegado, y con lumbago, la noticia de que mademoiselle M. estaba en el hall me cayó pésimamente. Bajé a verla, pero la traté con firmeza, porque intuí que si me descuidaba no me la sacaría de encima. Este año se vino de su provincia a mostrarme la tesis: un mamotreto de quinientas páginas, tan confusamente pensado como torpemente redactado. Las veces anteriores, cuando vino a Buenos Aires, vivió en casa de sus primas; ésta se había peleado con las primas y vivía en un hotel. Dejó entender que estaba corta de fondos. Con el pretexto de la tesis, almorzaba y comía en casa; con el pretexto de pasearnos la perra, empezó a venir a primera hora y a desayunar en casa; con el pretexto de pasar a máquina cuentos de Silvina, se quedó a la tarde, y tomó el té; con el pretexto de pasear a la perra después de comer, se quedó una noche a dormir, porque se había hecho tarde. Uno o dos días después trajo la valija. Desde entonces duerme en casa, siempre está en casa; no sale más que para pasear a la perra o para algún mandado. Creímos que se iba el 6, porque ese día vencía su licencia. No se fue; no habla de irse, y para agravar las cosas anuncia que renunciará a las cátedras, que tal vez no presente nunca la tesis, que desea quedarse en Buenos Aires. Marta la soporta mal;

Silvina, que al principio le encontraba virtudes, tampoco la aguanta y la llama *Bartleby*. Yo no le perdono que me obligue a ser guarango con ella. Es tan sonsa, tan torpe, tan desatinada, su conducta parece tan inconcebible, que exaspera. Sin duda notó por fin algo, tal vez el diagonal maltrato que recibe. Los otros días, cuando me enteré de que su nombre materno es G., conté que a una chica G. se la llevaron fuerzas paramilitares y que el marido está prófugo. "¿Marcela G.?", preguntó. "Sí, Marcela" (creo que mencionó su nombre mi informante). "Es mi sobrina", contestó la M. Esa noche lloró con sacudones, pero sin lágrimas. Al día siguiente me habló. Me dijo: "Yo sé lo que usted piensa". Sinceramente le contesté: "No sé a qué se refiere". "Sí, sabe". "Le digo que no sé". "Bueno, quiero aclararle —me dijo— que no tengo nada que ver con la guerrilla". Quedé anonadado. Furioso, le dije: "Nunca se me ocurrió que usted tuviera nada que ver con la guerrilla". "Bueno —contestó— pero como hoy nunca se sabe y en mi provincia tanta gente pertenece… Mi amiga más íntima, mi colaboradora de siempre, resultó ser guerrillera, lo que yo nunca había sospechado. A mí me aconsejaron alejarme, no volver por un tiempo". De pronto entendí todo: su pelea con las primas, que ahora no quieren hospedarla; su inaudita intromisión en casa, de la que no sale nunca; su renuncia a las cátedras. En verdad no creo que me exponga: una persona como ésta no puede estar en una organización extremista, por estúpida que sea.

¿Dónde está el ripio?

Sol madrugadero, capa en el hombrero (Refrán atribuido por Pedro Pérez a su madre).

Reportaje.

CÓCARO: ¿Qué siente el espectador Bioy Casares cuando ve un film basado en un relato del escritor Bioy Casares?

BIOY: Lo que decía la gente de antes cuando recibía un regalo: "Qué barbaridad. No debieron meterse en ese gasto".

29 julio 1976. *Confesiones de un mono viejo.* Las muchachas han cambiado. Las de ahora se acuestan conmigo resignadamente. Ya no son las entusiastas de antes.

4 agosto 1976. Tratando de leer a Roland Barthes. No me parece que abunde en observaciones inteligentes o útiles. Nada nuevo, tampoco. La descripción de un proceso por medio de una terminología nueva, eso sí, y espantosa. Adscripto al dialecto que al boleto llama *título de pasaje.*

13 agosto 1976. Su amargura es grande, sobre todo porque sabe que nadie la comparte.

Idiomáticas. Mi abuela decía *vandallas* (pronúnciese con b) por sinvergüenzas, bandidas (¿vándalas?).

28 agosto 1976. *Una mujer fiel.* Me dijo: "¿Quién tiene ganas de acostarse conmigo? —fuera de vos, se entiende— ¡nadie!".

27 septiembre 1976. Me dijo que una mujer en sus cabales nunca se perturba, porque era naturalmente casta y fiel. Eso sí, no sabía estar sola, y para no quedarse entre cuatro paredes, seguía todas las noches al marido a reuniones sociales, que no le gustaban, porque era tímida. Para sobreponerse a la timidez, bebía un poco, siempre con desagradables resultados, porque el alcohol la emborrachaba en seguida y le despertaba vivísimos deseos de copular. Se ofrecía a unos y otros y nunca faltaba alguno que se la llevara a un departamento o a un hotel. Todos esos individuos que la estrecharon entre sus brazos, una verdadera legión, tejieron su mala fama, la recordaron con cierto rencor. Para esto tenían como único justificativo el no haber completado, por así decirlo, el acto sexual; en efecto, la penetración del órgano masculino, estando borracha, le suscitaba un instantáneo y muy noble sentimiento de rechazo. Los hombres se retiraban contrariados y ella, avergonzada, volvía a la fiesta de donde se había ido un rato antes y para ahogar los malos recuerdos bebía: el proceso empezaba de nuevo, fatalmente.

Marta Viti, que incorpora con unción, como los católicos la hostia, todo lugar común y todo sofisma, todo ídolo de la plaza pública, aseguró que la primera palabra que todo niño, con milagrosa intuición, pronuncia es *mamá*. En mi tiempo (y según otras autoridades) los niños eran menos conceptuosos y empezaban diciendo *ajó*.

También afirma (su nombre es legión) que los niños de ahora son más inteligentes, avispados y precoces que los de antes. Sin duda ha podido comparar, a un tiempo, a los de antes y a los de ahora.

9 octubre 1976. Velada musical en lo de Francis Korn, la segunda de este año (todo se da en rachas) y ¿en cuántos años? Mucho agrado y un lado ridículo: no se sabe si los que oyen están en trance o dormidos.

10 octubre 1976. Silvina pierde una lapicera que le regalé, la única con la que puede escribir. Está desesperada. Yo pienso: "No es posible que siempre pierda algo".

31 octubre 1976. Me dijo, en el tono de quien está seguro de mostrar sensatez: "No creo en los curas, pero creo en Dios".

Pope, en la "Epistle to Doctor Arbuthnot", dice que en sus primeros años no era (¿todavía?) *a fool to fame*, y Johnson, en la "Vida", lo cita (contra Pope).

Incredulus odi. Odio lo que no puedo creer (*Epístola a los Pisones*, 188).

La mente de Robert Walpole. Según Savage, citado por Johnson: "*the whole range of his mind was from obscenity to politics, and from politics to obscenity*".

De Savage dice Johnson: "*he was indeed not so much a good man, as the friend of goodness*". De muchos escritores podemos decir, a la inversa: "*He is indeed not so much a bad man, as the friend of badness*".

17 diciembre 1976. Aparece el Negro Raúl en el *Times Literary Supplement*: el dibujito del Negro Raúl como héroe de la historieta de Lanteri (*El Hogar*), "victim of discrimination", no el mendigo y bufón que conocí.

Enero 1977. Acabé 1976 contento de haber escrito dos cuentos y un poco melancólico de no haber escrito nada más. El primer cuento, "De la forma del mundo" (publicado en *La Opinión* del 4 de julio de 1976) me llevó muchos meses de trabajo. Según lo que dice la gente, me salió bastante bien. La idea de un túnel que vincula en menos de un minuto, a pie, dos lugares separados por cientos de kilómetros y, a lo mejor, por el agua, es agradable. El cuento tiene unas 46 páginas. El 30 de diciembre concluí el segundo cuento, "Lo desconocido atrae a la juventud" (el título, que era una frase del cuento, fue sugerido por mi secretaria).

Novelas: me gustaría estar tan seguro como en mis conversaciones con periodistas y con amigos, sobre la inminencia, sobre la segura realidad de mis novelas futuras.

En materia de salud hay, como corresponde, nuevas esperanzas y nuevos peligros. ¿Qué pensar de una asidua ronquera, que sobreviene (también) después de las intensidades del amor físico? Si respiro profundamente, dejo oír estertores de moribundo. La esperanza es doble: para la próstata, nuevas inyecciones; para la próstata y el lumbago, la estera sobre el piso como lecho para toda la noche. Aparentemente no sobreviene el trancazo prostático ni me levanto entumecido; me levanto con una firmeza de cintura que ya ni recordaba. Pero la vida del enfermo crónico es una sucesión de esperanzas desechadas. Si lo sabré. El bocio (siempre me fueron muy desagradables los cuellos de boa constrictor de los enfermos de bocio; nunca hubiera creído que me tocaría en suerte esa enfermedad) sigue mejor, pero no curado ni mucho menos. ¿Será el culpable de los estertores? Ojalá que sí.

Entre las omisiones más o menos dolorosas: no haber ido, desde hace tanto tiempo, a Pardo, el lugar más querido; no haber vuelto (desde el nefasto 72) a Mar del Plata, no haber ido este año a Cagnes-sur-Mer. También me entristece no escribir a Paulette [Saubiron], a Georges Belmont y a tantos otros: debo, desde hace mucho, cartas de agradecimiento o respuestas a cartas de quienes me dieron pruebas de afecto.

El 76 fue para mí un año mediocre, en el que mejoré, sí, pero no bastante.

Al nivel de incomodidad intolerable casi todas mis mujeres llegaron después de cuatro o cinco años de concubinatos. El nivel intolerable es literalmente intolerable, pero ¿no duermen los faquires sobre un colchón de clavos? Antes tenía la vida por delante y no valía la pena apresurarse. Ahora me quedan pocos años y más vale no malgastarlos en tormentos; pero también es cierto que hoy me cuesta más que antes conseguir mujeres (sobre todo, porque me veo a mí mismo como un vejete pálido y endeble).

A Fischerman, que vino a proponernos una adaptación cinematográfica, le conté la película *Badlands*: los policías que atrapan al asesino y que al principio lo maltratan con todo el rencor de la muchas veces frustrada persecución; después de veinticuatro horas de convivencia en un desierto americano, en cierta medida fraternizan con él y cuando un helicóptero se lo lleva a la cárcel, lo despiden amistosamente. Fischerman me dijo: "La realidad imita a la ficción", y me contó que conoce a un tal Ure, que da clases de teatro, a quien le allanaron dos veces el taller. La primera lo trataron bastante mal: violentamente lo pusieron a él y a sus discípulos de cara a una pared, los palparon y les revolvieron todo. La segunda vez fueron más amistosos. Lo trataban de *Ure*. "Pero, dígame, Ure, ¿qué hace que no se va?". "¿Dónde quiere que me vaya? No es fácil vivir en el extranjero". "Tiene razón, pero también piense que mientras vengamos nosotros, a usted no le va a pasar nada, pero ¿si vienen los encapuchados?". Por fin uno de los policías, poniéndose muy serio, le dijo que ahora le haría una pregunta, pero que por favor le contestara la verdad. Le iba a recitar unos versos, y esperaba que Ure, con toda franqueza, le dijera si debía abandonar el sueño de ser actor o si le veía pasta para ello.

23 enero 1977. Publica *La Nación* mi cuento "Lo desconocido atrae a la juventud". Pronto empieza la modesta apoteosis tan deseada. Llaman los amigos. Bianco me dice que le gustó y que también le gustó a Ramiro de Casasbellas. Martín Müller me dice que le gustó y que también le gustó a Tomás Moro Simpson; añade que va a escribir para *Carta Política* una nota sobre mis dos últimos cuentos, éste y el que salió en junio en *La Opinión*, para señalar que son publicaciones tan importantes como un libro. Llama Sorrentino. Me escribe

Drago. Siento la confirmación, la seguridad que necesito para encarar un tercer cuento de trama difícil de resolver. Encuentro en la calle a mi amiga. Me cubre de sus habituales zalamerías y de besos (ante la envidiosa curiosidad de los porteros del barrio). De pronto se pone seria y declara:

—Qué plomazo tu cuento.

Pienso: "Un fallo irrefutable". Atino a contestar:

—Ya me parecía.

Encantadora nuevamente, sonríe y me consuela:

—Mamy dice que yo no entiendo nada, que es muy bueno.

Quien lo hereda no lo hurta. Frase frecuentemente usada para rebatir la afirmación de Proudhon: "La propiedad es un robo".

The Righteous Forsaken. Recuerdo perfectamente cuando tomaron *La Prensa* y la entregaron a la CGT. Yo le había escrito antes al director, Alberto Gainza, una carta en que le expresaba mis felicitaciones, mi gratitud, por su valiente campaña y mis pocas esperanzas acerca del porvenir inmediato del país; como se lee en todos sus ejemplares, el diario fue clausurado y confiscado "por defender la libertad" el 26 de enero de 1951 y reinició sus ediciones el 3 de febrero de 1956. En la devolución del diario a sus propietarios —y para mí, en la reparación de la injusticia— tuve mi parte. Como el anunciado decreto del gobierno de la Revolución Libertadora se postergaba, pensamos que tal vez fuera oportuno que un grupo de escritores lo pidiéramos (aquel gobierno nos escuchaba). Personalmente me ocupé de buscar firmas: Ricardo Rojas, que vivía entre retratos, caricaturas y diplomas de Ricardo Rojas, por razones confusas prefirió no firmar; también se negaron Payró (otra mente caliginosa) y José Luis Romero (su hermano Francisco firmó).

Como la realidad no se interesa por la justicia, *La Prensa* nunca recuperó la fuerza que tuvo antes de la clausura. En los años previos y durante el nuevo gobierno peronista de la década del 70, *La Prensa* fue el diario de mejor conducta; amigos míos predijeron la muerte, a la que la obcecación y el fanatismo iba a llevarlo. Cuando por último cayó el peronismo, esos amigos no reconocieron que la prédica de *La Prensa* fue atinada. Los otros días Silvina dijo que estaba deseando conseguir un ejemplar de *La Prensa* del 51, 52, 53 o 54, para mostrar que ese diario, que hoy se jacta de su conducta, elogiaba con obsecuencia al gobierno peronista.

Ni para los mártires hay justicia.

Revolución. Movimiento político que ilusiona a muchos, desilusiona a más, incomoda a casi todos y enriquece extraordinariamente a unos pocos. Goza de firme prestigio.

Después de comer leo en alguna revista informaciones acerca del frío en los Estados Unidos. Me acuesto a dormir, refresca a mitad de la noche y sueño: Tengo frío. Una vieja mucama (la conozco en el sueño) perora, ante personas que ahora no recuerdo, acerca de que está refrescando. En el momento de despertar compruebo que esa mucama era en realidad mi abuela Hersilia Lynch de Casares (nadie la confundió nunca con una mucama). La parte baja de la nariz y la piel que rodea los labios estaba oscura, como cuando murió.

Sueño. Estoy sentado en los escalones de una empinada escalera. Me hago a un lado, para dejar pasar a un hombre que sube. Cuando levanto los ojos, para averiguar quién es, veo que lleva un enorme león, con melena y todo, agazapado sobre los hombros. Con la irritación que da el miedo, voy a decirle "Usted es un imprudente", pero debo hacerme a un lado, porque en ese momento pasa un segundo personaje, que lleva a otro sobre los hombros, y que empuja al del león por una puerta y lo encierra en los cuartos de arriba. Aliviado, despierto.

Ansia. Hay en el hombre un ansia de calamidades, aun de aquellas que le traerán su propia destrucción.

Humilde. Es tan humilde ese marido que para mortificar a su mujer le inflige su presencia.

Greguerías para una profesora de castellano.
- La rosa nos dice que la perfección es posible.
- El papel que envuelve el regalo es generoso.
- El botín del rengo es viudo.
- Literatura fantástica: no hay biblioteca tan completa como los estantes de una farmacia.
- El tigre cebado se queja de no encontrar barbero que le atuse los bigotes.
- Más allá del follaje del olmo, el cielo está en el fondo del mar.

Menos escrupulosamente que otros, dejan ver que no buscan la verdad. Hay entre esta gente buenos poetas y buenos artistas. En realidad, son astutos decoradores que sacan el mejor partido de los pocos elementos de que disponen. Con envidia reconocemos en ellos el instinto poético.

Inteligencia. La inteligencia obra como una suerte de ética. No permite concesiones, no tolera ruindades.

Noches. Hay algo muy íntimo en las noches. La cama es un nido. Los sueños dejan nostalgias de cosas nuestras, que demasiado pronto olvidamos. Más exclusivamente que en la vigilia, en el sueño somos nosotros. Contribuimos con todo el reparto.

Porque se consiente un capricho, el enamorado es un malcriado.

En los sueños rebasamos el presente, somos a lo ancho de todo el tiempo que hemos vivido, de la totalidad de nuestra experiencia. Recorremos de nuevo, con nostalgias que vienen del futuro, la casa ya derrumbada. Como los muertos de quienes recordamos la biografía, nos reintegramos más allá de lo sucesivo y, libres del falaz ahora, que otorga indebida realidad a lo actual, vivimos en el pasado y en la posteridad.

Cuando golpeamos a la puerta, el perro, desde adentro, ladró. Ella preguntó si ladraba por solidaridad con el amo o porque pensaba que la casa era suya y la defendía de posibles intrusos.

Propaganda (que descuenta la estupidez del público): "Cigarrillos... ¡de sabor actualizado! ¡Garantizado!".

Sentimentales. Cuando en un amor se llega al límite de la incomodidad, hay que armarse de coraje y emprender la fuga.

Estupideces de ABC. En Francia, en el 67, ABC notó que los hombres habían dejado la formalidad de los trajes y se vestían como si tuvieran el extraño propósito de imitar a Guillermo de Torre, con sacos de sport y pantalones de franela. Acaso alguna debilidad, algún snobismo, por las cosas de la Galia, lo llevó a imitarlos. Con el tiempo comprobó que en Francia los que andaban así caracterizados no eran los franceses: eran los extranjeros que vivían en hoteles, como él, los turistas. De modo que ABC durante años se vistió como turista, o como literato español en Buenos Aires, disfrazado de deportista o de *gentleman-farmer*. Mientras ABC fue deportista, casi toda la vida, se vistió como todo el mundo.

Hablábamos de nuestras menguantes posibilidades de surtirnos de mujeres y me dijo: "Como cazador me parezco sobre todo a una liebre, tan convencida de estar vieja y apestada, que al providencial cazador que se le cruza en el camino, irremediablemente lo convence de que a una liebre así más vale no cazarla".

El embajador de México me refirió que Cámpora se levanta a la una de la tarde, lee todos los diarios y a eso de las siete enciende la televisión. "¿Libros no lee?" "No. No es nada intelectual. Leen libros, sobre todo novelas latinoamericanas, el hijo [de Cámpora] y Abal Medina. Cámpora lleva el peor *râtelier* que he visto; debe sujetarlo para hablar. Esto de que el *râtelier* sea malo me asombró un poco, ya que él es dentista. Un día me dijo si podía llamarle un médico. Le dije: 'Desde luego, señor presidente. Pero, ¿qué? ¿Se siente usted malo? Tiene muy buen semblante...'. En realidad no tenía buen semblante. Me contestó: 'Lo que me duele no es la cara, señor embajador. Es el culo'". El embajador no parecía muy feliz de esa obligada convivencia. Aclaró que hasta la de un amigo sería molesta. Hizo bromas sobre cómo librarse de sus huéspedes.

Hablando de otras cosas, comentó (muy seguro de sí) que aquí se escribía mal, sobre todo en los diarios. Le asombraba particularmente el uso del condicional. *Asistiría mañana el Presidente...* "¿Tan acobardados están que no se atreven a decir *Asistirá* etcétera?".

Sueño. Me acerco a mi abuela (Hersilia Lynch de Casares) que, misteriosamente ofendida, da vuelta la cara. Le aseguro que no hice nada que pueda enojarla; por último, cansado de insistir y echando las cosas a la broma, levanto una mano, como si fuera a abofetearla.

Unos amigos (sabía quiénes eran, mientras soñaba), disgustadísimos, con ademanes perentorios, me ordenan que baje la mano. En seguida comprendo la razón: Augusto Zappa, el viejo tenista, viene hacia mí, con los brazos abiertos y visiblemente conmovido. (En la vigilia me preguntaré por qué habría tanto patetismo en el encuentro; Zappa está vivo, lo veo de vez en cuando; si fuera mi amigo Willie [Robson], que murió estando yo en el extranjero...)

No sé cómo la situación y la luz cambian. Me encuentro en un piso alto de la casa de unas vecinas; en plena luz, porque la casa no es más que el esqueleto de la casa, con pisos, pero sin paredes. Yo estoy muy cómodo, recostado entre dos muchachas lindas, muy feliz: la de la derecha en el sueño quería irse; la de la izquierda tiene el vestido abierto por delante y me lleva la mano a uno de sus senos. Le acaricio el pezón, chiquito, delicado y siento un profundo bienestar. Entonces noto que mi amiga de la derecha está furiosa. Me previene: "Seguí nomás, que no volverás a verme". Me apena ofenderla, pero sé que debo tomar mi decisión y abrazo a la de la izquierda.

Nótese, en el comienzo del sueño, la situación con mi abuela. En otro sueño, esa misma abuela se me apareció como sirvienta. Durante su vida, ella y yo no tuvimos ningún conflicto.

22 **marzo** 1977. *Qué le vamos a hacer.* Ghiano, profesor de literatura, declara en *La Nación* de hoy que la literatura fantástica en la Argentina empezó con *Ficciones* de Borges, en el 43 (¿o 45?) y que siguieron después Silvina Ocampo, Bioy, Cortázar... *La invención de Morel*, que empecé en el 37, se publicó en el 40.

En la vejez, el tiempo está en presente.

Lo que uno tiene que oír de la mujer que lo quiere. Esas verdaderas monstruos, nuestros iguales.

ELLA: ¿Vos creés que me va a ir bien en la vida? ¿Que voy a ser feliz?

YO: Estoy seguro.

ELLA: ¿Pero vos creés que sin vos yo podría ser feliz? Me he volcado tanto en vos... Yo creo que si a vos te pasara algo, estaría perdida.

YO: No creo. Sos linda, inteligente, agradable, de buen carácter...

ELLA: Creeme: si te pasa algo, estoy perdida.

YO: De ninguna manera. A mí me parece que hay en vos muchas cualidades, muchos recursos, para sobreponerte a cualquier situación.

ELLA: No sé qué haría si te pasara algo.

YO: Pero, qué embromar, no me va a pasar nada.

ELLA: Eso no se puede decir. Eso nunca se sabe. He conocido personas de tu edad, que parecía que iban a vivir para siempre, y de la noche a la mañana murieron. Si a vos te pasa algo, yo no sé qué puedo hacer. Ni siquiera estoy segura de servir para algo. ¿Y algún otro hombre me querrá? ¿O estaré como mis amigas, que ni siquiera consiguen un tipo *for the night*? La vida es muy difícil, muy complicada y triste. Tenés que dejarme todo lo que puedas, más del quinto, en tu testamento.

Que yo muera es triste por lo que podría pasarle a ella. En cambio, lo que me pasaría a mí... bueno, al fin y al cabo, ¿no tuve mis satisfacciones? Más que satisfacciones: la tuve a ella (repetidas veces me ha recordado que yo debo agradecer ese extraordinario privilegio). La situación de ella, en cambio, sería verdaderamente angustiosa: tendría que ganarse la vida y conseguir un marido.

A Ricardo Levene se le conocía en la Facultad de Derecho como *Figuración o Muerte*.

Sentido de la propiedad. Al chico (de tres o cuatro años) le dicen que su perro es estupendo. Ni lerdo ni perezoso el chico aprende la palabra y refiriéndose al perro, en el mismo tono de encomio en que oyó la palabra, dice: *Esmipendo*. Me contaron de otro chico que por *Tucumán* decía *Micumán*.

Un corazón simple. Para el lustrabotas, las horas que pasaba en el bar de La Biela eran felices. Le parecía que estaba en un club, donde todo el mundo lo conocía y lo estimaba. Muchos lo querían, como le probaron cuando la bomba que estalló en el bar destruyó sus pertenencias: los parroquianos hicieron una lista de contribuciones para comprarle un nuevo cajón de lustrar, pomadas y cepillos. Parece que el hombre, un alma simple, se hacía querer porque era bueno, y por cierta nobleza de sentimientos. Me dijeron que el año pasado había publicado un libro de poemas.

Cuando Moro, un mozo, entró a trabajar en el bar, todo cambió desagradablemente para el lustrabotas. Me aseguran que Moro era un excelente individuo; sin dudas era un bromista. El hecho de que el lustrabotas hubiera publicado un libro de poemas le parecía cómico. Mejor dicho, ridículo. Desde el primer día empezó a burlarse del lustrabotas; el calibre de las bromas aumentaba siempre: bordeaban en la agresión y en el desprecio. Por ejemplo, cuando pasaba a su lado le volcaba en la cabeza cáscaras de maní y carozos de aceitunas.

Los otros días llegó a La Biela el lustrabotas un poco achispado. Se despidió de mucha gente con estas palabras:

—Tengo que hacer algo y después no podré volver.

Al cajero le dijo que iba a matar a Moro. El cajero creyó que hablaba en broma. En ese momento se acercó Moro y cantó el pedido para la mesa nueve. El lustrabotas sacó un revólver y le dijo:

—¡Te voy a matar!

Moro lo miró, riendo; cuando vio el arma, atinó a decir:

—No me matés.

El lustrabotas le descerrajó un balazo en la cabeza; luego, sobre el cuerpo caído y muerto, vació el revólver. Aprovechando el desconcierto general, el lustrabotas se fue.

El cajero fue a buscar un juez de crimen, que es un viejo cliente, y que vive al lado. El juez estaba con un amigo: el doctor De Antonio, a quien había invitado a comer. Le pidió a De Antonio que lo esperara y acompañó al cajero a La Biela. En ese momento llegaba un patrullero de la 17. Alguien dijo que vio al lustrabotas tomar un colectivo, que iba al Once. Como el juez conocía al asesino, acompañó a los policías cuando salieron a buscarlo. Siguieron el trayecto de los colectivos de esa línea y fueron parando a los que alcanzaron, para inspeccionar el pasaje. Llegaron al Once sin encontrarlo. Cuando volvieron fueron a la 17. Estaban a una cuadra de la comisaría, cuando el juez vio al lustrabotas sentado en los escalones de un zaguán.

—Es aquél —dijo.

Uno de los policías levantó la Itaka, para balearlo desde el coche. El juez le ordenó que no tirara. Dijo que el hombre iba a entregarse.

Efectivamente el hombre no opuso resistencia. Dijo que estaba ahí esperando que pasara algún vigilante amigo, como los muchachos que hacen guardia en La Biela y en los restaurantes frente a la Recoleta, porque tenía miedo de entrar solo en la comisaría.

Las mentiras piadosas que se dicen sobre la vejez me parecen casi deprimentes; deprimentes son las verdades.

Un resfrío de vez en cuando es una *blessing in disguise*, que nos permite acercarnos a la literatura y pensar de cerca lo que tenemos entre manos. Las ventajas de un lumbago, si las hay, parecen más misteriosas.

Para no cometer dos veces el mismo error. Tardé quince años, del 28 al 43, en aprender a escribir. Ahora me piden que hable. Les pediré por favor que me esperen quince años.

El moribundo me dijo: "Hay un consuelo para el que se va: la familia que deja. Ya sé, nos hubiera llevado al suicidio; pero, mientras tanto, qué tortura".

A mí siempre me deslumbró la belleza de las mujeres. Las bataclanas de los teatros de revista porteños, que descubrí en el 27 o en el 28, me maravillaron. En realidad, el cuerpo de toda mujer linda que se desnudó a mi lado fue una pasmosa revelación. Por eso cuando mi profesor de literatura francesa, filosofía e historia del arte, Robert Weibel-Richard, me dijo que el ideal de belleza humana era el cuerpo masculino no me di el trabajo de discutirle: sabía que ese pobre tonto estaba equivocado.

Por cierto mi ideal de belleza femenina ha variado a lo largo del tiempo: preferí primero a las morenas atezadas, a las "chinitas" de mi país. Después me gustaron las de piel muy blanca y pelo negro: fue la época en que agonizaba de amor por la actriz Louise Brooks. Después me gustaron las pelirrojas y después, las rubias. Siempre me gustaron las jóvenes.

A las mujeres que pasan por la calle tengo que verlas; cuando una se vuelve, tal vez para mirar una vidriera, y no me deja verle la cara, siento una vivísima irritación, casi resentimiento. Si acompaño a alguna de mis amadas, por regla de cortesía no miro a otras mujeres; no valoran abiertamente mi sacrificio.

25 junio 1977. Anoche soñé con una muchacha vestida de mucama (yo sabía en el sueño que no era mucama), alta, de piel rojiza. Me gustó mucho.

Los años que vivimos nos permiten conocer la vida superficialmente y un poco mejor algunos sectores de la vida; para conocer bien la vida no alcanzarían mil años. Yo, que por lo menos tuve diez amantes que me duraron ocho años cada una, conozco un poco (pero no concluí mi aprendizaje y quisiera seguirlo) la vida con las mujeres. Conozco (un poco) la vida del escritor de cuentos y novelas y la vida del enfermo de dos o tres enfermedades.

Como en la última visión del ahogado, en la cara de mi última (cruz diablo) chica aparecen caras (yo diría *caritas*, porque son cambiantes y sucesivas) de mi juventud. La verdad es que una de ellas reaparece con fidelidad, pero sólo en esas ocasiones y por instantes; en cambio, a veces me pregunto si no veo reencarnada a otra, con quien hice fiasco en un hotel de las barrancas de Olivos y que en Constitución se fue de mi vida en un tren que la llevó a su Pringles natal.

Sueño. Tengo un perro de policía, de manto negro. Lo quiero sobre todo por su encanto personal y por ser él, pero también por sus méritos. Entre éstos, quizá el más extraordinario es el de haber descubierto una prueba que irrefutablemente da la razón al escepticismo. El perro acaba de comunicarme su descubrimiento; yo estoy muy feliz. Llega entonces Marta Mosquera. Salimos al jardín y caminamos entre canteros. Marta se queja de todo; de su mala suerte, de la soledad, del paso de los años. Levanta los brazos, levemente se mece y por último, para enfatizar sus desdichas, se arroja de bruces en un cantero, sin advertir que allí hay una víbora: un animal horrible, cobrizo, no muy largo, ancho como un brazo y de picadura mortal. Marta lo muerde (lo que me repugna bastante); el animal contraataca. Mi pobre perro sale en defensa de Marta y recibe una picadura. Lo miro con ansiedad: está como antes, lleno de vida, pero sé que eso no prueba nada, salvo que todo lleva su tiempo, aun la muerte, esta muerte de la que no me consolaré.

¿La refrescante inocencia de su criterio? Diríase que estamos conversando con un pitecántropo.

Mi hermano, Lord Byron. "No me canso de una mujer *en sí misma*, sino que generalmente todas me aburren por su naturaleza" (Byron a John Murray, según *Byron in Italy* de Peter Quennell).

Desde hace tiempo dice que los hombres no la quieren, que ella necesita un cariño y que está desesperada. En su última confidencia a una conocida, anunció la intención de pedirle a un amigo, homosexual, que le presente a una lesbiana. "A lo mejor nos entendemos —dijo—. Así no puedo seguir". Agregó: "Yo soy muy realista".

Los únicos seres que se quieren casar son las mujeres, los curas y los homosexuales.

1° octubre 1977. El inglés John King escribió una tesis sobre mí; la americana Jill Levine publicará la suya en Monte Ávila; Francis Korn prepara un libro, según dice; Marcelo Pichon Rivière me preguntó si le doy la venia (se la di, es claro) para uno; a Oscar Hermes Villordo le encargaron *Genio y figura de ABC*, de Eudeba; Beatriz Curia trabaja en una tesis sobre *ABC y la literatura fantástica*; en Estados Unidos, escribieron tesis Herminia Prieto (que afirmaba que la mayor parte de mi vida era inefable), Deborah Weinberger, Leonor Conzevoy; Marcela Fichera (que incluyó buena parte del *Calderón* de Menéndez y Pelayo, sustituyendo, donde era necesario, *Calderón* por *ABC*) escribió una tesis en Italia; en España, el un poco tapiado profesor Tomás Vaca Prieto, y muchachas y profesoras en Francia, en Alemania, en Austria, preparan tesis. Desde luego la lista no es completa. Está Marta Viti, para confirmarlo, y desde luego Maribel

Tamargo. Mientras espero la visita del inteligente y hábil Villordo, improvisé esta copla de estilo español:

> *Se anuncia gran cantidad*
> *de estudios y biografías.*
> *Si no es la posteridad,*
> *serán las postrimerías.*

Con relación a la frase de Herminia Prieto, "lo más interesante de la vida de ABC es inefable", recordaremos una del Conde de Lovelace: "la vida de Lord Byron no contiene nada de interés, excepto aquello que no debería ser contado", citada en C.E. Vulliamy, *Byron* (1948).

Con una mezcla de orgullo (gotas) y de vergüenza (cantidad suficiente) advierto que soy un precursor de por lo menos dos tendencias del gusto contemporáneo: la literatura fantástica (mis libros, *passim*) y los años veinte (mis libros, *passim*).

El padre de Borges decía que había gente que sólo podía pensar por imágenes. Que las famosas parábolas de los Evangelios prueban que Cristo era una de esas personas. Que los gauchos pensaban por imágenes.

En realidad mucha gente piensa por imágenes. Cuando deploré el inminente triunfo de los comunistas y socialistas en las próximas elecciones francesas de marzo, Rochefort, un astuto hombre de negocios (sinónimo de idiota, dirá el lector) observó: "Mejor así. Francia tiene un forúnculo. Hay que dejarlo madurar para que sane". Cuando yo hablaba de los males irremediables que dejaría el gobierno (aun si era transitorio) salido de esas elecciones, me rebatía con argumentos imbatibles, tal vez para una buena terapéutica de los forúnculos. Le dije que tenía razón, pero que si finalmente resultaba que había alguna diferencia, siquiera de detalles, entre la situación de Francia y la forunculitis, podrían llevarse un desengaño.

Autobiográficas. Tan acostumbrado estoy a pensar "Ojalá que me libre de esta mujer (o 'que consiga otra mujer'), o que me libre de las amenazas del lumbago, o que se me cure (sola) la próstata, o que desaparezca el bocio o coto", que de pronto me sorprendo pensando "Ojalá qué..." o "Qué bueno sería que..." sin saber cómo concluir la frase.

¿Quién le sigue el paso al Progreso? Olvido que los ojos no sirven para ver. Para ver sirven los anteojos.

Mi amiga recitaba los hermosos versos de "Aulo Gelio":

> *Hoy todavía tu lector, Agelio,*
> *en lánguida actitud te evoca y te halla.*
> *Mientras boga tu barca a Grecia o Roma,*
> *festín recuerdas y festín preparas.*

Yo los repetí, y de pronto recapacité: Agelio, ¿por qué *Agelio*? ¿es posible que yo haya leído tantas veces este poema, haya recitado tantas veces estos versos, y que nunca me haya preguntado "por qué *Agelio*"? ¿O me lo pregunté, pero no tuve el coraje de revelar mi ignorancia? Ahora que lo tengo, pregunto. Mi amiga me propone una explicación que yo mentalmente había desechado: "A por *Aulo*". "Yo no me atrevería a introducir en un verso a *Acapdevila*", le contesto.

En casa recorro libros de consulta y por último apelo a mi ejemplar de las *Noches áticas* (este orden de investigación parece digno de los mejores o peores profesores y estudiantes). En la primera línea de las

"Noticias biográficas" del libro (*Noches áticas*, traducción de Francisco Navarro y Calvo. Madrid: Biblioteca Clásica, 1921) leo: "Aulo Gelio (o Agelio como algunos le llaman, por encontrarse consignado así su nombre en algunos manuscritos, sin duda por ignorancia de copistas que reunieron la inicial del nombre con el apellido de familia)".

La acomodadora me dijo que ha escrito una ópera, que ocurre en La Rioja, en tiempos de la conquista: "La escribí en español y la traduje al quichua. Ahora hice un descubrimiento que me preocupa. Los indios de La Rioja no hablaban el quichua cuando vinieron los españoles. El quichua llegó con los españoles, del Perú, que lo enseñaron a los indios. Tengo que averiguar qué idioma hablaban los indios de La Rioja en aquel tiempo. Cuando sepa cuál es lo aprenderé y traduciré a ese idioma el texto".

YO: Pero, ¿los personajes hablan en español en tu obra?

ACOMODADORA: Por ahora hablan en quichua.

YO: Pero si la estrenan en Buenos Aires, los espectadores no entenderán nada.

AMIGO DE LA ACOMODADORA: Podrías hacer que hablen en español antiguo.

ACOMODADORA: Yo quiero más a La Rioja que a mis padres, que a mi marido, que a mis hijos. Yo siempre digo que soy la hija de la tierra de La Rioja. Cuando voy allá, en seguida cavo un foso y me meto adentro para sentir la tierra contra mío (*sic*). Siempre paso el día de llegada en ese agujero.

Alguien preguntó en qué barco había llegado de los Estados Unidos Gustavo Casares. Para lucirme (yo tenía entonces menos de diez años) rápidamente contesté: "En el Water Closet". Todavía yo no sabía inglés; pronunciaba *Water Closs*. Todo el mundo se rió; yo también. Tardé mucho en descubrir por qué. Supe que el barco, en realidad, se llamaba Southern Cross y la confusión Water Closs me parecía bastante natural.

2 enero 1978. En las cartas de Byron encontré los dichos venecianos: "Sirve para limpiarse los botines", que se usa despreciativamente, y la exclamación "Por el cuerpo de Venus". El primero permitió la estrofa:

> *Las obras de Hugo Wast (o G. Martínez*
> *Zuviría)*
> *sirven para limpiarse los botines,*
> *vida mía.*

29 enero 1978. *Consejo:*

> *Desprenderás por fin el gran alud*
> *si piensas demasiado en tu salud.*

En la versión original, el primer verso era el segundo, pero advertí entonces que *salud* y *alud* no riman para el oído y debí cambiar el orden, para que el lector leyera *salud* como conviene a la rima.

Idiomáticas. "No está para salir de cuerpo gentil". Sin sobretodo, probablemente.

Hoy un señor se admiró de que yo dijera, con naturalidad y donde correspondía, "no faltaba más". Sin la máquina del tiempo, soy un viajero que llega del pasado.

Idiomáticas. Con tal de. Curiosa expresión. "Con tal de salir de su casa, inventaba los más inverosímiles compromisos". "Con tal de vestirse de fiesta". Cuando yo era chico había gente que decía "por tal" (en igual sentido que el anterior).

Febrero 1978. *Sueño*. Estoy explicando "La primera vez que vine, Suiza era un país de pueblitos". Se ve una aldea pequeña y pintoresca; las casas parecen chozas, pero chozas limpias, decorosas, bien cuidadas; una chimenea humea pacíficamente y los fieles entran en la iglesita. Sigo mi explicación: "Ahora, en cambio…". Señalo una casa de departamentos, de siete u ocho pisos; una tupida muchedumbre la escala por afuera y procura entrar por puertas y ventanas (que dejan ver el interior, repleto de gente). Distingo los uniformes grises de los policías suizos. "Qué raro —pienso—, un procedimiento, como en Buenos Aires". En seguida descubro que en realidad los policías ayudan a los escaladores y los empujan hacia el interior por las ventanas. Reflexiono: "Por lo menos en lo principal, Suiza no cambió". Miro hacia arriba; a la altura de la buhardilla, por el lado de afuera, hay barrotes de madera, de los que cuelga gente. Con horror, veo que uno de esos barrotes se quiebra, y que el hombre que estaba colgado cae. Voy a cerrar los ojos cuando descubro que el hombre ese, con destreza admirable, se agarra de un barrote inferior y vuelve a quedar colgado. Despierto para no seguir en la zozobra.

Avisos fúnebres. Espacios de un periódico o diario que la gente paga para dar estado público a las rencillas de familia. Sirven también para comunicar secretos escandalosos.

Con verdadera felicidad, después de largas indagaciones en diversas guías, encontré en el *Baedeker of Switzerland*, 1895, en el plano correspondiente a *outskirts of Genève*, Sécheron, el pueblito de los alrededores de Ginebra, donde se hallaba el Hôtel d'Angleterre, donde estuvieron (sucesivamente) Benjamin Constant y Charlotte de

Hardenberg ("I am mentally tired —escribe Charlotte—. I have reached the point where I prefer Sécheron just because I happen to be there"), Shelley y Byron (que en el libro del hotel, en el sitio donde debía poner su edad, escribió *100 años*). Sécheron está sobre (o muy cerca de) la ruta a Ferney entre el Pétit Saconnex y Les Pâquis, a la altura de una Villa Bartholony (¿o *my*?) que está señalada donde Les Pâquis se afilan en una punta sobre el lago Léman. Según Harold Nicolson (*Benjamin Constant*), del Hôtel d'Angleterre sólo queda "hoy" (¡1948!) "one of the large coach houses".

Según me contó el coronel Malambio Catán, Lamadrid cayó herido en una batalla, y murió rodeado de oficiales y soldados de su ejército, murmurando: "Me rindo, me rindo". En otra ocasión, el coronel dijo que las palabras de Lamadrid fueron: "No me rindo, no me rindo". Comentó: "¿Por qué iba a rendirse, si lo rodeaba su tropa?".

De una conversación con dos jóvenes bachilleras:

—Rubén Darío es el cuarto poeta de Hispanoamérica. A mí no me gusta.

—El que no me gusta nada es García Márquez. ¿Oyó hablar de él? A mí me tiene harta con tanto Celedonio Buendía o lo que sea. ¿Quién lo entiende?

—Me gustó mucho *La invención de Morel*. Saqué diez y me eximí del examen en literatura de cuarto, gracias a *La invención de Morel*. La verdad es que al principio no entendía, ni palabra.

—Los programas están mal hechos. De la generación del ochenta nos piden únicamente a Cané y nadie se acuerda de Ricardo Güiraldes.

—¿Conoce un libro de Robertú o algo así? No se consigue. Llamé a la editorial y me dijeron que ya no lo fabrican más.

—¿Qué es la vanguardia?

—La vanguardia es el modernismo.

—A mí me gustan libros simples, sobre cosas de la vida real; que no me vengan con las rarezas de García Márquez. Me gusta *Los cachorros* de Vargas Llosa.

—La vanguardia es Borges. Borges es importante por los adjetivos. Fíjese: *Funes el memorioso*. ¿A quién se le va a ocurrir *memorioso*? La palabra no figura en el idioma.

—El cuento que piden de Borges es "Las ruinas circulares". Ese cuento es de *Ficciones*. ¿Qué es *ficciones*?

—Otro libro de Borges que nadie entiende es *El Aleph*. ¡Como para leerlo a Borges!

Opinión de un estudiante: "La literatura es muy larga".

En la *Guide Bleu* de los alrededores de París, edición de 1950, veo Louveciennes y Marly-le-Roi; en la primera figura La Trianette, la hostería que está frente al bosque y donde nos acostamos todas las tardes, durante un mes, con Helena Garro; y en Marly-le-Roi, entre el estanque y el Sena, la hostería Le Roi Soleil, que todavía existe y donde nos acostamos una tarde. *Monsieur et dame de la grosse voiture américaine*: según Helena, así nos describían los *aubergistes*.

Rareza consuetudinaria. Noche a noche, Silvina me pregunta la hora; se la digo; me dice: "Vamos a comer dentro de un cuarto de hora". En menos de cinco minutos vuelve y me dice: "Poné la mesa. La comida está lista".

Siempre pensé que las bombas de tiempo debieran llamarse testamentos. Me acuerdo el desconcierto, la indignación, la alardeada mala disposición a aceptarlo, cuando mis padres y mis tíos se enteraron del testamento de mi abuela. Una amiga, el día de la muerte de su parienta, me dijo: "Me perfumé demasiado. Debiera haberme perfumado con cenizas". No estaba triste. Estaba indignada con la muerta. A ésta nadie la llora: los unos porque no le perdonan lo que hizo; los demás porque están felices de haber recibido la herencia. Así estuvieron los Casares con mi abuela, cuando dejó el casco de la estancia a Gustavo. No podían creer mis otros tíos que no hubiera una salida (quiero decir: "para evitar esa idiotez"). Aparte de su comprobada idiotez, la decisión era injusta con Vicente, el mayor, que había sacado a la familia de la ruina y la había puesto en la prosperidad y que de hecho era el patrón de Vicente Casares.

26 febrero 1978. Un grupo de chicas me rodea en la plaza; me preguntan si puedo explicarles versificación. Quieren saber qué es un endecasílabo. Explico los acentos. Me dicen que es complicadísimo, que no comprenden cómo hay gente que puede escribirlos con alguna soltura. Les digo que es fácil; que continuamente sale alguno en la conversación, y que dicho uno, o dos, la mente se acostumbra al ritmo y los produce sin esfuerzo, casi inevitablemente. No me creen. Me piden que invente dos endecasílabos. En seguida se me ocurren dos, que transparentan sentimientos un tanto groseros. Les digo que se me han ocurrido pero que no quiero decirlos, porque no les van a gustar. Insisten tanto que les digo:

> *¿De todas estas chicas no habrá alguna*
> *que en abrazo de amor conmigo se una?*

Trato de explicarles cómo caen los acentos, pero no me dejan. Están divertidísimas. Creen que tengo un completo dominio sobre el verso, que hago lo que quiero; no saben que en verso hago lo que el azar quiere.

Misa de cuerpo presente en el Pilar. El cura: "Yo la he acompañado durante su enfermedad, le tomé la confesión y sé de su fe cristiana,
por eso les pido que ahora recen por la hermana Pepa, que está en el
purgatorio (*levantando la voz, grave pero subyugante y engolada*), porque está en el purgatorio…".

Chofer de taxi. Se cruzó involuntariamente a otro coche. El del
otro coche nos alcanza, pone su coche a la par del nuestro; el individuo, un grandote, le grita al taxista: "Animal". El taxista me dice:
"Yo muchas veces pensé que soy un animal; así que a lo mejor tiene
razón. En estos casos, yo nunca contesto. No vaya a creer que todos
reaccionan como yo. Algunos persiguen al que los insultó, lo corren,
le cruzan el coche, se bajan, se plantan en la calle invitando a pelear.
Si usted se fija bien, todos esos tipos son grandotes. A mí lo que me
sucede es que el físico no me acompaña. ¿Para qué voy a perseguir a
un individuo y desafiarlo a pelear? A lo mejor consigo que encima de
llamarme animal me dé una paliza. Pero no vaya a creer que alguna
vez no pienso que me gustaría correrlos y pelearlos. Casi seguro que
esta noche, cuando esté por dormirme, voy a imaginar que desafío a
ese tipo que me llamó animal y que lo tiro al suelo de una trompada.
A mí lo que me sucede es que el físico no me acompaña".

Chofer de taxi II: "Hoy llevé unos pasajeros a Ezeiza y tuve suerte
de levantar en seguida una pareja que venía a Buenos Aires. Era gente
bien vestida, que parecía formal. En seguida se pusieron a quejarse de
muchas cosas: una conversación a la que estamos acostumbrados. De
ahí pasaron a decir que los argentinos éramos mentirosos y ladrones.
Yo no sabía qué contestarles y empecé a notar que hablaban con una
tonadita, por lo que entré a sospechar que eran extranjeros. Ellos mismos lo confirmaron pronto. Dijeron que ellos, los chilenos, estaban

mejor armados que nosotros y que nos iban a aplastar como lo merecíamos, por malos 'perdedores' y fanfarrones. Yo todavía trataba de no enojarme y de ver cómo podía arreglarme para que esas palabras no fueran ofensivas. Pero la pareja insistía y a mí me subía la mostaza. ¿Qué le parece hablar así en la Argentina, que ahora estará un poco pobre y hasta en mala situación económica, pero que siempre fue considerada la Francia de América? Y mire el país que nos va a aplastar: Chile, una playita larga, un país de tercera categoría, o quizá de cuarta. Ellos seguían chumbando y yo juntando rabia, hasta que vi un patrullero; me le puse al lado y les dije a los *chafes*: 'Llévense presa a esta pareja, que está hablando mal de la Argentina'. Vieran el disgusto que tuvieron los chilenos. Dijeron que ellos no habían hecho nada más que expresar una opinión y que no era posible que los llevaran a la comisaría por eso. En este punto se equivocaron, porque en un santiamén los acomodaron en el patrullero y se los llevaron a la comisaría, sin tan siquiera pedirme que pasara a declarar como testigo. Yo busqué un teléfono público y le hablé a la patrona. Le dije que nos preparara un almuerzo especial, porque me había ganado el día".

Abril 1978. *Sueño contado y reflexión acerca de la naturaleza del cansancio.* Después de un día poco ajetreado, en que había dormido una larga siesta, por no saber qué hacer me acosté más temprano que de costumbre. Soñé que por una pendiente empinada subía a pie a un pueblito, tal vez europeo, en lo alto de una colina. Cuando ya no podía más de cansancio, vi que un ómnibus se detenía a mi lado. Con la mejor sonrisa el conductor me preguntó si no quería que me subiera. Acepté. Muy pronto llegamos arriba; demasiado pronto, porque no me había repuesto del cansancio y apenas podía incorporarme. Dije al conductor: "Perdone que tome tanto tiempo". Sonriendo afablemente me contestó: "Si tarda mucho, el que va a tener que perdonar es usted, porque voy a llevarlo abajo". Me levanté y salí como pude. Estaba demasiado cansado para continuar con el sueño, así que desperté. De nada sirvió. Seguía cansadísimo. Miré el reloj: eran las cinco; ya había dormido siete horas. ¿Por qué estaba cansado? Por el día anterior, no. ¿Por el esfuerzo de subir a la colina de mi sueño? Pero, ¿no dicen que en un instante soñamos los sueños más largos? ¿Tuve ocasión y tiempo de cansarme tanto? ¿O ese cansancio era mental? Mientras debatía estas cuestiones se me cerraron los ojos. Pasé por una variedad de sueños y, como siempre, desperté a las ocho, descansado.

Visita a los relojeros. Voy a la relojería, a buscar un reloj en compostura, que debía estar listo ayer. Los relojeros (dos hermanos) hablan de la necesidad de alejarse de la ciudad y quieren saber si estuve en Mar del Plata, o en el campo, y si no pasaré la Semana Santa afuera. Cómo sacar el tema sin parecer demasiado brusco. Finalmente junto coraje y digo:

—De mi reloj, ¿hay alguna noticia?

Uno de los relojeros lo busca, lo encuentra y me interroga:

—¿Usted lo necesita?

—Sí —contesto—. Para tenerlo en la mesa de luz.

—Entonces lo voy a hacer en seguida.

—Vendré a buscarlo dentro de una semana o dos.

—No, no. Se lo hago en seguida.

Me pregunto cómo debo interpretar esta declaración. Si espero un rato, ¿me llevaré el reloj?

—Que diga aquí *Luxor* —explica el relojero— no significa nada. Es un Angelus. Un reloj que hoy cuesta una millonada.

—¿Es bueno?

—Cómo le va. Tiene quince rubíes. Es tan bueno como cualquier reloj de pulsera. Yo trabajé para el importador, un señor... Un día fui a verlo y le dije: "Vengo por el aviso". Hablamos un rato y me tomó.

No me pidió referencias. Dijo que le bastaba verme, que no necesitaba referencias. Yo trabajaba en casa y le llevaba el trabajo de varios días. Cuando lo visitaba, ¿sabe cómo lo encontraba?

—No.

—Florete en mano. Hacía esgrima. ¿Usted no tendrá las llaves que le faltan a este reloj?

—No. ¿Paso dentro de diez o quince días?

—Lo llamo por teléfono cuando esté listo.

El 3 de mayo de 1840 "cae asesinado por una partida de mazorqueros el coronel Francisco Lynch, en la misma noche en que se proponía emigrar a Montevideo. Había nacido en Buenos Aires, el 3 de agosto de 1795. Comenzó su carrera militar en 1813. Actuó en el combate de Martín García, a bordo del bergantín 'Nancy', y participó después en el sitio de Montevideo. En 1814 se incorporó al Ejército del Alto Perú e intervino después en la Guerra del Brasil. En 1831 fue nombrado comandante de matrículas y capitán del puerto de Buenos Aires. Fue dado de baja por decreto de Rosas del 16 de abril de 1835" (*La Prensa* del 3 de mayo de 1978).

Creo que fue antepasado mío por el lado de mi abuela materna, Hersilia Lynch de Casares. De chico, oí hablar de la espeluznante visita de la Mazorca y de cómo escondieron en el sótano un juego de platos de borde azul, color incriminatorio. Tengo en mi casa de Posadas 1650 entre seis y doce de esos platos.

Quisiera escribir un poema para despedirme del mundo; lo que dejaré: el olor a tostadas, la literatura inglesa, el sol en Niza, un diario y un banco en la Place Royale o en el Parc Beaumont de Pau.

Dos poemas de *Adiós a la vida*: uno de Gilbert, otro de Voltaire. El de Voltaire, más eficaz y puramente místico; el de Gilbert más ingenuo, menciona los bosques, el verde, el campo, imágenes que me parecen apropiadas para representar la nostalgia que muchos sentimos de acuerdo a ese umbral.

¿Te asombras, Marcial, de que no querramos a los médicos? Son ellos quienes nos anuncian que tenemos una enfermedad mortal. Es claro que lo hacen por si acaso: si sanamos, quedarán como salvadores, y si morimos, ya lo habrán pronosticado. No son muy nobles, por cierto, pero reconocemos que tampoco son astutos.

Hay infelices que de puro ignorantes no consultan al médico y siguen viviendo lo más tranquilos, sin saber que tienen una enfermedad mortal. Un día, a alguno de ellos un amigo médico lo persuade de que se haga revisar en algún hospital, donde burocráticamente lo preparan para la muerte, con los meritorios pero desagradables auxilios de la medicina. En el momento de entrar en el lugar aquel se le acaban los cortes, como dicen o decían nuestros malevos; los cortes, pero no los tajos, ni las transfusiones, ni los raspajes, ni la fiebre, ni las humillaciones, ni el suspenso (inútil) de esa película que siempre termina mal (nuestra vida); pero con ustedes al lado, peor.

7 junio 1978. Sueño del mal fisonomista que está en vísperas de una operación de próstata. Estoy a la entrada de un comercio que han saqueado; da a una calle de arcadas, probablemente la rue de Rivoli, de París. Hacia la izquierda huye una muchacha con el saco de cuero que robó. Pienso: "Si me quedo, todavía van a creer que estoy complicado en esto". Me voy por la derecha. Hacia mí viene otra muchacha. La conozco, pero —como soy mal fisonomista— no estoy seguro de reconocerla. Indudablemente es lindísima. ¿Será Julieta, que siempre me gustó tanto? Me dice: "Qué suerte encontrarte. Quería decirte que estoy, nomás, embarazada". Le pregunté, con alguna alarma: "¿No querés tener el chico?". "Claro que sí", me dijo y desperté.

Recuerdo conversaciones con Drago, de épocas más lejanas. Éramos tan chicos que traté de convencerlo de que mi padre era el hombre más fuerte del mundo. Me parece que Drago se mostraba un poco escéptico, tendía a creer que el más fuerte era el suyo.

Recuerdo otra conversación, de años después, en que me jacté de escribir palabras difíciles. Ese día yo había aprendido la palabra *ojo*, que me parecía larga y complicada (con zonas oscuras).

Marta, el nombre de mi madre, era para mí una palabra de una blancura sólo comparable a las tranqueras de la entrada de nuestra estancia en Pardo. La A era blanca; la O, negra; *Adolfo* combinaba el blanco y el negro; *Esteban* era bayo; *Ester*, marrón; *Emilio*, verde azulado; *Luis*, plateado; *Irene*, gris y marrón; *Ricardo* y *Eduardo*, dorados. El color de *Emilio* me gustaba mucho.

Tarde o temprano llega el momento de pensar: "Ojalá que alguien me la robe". Nadie te la robará.

"No se propase". Expresión, por ahora, en desuso.

Mi pretensión (junio, 1978): pasar, cuanto antes, del mundo de los médicos al ancho mundo de la calle. Para lograrlo, ¿hay que dar un paso muy difícil? Como el que deberá dar, para llegar al río, el pescadito colorado que nada en la redoma. Si el pescadito fuera un poco más inteligente y ejerciera con mejor empeño su voluntad...

Converso, en la plaza, con dos choferes, mientras la perra Diana recorre el pasto, siguiendo olores. El más gordo de los choferes me dice:

—Viejo el perro. A ojo de buen cubero ha de tener sus diez o doce años.

—Es lo que yo calculo —le digo—. Llegó a casa, en Mar del Plata, a fines de la temporada del 69. Creo que tenía dos años. Andaba perdida.

—La habían abandonado —dice el gordo.

—Evidentemente. Yo traté de rechazarla porque no quería más perros. Uno se encariña y cuando se mueren es como si fuera alguien de la familia.

—Me va a decir a mí —dijo el gordo—. Hace veintitrés días se murió la gatita. Mi señora tuvo tres ataques; mi suegra no comió bocado por tres días y cuando mentábamos a la gatita no le miento, me temblaba la barba.

—La perra volvía todos los días. Realmente insistía en quedarse. Mi hija me dijo: "Es joven. Tiene toda la vida por delante. ¿Por qué no la guardamos?" Parece que fue ayer. Ahora vivimos en el temor de que se nos muera.

El chofer flaco dijo:

—Llame a un veterinario para que la sacrifique y asunto arreglado.

Para la segunda edición de mi *Diccionario del argentino exquisito*, para la palabra *oligarca* escribí la estrofa:

> *Señores, pasen a ver,*
> *el hambre inmensa que exhibe*
> *un oligarca que vive*
> *de una casa en alquiler.*

En ese tiempo los inquilinos abusaban descomedidamente de los propietarios. Con el libro en prensa debí suprimir la estrofa, porque la situación había cambiado: ahora la fuerza estaba del lado de los propietarios, que desalojaban a inquilinos que se tiraban por las ventanas, etcétera. Esos inquilinos y esos propietarios eran hijos de una misma ley atroz: la ley de alquileres, modelo de ley de Perón que enconó en bandos, para siempre, a los argentinos.

Entre las desdichas de la infancia, recuerdo la terapéutica de entonces: las dietas (no comer), que tenían la contraparte de una primera tostada, cuánta delicia, o de un puré. Las torturas que arrancaban lágrimas: desde los desasosegados *supos* (supositorios) hasta la descomunal *lavativa* (enema); los remedios de vísperas desconsoladas: la dulzona limonada Roget, el feo sulfato, el repugnante aceite de castor (o de ricino); unos instrumentos prestigiosamente desagradables: los paños embebidos en tintura de yodo que se ponían en el pecho y producían escozor; toda suerte de emparches; las ventosas; las botas Simón (envoltorios de algodón hidrófilo que abrigaban las piernas) contra la fiebre; las temidas inyecciones del doctor Méndez contra las gripes. ¿Por qué tantas lágrimas por estos malos trances? Primero, por miedo: el chico no tiene experiencia y no sabe hasta dónde van a llegar el dolor y la incomodidad; después (esto es una conjetura), porque los chicos (tal vez por la misma causa anterior) son más sensibles que nosotros al dolor y a la incomodidad. Si las señoras supieran cómo las odian algunos chicos a los que ellas por ternura estrujan la cara...

Sueño. Avanzo por una calle que corre como Sarmiento, en sentido contrario (me alejo del Once, me acerco a Callao). No estoy perdido, aunque no sé bien dónde estoy. Paso varias bocacalles y por último la calle termina en una pared, donde hay una chimenea con adornos. Es un palier de ascensor. Hacia la izquierda, donde busco el ascensor, descubro que el piso no llega hasta la pared; por el hueco veo el piso de abajo; ahí están las puertas, como jaulas negras de hierro forjado, de los ascensores. Me dejo caer al piso de abajo;

Silvina me sigue; resisto bien el golpe. Aprieto el botón de un ascensor; después, del otro. No funcionan. Ese palier no tiene otras puertas. No hay cómo volver arriba. Sonriendo, le digo a Silvina: "No te preocupes. No es más que un sueño". Despierto. La verdad es que por un rato no quiero dormirme, de miedo de encontrarme de nuevo en ese lugar.

Cuando me dicen que toda la culpa no la tiene Perón, que cada uno de nosotros tiene alguna culpa, me indigno. ¿Por qué he de cargar con culpas, con responsabilidades, yo que soy un individuo de vida privada, que siempre traté de no hacer mal a nadie? Pero si me dijeran que todos tenemos parte de la culpa de que este país no sea el que soñó Belgrano, acepto la acusación, avergonzado y contrito. Belgrano es el paradigma de nuestros próceres: el más noble, el más puro, el más valiente, el más modesto. De algún modo, todos los argentinos somos descendientes de Belgrano. Todos somos sus deudores, todos debiéramos imitar su ejemplo.

Mi amigo, en sus mocedades, visitaba la casa de un viejo caballero que era descendiente del prócer. Me dijo: "Era una buena persona. Era tan haragán que no leía diarios. Después de almorzar, se sentaba en un sillón y pedía que le sintonizaran la radio (todavía no había televisión). Él no sabía sintonizarla. En realidad no sabía hacer nada, salvo enrollar paraguas. Ah, eso lo hacía muy bien, moviéndolos en su mano izquierda, en espirales de abajo arriba. El señor Belgrano me enseñó a enrollar paraguas".

Una operación. La operación que me hicieron me sugirió la alegoría: Somos un barco. En alta mar, el primer ingeniero descubre que hay que arreglar la quilla. La abren. El agua entra a borbotones, avanza por todo el casco, inunda las calderas y la sala de máquinas. El peligro de naufragio es real. Finalmente cierran la brecha, sacan el agua. Hay máquinas que funcionan, pero de manera imperfecta. Así conseguimos llegar a puerto.

Chopo Campos Carlés me refiere que de vez en cuando sueña que su padre le exige que se reciba de nuevo de abogado. Al día siguiente debe dar exámenes: descubre que en algunas materias, como Derecho Romano, no sabe nada.

Diario de un hombre con sonda, entre el 4 y el 26 de junio de 1978. Me distraía, mientras orinaba por la sonda, y pensaba: "En cuanto concluya con esto, hago pis".

Yo no entendía por qué Johnson tenía miedo de enloquecer. Me sentía firme en la cordura. En los días inmediatos a la operación de próstata descubrí que se necesita muy poco para dar el paso que va de la cordura a la enajenación. Yo sabía que estaba en un cuartito de tres por cuatro, una suerte de infecta cabina de tercera clase para un solo pasajero. Sin embargo, me veía en un gran salón, con la enfermera, roncadora y sorda, sentada en un sillón junto a mi cama. Silvina, roncando en un diván, y en filas paralelas y más alejadas de divanes, siempre a mi izquierda, Carmen Domecq y otras personas conversando. A los pies de la cama, en la fantasmagórica profundidad del cuarto, había un piano de cola (sé qué es real y qué es imaginario, pero lo imaginario existe de una manera tan consistente y tan abrumadora como lo real). Una noche me entero de que un oscuro periodista de *La Prensa*, autor de una serie de artículos titulada "Reflejos de nuestra ciudad", ha obtenido por esos artículos precisamente el Premio Nobel. El asunto no me preocupa; fuera de que deseo que le den el premio a Borges, no me importa quién lo saque. De pronto recapacito que en esta época nunca se dio el Premio Nobel y que tampoco se ha dado, que yo sepa, a un periodista. Me pregunto si no estaré soñando. Comprendo que así es y por su pura insistencia el sueño se convierte en pesadilla. Al día siguiente lo recuerdo con una mezcla de contrariedad (porque fue obsesivo) y de diversión (porque fue ridículo: una pesadilla de ínfima categoría). Me duermo a la noche siguiente y en seguida me encuentro con el mismo asunto: llega no sé qué confirmación de que el Premio Nobel fue dado a ese periodista. Sé que estoy soñando y desespero.

Otra noche, que siento asco por la comida, en cuanto cierro los ojos veo fuentes con croquetas, con pescados, con grandes pavos, con blanquetes de ternera, que me revuelven el estómago.

Tema para *grafodrama*[4] del pobre Medrano. Título: "Acompañante". Se ve al enfermo, ojeroso y desvalido (yo), se ve al acompañante (Silvina), con los ojos cerrados, con la boca abierta, durmiendo, roncando.

Molfino me extirpó las tiroides el 2 de junio de 1978; Montenegro me extirpó el adenoma de próstata el 26. Le digo al cirujano: La operación fue magnífica. Desde luego, como operación en un bergantín de siglos pasados… El cirujano, habilísimo; el vaso de ron, prestigioso; en verdad, el amputado no sintió nada; pero hay que llegar a puerto y en los días siguientes las bonanzas y las tempestades implacablemente se suceden: el barco no avanza, y el pobre diablo de amputado se interna, ya con pocas esperanzas, en el dolor y en la fiebre. (Cemic, día 30 de este quirúrgico mes de junio de 1978). "Hemos

---

[4] *Grafodramas*: Tira cómica de Luis J. Medrano (1915-1974) publicada diariamente en *La Nación* entre 1941 y 1974. Constaba de una ilustración sin diálogos, explicada al pie por un comentario irónico. Según el *Diccionario Sopena* (1954), un *grafodrama* es un "dibujo de intención irónica o suavemente satírica que comenta la realidad insinuando una situación grotesca". [N. de DM]

llegado", nos decimos. Desde hace veinte días, estamos en tierra firme. De pronto, esa tierra firme se desintegra: era un cachalote. Nos encontramos de nuevo en el agua. Braceamos: ¿llegaremos a la orilla?

Un consejo a curas. Instalen sus capillas o grutas milagrosas —Lourdes, Luján, Santa Teresita— pared por medio a cualquier centro de extirpación de próstatas.

Mi tío Enrique, el mujeriego, antes de suicidarse por una mujer que no lo quería, me dejó una carta con algunos consejos. Transcribo el primero de la lista: "Cuidado con las mujeres, Adolfito. Son todas el disfraz de un solo buitre, cariñoso y enorme, que vive para devorarte".

Estados Unidos. Mientras tuvieron buena literatura, el país la ignoraba y eficazmente se dedicaba a ganar dinero; ahora esta actividad, para la que sirven, se desacreditó ante ellos y se vuelcan en la literatura con el fervor y la ineficacia de los grupos de vanguardias de La Plata después de los años treinta. Proliferan allá las oscuras revistitas para el canasto, y los jóvenes, cruza de estudiantes y escritores, idénticos entre ellos, por la ineficacia, por la ignorancia enciclopédica, por el radicalismo criollo, de izquierda, y por las ansias de originalidad.

Los bárbaros, al descubrir que los romanos los tomaban en serio, seguramente intuyeron que el Imperio estaba en decadencia y que por increíble que pareciera caería pronto. No sé por qué habré pensado esto después de leer en una revista académica una lista de tesis doctorales norteamericanas sobre argentinos (Borges, Sabato, Cortázar, Silvina Bullrich, ABC, Luisa Mercedes Levinson, así como leen) y latinoamericanos varios.

Mi amiga me dice: "No le encuentro historia a mi vida". Yo pienso: "Lujo de persona sana. Si yo pudiera hacer pis sin dificultades, le encontraría historia a mi vida".

Sólo con tiempo me salen bien los trabajos. Para el *Diccionario*, que si no me engañan algunos elogios fáciles ha de ser un librito bastante logrado, tuve que pasar por la primera edición (del 71), un borrador defectuoso y quizá estúpido.

Siglo XVIII. El reverendo Charles de Guiffardière escribió, en una carta a Boswell: "Mi querido Boswell, no me canse mortalmente con su moralidad tan sublime y tan poco adecuada a la vida. Créame, la moralidad de nuestro corazón es la única verdadera: la desagradable montaña de preceptos queda para las almas vulgares y torpes, incapaces de lograr la delicadeza de gusto, que nos permite saber que la virtud es querible y el vicio, odioso… Usted parece un implacable perseguidor de las pasiones… Usted es joven… Ante todo, conságrese a las mujeres. No me refiero a esa clase de mujer por la que los jóvenes llegan a la desgracia, a través del placer, sino a la que se distingue por los sentimientos, por la delicadeza, por ese gusto por la voluptuosidad que es característico de las almas sensibles… Espero, al hablarle así, no estar cometiendo la torpeza de quien da una lección".

El enfermo no está confinado a su cuarto, ni a su cama, sino a su cuerpo. El cuerpo es su morada y su jardín. Desde luego, su jardín de tormentos. Mi inteligencia (no la nuestra, querido lector: *pace*) realmente es más limitada de lo que en la soberbia de la juventud he creído. Después de las experiencias de junio y julio del 78, entiendo mejor cierto poema de Donne; un poema en el que me detuve lo necesario para comprender que alguno de sus versos me serviría de epígrafe para una novela... No sin embargo para entender la fantasmagórica ampliación del cuerpo del enfermo, a la que el poema se refiere; ampliación que lo engloba todo; el cuerpo es el universo del enfermo.

Dramáticamente Pedro anunció: "A mi señora tienen que hacerle una radiografía interna".

La nativista. Me dijo que la habían nombrado secretaria del Partido. "Pero yo no sé nada", dijo. No quisieron oírla. Dice que hacen rifas —los premios son ladrillos, cemento, cal, y otros materiales de construcción— "que benefician al obrero que los gana y al partido". "¿Y ustedes dicen que son comunistas?", pregunté. "No. Somos la sociedad de fomento. Damos premios a la madre más joven, a la que tiene más hijos, etcétera". Me explicó que están contra "la conducción económica". Me dijo también que se emocionó mucho cuando empezó el Campeonato Mundial de Fútbol: "Lloré cuando vi esas formaciones de chicos, con las banderas argentinas". Las banderas argentinas en el día del triunfo, de nuevo la conmovieron hasta las lágrimas. Dijo que el Campeonato demostró al mundo que todo lo que se decía contra la Argentina eran mentiras. "Una campaña de mentiras", fueron sus palabras. Entonces, ¿en qué quedamos?

El 7 de septiembre de 1978 murió nuestra perra Diana, una de las personas que yo más quería (me duele usar el pretérito). Silvina me dio la noticia en voz baja, y sin mirarme, como si la frase no estuviera dirigida a mí, para que lastimara menos: "Diana died".
Me ha maravillado la delicadeza de la gente (gente de expresión por lo general defectuosa, y aun torpísima) para referirse a ese hecho. Alguien que no sabe hablar, que dice "Me voy de un santo a comprar un Chubut" por "me voy de un salto a comprar un yoghurt", comentó: "La perra se nos fue". Qué bien: el "se nos fue" en lugar de "se mu-

rió", que yo hubiera empleado. Diríase que fue un acto voluntario de Diana... El uso del *nos* me parece de una extremada delicadeza, porque se incluye a sí mismo en el dolor; se pone a nuestro lado; nos acompaña. Otro comentó: "Lo que me tiene mal es aquel vacío" y señaló el sitio donde Diana solía dormir.

Vino el secretario de la Federación de Colegios de Abogados a buscar una fotografía de mi padre, para el salón donde sesiona la Comisión Directiva. "La mirada de su padre solía expresar mucha picardía. Recuerdo una vez, en 1950 o un poco después, cuando nos citó el Director de las Bibliotecas Populares, un funcionario peronista. Se sentó en un sillón que estaba en un estrado; más abajo, enfrente, nos sentamos nosotros. Su padre, que era presidente de la Confederación, el doctor Uriel O'Farrell y yo. La Confederación recibía, por ley, un pequeño subsidio. El funcionario peronista se puso a hablar en tono de discurso. Dijo que había visto con sorpresa que algunas instituciones que recibían subsidio del gobierno no apoyaban la obra patriótica del general Perón. En una palabra, nos amenazaba con el retiro del subsidio. Su padre me miró, se levantó, se dirigió al doctor O'Farrell, dando la espalda al funcionario preguntó: '¿No le parece O'Farrell que nuestra presencia no es necesaria aquí?'. O'Farrell contestó: 'Desde luego'. Sin volvernos, fuimos saliendo. El orador había callado".

Para el Beagle y cualquier disputa:

Lo más prudente
es llegar a un acuerdo provisorio,
pues lo evidente
es que el mismo universo es transitorio.

Mi amiga pondera mi buena suerte: a los años que tengo, una amante fija ¡y de su edad!

Imaginé un diálogo entre un condenado a trabajos forzados, que al fin del día dice a mi secretaria:

—Estoy rendido de cansancio.

Mi secretaria contesta con la frase que le oí el viernes:

—Yo también. Nada cansa tanto como tomar sol.

Un embuste: que en los años cuarenta se hacían aquí buenas películas. Se hacían las inepcias de siempre, tal vez peores.

APUNTES

Manucho, invitado por el alcalde de un pueblo de gitanos, en la Camargue, roba la llave de la puerta del pueblo. La tiene en su casa de las sierras.

Manucho le regaló a Silvina una fotografía de su amante, desnudo. Pudibundo, eso sí.

Manucho apareció en casa, un día de 50°, con un saco de terciopelo. "Qué lindo saco", le dije. "Es copia de uno de Baudelaire", contestó.

Robos. Yo espontáneamente descreo de los *robos* literarios (por ejemplo, cuando alguien dice: "Ese argumento es robado de..."). Sin embargo, a lo largo de la vida me enteré de no pocos *robos*.

Cuando Peyrou nos contó el argumento de su cuento "El jardín borrado", nos gustó tanto que uno de nosotros propuso la publicación de un libro con ese título que incluyera, en primer término, el cuento de Peyrou, y a continuación cuentos, con el mismo argumento, de cada uno de los amigos. Nuestra intención era hacer un homenaje a Peyrou celebrando la invención de esa historia.

El proyecto no se llevó a cabo. Nadie escribió su cuento, salvo Estela Canto, que le ganó de mano a Peyrou y lo publicó antes que él, sin ninguna aclaración acerca de la paternidad del argumento.

Recuerdo otro *robito* de Estela Canto. Silvina había empezado una comedia en verso y había escrito a máquina la línea:

los espejos de la sombra.

Estela estuvo un rato en ese cuarto. Poco después publicó un libro titulado *Los espejos de la sombra*. Desde luego no había pedido permiso, tampoco se comidió a señalar el origen.

Cuando Silvina reunió los cuentos de *Las invitadas*, los entregó a Murena, que entonces trabajaba en Sur, para que la editorial publicara el libro. Después de seis u ocho meses le devolvieron el original, y Silvina lo entregó a Losada, que lo publicó. Entre tanto Peyrou leyó en una revista una apostilla anónima que le llamó la atención. Era un párrafo de "Diario de Porfiria" (cuento de *Las invitadas*), en que la protagonista escribía a sus amigas. Solamente Murena u otra persona de Sur pudo darlo a la revista. El párrafo no apareció en la edición de Losada. Silvina nunca se atrevió a preguntar a Murena si lo había, primero, dado a la revista, y si, después, lo había tachado.

Yo fui víctima, tal vez debiera decir beneficiario, de un robo de muy distinta naturaleza, por cierto. Cuando Beatriz Curia buscaba textos míos en la Biblioteca Nacional, encontró en un salón donde guardan textos valiosos (*hear, hear*) el original de "La trama celeste". Como no cometí nunca la fatuidad de regalar mis originales, no me queda otra alternativa que pensar en un robo, seguido de la donación, o en la simple donación del original (que en el 48 o 49 yo había entregado a Sur, para su publicación).

Beatriz Curia me preguntó de dónde saqué un párrafo de Blanqui (de *L'Éternité par les Astres*) citado en "La trama". Le dije: "De un libro de Flammarion. Un libro ilustrado, del que recuerdo un grabado: Blanqui, sentado en un banquito, recostado contra la pared, en su calabozo de la prisión de Toro; en la parte superior de la pared de enfrente hay una ventanita con barrotes por los que se ve un cielo con estrellas". Busqué en vano el libro en mi biblioteca de la casa de la calle Posadas. Encontré otro de Flammarion sobre astronomía y literatura, ilustrado, idéntico al del recuerdo, salvo que no contenía el grabado de Blanqui en su calabozo ni referencia alguna a *L'Éternité par les Astres*. Prometí a Beatriz Curia buscar el libro en Pardo, cuando fuera allí.

Hoy Beatriz me dijo que por el cotejo de textos del original de "La trama celeste", del cuento publicado separadamente en la revista *Sur* y del cuento publicado en el libro, donde hay correcciones y verdaderas transformaciones en el párrafo atribuido a Blanqui, ha llegado a la conclusión de que yo inventé ese párrafo. No cree que yo le mentí cuando le dije que pensaba que era de Blanqui y no mío; cree, nomás, que yo he sido víctima de mi capacidad de persuasión.

No disentí, porque realmente no sé qué pensar. Lo que sé es que en aquellos años yo no hubiera tenido inconveniente en corregir un párrafo citado; pude muy bien considerar: Nadie pone atención en nada. ¿Quién va a encontrar el libro de Blanqui (tenía razón, por lo visto) y después confrontarlo con mi cita? Blanqui, porque ya no vive, no protestará, y en realidad no tiene por qué, ya que le mejoro el párrafo...

Yo construyo bastante mis relatos, pero no tanto como descubren los críticos. Saladino, en "Lo desconocido atrae a la juventud", no se llama así por el califa y mago, sino por un frutero de Las Flores; los tranvías de ese mismo cuento no son el 5 y el 8 porque $8+5 = 13$, sino porque según un benévolo informante eran los que entonces debía tomar el héroe para cumplir su trayecto rosarino; en cuanto a la ofrenda de gallinas y pollos muertos, de pavo vivo y de huevos que llevaba el héroe a su tía, no simbolizan nada: el pariente del campo llega a la ciudad con semejantes regalos (tal vez en proporciones menores, porque la realidad no siempre es tan desaforada como mi pluma).

Pobre Mallea. Conoció una época en que hubo revoltosos contra su dominio, que subversivamente declaraban que el verdadero Mallea era otro, un tal Mallea Abarca.

Pensar que en una conversación (por el 34 o el 35) me dijo, con una autoridad a la que solamente por falsa modestia hubiera renunciado: "Los que escribimos bien somos pocos". Frasecita bastante sabia, pues me dejaba en libertad de incluirme en ese plural prestigioso, aunque no me incluía. Por aquellos años yo regularmente publicaba la horrenda serie de mis primeros seis libros.

Lo del *verdadero* Mallea fue invento de Peyrou. Así lo presentaba a Enrique Mallea Abarca; su fe en este último era menor que su malquerencia por Eduardo Mallea, a quien consideraba un figurón. Entiendo que hacia el final de su vida, esa malquerencia fue convirtiéndose en aprecio.

En Alta Gracia, Enrique Larreta me aseguró que era tan activa su inteligencia que no le permitía leer: toda frase le sugería un cúmulo de ideas y de imágenes que lo extraviaba por esos mundos de su mente y le hacía perder el hilo de la lectura.

1° noviembre 1978. Carlitos Frías me asegura que la situación del conflicto con Chile ha mejorado; que ayer estuvimos al borde del abismo, pero hoy todo parece arreglado (para bien).

Mi amiga me cuenta que a su primo (que debió presentarse en los cuarteles, con otros reservistas de la clase del cincuenta y tantos) un sargento le dijo: "Estate tranquilo, pibe. Los primeros que irán a la línea de fuego serán los presos y los putos".

Beating the bushes? Manucho escribe a Silvina: "Me dice Oscar que en *Claudia* aparecerá un reportaje tuyo. Lo buscaré para comprobar cómo retribuyes a los recuerdos elogiosos que en los míos te dedico". Así nomás es.

Diciembre 1978. Su primer libro, publicado en 1933, parece que lleva la dedicatoria: "A usted, y a usted, y a usted y a todos los otros, que no me quieren". Aseguran que no era fácil quererlo. Fusta en mano, lista para azotarle la pierna en que se apoyara en el suelo, enseñó a uno de sus sobrinos a andar en bicicleta. En realidad, por cualquier motivo lo azotaba con una de las fustas de su colección; a otro sobrino, hermano del anterior, lo consideraba inteligente. Con el inteligente y con otro, hijo de su hermana, solía pasear; cuando se encontraba con alguien conocido, los presentaba: "Éste es mi sobrino inteligente y éste mi sobrino bruto". Veía mucho a los sobrinos, para desairar a los hijos; el afán de desairar a sus hijos lo llevó a querer, aparentemente al menos, a su sobrina. La agresividad y la pasión por el orden eran los aspectos más notables de su carácter.

Se descerrajó un balazo en el pecho y después, cuidadosamente, guardó en un estuche el revólver. Cuando llegó su amante, que era la única otra persona que tenía llave del departamento, lo encontró muerto. Desesperada corrió a la policía. Al descubrir la policía el revólver en el estuche, no admitió que se hubiera suicidado. La amante pasó horas muy duras en la comisaría. Por fin la soltaron.

A los hijos y demás parientes —ya tenían cuartos o departamentos reservados en distintas ciudades de veraneo— la policía les ordenó: "Ustedes no se mueven de Buenos Aires".

Alguien observó que fue la pasión por el orden lo que lo llevó a sobreponerse a la muerte durante los instantes necesarios para guardar el arma. Hombres de su familia disintieron de esa conjetura; según ellos, fue el afán de molestarles una última vez.

Viajes. Dijo alguien que los viajes nos deparan la revelación de que la vida es mientras tanto.

Habla Enrique VIII

> *¿Versátil yo? Le pido que me crea:*
> *minuto tras minuto está más fea.*

Una tarde, después de sobrellevar los temores del futuro de la amiga, oigo en casa las quejas de la mujer. Escribo sentidamente:

> *Con una mujer u otra,*
> *la vida es la misma potra.*

La palabra *mythos*, en Homero y los primeros poetas, significaba *palabra o discurso*. En Eurípides, *consejo y orden (mandato)*. En Platón, *dicho o proverbio*. En la *Odisea, cuento, narración*. En Píndaro y Herodoto y otros escritores del siglo V, aparece la diferencia entre *historia verdadera (logos)* y *leyenda o mito (mythos)*.

En la placa (inicial) de la calle Fernández Moreno, se lee *Baldomero F. Moreno*; según una persona que escribió a *La Prensa*, en el barrio la conocen como la calle Baldomero.

Estoy con amigos en el peristilo de la Recoleta, esperando un entierro. Me llama la atención un grupo de personas, al borde de la calle, muy contentas. Descubro después a un viejo, en pantalones cortos, que está fotografiándolas, desde la plaza. Son turistas norteamericanos. Se van a llevar un lindo recuerdo. Qué animales.

Señor. Empleado como epíteto para ponderar el volumen o la importancia de algo. "Usted tiene unos señores juanetes", aseguró el zapatero a la dama. Mi secretaria se enojó mucho porque en un reportaje me referí a ella como "la señora que me pasa a máquina mis escritos".

—Hoy —me dijo— uno llama *señora* a la persona que viene a hacer la limpieza. O al plomero. Mucha gente les dice *señor* a los mozos de restaurant, lo que me parece muy bien.

—Sí —convine—, pero cuando adviertan que solamente a la gente humilde se le dice "señor", ya no estarán contentos.

No entendió. Creyó que yo trataba de retirarles el título de señor. Sin embargo, ella misma…

A la pregunta, en *Status*, "¿Usted se psicoanaliza o se ha psicoanalizado?"[5], debí contestar: "Sí, me he psicoanalizado. Cuando no me psicoanalizaba, si por cualquier causa tenía dolor de cabeza, de estómago, de cintura, me decían: 'Estás somatizando' y agregaban: 'Vos estás bastante enfermo. Tenés que psicoanalizarte'. Un día, para que me dejaran tranquilo, me psicoanalicé. Desde entonces nunca tuve un dolor, ni enfermé, ni nada me cayó mal, ni me sentí cansado. Este maravilloso bienestar me permitió comprender que una persona psicoanalizada es indestructible: no conoce los dolores ni la en-

---

[5] Se refiere al reportaje efectuado por Vlady Kociancich, publicado en la revista *Status* (Buenos Aires), n° 7 (abril 1978), especialmente p. 7: "P: ¿Se psicoanalizó alguna vez? ABC: ¿Y usted? P: No, nunca. ABC: Ah, qué suerte. Entonces podemos hablar. Mire, con relación al psicoanálisis vengo a ser algo así como un contemporáneo de los primeros cristianos. Al comienzo de mi vida esa iglesia no estaba tan firmemente arraigada en la sociedad. Por lo menos, no todos la conocían. Una amiga mía, a quien quiero mucho, piensa que soy un cobarde porque prefería arreglármelas solo. También me gustaría morirme repentinamente, sin tener que recurrir para eso al auxilio de los médicos". [N. de DM]

fermedad. La conclusión es evidente. Una persona que se psicoanaliza, si lo hace bien, no puede morir. Estas reflexiones me llevaron al gran descubrimiento de mi vida: Freud, el padre, el gran maestro del psicoanálisis, no pudo enfermarse y morir. Porque morir ha de ser, créanme, somatizar en serio. Evidentemente Freud ha de estar vivo, escondido en alguna parte. El motivo de estas líneas, ustedes lo adivinaron, es conseguir que un vasto número de personas haga circular un petitorio para que el padre del psicoanálisis vuelva a la cátedra, al consultorio, al seno de sus admiradores y amigos. Para que salga de su incómodo escondite y vuelva. El mundo lo necesita".

Sueño. Yo había presentado a mis compañeros de Comisión del Jockey Club a unas personas, para que las admitieran como socios. Mis protegidos no cayeron mal, tal vez porque para ellos todo motivo era bueno para elogiar al Jockey. Con cierta alarma de pronto advertí que no decían el Jockey, sino la Jockey. Evidentemente se confundían con la confitería "Jockey Club". Por fortuna mis compañeros de comisión no lo notaron.

Sueño. Encuentro a mi hija Marta, que está pasando una temporada en Mar del Plata, sentada en un banco de la plaza contigua a casa, en Buenos Aires. Extiendo los brazos hacia ella y le digo con efusividad: "Marta, qué suerte que estés aquí". Finalmente, contesta: "No nos hemos visto". "¿Por qué decís eso?", pregunto. Como alguien quiere intervenir —toma mi tristeza por enojo o vaya a saber qué— explico: "Es mi hija".

Dos anécdotas, que tal vez demuestren que a mí me falta amor propio o que a los otros les falta imaginación.

En una reunión de la sociedad de familia, mi primo Vicente L. irritadamente reprochó a Guillermo Bullrich el no haberlo invitado a una distribución de premios entre los oscuros tenistas de un torneo del lejano club de campo. Qué afán, Dios mío, de ser alguien, siquiera una autoridad en una distribución de premios.

En el Jockey Club, dos días después, mi amigo se quejaba de cómo hacía las cosas la presidencia del Club. "No consulta a la Comisión. No hay cambio de ideas. Si yo me hubiera enterado a tiempo de este almuerzo, le hubiera dado una buena idea: invitarme". En las circunstancias, mejor hubiera sido invitarlo; pero como idea, no veo qué tiene de extraordinaria.

Por deleznables, atroces o inmorales que sean los fines de un club o asociación, los socios hablan de ellos (en los discursos, sobre todo) como si fueran sublimes. Sin duda, los mismos enterradores están orgullosos de su negocio y hablan de "nuevos rumbos en pompas fúnebres".

Madrugada del 2 diciembre 1978. *Sueño*. Viajaba en automóvil, por lugares de Francia, próximos a Suiza, Evian quizá, por donde había viajado antes; lugares predilectos de mis recuerdos, de mis nostalgias, lugares que yo conocía mucho y a los que deseaba volver. Mi compañero del viaje era un rey: un hombre alto, de pocas palabras, adusto; físicamente parecido a Alfonso XIII y, tal vez por el paraguas que llevaba, a Neville Chamberlain. Vestía una anticuada levita y viajaba en una limousine, un enorme y antiguo Daimler, o quizá un Delaunay-Bellville o un Darracq. Como yo conocía la región, iba adelante, en mi automóvil. El rey, que me seguía en el suyo, llevaba de acompañante a un muerto, en un ataúd florido. Poco a poco me sentí extraviado y ansioso; incapaz de encontrar los lugares que tanto quería. Yo reconocía la región aunque muchos detalles hubieran cambiado; sobre todo había cambiado el trazado de los caminos; creía reconocerlos y me extraviaba. A esta altura del sueño el rey me parecía, más que adusto, áspero, reseco, nada comunicativo; en resumen, muy antipático.

En la madrugada del 3 de diciembre de 1978 tuve un sueño que recuerda tal vez las ideas de los sueños que se hacen los directores de cine y los dibujantes.

Habíamos recuperado el departamento del 5º piso de la calle Posadas (donde vivo), que habíamos alquilado a una repartición técnica del gobierno. Alguien me explicaba: "Salen beneficiados. Con los aparatos que debimos instalar en el baño usted se va a dar unas duchas fabulosas".

Como era la primera noche que pasábamos allí, el departamento aún estaba casi vacío. Yo me preparaba para acostarme. En mi dormitorio, en lugar de ventana, tenía un gran ojo de buey sobre la calle Posadas.

Oigo de pronto unos golpes en la pared. Por una anomalía del sueño, veo desde mi cama, como si asomara por el ojo de buey, un caballo que sube por el lado de afuera, verticalmente por la pared, tirando una suerte de arado de madera, que empuña un hombre. Instantes después la enorme cabeza del caballo surge por el ojo de buey: está cubierta por una máscara con agujeros para los ojos, como las que usaban para los caballos de guerra en la Edad Media, o quizá como las que usan los caballos de carrera, hoy en día, para protección contra el frío. Me digo que el ojo de buey ahora parece una pechera y que el caballo ha de pasar sus noches ahí. Pienso: "El hombre que lo trajo no sabe que ya nos devolvieron el departamento".

Me gustan los chismes; entre ellos están las futuras anécdotas. "I love gossip", dijo Henry James.

Puerilidades de homosexuales inteligentes. Me dicen que una película es extraordinaria porque en la escena final un individuo viola a un obispo. Esta información me parece tan boba como la (sugerente) de Cortázar: "No me hablen de películas audaces hasta que me muestren una donde haya un hombre desnudo, visto de frente".

Otro que bien baila me instruyó de que en los anales del mundo había pocas fotografías del órgano sexual masculino; a continuación me dijo que él tenazmente rastrea y colecciona esas fotografías.

Otras tantas confirmaciones de mi conjetura de que no maduramos parejamente para todo.

Antes y después. Antes de la operación de las tiroides me decían: "No es nada. A Fulanita la operaron conversando...". Los otros días mi amigo Alejo Florín me dijo que la operación de la tiroides es, entre todas, la tercera en dificultad; las dos primeras, no sé en qué orden, serían alguna del corazón y alguna del cerebro. El 2 de junio me operaron de la tiroides; el 23 (¿o dos o tres días antes?) de la próstata.

La noche que la conocí me pareció una persona particularmente agradable. Esta opinión demuestra no solamente que tiene méritos que valoro mucho, sino que yo no tengo defensas eficaces contra la adulación. Ni siquiera recordé que las mujeres, cuando han elegido a un hombre, suelen mostrarse solícitas, corteses, afables... Aquella noche supuse que esas modalidades eran naturales de ella y no las vinculé de ningún modo conmigo. A los pocos días empezó a llamarme. Había un extraño contraste entre el tono pueril de su voz y el sentido de lo que me decía; creo que la primera vez que hablamos me dijo que estaba dispuesta a hacer, o dejarse hacer, lo que yo quisiera; tal vez un poco impaciente por el escaso progreso de nuestra relación (conversaciones telefónicas, cuando la persona que atendía en casa el teléfono era yo; cuando atendía cualquier otro, la respuesta que ella recibía era "No está"), me aseguró que no temiera deshacer, o estropear, la relación con su marido: él y ella eran gente moderna, que mantenía y respetaba la absoluta libertad individual.

La relación duró más de un año. Cuando se iba al extranjero, de donde estuviera me llamaba: recibí llamadas de Punta del Este, de París y de Nueva York.

Nunca salí con ella. Dos veces la visité en su casa. La primera vez, hubo algunos besos, algunas caricias. La segunda, casi un año después, la víspera de su anunciada partida para Europa, no hubo ningún juego erótico. Fue una visita aparentemente seria, donde lo sentimental, si lo hubo, se limitó a las palabras. Cuando fue a buscar la bandeja del té, habló (en el cuarto de al lado) con una mucama. No recuerdo qué me dijo de esa mucama, salvo que era "mona". Cuando salí de la casa, en la puerta de calle, me crucé con una muchacha, evidentemente una mucama, que no me pareció demasiado agraciada; tal vez porque me miró, supuse o intuí que sería la de mi amiga.

Después de esa tarde no tuve más noticias de ella. En casa me chanceaban: "No te llama más. Te olvidó". Yo empecé a preocuparme; no de que hubiera olvidado; de que algo malo le hubiera sucedido. Después alguien refirió a Silvina: "En el día del viaje, el marido le dijo: 'Vos no vas a Europa. Vas a casa de tus padres'".

Pasaron meses sin más noticias. La otra noche, me contaron: "La mucama le dijo al marido que vos la habías visitado. El marido le dio una paliza que la dejó enferma por varios días... Yo le había prevenido: 'Andá donde quieras con él, pero no lo recibas en tu casa'. También le dije que me parecía muy bien que tuviera un amor con vos, pero que por lo que ella misma me contaba yo no creía que vos estuvieras enamorado de ella".

Creo que yo me mostraba más dispuesto a verla en su casa que en cualquier otra parte. ¿Por qué no me acosté con ella? Porque a lo largo de la vida me he metido en demasiadas complicaciones absurdas... Ahora no sé qué pensar. A veces me digo: Sería más llevadera la paliza si por lo menos fuera por algo real. Otras pienso: Qué remordimiento tendría yo si le hubiera dado pie para contar conmigo, aunque fuera por error de persona enamorada.

Lo que permite llegar a una guerra con la mayor serenidad e inconciencia es el hecho de que en la persuasiva calma de la paz la convulsión de la guerra es increíble.

Drago dijo que tal vez el único progreso del siglo XX es la convicción generalizada de que no pueden los países ir a la guerra por una razón cartográfica.

Diálogo callejero.
Se encuentran dos parejas.
UNO DE LOS MUCHACHOS: ¡Qué hora de llegar!
EL OTRO MUCHACHO (señala a su muchacha, para disculparse): Es culpa de ésta. Nunca está lista.
PRIMER MUCHACHO: Prendela fuego.

Ahora me quieren pocas mujeres y, casi agregaría, todas con propósitos muy serios. Una situación nada envidiable.

Una situación que se repite. Llega siempre el día en que la amante pide que me separe de Silvina y que me case con ella; si todavía se limitara a decir: "Vivamos juntos" a lo mejor examinaría la petición... pero jamás me metería en los trámites de una separación legal; no sé si alguna mujer merece tanto engorro. Creo, además, que si uno tomara de árbitro a cualquier otra mujer (quiero decir, a toda mujer que no sea la amante de turno) diría que uno hace muy bien de separarse, y que solamente se casaría de nuevo un grandísimo idiota. Las mujeres parecen creer que el hombre no se va con ellas por amor a su cónyuge; el hombre no se va con ellas por horror al matrimonio: una vez, ingenuo; dos, vicioso.

Sobre Mujica Lainez comenta un colega suyo: "Lo que me subleva es que se erija en dueño y señor de la homosexualidad".

Yo siempre tuve una viva conciencia de la brevedad de la vida. Esto me ha quitado fuerza para evitar algunos sacrificios que otros (otras) me pedían amorosamente y me dio fuerza, o por lo menos suficiente determinación, para evitar nuevos sacrificios análogos, que provocarían largos procesos engorrosos para cambiar, no sabemos si para (tanto) mejor, mi forma y rumbo de vida. No digo que esos cambios sean para todo el mundo perjudiciales. A una persona como Napoleón sin duda le han de entretener las campañas, los asaltos, las victorias, las retiradas, las sorpresas, las porfías y la imposición de la voluntad propia; a mí todo eso me desagrada.

En mi vida mis sentimientos son intensos; en la obra literaria, soy capaz de trabajar profunda y sostenidamente; pero no olvido que la función va a concluir pronto; procuro que mientras tanto el espectáculo, para mí y para los demás, valga la pena.

Mensaje. En la noche del 19 de enero de 1979, cuando me dormía, oí la voz de mi padre, que me decía algo. Me despabilé, para poner atención, y en seguida empecé a olvidar irremediablemente.

Meditación en el restaurant. Sobrellevemos nuestros errores con la dignidad y la resignación de estos caballeros que ahora entraron detrás de sus horribles mujeres.

De un tal Pousley, que desapareció (quizá se suicidara o lo asesinaron) en la bahía Chesapeake, su amante, una psiquiatra, dijo: "Uno de sus problemas era la ambivalencia del deseo de estar junto a alguien y estar libre". Creo que ésa es una ambivalencia muy común entre los hombres; a mí me acompañó toda la vida, sin mayores inconvenientes.

Ex soberbio y exigente

> *"Filis no está a mi altura, y eso es lógico,*
> *ninguna está", repitió en los más diversos tonos.*
> *Hoy quiere a una, que si va al zoológico*
> *no sé si no la enjaulan con los monos.*

Todavía existía en 1967 en Venecia el odio por el austríaco.

Pérdida de tiempo. Para las mujeres, la duración de un amor que no concluye en matrimonio. "Con Prudencio, perdí siete años".

Para esa noche, pidieron a la comisaría dos agentes de custodia. Al oficial le dijeron que al otro día les harían una atención a los agentes.
—Es un servicio pago —dijo el oficial—. Seis millones por custodio.
Ellos habían pensado darles tres millones a los dos. Los ricos infaliblemente calculan de menos. Los pobres también.

La visita. Me aseguró: "Soy muy emotiva. Cualquier palabra de condolencia me conmueve, sobre todo si me la dice una persona importante".

Horacio Quiroga

> *No importa ser chambón, si estás en boga:*
> *lo demuestra la fama de Quiroga.*

Observación de Don Juan, ya viejo: "Me parece que las mujeres ahora son menos fáciles".

Macedonio Fernández

*Veinte años hará lloré
la muerte de Macedonio.
Nos dejó unos libros que
mandan su fama al demonio.*

De chico, oí decir a mi amigo Joaquín, el portero de mis padres: "Gozando de la fresca viruta". Oí esa frase como la auténtica descripción de una situación muy favorable; la contraparte se expresaba con otro dicho de entonces: "Sudando la gota gorda". *Viruta*, en la primera frase, ¿significaba algo? ¿Reemplazaba otra palabra? Nunca lo supe.

Los fusilados del 56. De Antonio, el médico, me dijo que él hizo el servicio militar en el 55, en el 2 de Infantería. "Para peor, un regimiento peronista. Imagínese, Perón no iba a tener en la Capital regimientos que no le respondieran. Después el regimiento desapareció: lo disolvieron. Estábamos en Santa Fe y Dorrego". "¿En cuál edificio?" "El que está sobre Santa Fe era el comando. Después estaba el primer regimiento, el de Patricios. Después, el último por Dorrego, antes de llegar a Demaría, era el 2. Llevábamos una insignia en el brazo: *Gloria a los vencedores de Tupiza.* El 16 de junio lo pasamos mal. En septiembre tuve mucha suerte. Gané un concurso de tiro entre los ganadores de todos los regimientos y me dieron franco. El 16 tenía que volver al cuartel, pero ya la revolución estaba imponiéndose, él ya se había refugiado en la cañonera. Me recibió un sargento,

que era macanudo y que estaba con la revolución. Me dijo que esperara un momento, que iba a hablar con el capitán. Normalmente yo
hubiera debido ir a Campo de Mayo, donde estaba en ese momento el
regimiento, pero el capitán, que también estaba con la revolución,
dijo que no fuera a Campo de Mayo, que me quedara en el cuartel,
cuidando no sé qué cosas. El jefe del batallón y un oficial y algunos
otros eran muy peronistas. Entonces no les hicieron nada, pero después de la sublevación de Valle y Tanco, fusilaron a seis del regimiento. Al jefe, a un oficial, al tambor mayor, a un sargento carpintero. A
un tal... lo conocí después, cuando me vio como enfermo. Me contó
que estaban sentados en un cuarto, en la Penitenciaría Nacional, que
oían las descargas afuera, y que los iban llamando para llevarlos de a
uno al paredón. A él lo llamaron, e iba hacia la puerta, cuando entró
un oficial, que dijo: 'Llegó la orden de suspender los fusilamientos'.
Lo dieron de baja, pero se salvó. Comenté: 'Debe de ser un peronista
de mierda, pero siento simpatía por él'. Por el momento que pasó, me
entiende; me alegro de que se salvara".

Los enamorados más identificados el uno con el otro, los que más
se quieren y más se entienden, secretamente luchan entre sí; la mujer,
para llegar al matrimonio; el hombre, para evitarlo; o, increíblemente, viceversa.

Después de la muerte de su hijo preferido, la vieja señora se agravó.
Estaba muy mal: tenía una enfermedad en la sangre, casi no veía, se
movía con dificultad. La familia se felicitaba, porque habían conocido
una enfermera extraordinaria: responsable, eficaz, muy conocedora
de su oficio, abnegada. Era una mujer todavía joven, de buena presencia. En cuanto a la señora, era admirada por la independencia de carácter, por la inteligencia, por la dignidad, por la fortaleza; nada la
amilanaba: ni la muerte del hijo, ni la enfermedad implacable. La

señora no se dejaba vencer. Atendida por un médico sabio, cuidada por la escrupulosa enfermera, a fuerza de voluntad la señora mejoraba. "A cierta hora de la noche —explicó el médico— se le produce un desorden glandular, y siente ganas de bailar". Baila en la terraza, con la enfermera. Las hijas oyen la música y, desde sus ventanas, miran ese baile. La señora quiere mucho a la enfermera. "Dice que al hijo muerto y a la enfermera son las dos únicas personas que ha querido". "¿Y a su marido?", le preguntan. "He was an idiot", contesta la señora. Abraza a la enfermera y la besa. Hijas y nietas miran con desagrado. Mi informante me dice: "Si en este poco tiempo que le queda, la señora es feliz en brazos de otra mujer, ¿qué les importa? Les importa porque la señora es muy rica". Una hija me dijo: "Estoy dispuesta a aceptar cualquier cosa por la felicidad de mi madre; pero esa mujer es muy baja, de sentimientos muy groseros. Uno creía que la enfermedad era lo peor, pero no podíamos prever la transfiguración que trajo, esta horrible mascarada".

Un precursor. Magdalena Ruiz Guiñazú fue a ver a su jefe y le dijo que su contrato concluía y que ella pensaba ir a trabajar a otra parte. Él le contestó que no, que ella no podía dejarlos. Magdalena insistió. Él habría replicado: "Te repito que tu actitud me parece inadmisible. Si insistes, me veré obligado a mandarte a los monos para que te convenzan". En Buenos Aires, hoy se designa con la palabra *mono* a los que ayer se llamaban *gorilas* (guardaespaldas, custodios, fuerzas paramilitares). Sea cual fuere la verdadera intención (asustar o prevenir), su horrible amenaza merece que intentemos registrarla para la posteridad. ¿O esa amenaza no es más que un simple anticipo de la sociedad de mañana? ¿O de hoy, cuando anochezca?

Johnson admiraba a otro Johnson, un acróbata circense que a un tiempo cabalgaba en dos caballos. En mi época, cualquiera lee a

Faulkner pensando en otra cosa. El mérito no es del lector, sino del libro. Diré más: *Go Down, Moses* no puede leerse, excepto la primera parte del cuento, si no es pensando en otra cosa.

Muerte de Victoria Ocampo. Bastó que *La Nación* diera la nota, de frenética exageración, para que el país la acompañara. A mí nunca me llegaron tantos pésames. Personas que en vida la consideraban excéntrica, ridícula y hasta nefasta, después de leer las notas de los diarios sintieron la imperiosa necesidad de participar en el duelo. Recibí alguna carta en la que se ponderaba la inmensidad de la pérdida para la familia, el país, el mundo y el universo.

3 marzo 1979. Contó Emilito Álzaga: "Felicitas Guerrero era hija de un señor Guerrero, un señor —aclaró— que se dedicaba a llevar en su lancha a los barcos las mercaderías de exportación. Era un señor y era lanchero. Este señor era amigo de un Martín Álzaga, que se había juntado con una señora de Chascomús y le había hecho varios hijos. Álzaga tenía, pues, una familia constituida pero natural. A Felicitas la conocía de cuando era chica. Cuando ella cumplió 18 años era muy linda. Álzaga se casó con ella; le llevaba más de treinta años. Del matrimonio nació un primer hijo, que murió; y un segundo que enfermó al mismo tiempo que su padre. Álzaga pidió a Guerrero que le llevara un escribano; Guerrero malició que era para hacer testamento y contestaba diciendo: 'Que ya vendría. Que hoy tal vez no, pero mañana sí'. Álzaga pedía que le trajeran al hijo. Le decían que estaba repuesto, pero que no podían traérselo porque podía tomar frío. En realidad, el [segundo] hijo ya había muerto.

"Sin ver al escribano y sin saber que no tenía hijo, murió Álzaga. Su fortuna fue para Felicitas. Todavía nos regíamos por la ley española, y la familia natural no heredaba.

"Felicitas se ennovió con Sáenz Valiente. Al saber esto Ocampo, a quien había dado esperanzas, entró en la Confitería del Gas y bebió más de la cuenta. Después montó en su caballo y fue a la quinta de Guerrero, en Barracas, donde celebraban los esponsales [el compromiso].

"Un señor Demaría le avisó a Felicitas que Ocampo quería verla, que estaba *enfarolado* y que era mejor no recibirlo porque había proferido amenazas. Felicitas lo hizo pasar y lo recibió en un salón donde estaban solos. De pronto se oyó un disparo y todos corrieron al salón.

"Parece que Felicitas quiso huir, pero que su vestido, o su chal, se enredó en la puerta; Ocampo aprovechó el momento para dispararle un balazo que la mató. Cuando entraron los demás, Ocampo trataba de escapar por el balcón. Demaría le descerrajó dos tiros y lo mató. Después se fingió que Ocampo se había suicidado."

Guerrero heredó la enorme fortuna de los Álzaga. De esa rama de Álzaga son un ministro de un gobernador de Buenos Aires, Ortiz de Rosas, y el actual Martín Álzaga. El padre de Felicitas era tío carnal del padre de Emilito.

En un film de Lelouch, una mujer declaró: "Yo lo quería… como puede quererse a un hombre de cincuenta años". *Id est*, por la plata. Yo, como se dice en las crónicas de hoy, acusé el golpe. Es claro que no tengo 50 años, tengo 64. Pensé: "El que ha de tener 50 es Lelouch; la frase ha de ser una broma contra sí mismo". No; leo en *Halliwell's Filmgoer's Companion*, que Lelouch nació en 1937.

Con mi amiga, diríase que salí del centro, no sólo de la vida, sino de algo menor, de mi vida. Ocupo mis días en salas de espera; o en salas de cinematógrafo, para que el tiempo de la espera pase distraídamente.

Mi madre y la historia uruguaya. "Artigas, ah, sí, el jefe de los 43 Orientales".

Este mundo es tan modesto que el 2 es infinidad y lo que se hace dos veces es costumbre. ¿Por qué no el 3?

¿Por qué Rabindranath Tagore pasó una temporada en Buenos Aires? Vino invitado por Leguía, que gobernaba en el Perú. Aquí tuvo que hacer una etapa, porque se engripó. Mariano Castex lo vio en el Plaza Hotel y, después, Beretervide, que contó la historia. "Yo lo llevaba muy bien, ya estaba casi restablecido de la gripe, cuando un día lo encontré boca arriba y temblando. Pensé: lo traté por gripe y tenía meningitis. No era así. Lo que había pasado era que se había enterado de que Leguía, el hombre que lo había invitado, era un tirano, un enemigo de la libertad, y le dio un patatús. Quería renunciar al viaje. Le pidieron a Castex que diagnosticara, por escrito, insuficiencia cardíaca, que hacía peligroso el cruce de los Andes. Castex se negó. Dijo: 'Tengo un nombre, que se hizo en cincuenta años de práctica de la medicina. No puedo decir ese disparate'". Beretervide escribió un diagnóstico absurdo y Rabindranath Tagore pasó en Buenos Aires los días que proyectaba dedicar al Perú, y conoció a Victoria Ocampo.

Horacio Ayerza Achával me contó que después de la revolución del general Menéndez, en el 52, a él y a su padre los encerraron en la penitenciaría. "Por cuarenta y ocho horas, no me dieron nada de comer. Lo primero que comí se lo debo a un asesino que me dio dos pastillas de menta. Yo estaba en la celda 606. Todas las noches a las diez me interrogaban. Yo tenía que decir siempre lo mismo, porque mi padre también estaba preso y no quería comprometerlo. De diez a dos de la mañana todas las noches me daban patadas, trompadas y me pegaban con una cachiporra de goma. A patadas me rompieron el coxis y me dejaron los riñones a la miseria". "¿Alguna vez, después, te encontraste con tus torturadores?". "Nunca. Creo que si los encontrara los agarraría a golpes. Leí las cartas que yo le escribía desde Las Heras a mi madre. Me dan mucha rabia. Tenía que decirle que me trataban bien, porque si no no me permitían recibir visitas los domingos". "Parece mentira que hayas pasado por eso". "Todavía hay noches que sueño que estoy allá. Te aseguro que me dejaron los riñones a la miseria. Una noche, poco antes de que me largaran, me dijeron: '¿Vos sos o te hacés? ¿No ves que porque no decís nada te amasijamos?'. 'Aunque me maten a golpes no voy a decir nada', les contesté. Después de eso no volvieron a pegarme".

En 1979, Susanita Pereyra quiso publicar en la revista de *La Nación* una selección de mis fotografías. Entre las que elegí, la que me convenció de mi capacidad como fotógrafo era una de Borges, que parecía avanzar reptando sobre el papel donde escribía su firma. La mostré, con vanidad y orgullo, a cuantos pasaron por casa en aquellos días. Por último decidí ponerme los anteojos y descifrar algo escrito en el dorso. Leí: *Alicia D'Amico y Sara Facio, fotógrafas*. Me sentí avergonzado de la usurpación y resolví desalentar a Susanita del proyecto.

Idiomáticas. Trucha. Pícaro, truhán. "Fulano de tal es un trucha", solía decir Peyrou, con mezcla de admiración y desprecio.

Postdata de marzo de 1979 [respecto de anotación de junio de 1978, en el Cemic]. Para Molfino y Montenegro, gratitud, sólo gratitud, mucha gratitud.

A lo largo de toda la vida sobrellevé una uretra pudorosa, pero como buen advenedizo a la despreocupación del operado de próstata, ahora cambié de carácter. Me apresuraba anoche (24 de marzo de 1979) por una calle de Belgrano, en dirección a la casa de Emilito Álzaga. Por cierto, iba tan contrariado de llegar tarde como de no haber hecho pis, cuando tuve un baño a tiro. La calle no era solitaria, pero sí bastante oscura. Sin detenerme un instante, sin disminuir la velocidad de mis pasos, oriné del modo más discreto, impecable, triunfal.

26 marzo 1979. *Muerte de Cocó Mesquita.* Cocó (Carlos Mesquita Luro) era el hermano menor de dos amigas de mis padres: Matildita, casada con Meyer Pellegrini, y Mimí, casada con Federico Madero. Por razones de edad (y acaso también de carácter), Cocó no se veía mucho con ese grupo de amigos.

La gente se reía un poco de Cocó, tal vez por ser excéntrico y no descollar por el talento. Siempre fue un lector ávido. Cuentan que en la agonía del padre, o de la madre, las hermanas, que se turnaban para cuidar a la persona enferma, una noche que se sintieron agotadas pidieron a Cocó que las relevara. Como no las tenían todas consigo, en medio de la noche se asomaron para ver si no había novedades; encontraron a Cocó leyendo un libro con tapones en los oídos. Interrogado, explicó que los continuos quejidos y pedidos de un poco de agua, más abrigo, menos abrigo, un calmante, no le permitían concentrarse en la lectura.

De todos los libros que le interesaban hizo un resumen. No consiguió que nadie los leyera. Su mujer y su hijo no querían ni oír hablar; a Carlitos Barbará, el amigo de la casa, la lectura no le interesaba. Conmigo tuvo poca suerte: dije que había leído los cuadernos que me prestó y lo felicité, sin abundar en precisiones peligrosas. Hace unos años me preguntó si ninguna editorial se interesaría por publicar, siquiera alguno de los (muchísimos) cuadernos que a lo largo de su vida había llenado. En esa ocasión le revelé la existencia de los derechos de autor. Quedó abatido.

Además de resumir libros jugó al tenis. Creo que ha de ser la persona que jugó más tiempo en las canchas del Buenos Aires durante los últimos cincuenta años. Según es fama relató por escrito, en sucesivas libretas, cada uno de sus partidos. No pegaba bien, ni rápidamente, ni espectacularmente. Pegaba desde el fondo de la cancha, tiros de elevación, pegados sin vivacidad y con mucho cuidado. Personas que jugaban partidos de dobles, por dinero, lo buscaban; si no era probable que Cocó ganara los tantos, era más improbable que los perdiera.

Después de jugar al tenis, tomaba el té. Varias tazas, acompañadas de un número casi infinito de tostadas con manteca y miel y de una media docena de naranjas.

Me contaron que por unos años se encargó personalmente de pagar sus impuestos. Cuando su hijo lo reemplazó, se habría encontrado con que todos los impuestos de esos años se debían.

Aparentemente no hizo otra cosa que jugar al tenis y resumir libros. No era haragán. Esas dos ocupaciones llenaban sus días y parte de sus noches.

Para juzgar a la gente era sensato y compasivo. Creo que quería mucho a su mujer y que su mujer lo quería mucho, pero nunca logró interesarla —ni interesar a nadie— en sus resúmenes; pienso que por eso, a veces, debió de sentirse bastante solo. No se quejaba; siempre me pareció alegre y afable.

Era un hombre de estatura mediana, fuerte, de cabeza redonda y calva, de alta frente, de ojos pequeños y redondos, de boca llena de grandes dientes. Solían decir que su cara parecía la luna. Yo lo conocía desde el veintitantos; éramos consocios del Buenos Aires.

Idiomáticas. Aquí no pasó nada. Frase por la que se alienta a olvidar agravios, a personas que tuvieron un malentendido o una pelea y que se reconciliaron.

Aquí no pasa nada (1979). Se dice en son de queja: "Si pudiera, me iría a los Estados Unidos. Aquí no pasa nada".

En *La Nación* del penúltimo domingo de marzo de 1979, aparece un reportaje a Bernès, en el que éste habla de libros argentinos traducidos al francés; enumera también a los autores que incluirá en una antología del cuento argentino, que publicará en Francia, y refiere que se enteró de la existencia de nuestro país cuando era chico, al leer en Voltaire que Cacambo había nacido en la Argentina. Mujica Lainez, en una larga carta, en francés, le manifiesta que es verdad, aunque parezca increíble, que ninguno de sus numerosos libros haya sido hasta ahora traducido al francés; que Laffont en este momento considera la posibilidad de publicar *Bomarzo*; por último, en tono agridulce, agrega que le ha sorprendido que Bernès no se haya acordado de incluirlo, aunque es bastante famoso, aunque Borges dijo tal y tal cosa, en la antología que prepara (Mujica Lainez comenta: "Quizá me incluya en los etcétera") y por último que le parece aún más imperdonable que al hablar de Cacambo no señale que él, Mujica Lainez, escribió un cuento en francés sobre ese personaje. La carta, en francés, tiene errores de francés según el destinatario; el tono irónico y despechado, pero no desprovisto de cortesía, revela sin duda la esperanza de favores futuros.

Idiomáticas. Cualquier cosa: cualquier cosa que se cruce, cualquier dificultad.
—¿Almorzamos el jueves?
—Bueno. Cualquier cosa, me llamás.

Idiomáticas. Zungado. Palabra del tiempo en que me vestían. Mi abuela decía: "Este chico está todo zungado" (¿o sungado?; por cierto, pronunciado a la argentina, *sungado*). Quería decir que las mangas de la camisa quedaron arrolladas hacia arriba, cuando me pusieron las del saco.

En su lecho de muerte, el millonario dice a los hijos: "Sospecho que todo se pierde, que nada se recupera".

El país entero rinde homenaje a Victoria Ocampo. *Errare humanum est.*

Desde muy chicos nos acostumbramos a nuestro nombre y, sea el que fuere, lo llevamos con naturalidad. En un reportaje, un periodista preguntó al jockey Ángel Baratucci: "¿Dejó de lado algo en su vida?". Baratucci: "Todo lo que pudo haber atentado contra el nombre de Baratucci y su familia".

Ese Ángel me recuerda el cuento de otro. Una vez Pepe Bianco juntó coraje y le preguntó a Ángel Pedonni por qué no se cambiaba el nombre. El interrogado asumió un aire impasible y a su vez preguntó: "¿Qué tiene de malo el nombre Ángel?".

Peligros de un cambio de nombre. En la primera versión de *Dormir al sol*, un personaje se llamaba Solís, y agregué que era descendiente de uno que en tiempos de la colonia tuvo un entredicho con los indios. Esto quería ser un eufemismo, porque a Solís los indios lo comieron (por lo menos me lo dijeron así, cuando era chico). En alguna versión posterior cambié el nombre *Solís* por *Irala*, que me pareció que sonaba mejor. Por negligencia dejé la broma del entredicho (no recuerdo la palabra exacta que usé)[6] con los indios.

---

[6] "[...] descienden en línea recta de un Irala que tuvo un problema con los indios" [*Dormir al sol*, V]. [N. de DM]

Bernès dice que la casa de Sabato, en Santos Lugares, recuerda *"la loge du concierge"*.

Divagaciones acerca de don Benito Villanueva. Hoy, en una carta a *La Prensa*, leí que don Benito Villanueva vivía en la calle Libertad al 1200, frente al Colegio Sarmiento. Si esto fuera así, dudaría para siempre de mis recuerdos. Yo creo que don Benito Villanueva vivía en la Avenida Quintana al 400, casi esquina Callao. La casa era una suerte de palacio blanco y rosado (por partes de ladrillo aparente), con entrada de coches lateral; diríase que era del mismo arquitecto que hizo la casa de mi abuelo, don Vicente L. Casares, en la Avenida Alvear y Rodríguez Peña; la de Duhau (era de otros, entonces) que está enfrente; la de Dose, en la Avenida Alvear y Schiaffino. Yo pasaba con frecuencia frente a la casa de Villanueva cuando me llevaban a las barrancas de la Recoleta o a la plaza Francia. Esos paseos me desagradaban porque los hacía con mi primo César, a quien no quería demasiado. Nos acompañaban nuestras niñeras Pilar Bustos y Andrea. Íbamos vestidos de marineros. César, con la gorra un poco hundida hacia delante, según el gusto de Andrea; yo con la gorra casi en la nuca, según el gusto de Pilar. Yo era tan chico que imaginaba que el nombre *Benito* era un diminutivo, lo que me llevaba a creer que don Benito era un chico como yo, o siquiera un enano. Esto me lo volvía prestigioso y hasta querible, a pesar de que mis padres hablaban de él en un tono casi despectivo. Que un enanito viviera en un caserón así me complacía. Me inclino a pensar que yo estaba en la vereda, frente a la casa de Villanueva, cuando vi pasar el largo cortejo, con el coche fúnebre, cubierto por la bandera nacional, del entierro de Pelagio Luna, vicepresidente de la República.

Post Scriptum. En *La Prensa* del 13 de mayo de 1979 hay una carta del señor Alejandro Jorge Padilla que confirma y rectifica mis recuerdos. Efectivamente, la casa de Villanueva se encontraba en la Avenida Quintana, en la cuadra del 400, pero no cerca de la esquina de Callao, sino en la esquina de Ayacucho; del lado de los números pares, como yo suponía. También me entera esa carta de que en el 1200 de Libertad vivía Victorino de la Plaza, otro vicepresidente.

Por la V corta, por la complejidad de la palabra, quizá por el fastuoso entierro que vi pasar, y por el nombre Luna, del sátelite que me fascinaba, en aquellos tiempos yo prefería el cargo de vicepresidente al de mero presidente.

15 mayo 1979. Al pasar por la morgue, en la calle Viamonte, veo un camión de Lázaro Costa y me pregunto: "¿Quién de nosotros habrá muerto?". Piensen ustedes cuántos desconocidos enterrará Lázaro Costa diariamente. Pocas horas después se me acerca en el Jockey Club Malena Elía y me pregunta: "¿Supiste lo de Carmen [Gándara]? Se tiró de un balcón". Me mira un poco y agrega: "No debí decírtelo". Quedé conmovido, porque la quería bastante a Carmen y porque siempre la traté con un dejo de impaciencia. Como su madre la escritora, era cariñosa y buena amiga.

Al otro día busco en los diarios algo sobre esa muerte. No había nada; ni un aviso fúnebre. Lamento no saber la hora del entierro, porque hubiera querido acompañarla siquiera esa última vez; pero desisto, porque no consigo hablar por teléfono con su cuñada y porque viene a visitarme Beatriz Curia. Como siempre descubro razones para no ir al encuentro de la pobre Carmen.

Según supe el jueves, parece que Carmen estaba muy deprimida desde hacía tiempo. Últimamente había ido al campo; vivió mucho mejor, más tranquila. En la mañana del martes parecía muy segura de sí. Regaló a su hijo dinero y le pidió que la perdonara (no se sabe de qué). A su hija le regaló la cruz que siempre lleva. Visitó a su hermana y le pidió que rezara por ella. Habló por teléfono con su amiga Inés Ortiz Basualdo.

Visitó un departamento en un séptimo piso de la calle Juez Tedín.

Dijo que hacía calor y que abrieran el balcón. La señora que le mostraba el departamento le dijo: "Mire qué linda vista". "Es verdad —comentó Carmen— pero yo no quiero una linda vista, sino morir tranquila". Se tiró a la calle.

15 mayo 1979. *José H.* Tiene 84 años. Hoy, en la comida del Jockey Club, tuvo un patatús. Quizá un infarto o un preinfarto. Ese día, a las 9 y media estuvo tomando unas copas en la Rural. Antes del almuerzo, otras. Almorzó lo más bien. Fue a un departamento y con una amiga se metió en cama. Durmieron después una merecida siesta. Tomaron té con masitas con crema y bocaditos, que había comprado en una confitería. Pasó por su casa, a buscar a su mujer, y fue al Jockey Club, a la comida que daba la Comisión a los miembros cuya renuncia fue aceptada. Estuvo tomando whisky, antes de la comida. "Un día así vale la pena vivirlo", comentó otro socio, que es médico. Ojalá que yo recorra los veinte años que me separan de José H. dando los mismos pasos (excluido lo excluible: la vida pública, las copas y hasta las masitas de crema).

22 mayo 1979. En la reunión de la Comisión Directiva del Jockey Club, apareció con su habitual sonrisa, un poco más alegre que de costumbre, José H., viviente desmentido al diagnóstico de infarto, que dio el médico el 15. "Me pateó el hígado", explicó el invulnerable. Estaba de muy buen color, etcétera.

23 mayo 1979. Me llega el artículo de Georges-Oliver Châteaureynaud, en *Les Nouvelles Litteraires*, del 1/2/79,[7] pidiendo a

---

[7] Châteaureynaud, Georges-Olivier, "La mort d'un héros". *Les Nouvelles Littéraires* (París), 1/2/79. Châteaureynaud escribe: "S'il vous plaît, M. Laffont, rééditez *Le songe des héros*, rééditez un des plus beaux romans de la littérature contemporaine". [N. de DM]

Laffont la reedición de *Le Songe des Héros*. Me digo que sólo podría mostrarlo a mis padres, si vivieran. Quizá también a Drago.

Hoy vi *El mujeriego*, film de Broca, con Jean Rochefort. Trátase acaso de mi vida, en versión de *daydream*. Al final, en el casamiento de la hija, fotografían al héroe rodeado de mujeres: sus mujeres, amigas entre ellas, lo que un hombre como yo siempre desearía. Digo desearía, porque precisamente esa amistosa reunión es lo que me llevó a escribir "versión de *daydream*"; perfectamente sabemos cómo son de ásperas las mujeres entre ellas.

Alguna vez he fantaseado con un club de mis mujeres, en el que se encontraran por azar (ignorando todas que yo era una circunstancia común entre ellas), y descubriendo costumbres comunes, no muy importantes, como la de tomar té cargado, con tostadas, por las tardes. "¿Cómo? —se preguntarán con asombro—. ¿Vos también tomás té chino? ¿Sin leche? ¿Cargado?". Quizá por ese catecismo recíproco llegaran a la verdad. ¿O la sabían y me la ocultaron?

25 mayo 1979. El 25 de mayo, el viejo día de la patria, que los provincianos reemplazaron con el 9 de julio. Desde chico, una buena intuición porteña, mejor dicho argentina, me llevó a querer el 25 de mayo y a ver las fiestas julias como advenedizas, como las fiestas de los otros. "Por fin un presidente argentino —dijo alguien, cuando asumió Quintana—, después de tanto tucumano y cordobés". No negaré, sin embargo, que, excepto Mitre, nuestros mejores presidentes fueron provincianos: Sarmiento, Roca... ¿Y no habrá sido Avellaneda mucho mejor que cualquiera de los del siglo XX?

Sueño de la noche del 1° junio 1979. Dos mujeres jóvenes, muy bellas, que habían estado en el infierno, volvían con un sentimiento de superioridad, cuyo más notable atributo era la estupidez.

Mi amiga no había oído nunca la frase "tener a uno al estricote", por "tenerlo a mal traer". No consigo averiguar. el significado de *estricote*.

A cambio de mis acciones de La Martona, Vicente Lorenzo Casares me da su campito de Arrecifes. Me entero de que el campito es parte de La Esperanza que compró mi tío Vicente, y que antes Silvina y yo hubimos de comprar (hacia 1940). Me arrepentí siempre de no haberlo comprado. Por lo visto (perdón, Wittgenstein) estaba en mi destino ese campo.

Idiomáticas. Es sí o sí. No hay alternativa. Frase argentina o por lo menos porteña, de comienzos del 79.

Leo en Benjamin Constant, *Journaux Intimes* sobre la muerte de Mme. Talma: "Ciertamente, si se tomara lo que la hacía pensar, hablar, reír, lo que había en ella de inteligente; en una palabra, lo que ella era, y aquello por lo que la amé, y se lo transportara a otro cuerpo, ella reviviría en plenitud. *Nothing is impaired*". Todo esto podría servir como epígrafe (final) para *Dormir al sol*.

Más adelante leo: "Qué será de la inteligencia que se forma de nuestras sensaciones, cuando ya no existan esas sensaciones".

La primera cita es del 14 Floreal (4 de mayo) y la segunda del 15 Floreal (5 de mayo), ambas de 1805. Copiado el 10 de junio de 1979.

Proyecto para *daydreaming*. Encontrar la narración (¿un diario?; así parece) de la vida de Benjamin Constant entre el 28 de diciembre y el 12 de abril de 1808, escrita por él mismo.

Desde la primera infancia me gusta perderme, como en un bosque, en los dos volúmenes de las fábulas de La Fontaine. *Nel mezzo del cammin*, pasados los sesenta años, descubro que La Fontaine era un hombre muy querible.

Sueño, con vista sobre secretos del forjador de sueños. Era el anochecer. Mi madre y yo nos bañábamos en el mar. Si rodeábamos un murallón que sobresalía del agua, cruzábamos La Mancha. El mar se extendía hasta el horizonte. De pronto la perdí de vista. Un hombre expresó temor de que "le hubiera pasado algo". Yo sabía que no podía pasarle nada, porque mi madre había muerto hacía muchos años. De algún modo entendí que decir eso —reconocer que la bañista no era más que una imagen soñada— no sería bien recibido por mis interlocutores. El hombre insistió:

—El mar es peligroso. Y no olvide la edad de su madre. Ha de tener casi noventa años.

—Mi madre no es tan vieja —contesté sinceramente, y en vano traté de calcular su edad.

Improvisé una explicación que podía ser falsa, pero que satisfacía mi aseveración de que mi madre no tenía noventa años:

—Se casó muy joven...

Al despertar recordé el sueño. Cuando llegué a la parte referente a la edad de mi madre, hice cálculos. Mi madre murió a los 62 años, en el 52. En el 79 tendría 89 años.

En mi sueño, un personaje lo sabía; yo, no.

Sueño, que por prudencia no debiera contar. Salgo a caballo, en el campo. Me alejo bastante de las casas, quizá demasiado, porque siento alguna angustia sobre la posibilidad de volver, ya que mi cabalgadura está cansada y, por lástima, no quiero exigirle un esfuerzo penoso.

Mi cabalgadura es una muchacha fina, alta, blanca, desnuda, linda. Me lleva en su espalda, "a babuchas".

Sueño. Tal vez porque a la tarde vi a alguien con un impermeable de muy buen corte, en mi sueño apareció Julito Menditeguy con un impermeable de muy buen corte. Al rato esa persona era mi padre (no digo que Julito fuera mi padre; digo que el personaje de mi sueño era mi padre). Yo comenté para mí que estos cambios eran frecuentes en los sueños. Sabiendo, pues, que soñaba, seguí soñando, ya olvidado de que soñaba, tomando el sueño por realidad. En esa parte del sueño mi padre se paró de cabeza. Le pregunté por qué lo hacía. "Tu madre dijo que me haría bien", contestó. Parecía triste.

Sueño. Yo estaba en un país extranjero, ahora no recuerdo en cuál. Monté a caballo, con alguna prevención, por no conocer el sistema de equitación del país. ¿Llevarán las riendas en una mano, como nosotros? Etcétera. Me sobrepuse a los temores, con la reflexión de que yo era argentino y de cualquier modo andaría a caballo mejor que esos maturrangos. Entré en un potrero parecido al 2, del Rincón Viejo. De pronto vi cuatro o cinco mujeres que venían corriendo, que se apretujaban para pasar todas juntas por una tranquerita estrecha. Tenían aspecto de gitanas y cara de furia. A una de ellas se le cayó algo que llevaba en las manos. La hija de los caseros del Rincón Viejo, una chiquita inocente y un poco boba, recogió lo caído y se lo ofreció a la gitana. Ésta aprovechó la ocasión para tomar de un brazo a la chica y llevársela. Comprendí que la robaría. Espoleé mi caballo y cargué contra la gitana. Ésta se asustó, y soltó a la chica. Fue ése un momento de triunfo, más aparente que real, porque, no había la menor duda, mi caballo no era caballo de guerra: no cargaba de veras contra la gitana. Cuando estaba casi encima, se detenía o la sorteaba. Traté de que la mujer no se diera cuenta de que no corría ningún riesgo. En ese momento otra gitana vino en apoyo de la que había agarrado a la hija de los caseros. Traía una enorme caja de cartón, en forma de libro: metió adentro a la chiquilina. Yo me disponía a lanzar mi caballo entre la caja y las gitanas cuando desperté.

Desde el miércoles faltaban J. y su sobrina. A ésta su madre le había pedido que fuera al escritorio de su tío, a buscar un dinero. Llegó a pensarse en un secuestro o en un accidente. El viernes, un hermano de J. fue al departamento de este último y los encontró muertos. Parece que todo el mundo sabía que andaban juntos desde hacía ocho años. J., de 57 años, casado, con once hijos, gozaba de una buena posición económica, gracias a la fortuna de su mujer. Su sobrina, de 28, soltera, liberal, despreocupada, tenía pocos bienes personales. Desde hacía cuatro años estaba de novia con P., de 24 años.

Se dice que J. mató —posiblemente estranguló— a su sobrina y se suicidó después. Algunas mujeres dicen, tal vez con fundamento, que ella quería casarse; que le habría dicho: "Si no te casás conmigo, me caso con P." o algo así. Por no saber cómo resolver la situación, por celos quizá, J. habría reaccionado violentamente. Mi amiga comentó: "En un momento de furia le puede pasar a cualquiera". Y Pepe Bianco: "¿Qué me decís? Parece una historia del siglo XIX".

Los enterraron juntos y más o menos la misma gente invitaba, en los avisos de los diarios, a uno y otro entierro. Uno de los avisos fúnebres para el entierro de la sobrina estaba encabezado por "P., su novio". La gente se reía porque el pobre P. lloraba en el cortejo. Poca gente parecía comprender que tal vez la quisiera a pesar de todo. Según el farmacéutico del barrio, la policía tuvo demorado a P. durante dos o tres días y finalmente lo soltó, cuando hubo confirmado sus coartadas.

Apuntes para la historia del suburbio literario de Buenos Aires.
En la comida de la Cámara del Libro, en la mesa de Emecé, me

encontré con Gudiño Kieffer. Fui muy amable con él. Nos reímos bastante. Cada uno contó historias que habían lastimado su propia vanidad. De pronto, en voz más baja y mirándome fijamente, me dijo:

—No creas que lo que voy a decirte es una manifestación de homosexualidad: sos un hombre lindísimo.

Desde ese momento encaminé la conversación preferentemente hacia mi vecina de la izquierda, María Esther de Miguel, y hacia Silvina Bullrich, que estaba un poco más lejos. Me enteré de que la primera había sido, durante diez años, monja. En vano traté de obtener de ella un recuerdo, una observación, expresivas de esa experiencia para mí tan misteriosa. Alguien habló de una mujer que últimamente publicó un libro, y Silvina Bullrich dijo:

—Yo le hice un prólogo. Creo que le sirvió de espaldarazo. El libro se vende bien y hasta van a llevarlo al cine.

—Si lo sabré —dijo Gudiño—. Yo trabajé en la adaptación.

—Mirá cómo es la gente —dijo Silvina Bullrich—. No le basta una película. Me llamó para pedirme que le presentara a Saslavsky, para que le filme otro libro.

—¿Sos amiga de ella? —preguntó alguien.

—Fui, pero no quiero verla. Cuando pueda ayudarla, la ayudaré, pero verla, no. Un día yo estaba en mi casa. Ella se puso a chupar. Al rato me dijo: "Quiero darte un beso. Sos una mujer muy linda. Quiero que seas la mujer de mi vida". "Lesbiana de mierda", le dije. Cuando vi que iba a manotear su bolso, algo me dijo que se lo sacara. Menos mal, porque adentro había un revólver. Lesbiana de mierda, imaginate que si me mata, iban a decir que fue un crimen pasional y no me saco de encima la lápida de homosexualidad.

En un aparte me dijo Silvina Bullrich que iba a escribir sus memorias, a las que titularía *Recuerdos* o *Memorias* o *Autobiografía de una sobreviviente*.

—Yo quisiera recordar y mencionar por su nombre a todas las personas con las que tuve relaciones íntimas —no hablo de acostadas de una noche— pero está mi hijo y están mis nietos.

—No permitas que consideraciones de ese tipo impidan que escribas tu libro como te parece mejor.

—Tenés razón —me dijo—. Mi hijo no me quiere y mis nietos tampoco. ¿Qué tengo que ver con esa gente? Me gustaría hablar con vos, para que me aconsejes.

Recordamos nuestra juventud y coincidimos en deplorar la vejez.

—Es que para vos y yo —dijo— lo más importante de la vida ha sido encamarnos. Lo demás venía después.

—Me acuerdo de que una vez me dijiste que Pepe (Bianco) fue el mejor de tus amantes.

—Sí. Con él éramos como dos violines. Está mal que yo haga esa comparación, porque soy idiota musical. Pero cuando nos acostábamos era como si arrancáramos acordes, música, a nuestros cuerpos.

Diálogo inmundo.
MÉDICO: ¿El vientre lo mueve bien?
ENFERMO: A pedir de boca.

La señora es viuda y no se tiene por vieja; participa con el mejor ánimo en la rueda de la vida; observa con interés las vidrieras, compra trapos, perfumes, aspira a un tapado de pieles y, desde luego, sueña con encontrar un marido millonario. Su hijo, de veintitantos años, le anuncia que le manda, por un amigo que viajará en estos días a Buenos Aires, un regalo: una gran sorpresa. Desde ese momento una sucesión de atractivas hipótesis desvela a la señora: ¿recibirá una blusa? ¿Un perfume? ¿Un vestido? ¿Botas? ¿Guantes? ¿Un traje de baño? ¿Una alhaja? No, nada de eso. El amigo trae un tubo de cartón del que saca una lámina que extiende ante la señora: la bendición papal.

A lo largo del día converso con Juana Sáenz Valiente de Casares y otras personas, para recoger información sobre los fundadores del Jockey Club, para un trabajo que prepara Francis Korn sobre la inmigración en la Argentina: quién era la llamada "gente bien", en qué consistía la "distinción"; lo publicará en un libro colectivo, de un grupo de sociólogos. A la noche sueño que estoy en una casa mía, probablemente el departamento de Cagnes, donde tengo de huéspedes a unos muchachos Blaquier, hijos de primas. Los baños funcionan mal. Abro las canillas para lavarme las manos, y sale un poderoso chorro de agua caliente, que me hace soltar el jabón; debo buscarlo en el agua servida que hay en el lavatorio, porque los desagües están tapados. Llegan sirvientes, o enfermeros, con bebes desnudos, que son hijos de las Blaquier. Dicen que se hacen cargo de mis ganas de verlos, ya que tengo pocas ocasiones de estar con ellos; los dejarán en casa todo el día. Pienso que con tanta gente en el departamento, y con los desagües tapados, ni siquiera podré ir al baño. Decido salir, sin dar explicaciones, y mudarme a un hotel. En realidad, salgo a pasear a mi perro Ayax. Lo miro con entrañable ansiedad, porque sospecho que está enfermo.

Una chica estudiante, bastante culta, me aseguró que sobre ningún tema podía hablar, sin prepararse especialmente, más de un minuto o dos.

Los médicos nos engañan como pueden.
Después de un año o dos de tratamiento, el clínico me dijo:
—Podés hacer lo que quieras. Te operás o no. Es claro que si no te operás vas a tener que tomar las pastillitas toda la vida. Lo malo es que a la larga te van a debilitar el corazón.

Me operé. Después el clínico me dijo:

—Estás sano y bueno. Eso sí: tenés que tomar dos pastillitas con el desayuno.

—¿Las mismas de siempre?

—Las mismas.

—¿Cuánto tiempo?

—Toda la vida.

Fue condecorado cuando se comprobó que había logrado que la nación enemiga se pertrechara con Balas Inofensivas Devillier (fabricadas por la Sociedad Le Pistolet) (Ver "Inventos Útiles" en *Caras y Caretas* del 1° de noviembre de 1902).

Una señora decía en rueda de amigas: "Si alguna vez quieren darse una panzada, vayan a Israel y visiten un *kibbutz* de muchachos. No es necesario hablar. Lo que es yo, me di la panzada de padre y señor nuestro".

Me tocó vivir en tiempos en que debíamos conquistar a las mujeres. Ahora se dan sin que uno las busque: se dan a otros, porque un viejo como yo las repele.

Durante años concluyó el rezo de todas las noches con la misma frasecita: "Recuerda: quiero ser viuda". Dios, en su misericordia, la llevó al cielo. En el cielo llaman *viudo* al cónyuge que llegó antes.

Jactancia lícita. Tengo una amiga para acostarnos cada vez que quiere.

La felicitamos: en poco tiempo se había convertido en una verdadera porteña. Para confirmar nuestro aserto, cantó un tango. Insistentemente repitió el estribillo (con una ligera variante, que yo no sabría decir por qué me molestaba):

> *Hoy te quiero más que ayer,*
> *pero mucho que mañana.*

La Canguela. Sin conocer el significado de la palabra, me gustaba la estrofa:

> *Es la Canguela,*
> *la que yo canto,*
> *la triste vida*
> *que yo pasé,*
> *cuando paseaba*
> *mi bien querido*
> *por el Rosario*
> *de Santa Fe.*

En la revista de *La Nación* del domingo 23 de septiembre de 1979, leo un reportaje a Homero Expósito. Cuando le preguntaron "¿Qué es la canguela?", contestó: "Hay una letra de alrededor de 1890 que decía: 'Es la canguela, la que yo canto, la vida mala, que yo pasé'. La canguela es la mishiadura, cuando uno la pasa muy mal". La explicación de Expósito echa una nueva luz sobre la abandonada por el paseandero, y su relación con él.

En mis últimos sueños no soy protagonista, ni siquiera participo en la acción; ésta ocurre ante mí. Yo sigo el relato como espectador o lector.

Sueño. Alguien tenía el poder de convertir a cualquiera en sapo. Lo convirtió a Sabato, que esa mañana, ante el espejo, se llevó la consiguiente sorpresa. Matilde llamó a un médico.

—Estas cosas, tratadas a tiempo, no son nada —explicó.

Sabato estaba furioso con ella. No quería que nadie, ni siquiera el médico, lo viera. No salía de la casa; tenía la esperanza, desde luego sin fundamento, de que se curaría solo. A la espera de algún signo de esa mejoría, que no llegaba, dejó de concurrir a los lugares que frecuentaba habitualmente.

—Lindo día —le digo al custodio del tercer piso.

—Lindo —contesta— pero ya era hora de que el tiempo se aclimatara.

—Voy al cine temprano. A la salida del cine, haría cualquier cosa con tal de no volver a casa, pero no tengo dónde meterme y vuelvo nomás —dice mi amiga.

—A mí me pasa lo mismo —le digo.

Pienso: "Cuando era joven todo era distinto. Ha de haber tres épocas: La juventud, cuando uno siempre encontraba cómo pasar el rato y volvía tarde; la edad madura, en que uno quisiera pasar un rato pero no encuentra con quién y vuelve temprano; la vejez, cuando ya no sale".

Sueño comprometedor. Soñé con una adivina, de palidez de momia, cara de piel roja, muy vieja y adusta. Iban a llevarla a la sala del trono, donde ella predecía el porvenir y acaso administraba justicia. La tomaron por el tobillo, la llevaron a la rastra, de una pierna. La cabeza, a los tumbos por la tierra seca, levantaba una leve polvareda.

Cansado de esperar muchachas que nunca llegaban, me decidí por una vieja. Nos abrazamos en el cuartito, oscuro, de un rancho de barro. Cuando la vieja se fue, me quedé con su camisón, que estaba sucio. Como tenía vergüenza de que me vieran con el camisón en ese estado, traté de doblarlo, ocultando la suciedad. La operación resultaba difícil, porque el camisón era enorme y de un hilo muy leve. Estaba entregado a esa tarea cuando vi que en varios lugares del piso había fuego; temí que alguna llama alcanzara el camisón.

Idiomáticas. Lo, en el sentido de *en casa de*, del *chez* francés. "Pasé por lo de Menditeguy". También refiriéndose (como el *chez*) a tiendas y otros negocios. "Estuve en lo de Harrods, en lo de Thompson (mueblería), en lo de Finney (almacén), en lo de Mitchell (librería inglesa), en lo de Cabezas (tienda)". No se dijo nunca "en lo de El Águila, en lo del Bazar Colón"; siempre antes de un nombre propio de persona (apellido). Ya (1979) casi no se usa; en mi juventud, todo el mundo lo usaba.

Idiomáticas. Coche por *automóvil*. Cuando yo era chico, "gente bien" no decía auto; decía *automóvil* o *coche*.

Las mujeres son como las venéreas de antes: por un corto placer, una larga mortificación.

El lado inconfesable de la vida. Me cuentan que una señora —inglesa, 78 u 80 años, paralítica— los otros días trató de suicidarse. La hija, que es muy religiosa, interrumpió las oraciones al ver que la madre volvía en sí, y con voz transida por el dolor, le preguntó: "¿Por qué lo hiciste, mamá? ¡Nosotros te queremos tanto! ¿Por qué lo hiciste?". La señora contestó: "I can't screw". El médico, que estaba con ellas, no perdió la serenidad. Gravemente contestó: "Nunca puede uno decir eso. Hay muchas maneras de hacerlo".

El destituido Shah del Irán enferma de cáncer. Al enterarse, el ayatollá Khomeni le pide a Dios que la noticia se confirme, que el Shah tenga cáncer. En Nueva York musulmanes arrodillados frente al hospital rezan a Dios para que el enfermo muera.

Comentario de taxista, señalando a una muchacha: "Se creen que porque son lindas no las vamos a pisar. Las pisamos igual".

Girri afirma que Radaelli cambiaría por una voz normal esa voz rarísima que tiene si comprara camisas de cuello holgado.

Idiomáticas. Hacer rancho aparte. En una reunión o una fiesta, aislarse con una o varias personas amigas. "No había casi gente conocida y abundaban los guarangos, así que yo hice rancho aparte con las de Larumbe".

Idiomáticas. O sea. Muletilla de aplicación imprecisa, contemporánea de *¿viste?*, muy difundida en Buenos Aires, alrededor de 1970. "Vi la cola del *Fausto criollo*. O sea, con la cola nomás no podés saber si una película es buena".

Cuando yo era chico me deslumbraba, por sus altas y finas "ruedas de alambre" y por su andar silencioso, el automóvil Lanchester de Exequiel (sic) Ramos Mexía (sic).

El "Negro" Zorraquín me contó que un taxista le confesó que debía dos muertes; de la explicación resultaba que el hombre era un verdadero asesino. El "Negro" le preguntó: "¿Usted cree que volverá a matar?". El hombre le dijo que no, que había quedado lleno de angustia. "¿Por los muertos?", preguntó el "Negro". "No, por mí —aseguró el hombre—. Ellos me tienen sin cuidado".

Mi amiga me contó que en el 72 o 73 estuvo en una reunión de personas que se autotitulaban "la bella gente" y "las personas más inteligentes de Buenos Aires". Había, sobre todo, psicoanalistas que mencionaban a sus pacientes con nombres y apellidos y que se reían de lo que esos "tarados" les habían contado. Como ella no conocía a nadie y había allí un olor inmundo, se levantó y se fue. En la calle tomó el primer taxi. El hombre le conversó, al principio normalmente, después de un modo que le pareció molesto; le decía que la vida en la ciudad era tan dura que uno debía aprovechar cualquier posibilidad de escapada que se ofreciera; la llamaba *hermana*. Mi amiga no contestaba. Al rato el hombre le dijo: "Está muy callada. ¿Qué pasa?". Ella contestó: "O usted me habla como corresponde o yo me bajo en seguida". El hombre se disculpó; la llevó a su casa; le descontó parte del precio del viaje, porque, según él, se había extraviado y habían andado de más. Se despidió con las palabras: "No se preocupe, señora. No pasó nada". Al otro día mi amiga contó a otro taxista lo que le había sucedido. El colega le dijo: "Vos debías de tener olor a marihuana. El taxista seguramente era un policía: muchos lo son. Trató de que le ofrecieras un cigarrillo de marihuana, o que le dijeras que venías de una fumata, para llevarte presa".

Sueño. Iba en automóvil a Vicente Casares. Estaba seguro de no extraviarme en ese camino tantas veces recorrido en mi juventud. Es claro que desde mi juventud pasaron muchos años. Donde entonces había campo ahora había fábricas y barrios. En vano buscaba unas arboledas, unos portones, un almacén, que yo me conocía de memoria y que me servirían de puntos de referencia. Habían desaparecido: todo a su alrededor había cambiado y resultaba irreconocible. Mientras mantuviera el rumbo Sur no podía equivocarme, pensé, y en ese mismo instante advertí que el camino de cemento blanco por donde navegaba —parecía el lecho de un canal— se desviaba un poco hacia el este. A esta altura del sueño, yo andaba a pie. Ante mí se abría la boca de un túnel. Para probarme que no tenía miedo, me interné en la oscuridad. Cuando por fin salí a la luz, me encontré en un bajo muy extenso, en parte inundado. Entre los pantanos de agua verdosa había chozas, vivía gente. Yo estaba demasiado cansado para desandar a pie el largo y confuso camino. Caía la noche; iba a extraviarme aún más; al primer descuido me asaltarían. Lo mejor sería preguntar si por ahí no había nadie que me acercara en un taxi, o en un camión, hasta el camino a Cañuelas. Al proceder así me pondría en manos de esa gente. Pensándolo bien, quizá fuera el único modo de evitar el asalto. Si no el asalto, por lo menos la sorpresa.

Ya sabemos: en la vida privada los hombres raramente son tan crápulas como en la vida pública. Lo extraño es que los políticos se muestran crápulas para lograr el apoyo del pueblo. La conclusión, harto melancólica, sería que el pueblo es vil; tal vez que el hombre es vil. Para encontrar explicación a todo esto quizá debamos preguntarnos si la vida no es tan horrible que el hombre, en su debilidad y desesperación, se vuelve ruin.

Rico, pero...
—La quiero mucho —me dijo.
—Hay que ver lo que te cuesta esa chica —repliqué.
—No me cuesta nada.
—Te cuesta plata. Mucha.
—Mientras no me cueste más que plata, no importa —dijo.

—¡Un momento, que estoy en paños menores! —digo, y me quedo pensando: "¡Qué tipo anticuado soy!" (también por la frase empleada).

Tercera semana de diciembre, 1979.

No leo ni escribo. Nada o poco hago.
El centro de mi vida es el lumbago.

Pedir. Primer y último recurso del que desea algo. No es eficaz. Únicamente se logra lo que no se pide; más aún, lo que no se desea.

Tarde del 22 diciembre 1979. No es posible vivir sin las mujeres. No es posible vivir con las mujeres.

Con el amaneramiento propio de su oficio, me preguntó: —¿Cómo se llama su pareja?
Con la pedantería propia del mío, le contesté: —*Tedium Vitae.*

El taxista, después de jactarse de no ser machista, aventura: "Me pregunto si el advenimiento de las mujeres al escenario político no será un paso atrás en el progreso de la civilización. Quiero decir: ¿no será una segunda avalancha como la de los negros?".

En la Sociedad Argentina de Escritores se encuentran José Bianco y Fernando de Elizalde. En el momento de la despedida, se estrechan la mano y Fernando de Elizalde dice:
—Un abrazo.
Comenta Bianco después:
—¿Qué creerá que significa *abrazo*? ¡Qué idiota!

Cuando yo era chico, en Vicente Casares, nuestras cabalgatas más prolongadas llegaban hasta las estancias de McClymont, de Hogg, y la Recoleta de Ezcurra. Ahora leo en *Bases documentales para la historia de Cañuelas* el episodio en que perdió la vida un McClymont (en el libro citado el nombre aparece con dos grafías: MacClymont y McClymont; no sé cuál será la correcta; en el *Dictionary of National Biography* no figura ningún personaje de este nombre). Parece que hubo dos hermanos McClymont, Guillermo y Roberto; probablemente uno de ellos participó (o quizá participaron ambos) en la Sociedad Pastoril de Merinos, de la que un Bell fue socio, y también los Martínez de Hoz. Por último, mi bisabuela, María Ignacia Martínez de Hoz de Casares, se quedó con ella y el campo (La Pastoril, con la casa con una torre, donde murió un Murga, que después la habitó como fantasma) se unió a San Martín en Cañuelas, de los Casares.

Parece que Guillermo McClymont, en 1883, siendo hacendado en Cañuelas, compró un campo en la frontera, en Trenque Lauquen, y decidió ir a recorrerlo y a poblarlo con caballos (tenía la intención de llevar después hacienda vacuna). Con dos amigos con los que había venido de Escocia, don Andrés Parvis y don Alejandro MacPhail (habría que descubrir quiénes eran), con sus peones, y con un baqueano llamado Juan Negrette, se fue a Trenque Lauquen. De Negrette se dice que "es un hombre en toda regla; es cristiano, pero por mucho tiempo ha estado entre indios. Es cuñado de Pincén y era la mejor lanza que tenía el cacique, quien respetaba a Negrette mucho y hasta tenía miedo a su valor y a su musculatura. Jamás salía de Lavalle sin su lanza, que por primera vez dejó cuando fue baqueano del señor McClymont". "El 20 de abril de 1883, a cuatro leguas antes de llegar a Trenque Lauquen, y como a las siete de la mañana, sintieron los peones de McClymont un ruido al parecer de gente en un islote (seco) cercano". Se adelantaron Negrette y Urquiza (Dios sabe quién sería) y descubrieron que dentro del monte había indios. McClymont y sus compatriotas atacaron, pero los indios, entre los que había dos armados con Remingtons, eran tanto más numerosos que el combate fue desigual. De los diez hombres que formaban el grupo de McClymont, sólo dos escaparon con vida; otros dos, Negrette y el indio Ignacio, desaparecieron. El cadáver de McClymont fue encontrado boca abajo, con un brazo destrozado y ocho lanzazos en el cuerpo. También murieron los señores Parvis y MacPhail. Los tres cadáveres estaban destrozados. Los llevaron hasta el Bragado, más de ciento cincuenta le-

guas en un carro, arrastrado por una tropilla de caballos cansadí-
simos, en medio de un continuo temporal de lluvia y viento. Llegaron
por último al cementerio inglés (¿el de Buenos Aires?) donde fueron
sepultados, "lejos de su Escocia natal, en la tierra que ellos habían
elegido para vivir y querer".

Parece que los tres fueron "pioneros" de Cañuelas.

—Si yo supiera lo que pienso.

—Si supiera lo que quiero.

—Si no hiciera lo que no quiero.

—Si supiera decir que no.

—Si no creyera que hay tiempo.

—Si no creyera que todo es lo mismo, y que entonces más vale
ceder.

Soy feliz mientras los amores no progresan. Tarde o temprano la
mujer los pone en marcha hacia el matrimonio y yo, con desaliento,
me digo: "A preparar la valija. ¡Qué tristeza!".

En mi juventud nadie andaba con documentos en este país. Mi tío
Justi nos sorprendió durante un almuerzo, en avenida Quintana,
cuando dijo: "Yo llevo encima la cédula, para que sepan quién soy si
me muero en la calle". Debía presentir algo, porque murió (de enfermedad, en su casa) a los pocos meses, en agosto de 1935. Yo solamente en los viajes andaba con documentos (el pasaporte). Con la
inseguridad que, en su cornucopia de males, nos trajo Perón, poco a
poco todo el mundo tomó la costumbre de llevar consigo la cédula.

Febrero, 1980. La vieja señora de Saint en su automóvil, cada vez
que había algún inconveniente por el tráfico, por la pinchadura de un
neumático, etc.:

—Qué tino tuvo Paul de quedarse en casa.

Mar del Plata. Por nuestra tendencia a "irnos quedando" en los lugares, nunca partíamos a Mar del Plata, como deseábamos, en diciembre; ni siquiera en los primeros días de enero. Desde allá, mis amigas me reclamaban, por carta y por teléfono. Yo alegaba inconvenientes circunstanciales; las más veces, lo confieso, enfermedades de Silvina.

Mis amigas no creían demasiado en tales enfermedades, pero porque no querían suponerme mentiroso (y porque sabían bien cuánto me gustaba Mar del Plata), pensaban que ella inventaba sus enfermedades, que era una enferma imaginaria. Aunque para el caso de nuestra demora se equivocaran, de un modo general acertaban: tuve que lamentarlo, porque su ensañamiento contra ella fue otro flanco para pedir que me separara y que nos casáramos.

En Mar del Plata yo debía distribuir mañanas y tardes entre una y otra amiga; o entre amigas y Silvina. Llevábamos dos automóviles, para que Silvina no me necesitara para ir a la playa o a comprar cosas en el centro.

También yo distribuía mis mañanas entre las playas de los clubes Mar y Pesca y Ocean, y las de Santa Clara del Mar. Mar y Pesca era el club más exclusivo de Mar del Plata; allí empecé muchos amores y durante repetidas temporadas me bañé con amantes. Cuando quería escaparme de una mujer, me bañaba en la playa del Ocean: las amigas del Ocean me zaherían en broma contra Mar y Pesca: "¿Te cansaste al fin de Mar y Pesca?". En el Ocean se decía que Mar y Pesca era "aburrido", "unos pocos y siempre los mismos", que la playa y las instalaciones eran malas. Las de Mar y Pesca hablaban del Ocean como de un balneario municipal. Aquello era una guerra de snobismos. Hubo una época anterior en que por snobismo contra la llamada "sociedad", íbamos con Silvina a otros balnearios: el de Enrique Pucci, por ejemplo. Después, Silvina siguió fiel a Pucci, mientras yo iba a Mar y Pesca, más propicio para encontrar mujeres; después, Silvina fue a Mar y Pesca.

En Mar del Plata el animal que llevamos adentro pelechaba, se ponía lustroso. Llegar de la deslumbrante playa a la casa (de techos altos, de piso de mosaicos en el hall, fresca y sombreada) era un descansado placer. Cuando llevaba a una chica a una de las amuebladas y volvía a casa, a tomar el té, en la veranda, entre un *treillage* de jazmines: con cuánto placer reponía fuerzas. Recuerdo Mar del Plata como el placer de vivir. Por algo el viejo Rossetti (ex intendente de Buenos Aires, amigo de mi abuelo Casares) decía que todos los años iba a Mar del Plata, para volver a Buenos Aires con un año menos.

Mis horas del día en Mar del Plata: a la mañana escribía. Queríamos llegar a la playa a las 11; a veces llegábamos a la una. A las 3 y media o 4 almorzábamos en casa. A las siete tomábamos el té. A las 10 y media comíamos.

En Mar del Plata inicié muchos amores; con otras preparamos allí lo que se cumpliría después en Buenos Aires. Con muchas fui a las amuebladas de Mar del Plata. Recuerdo el Hotel Almar, en donde después estuvo el destacamento policial, en Constitución y el camino de la costa a Camet. Allí una bomba de sacar agua marcaba el compás, como si una ballena enorme presidiera los acoplamientos. Allá, en una época en que estaba obsesionado por la idea de acostarme con dos mujeres, vi a un individuo (¿o me pareció verlo?) que se deslizaba en una habitación con dos mujeres. Después Almar se mudó un poco más al norte, sobre el camino de la costa; pero a esa altura los carros atmosféricos arrojaban sus inmundicias al mar y el olor no era agradable: con mis amigas nos mudamos al Mesón Norte. Llegaba, me reconocían y me daban (si estaba libre) la llave del once. La considerábamos el mejor cuarto; quizá porque el número nos gustaba. Allí pasé agradables tardes.

Solía quedarme hasta mayo. Desde Buenos Aires los amigos me reclamaban. *Willing ladies* no faltaban, y si faltaban, las compensaba la composición literaria, la lectura, o el agrado vivísimo del otoño en Mar del Plata.

Hay alguna fotografía de nosotros, en La Silvina (ex Villa Urquiza), con la servidumbre y clientes o agregados: no quisiera exagerar, pero me parece que éramos poco menos de veinte personas.

A veces las amigas querían sacarme de casa por la noche. Yo trataba de rehuirme, porque Silvina se ponía ansiosa, y porque trasnochar me dio siempre tristeza y miedo: quizá un sentimiento de culpa. A fin de temporada solíamos ir por la noche con Silvina al cine. Llevábamos con nosotros a una mucama. Ir al cine con Silvina no fue nunca para mí trasnochar.

En Mar del Plata fui feliz. Con hambre uno comía, con placer nadaba y tomaba sol. No sé por qué sentía que allá hacíamos el amor prodigiosamente: como si el sol y el mar y el buen aire dieran un tono épico a nuestros cuerpos. En Mar del Plata escribí buena parte de *El sueño de los héroes*, inventé los cuentos "Cavar un foso" y "El gran serafín", casi íntegramente escribí la *Memoria*, empecé el *Diario de la guerra del cerdo* y escribí la comedia inédita *Una cueva de vidrio o El general*.

El amor por Mar del Plata no fue inmediato. En mis primeras temporadas, de chico, sufría porque mis padres salían y yo me quedaba solo. A veces iba a buscar a mi madre, a fin de la función de la tarde, al cine Palace o al Splendid, de la Rambla Vieja: la esperaba con mucha ansiedad. Años después, la primera vez que fui con mi perro Ayax a casa de mi abuela, me sentí *depaysé*. Nos recuerdo, a mí y al perro, en un cuarto casi desprovisto de muebles, sentados en el suelo, contra una pared, oyendo sobrecogidos el viento. Yo diría que disminuyó, o casi desapareció, el viento, que en mi primera juventud era típico de Mar del Plata.

Información familiar, de la *Guía Nacional de la República Argentina*, de Pablo Bosch (1909):

BIOY, ENRIQUE H., abogado y estanciero. Paraguay 835.

BIOY, JUAN B[AUTISTA] (mi abuelo). Estanciero. Part. Rodríguez Peña 546.

CASARES, V.L. (mi abuelo). Estanciero. Av. Alvear 284 y San Martín 121.

CASARES, V.R. y MIGUEL P. (mis tíos). Estancieros, misma dirección.

LA MARTONA. Lechería y fábrica a vapor de manteca. 51 casas de venta. Adm. San Martín 121. Teléf. 2085 (Avenida).

Amigos:

BORGES, JORGE G. Abogado. Serrano 2147.

DRAGO, DELFINA M. DE. Santa Fe 3436.

OCAMPO, MANUEL S. Ingeniero y arquitecto. San Martín 693. Part.: Viamonte 496 y 550.

El nombre McClymont aparece Mac Climont (Guillermo).

Esta casa poco a poco se convierte en un museo de mi familia. Aquí hay cosas que el tiempo todavía no se ha llevado. Cuando yo muera, probablemente se las lleve.

El lado bueno: siempre puede uno descubrir algo, en un cajón, en algún anaquel. El lado malo: cierta melancolía que se respira.

Juan Carlitos Bengolea me aseguró que el edificio de Aguas Corrientes de Córdoba entre Riobamba y Ayacucho fue elegido y comprado en Inglaterra por Manuel Ocampo, el padre de Silvina. Comentó: "Ese hombre poderoso, en este país que entonces era riquísimo, con lúcida previsión de dificultades futuras eligió un edificio de mayólica, que no requería periódicas pinturas". Don Manuel Ocampo era ingeniero y arquitecto.

Estrofa oriental que oí, o escribí, en el otoño de 1950, en Punta del Este:

> Juntando unos macachines
> una mañana te vi.
> Desde entonces, maragata[8]
> de amor me muero por ti.

5 febrero 1980. A mí me da vergüenza llorar fácilmente, en despedidas, en cines, en entierros. El hecho prueba que soy de otra época. Ahora la gente llora sin pudor, casi con jactancia. Reutemann, un corredor de automóviles, lloró por no ganar una carrera en Brasil. Maradona, un futbolista, tras declarar que es "muy sentimental, muy sensible", refiere: "Me duele que mi hermano haya salido llorando de la cancha porque erré dos penales ante Vélez. Y lloró por las cosas que oyó decir a la gente de mí. Y cuando llegué a casa me encontré con ese panorama. No pude soportarlo y me puse a llorar yo también".

Todo se paga. Con mujeres, sexualmente despreocupado, pero anímicamente molesto, con tiras y aflojes de esas engorrosas insaciables; sin mujeres, descansado, pero en celo.

Sueño. Con una chica muy joven, muy blanca, que no me quiso mucho hasta que nos acostamos: entonces fuimos felices. La beatitud en que desperté fue incompatible con el esfuerzo de recordar, de que no se desdibujaran, no se olvidaran los episodios ilustrativos del sueño.

---

[8] Natural del departamento de San José (Uruguay).

Confesiones de un comerciante. "Con mi señora siempre sentimos atracción por todo lo que fuera pelo: corte, peinados y permanentes, planchado, tinturas. A lo mejor le hablo de eso y usted se queda frío. Nosotros todo lo contrario: la fantasía volaba, no sé si usted me sigue. Creo que no me equivoco: es lo que se llama vocación. Teníamos un localito hermoso, en plena avenida Lacarra, y trabajábamos que daba calambre. La gente nos envidiaba. No tardaron en aparecer interesados en comprarnos la peluquería. ¿Por qué íbamos a venderla, si el oficio nos gustaba y aquello era una mina de oro? Lo de siempre: vino un tipo con una oferta interesante y vendimos antes que se arrepintiera. Como las flores nos gustan con locura, pusimos una florería; pero es lo que yo digo: en los negocios no vale el idealismo, ni el trabajo, ni la afición. Hay que tener la testa bien fría. ¿A quién se le ocurre poner una florería lejos de hospitales y sanatorios, de los velatorios, de los cementerios? El verdadero basamento del negocio de florería está en las coronas. Haga de cuenta que son las cuatro ruedas sobre las que marcha el negocio. Aquello iba de mal en peor, pero es lo que siempre digo: tenemos un dios aparte, apareció un interesado y nos compró la florería. Como soy el enemigo número uno de dejar el dinero inactivo en el acto me puse a buscar un local para abrir un nuevo negocio. Lo encontré en Ciudad de la Paz, a una cuadra de Cabildo. Hablé con la gente del barrio e hice mi composición de lugar. Comprendí en dos patadas que ese local amplísimo era ideal para instalar un peladero de pollos. Cuando le expliqué a mi señora cómo pintaba el asunto, me abrazó y lloraba con el alborozo y por fin, serenada, me explicó: 'Por algo dicen que volvemos siempre a los primeros amores. Vamos a pasarnos las horas pelando pollos. Entre tanta pluma haremos de cuenta que volvimos de lleno al pelo'".

EXTRAVAGANTES

Febrero 1980. Conocí a Sabato poco después del 40. Sé que en esos días Borges y yo habíamos publicado *Seis problemas para don Isidro Parodi* y sé que yo vivía en la casa de la calle Coronel Díaz. Sabato me pareció una persona de inteligencia activa —como Ricardo Resta,[9] de quien se aseguraba "piensa todo el tiempo"— y eso me bastó para recibirlo como a un amigo. De vez en cuando Sabato se permitía, a manera de apoyo, pedanterías infantiles, que molestaban a Borges. Si había dicho algo intencionadamente paradójico, exclamaba (como si hubiera hablado otro y él aprobara por lo menos la audacia del concepto): "¡Margotinismo puro!". El tono de este comentario aparentemente críptico era de extrema suficiencia. Si uno pedía explicaciones, Sabato vagamente y con aire de pícaro aludía a un profesor alemán llamado quizá Margotius o Margotinus o algo así. Evidentemente se trataba de su monsieur Teste, su Bustos Domecq, su Pierre Menard; no quería ser menos que nadie; Borges no celebraba la broma: tal vez la invención de Sabato no fuera más allá del supuesto profesor, no llegara nunca a un reconocible estilo de pensamientos. A falta de eso, ponía Sabato ese inconfundible tono de satisfacción para exclamar "¡Margotinismo puro!". De todos modos, Sabato me parecía digno de estímulo y convencí a Borges (lo con-

---

[9]Autor, *avant l'heure*, de una teoría de las estructuras.

vencí superficialmente, para nuestras conversaciones de entonces) de que Sabato era inteligente. Se me ocurre que Borges no creía en esa inteligencia cuando estaba solo o con otros amigos. Silvina, por su parte, fue aún más difícil de persuadir.

Creo que Sabato se acercó a mí con mucho respeto, ingenuamente persuadido de su papel de escritor bisoño, frente al escritor consagrado. Por eso incluyó sin siquiera vacilar su articulito sobre *La invención de Morel* en su primer libro de ensayos *Uno y el Universo*. Me pregunto si con el tiempo no se arrepintió de esa inclusión o si habrá pensado estoicamente: *Quod scripsi, scripsi*.

Yo mismo me encargué de bajar del pedestal en que mi protegido me había puesto. Por modestia, por buena educación, por temor de parecer fatuo, le aseguré que mis escritos eran bastante chambones. "Hago lo que puedo, pero tengo la misma conciencia que usted (o "que vos" si ya lo tuteaba) de mis límites". Cuando publiqué *Plan de evasión*, Sabato apareció en casa arrebatado de admiración y me pidió permiso para mandar a *Sur* una nota sobre el libro. Tan perfectamente lo convencí esa tarde de que "el libro no era para tanto" que publicó poco después en *Sur* una nota neutra, indiferente, desde luego desprovista de todos los elogios que le *boché* o le contradije. Sin embargo estoy seguro de que llegó a dudar de la sinceridad de mis juicios sobre mis escritos porque en una conversación exclamó: "Ya estás con tu humildad china".

Un día me trajo (ya estaba viviendo yo en la casa de la calle Santa Fe, donde ahora vive Alicia Jurado) el manuscrito del *Túnel* "para que se lo corrigiera". Me pregunto por qué en el trato de escritores hay tantos malentendidos ¿por falsas modestias? ¿por una vanidad que siempre merodea, como un chacal hambriento? Lo cierto es que leí con lápiz colorado el librito y, según mi costumbre (en ese tiempo corregía las traducciones de *El séptimo círculo* y de *La puerta de marfil*), lo corregí casi todas las veces que fue necesario. Cuando Sabato vino a retirar su novela, comprendí mi error. Él venía dispuesto a recibir elogios por un gran libro; yo le devolvía un librito, plagado de errores de composición, que no podían corregirse (como esa patética imitación de Huxley, la discusión sobre las novelas policiales que interrumpía el relato) y con las páginas garabateadas de elementales correcciones en rojo: correcciones de palabras, como *constatar*, de sintaxis, etcétera. Nuestra amistad, que nunca fue del todo espontánea, empezó a deteriorarse.

Recuerdo lo que me dijo un día mientras sucesivamente orinamos en el baño de casa: "Cómo te envidio. Vos andás por la calle sin que nadie te moleste, sin que nadie te reconozca. Yo voy por la calle y la gente me señala con el dedo y exclama: 'Ahí va Sabato'. Es horrible. Estoy muy cansado".

Lilí, de quien estuve bastante enamorado hacia el 44 o 45, era de tez blanca y rosada, de ojos celestes, grandes, luminosos, que parecían comunicar alegría y deslumbramiento, de pelo rubio, baja de estatura. Recuerdo que las calles abundaron en aquel tiempo de cartelones de propaganda de unos cigarrillos, donde aparecía Lilí, fumando, con el letrero: *Qué rubia y qué rubios*. Nunca me hizo caso.

Una tarde la visité en su casa, por La Lucila, Olivos o Vicente López. Recuerdo el desorden de la casa, la negligencia de la ropa de su persona y del chiquerío al pie. Entre esos chicos debía de estar el que veintitantos años después entró en la clandestinidad y encontró la muerte en un tiroteo con la policía. Dicen que esa muerte indujo a Lilí a hacerse montonera. Cuando supe que era una cabecilla importante, no pude creerlo: yo la conocía bajo otro aspecto (la frase es frívola, pero expresa una verdad). A mucha gente conocemos bajo un aspecto u otro, verdaderas anteojeras que no nos permiten saber casi nada sobre ellas. En tiempos de Lanusse me enteré de que la habían detenido; estuve seguro de que se trataba de un error... Consulté con amigos. Me desengañaron: No había nada que hacer. Estaba muy comprometida. Etcétera.

Martínez Estrada era enjuto, de frente ancha, ojos redondos, hundidos, afiebrados, labios finos, voz criolla, baja, de expresión tajante; podía ser muy despreciativo si el interlocutor no le inspiraba temor o siquiera respeto. Carecía de coraje. Durante el primer peronismo estuvimos los dos en la comisión directiva de la Sociedad Argentina de Escritores, él como presidente, yo como vocal. En las conversaciones entre amigos aventuraba juicios condenatorios del peronismo; pero como presidente de nuestra Sociedad, descollaba por encontrar siempre razones de orden estratégico para postergar toda declaración que pudiera molestar al tirano. Su habilidad era prodigiosa: en casi todas las reuniones conseguía suprimir o modificar algún proyecto de protesta sin que a nadie se le ocurriera jamás que lo impulsaba la cobardía o la tibieza de convicción.

Yo tal vez había olvidado que al comienzo de la guerra, cuando habían caído Polonia, Francia, Bélgica, Holanda, Noruega, cuando Inglaterra defendía sola al mundo libre, nos reunimos (por indicación de Borges y mía) en el restaurant chino La Pagoda, en Diagonal y Florida, para firmar un manifiesto en favor de los aliados. Esa mañana, los primeros en llegar fuimos Borges, Ulyses Petit de Murat, Martínez Estrada y yo. Entre Borges y yo explicamos nuestro propósito. Martínez Estrada dijo que él quería hacer una salvedad o, por lo menos, un llamado a la reflexión. Nos preguntó si no habíamos pensado que tal vez hubiera alguna razón, y quizás también alguna justicia, para que unos perdieran y otros triunfaran, si no habíamos pensado que tal vez de un lado estaban la fuerza, la juventud, lo nuevo en toda su pureza, y del otro, la decadencia, la corrupción de un mundo viejo. Yo pensé que con un personaje así no se podía ni siquiera discutir y, mentalmente, lo eliminé de la posible lista de firmantes. Me apresuraba, me equivocaba. Ulyses Petit de Murat se levantó y dijo que para nosotros el asunto era más simple: "De un lado está la gente decente, del otro los hijos de puta". "Si es así —contestó Martínez Estrada— firmo con ustedes encantado", y ante mi asombro estampó su firma.

Era un pensador continuo, de ideas confusas. Su ignorancia era enciclopédica. Aceptó sin vacilar el encargo de escribir, para no sé qué editor, quizá Rueda, una Historia de la literatura universal. No estaba preparado para la obra. Ignoraba a Johnson, a Boswell. Recuerdo que le dijo a Silvina: "Estoy leyendo con placer y provecho a Edgar Allan Pope".

Serenidad, impavidez, aire inescrutable, bien probada conformidad consigo mismo, desdeñosa acritud para casi todo el mundo: estos caracteres, para quien no lo tomara demasiado en serio, lo volvían agradable o desagradable, según fuera con uno amistoso o inamistoso.

No sé por qué me dio por imaginarlo como un viejo cochero criollo, aislado en su alto pescante, arropado en la intemperie de la noche, pintoresco por lo taimado y por el tono irónico, por una perceptible sabiduría hecha de ignorancia y de malos sentimientos.

Con razón mi amigo Marcial Quiroga señala apenado la injusta inquina de mucha gente contra los médicos. Sin embargo debemos reconocer que, por injusta que sea, la tal inquina configura a lo largo de los tiempos una siempre renovada tradición literaria, prestigiada por clásicos refulgentes, como Rabelais y Molière. Yo debo lo que tengo de salud, o de bienestar, a indicaciones, a consejos, a remedios que médicos me dieron, sin contar las operaciones quirúrgicas, también aconsejadas y ejecutadas por médicos, que terminaron tramos sombríos de mi vida y me devolvieron a la actividad y a las esperanzas, de modo que por nada contribuiré a enriquecer dicha tradición.

Hablaré ahora de lo que no entiendo. El hombre está acostumbrado a eso. Quiero decir que hablaré de una parte de lo mucho que no entiendo: de la medicina o, para decirlo del modo más general, del arte de curar.

Yo sería injusto si olvidara mi deuda con los médicos. Más que a nadie quizá, debo a Lucio García que empleaba sus conocimientos como una varita mágica: con esa varita me tocó la cabeza y desaparecieron dolores que me torturaban y destruían desde muchos años. Al doctor Browne le debo la prodigiosa curación de una alergia. A Pouchet, salir de una renguera. A De Antonio y al kinesiólogo Quiveo, el ser un hombre sano, con ocasionales lumbagos, y no un enfermo, con intervalos de bienestar. A Florin las operaciones de la tiroides, que extiende mi gratitud a Molfino, y de próstata, que la extiende a Montenegro. Dicho lo anterior, no negaré que al odio contra los médicos debemos una venerable tradición literaria y que de vez en cuando me acomete la tentación de contribuir con algún aporte personal, por modesto que sea.

Las otras tardes conversábamos con un veterinario, sentados en los sillones de mimbre del corredor de la estancia Rincón Viejo. El veterinario dijo:

—Qué lindos esos árboles. Qué sanos.

Yo pensé: Los jóvenes tienen cuarenta años; casi todos cien o más; algunos pocos serán anteriores a 1860 y alguno habrá sido plantado alrededor de 1835. La verdad es que están sanos y que nadie les cuidó la salud.

A esta altura de mis reflexiones admití que si tenía a la vista sanos, sabía también que en el monte había algunos enfermos. Tampoco veo los achacosos, que murieron, como el espinillo fundador. Ése sí era de 1835. También deben de ser de entonces las casuarinas grandes que están detrás de la casa del fondo. Entre ellas hay dos o tres enfermas.

¿Cuánto gasté, o gastaron, mis padres y mis abuelos, en médicos de plantas? Absolutamente nada.

Tampoco gastábamos mucho, veinte o treinta años atrás, en veterinarios para las vacas. Recuerdo que cuando poblé el campo, el ex arrendatario de mi padre, don Juan P. Pees, me aconsejó: "No ponga ovejas, Adolfito. Con ellas no para uno de gastar en remedios y siempre las persiguen la sarna y las lumbrices (sic). Ponga vacas. Basta darles campo y agua y ellas le darán un ternero todos los años." Los partes diarios de 1936, que estuve leyendo, confirman este asunto. No hay casi mortandad de vacas; no hay casi gastos de veterinario para ellas. Tendría que recorrer los partes de los años sucesivos para descubrir cuándo empieza la continua atención veterinaria del ganado, con la consiguiente partida de gastos, una de las mayores en el ejercicio anual de las estancias. Antes había enfermedades de vez en cuando, pestes de vez en cuando y muy poco gasto en veterinaria. Ahora hay enfermedades de vez en cuando, pestes de vez en cuando, y enormes gastos en veterinaria. Me pregunto, pues, si estadísticamente podría demostrarse que hay un verdadero progreso para la salud de los animales y de los hombres en la constante atención veterinaria y médica. Ha de haber progreso; un progreso muy inferior, sin embargo, al que advierten los veterinarios (y los médicos) en sus alforjas.

A veces nos parece que lo único mágico (terriblemente mágico) de la vida es la muerte. En realidad la muerte es el fin de la magia.

27 febrero 1980. Pardo. He leído con agrado *Mi ocio* de Italo Svevo: una suerte de encantador vademécum para todos los viejos decrépitos como yo. Podría objetarse que es demasiado simbólico; pero sé que yo seguí el texto con interés y sólo después de concluida la lectura entreví los símbolos, que me parecieron aciertos suplementarios y magistrales, otra riqueza de un texto afortunado: el viejo, que se retira, se detiene en la escalera y protesta; su último amor, Felicità, no lo oye, porque está allá arriba, ocupada en cerrar con llave la puerta del departamento de sus amores, al que no volverán juntos.

Género comercialmente afortunado: el de las historietas de enso-ñación. Toda la obra de Simenon; buena parte de la de Somerset Maugham.

Tratándose de autor de otra época, la divergencia de opiniones po-líticas frecuentemente no molesta. Stendhal es uno de los autores preferidos de Toulet.

Rincón Viejo, 1º marzo 1980. Con repulsión leo capítulos (?) de la desproporcionadamente llamada *Vida del Chacho Peñaloza* por el fraile federal José Hernández. Hernández realmente se encolumna junto a los más deleznables cachafaces de nuestra literatura política.

Lloriquear. Sólo ahora me entero de que lloriquear es cosa de viejos. Trataré de reprimirme, lo que no será fácil, porque desde joven, a lo largo de toda la vida, he tenido ese motivo de enojo conmigo mismo. He lloriqueado en cines (a veces debí salir de la sala, para interrumpir los sollozos), he lloriqueado en despedidas, en entierros, cuando he leído (sobre todo, en voz alta) noticias patéticas, heroicas, expresivas de generosidad y desprendimiento. Me aborrecí por ello, aunque no faltaron personas que se mostraran favorables al llorón, pura sensibi-lidad y corazón de oro; yo sabía que tal suposición era totalmente falsa; me acordaba de mi tío Gustavo, egoísta y vanidoso, que se que-ría a sí mismo, sin importarle un bledo de los demás y para quien cualquier motivo era válido para derramar lágrimas en enormes y finí-simos pañuelos blancos.

Soy el amante que las mujeres hacen de mí. Un chambón con algunas; un diestro profesional con las que me exigen. Evidentemente soy mejor cuanto más me exigen. En general no valgo mucho cuando tengo una sola mujer, que no quiere acostarse más de una o dos veces por semana. Cuando tengo dos mujeres, o más, mis reflejos obedecen en el acto, cada una me estimula, me enseña y se beneficia de las enseñanzas y de los estímulos de la otra (o de las otras).

Viejo dicho, muy sentido por el autor:

Acuérdate, mi alma, de lo que hablo:
en todo apuro tiene parte el diablo.

Retrato. Airadamente profiere acres afirmaciones enfáticas y condenatorias, que a poco andar los hechos refutan. Ajena a la equidad, no explica ni se excusa; alza la destemplada voz y con la mirada puesta en el mismo, o en otro, blanco arremete con nuevas denuncias mal fundadas.

Un secreto. Según decía la gente, mi padre y yo éramos de la misma estatura. En realidad, él medía 1,77 y yo 1,76. Cuando me enrolé, vi con desagrado que, después de medirme, estamparon en la libreta 1,75. Eso no es nada. Ayer, 17 de marzo de 1980, el doctor Schnir me midió en su consultorio y anunció:

—1,71 y medio.

Pensé: "La ventaja de esta información es que no incita a la jactancia". Dije:

—Una estatura un poco deprimente.

El médico replicó:

—Deprimida, querrá decir. Por el cuarto y el quinto disco rotos y más que nada por el paso de los años.

Antes (mayo 1978) de las operaciones pesaba 62 k.; ahora, 67.

Para muchos argentinos el nombre *Eva* está definitivamente viciado por una connotación evidente.

El que ya no escribe:

> *Las personas que recibo*
> *y me impiden escribir,*
> *me visitan porque escribo.*
> *A la larga hay que mentir.*

Traducción negligente de versos de compasión y protesta compuestos por Juan Hus, durante su tortura, en Constanza, en 1415:

> *¡Pobres muchachos los de esta unidad!*
> *Sabrán, por gritos de derecha e izquierda,*
> *que no son buscadores de verdad,*
> *sino unos torturadores de mierda.*

Ce pauvre Albert.

> *Girri, fortuito por antonomasia,*
> *se mantiene distante de la gracia.*

16 abril 1980. Nace mi nieta Lucila.

Una amiga de Silvina dice que mientras estuvo en Río, "sovía y sovía" ("s" francesa, como en *casino*, en *caserne*, en *casoulet*, en *casau*).

La línea diaria.

> *¡Escribir una línea cada día!*
> *Toda costumbre es haraganería.*

"No hay mejor modo de llegar a escribir en serio que el de garabatear algo todos los días" (Italo Svevo).

> *Fiel a Svevo, muchísimo escribí.*
> *Al releerme, de pena me morí.*

Recibo por correo una invitación a no sé qué acto. En el sobre, con letra desmañada, alguien anotó: *y se abren fisuras en lo cotidiano por donde atisban curiosas criaturas del sueño que soñamos. Morel.* Evidentemente se trata de una alusión (de un lector anónimo) a uno de los últimos reportajes, donde traté de explicar mi atracción por las situaciones fantásticas.

La visita.

> *¿Quién me devuelve el tiempo que me quitas?*
> *Repites, día a día, tus visitas.*

Visitas.

> *Me van quedando ya muy pocos días*
> *y me visitas y hablas tonterías.*

Epigrama.

> *Todo es en vano y lo demás también.*
> *El fin del mundo ¿te lo cuenta quién?*

Errores de lenguaje. En diversos países comete la gente iguales errores. Me aseguran que en Francia hay quienes ahora dicen *écouter* por *entendre* (como entre nosotros, escuchar por oír). Ayer leí en Byron (*Letters*) que *to speak* por *to utter, to mention*, puede ser error y ¿*hablar* por *decir*, *id est*, *hablar* sin preposición *de*? como escribí hoy (en la página anterior).

Hear, hear. "El Dr. Rush, o algún otro, dice que nadie alcanza una larga vida si no tiene en la familia, al menos, un veterano [*an old stager*]" (Byron, carta a Thomas Moore, 1° octubre 1821). De mi padre me viene la esperanza (murió a los 80; mi madre a los 62; de abuelos paternos (Juan Bautista pasó los 80); de los maternos, un Casares creo que murió a los 86).

Diálogo:

SILVINA: Martínez Estrada escribió un artículo muy generoso sobre un libro mío.
BIANCO: Lo que me costó que lo escribiera. Le mandé el libro; me lo devolvió en seguida y me aseguró que por nada escribiría sobre un libro tuyo; insistí tanto que no tuvo más remedio que resignarse.
SILVINA (a mí, después): ¿Por qué me cuenta esto? ¿Cree que me da alegría?

En la calle Paso hay un hotel alojamiento con una chapa en que se lee: *Desirée. Albergue transitorio*. Nunca entré.

Idiomáticas. Encresparse. Enojarse (*c.*1969).

Tres anécdotas de Silvina Bullrich.

Un día, en la época de su amor con ella, Borges le dijo: "Anoche, a las doce, pasé frente a tu casa, y pensé que estarías en tu cuarto". Silvina le contestó: "Estaba en mi cuarto, pero no hubiera podido estar con vos, porque estaba con fulano de tal, en cama".

Lennersohn, cuando estaba de novio con ella, se enfermó de un pulmón y pasó mes y medio en cama; temía que los médicos le mintieran; temía tener algo grave. Un día lo llamó por teléfono Silvina Bullrich y le dijo: "No tiene sentido que yo te espere. Vos tenés tuberculosis" (No existía entonces la penicilina; la tuberculosis era mortal). Ya recuperado, Lennersohn le preguntó al médico si no había tenido tuberculosis. El médico le contestó que no.

Yo no estaba peleado con ella, o por lo menos así lo creía. Silvina Bullrich, en declaraciones a una revista, dijo que Borges me había dictado *La invención de Morel*.

Y una cuarta, un poco distinta:

Yo había sacado el Premio Nacional de Literatura. En el quiosco de revistas, a la entrada del Hotel Alvear, me encontré con Silvina Bullrich. "Vos ganaste el premio porque yo no me presenté; no me presenté para que te premiaran a vos. Ahora te van a proponer que formes parte del jurado. Aceptá, yo me presento y vos me premiás". Cuando Silvina se fue, el diariero comentó: "Qué amiga se mandó, Bioy".

"En cuanto a vivir, los sirvientes pueden hacerlo por nosotros" (Villiers de l'Isle Adam). Traducción: Sin sirvientes no vale la pena vivir.

Veré cómo hablas y diré quién eres.
Francés de hoy. "Chez nous, on a le droit de monter et descendre dans l'ascenseur, avec les ordures".

"La vejez es muy cara", dijo Nelly MacKingley.

Cuando estrenaron el film *Las ratas*, en Mar del Plata, en 1963 o 64, Silvina Bullrich ya estaba con Caccicci (ignoro la grafía del nombre). Bianco le preguntó a Silvina:

—¿Tiene plata?

Silvina contestó:

—Si tuviera, ya me hubiera casado con él.

En un homenaje a Saslavsky, en el restaurant Edelweiss, Silvina estaba indignada porque no la habían sentado en la mesa principal. Bianco le dijo:

—No hagas caso. Tratemos de pasarla bien... Por de pronto, estamos en la misma mesa.

—Pero vos no te fijás en nada, che. Están mis dos editores: Emecé y la Sudamericana.

—¿Qué hay con eso?

—No podés entender, porque a vos no te importa la guita. Quiero que me vean en la mesa principal para que se disputen mis memorias y sacarles un montón de guita.

Dijo Bianco que todo en las memorias es falso. Que Silvina odiaba a la hermana que murió... y que la muerte del padre no ocurrió como la refiere. Pienso que tal vez odiaba a su hermana cuando estaba sana y que después, en sus conversaciones con Bianco, siguió la costumbre de hablar mal de ella si Bianco, una persona superior, lo hacía, no iba ella a mostrarse convencional; pero quizá al perder a la hermana olvidó los defectos que le encontraba y la extrañó sinceramente.

Dijo Bianco: "¿Se atreverán a publicar el tercer tomo de las memorias de Victoria? Ahí se cuenta la cristalización de su amor por

Martínez; y con todos los detalles. Es claro que Victoria se atribuye siempre *le beau rôle*. Parecería que nunca hizo papelones...".

Observó Bianco que un personaje frecuente de las comedias norteamericanas del cine mudo era el tímido desmañado, aparentemente torpe, que empieza cometiendo papelones y concluye como verdadero héroe, casándose con la heroína y respetado por todos.

Cuando llegaron los Sabato a una comida y vieron a Lafforgue, no quisieron participar en la conversación general y se apartaron a un rincón, para comer. La dueña de casa mostró su consternación y explicó que ella no tenía noticias de esa enemistad; entonces Matilde le preguntó si se avendría a comer con alguien que hubiese escupido la cara de su madre. Cuando los Sabato se retiraron, en seguida después de comer, Lafforgue dijo que él jamás había escrito nada contra Sabato, que tal vez su mujer (ausente de esa comida) hubiera hecho reparos, en artículos críticos, a *Sobre héroes y tumbas* o más probablemente a *Abaddón el Exterminador*.

Se reúnen escritores en una comida en honor de Mujica Lainez. El homenajeado se hace esperar; pasadas las once, por fin llega, principesco y afectado, saludando lánguidamente con manos anilladas. Claramente se oye la voz de Silvina Bullrich: —Tenía que llegar tarde, naturalmente, el maricón de mierda.

Interrumpiendo apenas los saludos, Mujica Lainez contesta en el acto, con voz igualmente clara:

—Callate, vos, gaucho con concha.

Idiomáticas. Pedazo (fragmento, parte) como aumentativo. Pedazo de animal: grandísimo animal.

Monofore. Palabra empleada por Mary McCarthy (*The Stones of Florence. Venice Observed*), que no encuentro en diccionarios ni enciclopedias. Trataríase de una suerte de ventana.

La afortunada o Una enfermedad muy exclusiva. Su primer marido está con lumbago, su segundo marido está con lumbago, su amante está con lumbago.

La literatura fantástica, nuestra hija o hijastra, se propaga, está llegando a regiones extraliterarias. El doctor Schnir me dijo: "He pensado que tengo que portarme bien, porque si me mandan al infierno, allá no me salvo de que me nombren director del Departamento de Reumatología. ¿Se da cuenta, reumatología para la eternidad?".

Idilio. La hermana empezó a sospechar y descubrió que el marido de E. tenía otra mujer. Lo interpeló, lo acorraló. El marido, enojado, se fue de la casa, aunque de todos modos, de vez en cuando ve a E. Ésta, sin quejarse del proceder de la hermana, observa: "Es un buen hombre. A mí siempre me trató bien. Cuando volvía a casa, después del trabajo, me acariciaba. ¿Cómo es la otra? Una mujerota morena, de grandes ojos y labios anchos, muy segura, mandona. Él viene a verme y trabajamos juntos en desmantelar el taller. Me consuelo pensando en lo que rabiará la otra".

Mis horrores: peronistas, nazis, germanófilos. Digo: el descubrimiento horroroso, al alcance de nuestra mano, de una alimaña. ¿Cómo? Lo de germanófilo significa nada más que partidario de Alemania en las guerras del 14 y del 39 (y de 1870): nada más, porque Alemania (lo que conozco de ella: Baviera, la región del Rhin, la Selva Negra) me gusta; con los alemanes entablo fácil amistad, y sé cuánto más pobre quedaría el mundo sin la cultura alemana.

Todo el mundo es partidario de la censura: Silvina, para las intimidades de los muertos (y de los vivos); mi secretaria, para las referencias detalladas de crueldades de gobernantes; la Liga de Padres de Familia, para la pornografía; los gobiernos, para lo que pueda "moverles el piso"; Borges, para lo que ofende su puritarismo, que admite (con frecuentes escapadas) y como norma estimulante para la creación.

El joven vecino, por quien siento afecto, dijo: "Estoy cansado de mi novia. Es una histérica esa mujer: creo que no me conviene. Hoy yo estaba de lo más bien, satisfecho con todo y ¿a que no sabés con qué se vino? ¡Con un grano en la nariz! ¡Estaba obsesionada, histérica con ese grano en la nariz! Como si fuera algo muy interesante, no me hablaba de otra cosa. Estoy por creer que esa mujer no me conviene. Creo que voy a dejarla". Dos días después la dejó.

Compra juvenil. Encargué las obras completas de Italo Svevo, ¡en italiano! Hace muy poco no las hubiera pedido. Me consideraba sin tiempo por delante.

Un agnóstico.

> *No es mucho lo que yo sé.*
> *Me pregunto quién soy yo,*
> *ignoro quién es usted*
> *y del resto, ¡qué sé yo!*

Mallea, c.1950, ignoraba por completo las reglas de la versificación española; José Bianco no se quedaba atrás (en ignorancia, desde luego). La gente en general sabe muy poco de la materia. El "negro" Zorraquín, las otras noches, dijo: "Según Borges, hablamos en endecasílabos". No creo que Borges dijese eso. Pudo decir que hablamos en octosílabos y que de vez en cuando, a modo de florida rúbrica de párrafos, escribimos con algún endecasílabo. Es verdad que si nos sale uno, probablemente nos salgan varios.

Frases hechas: Burro viejo no cambia de tranco. Macaco viejo no sube a palo podrido.

Sueño. Empieza con una distinción entre el escritorio de los Bioy, que en el sueño estaba en plena prosperidad, y el Casares, que pasaba por un mal momento. Yo estaba en el de los Bioy. Mi padre había soltado unos leones: lo que me asustaba y enojaba; pero él me tranquilizó con el anuncio: "Voy a almorzar con la colonia francesa" [colonia, en el sentido francés, de gente de un mismo país que vive en un país extranjero]. En seguida entraron en la habitación, dando grandes saltos, jaguares de un color azul fuerte [no marino]. Esos jaguares, que me atemorizaban un poco, en definitiva me tranquilizaban, porque en el sueño servían de confirmación de las palabras de mi padre.

Modos de decir argentinos

A Miguel Casares le oí decir *erudicción*.
A Cali F., le oí decir *eccenario, eccena*.
A Guillermo M. le oí decir *Prus* por *Proust; bet seller* por *best seller*.
A medio país oí decir *cónyugue*.
A todo el país oí decir *peremne*.
A un señor Videla le oí decir *férectro*.
Óir por *oír*, a Alcira.
Paráiso por *paraíso*, a María Inés.

Me dispierto por *me despierto*, a Juana.

Yo (si me descuido) digo *cabresto* por *cabestro*.

Yo digo *aujero* por *agujero, aúja* por *aguja* y *recao* por *recado* (en sentido de *montura*).

Los que decimos *recao* (por *montura*) decimos *recado* (por *encargo*).

Los que dicen *paráiso* (por *paraíso*, árbol), dicen, o suelen decir, *paraíso* por *edén*.

Diálogo en una reunión social.

MARGARITA AGUIRRE: Yo viví en esa calle con Rodolfo.

ALEJO FLORIN: ¿Quién es Rodolfo?

ENRIQUE: Rodolfo Aráoz Alfaro.

PEPE BIANCO (sonriendo con afectuoso interés): ¿Cómo está Rodolfo?

FRANCIS KORN (a Pepe Bianco): Pero, ¿Rodolfo Aráoz Alfaro no ha muerto?

PEPE BIANCO (a Francis Korn, sin vacilar): Hace años.

Coitum plenum et optabilem (Petronio, *Satiricón*). Petronio logra esta satisfactoria experiencia homosexualmente; yo la busco y cuando tengo suerte la consigo en amores con mujeres.

Para Byron su natural holgazanería es buena excusa para la demora en contestar cartas (Byron, *Letters and Journals*).

Según Byron, las mujeres en España son castas hasta el matrimonio; "cuando se casan, dejan atrás todo freno". Al que solicitó a una soltera, ésta le dijo: "Espere que me case y entonces con todo gusto" (*Letters and Journals*).

Byron habla de la calmosa indiferencia de los viejos autores por la suerte de sus escritos.

En Sevilla, la mayor de las señoritas Córdova dio a Byron un rizo de su pelo, que aún conservan en la casa Murray. Cuando Byron partió, la andaluza le dijo: "Adiós hermoso. Me gustó mucho", lo que Byron traduce: *Adieu you pretty fellow, you pleased me much*. Entiendo que la señorita le dijo: "Lo que hicimos juntos me gustó mucho".

Ejemplo de reportaje irritante. Una María Sáenz Quesada, en su libro sobre *Los estancieros*, cambia el nombre de Oscar por el de Tomás, con lo que me quita el placer de dar el libro a Oscar Pardo; a la estancia *Las casillas*, de mi abuela, la llama *Las carillas*; cuando hablo de mi padre yo nunca lo llamo *papá*, sino *mi padre*: me hace llamarlo *papá*, lo que me parece una intimidad tonta frente a los lectores; yo no diría que tuve una cabaña para vender vacas a los vecinos, sino para vender toros. Cuando el reportaje es para un diario o una revista, por el apremio puede ser perdonable no someter el texto al entrevistado; cuando es para un libro, no someterlo es imperdonable, no solamente por consideración al entrevistado, sino al libro mismo, que por ese medio se aligeraría de errores.

Sueño. Entro en una sala de proyecciones, ya sin luz. Abajo, en la platea, entreveo unas esferas grandes, arrimadas las unas a las otras. Después de un rato, cuando la vista se acostumbra a la oscuridad, comprendo: son las cabezas de los espectadores. Una media docena, que llena la salita. En la pantalla mientras tanto se desarrollan dramas dolorosos: despedidas de condenados que suben al cadalso, etcétera. Los espectadores ríen admirativamente, prorrumpen en felicitaciones y en elogios. Me digo "Son los dioses" y comprendo que la mente de uno de ellos, a quien los demás felicitan, proyecta la película. Intuyo que esa proyección es nuestra vida, la vida humana. La intuición se confirma cuando veo en la pantalla mi reciente y cautelosa irrupción en la sala de proyecciones. Creo entender entonces por qué era tonta la perplejidad ante el hecho de que un Dios omnipotente consienta el dolor. No somos reales. Somos el entretenimiento de un dios.

Idiomáticas. Frases. "Entonces agarré y me fui". El sentido de *agarré*, en esta frase, ha de ser *tomé la decisión.* "Entonces tomé la decisión de irme y me fui. Entonces tomé la decisión de esperar o de no aguantar más y me fui".

Nelly Mackingley. La encontré hará cosa de quince días, frente a su casa de la calle Posadas. Le dije:
—Estás muy bien, Nelly.
—Estoy viejísima. Voy a morirme pronto. Te pido que vayas a mi entierro.
—Es un disparate morirse, Nelly. Hay que seguir viviendo.
—¿Te parece? La vejez es tan desagradable. Y carísima, ¿sabés? No te imaginás el dinero que uno tira para mantener a una porquería como yo.
—Es para mantener la vida, Nelly. La vida vale la pena.
—¿Vos creés?
—Te aseguro que sí.
—Bueno. Te prometo que haré lo posible para seguir viviendo, pero vos prometeme que si muero vas a ir a mi entierro.
Ayer, 14 de agosto de 1980, fui a su entierro, en la Recoleta. Nelly debía de tener entre 85 y 87 años.

Idiomáticas. Me contaron de un señor que decía "enquelenque". "Ese potrillo está medio enquelenque".

Cuando Bianco era chico fue a casa de un amigo cuyo padre lo llamó, por error, Bianchi. Para no ser fastidioso, la primera vez no lo corrigió; después, a lo largo de toda la tarde, no se atrevió a corregirlo, tal vez para que el hombre no se molestara con él por haberlo dejado en el error; y cuando llegó el momento de irse, creyó que lo mejor era dejar que él mismo lo afirmara en el error, para volver así más improbable un ingrato desengaño, y se despidió con las palabras: "Bianchi a sus órdenes".

Dos mujeres a un tiempo. Uno se acuesta mejor con una y otra, pero el resto del día las aguanta menos. Si aparece una tercera, las incompatibilidades se aceleran y se ahondan.

Finis coronat opus. El ensayista Carlos Alberto Erro murió de un atracón subrepticio y nocturno, después de vaciar la heladera de su casa. El filósofo Francisco Luis Romero murió de un asado en su honor, ofrecido en Montevideo por amigos uruguayos. En cuanto al poeta Paul Claudel queda una duda, ya que sólo sabemos que sus últimas palabras fueron la pregunta al médico: "Doctor, ¿cree que habrá sido el salchichón?".

También está el intendente radical que murió por haber comido unos orejones crudos, que se le dilataron en el estómago o en las tripas.

Me acordaba del cuarto de plancha de Vicente Casares (léase: de la estancia San Martín), con su grato olor a tela quemada, con las planchas de hierro en braseros de tres pies. Vagamente recuerdo el ademán de las planchadoras —un dedo mojado en la propia saliva— para saber si la plancha estaba caliente. Era un lugar de conversación, lo que me llevó a soñar con la enormidad de lo que se había conversado desde la aparición de los hombres.

Alrededor del 20 de agosto de 1980 murió María Meyer Pellegrini, a los 101 años de edad.

Suicidio bajo las ruedas de un tren. Consejo a novelistas y a directores de películas. No permitan que el o la suicida se eche entre dos vagones, bajo las ruedas de un tren que arranca; llévenlo a las vías y dejen que se tire cuando rápidamente se acerca el tren.

En el film *Anna Karenina* de Clarence Brown, la heroína, la tonta de Greta Garbo, resuelve echarse bajo las ruedas del tren que lentamente se pone en marcha en la estación. El espectador acepta apuestas sobre si la Garbo acertará a no meterse entre dos vagones. No recuerdo qué pasa en la novela; voy a ver.

Para viejos porteños, nomás. ¿Por qué en las tiendas de Buenos Aires, la sección *bonetería* vende ropa interior? ¿Por qué "sección bonetería"? ¿Hubo una época de abundante tráfico de bonetes? Para el *Diccionario de la Academia* (1936), *bonetería* es el comercio que vende bonetes. En el Littré veo que viene de Francia, como *las grandes tiendas*. *Bonetería* es *mercería*.

Farmacopea. Hay remedios buenos y remedios malos. Los remedios buenos son aquellos que por algún tiempo nos dan ilusión de mejoría.

Así fecha Byron algunas de sus cartas de 1822: "8ber, 9ber, 10ver".

Idiomáticas. Cáscava. Palabra usada por agrónomos. Hendiduras del terreno, en las proximidades de ríos.

La mujer del prójimo. Por algo prohibieron la mujer del prójimo. Ninguna hallarás de goce tan apacible. Desde luego, si quiere todavía a su hombre, te fastidiará con lamentaciones de pecadora arrepentida, y si ya no lo quiere, con apremios para que te hagas cargo de ella.

Una noche que yo estaba muy solo en Londres encontré en sitios apartados, que difícilmente podían estar en el trayecto de una persona, primero un guante gris de mujer, después una pulserita de metal plateado y finalmente una libreta chica, de tapas forradas en cretona, con algunos apuntes, poco significativa, en escritura femenina, con la firma Daisy (sin la dirección de Daisy, ni el número de teléfono). Si yo, en lugar de ser el director de una buena colección de novelas policiales, hubiera sido un buen detective...

Cuando era muy chico, en la estancia de Pardo, me disfracé de diablo: un traje de percal colorado, con su cola colorada; un corcho quemado sirvió para pintarme cejas y bigote. Me llevé una gran desilusión, por no tener los poderes mágicos del diablo, ni asustar a nadie. Me vi en el espejo, resignadamente comprendí que me parecía más a mí mismo que al diablo.

En cuanto a Borges, la primera vez que se disfrazó lo hizo con un traje de diablo, colorado como el mío. A él la experiencia lo satisfizo: le pareció que estaba lindísimo con su traje. Su hermana Norah se disfrazó de payaso. He visto la fotografía de Norah con ese disfraz. Está riéndose, muy contenta.

Cuando Borges me habló de la satisfacción que le había dado ese disfraz, comentó: "Un error. Pensar que la vida consiste en cometer errores y salir de ellos. Un error tan absurdo como el de creerme lindísimo con mi disfraz de diablo es el de haberme hecho ultraísta y después el de afiliarme al partido radical: éste fue el peor de todos".

Frase hecha. Ser alguien materia dispuesta. Dícese de quien aceptará de buen ánimo lo que los demás propongan:

Yo soy materia dispuesta,
para el velorio o la fiesta.

— 152 —

Arte moderno. "Es totalmente inservible. El arte lo tiene sin cuidado. Con decirte que amén de ser director del Museo de Arte Moderno, vive allá".

La vida es difícil. Para estar en paz con uno mismo hay que decir la verdad. Para estar en paz con el prójimo hay que mentir.

Idiomáticas. A la que te criaste. De cualquier manera, sin poner cuidado ni rigor.

El recurso de las dos posibilidades. Recurso de aplicación universal, para situaciones ingratas. Al que enfrenta acreedores y tiene que vender su casa, o al que está enfermo y hay que operarlo, su consejero le dirá: "Ahora, quedan dos salidas: con mucha suerte la primera (relativamente o altamente satisfactoria) y si no, la segunda (dura, desagradable)". El pobre desgraciado se aviene a su suerte, porque le agrada tanto la primera solución que por un rato cree en ella. Después comprende que la única solución es la segunda y que nunca tuvo otra.

Un tapujero. Creímos siempre que no había mayor tapujero que Peyrou. Seis años después de casarse, las hermanas y los amigos nos enteramos de que estaba casado. Desde luego, no cabe comparar a Peyrou con Antuquito Leloir. Cuando Antuquito murió, a los 78 años, la familia y los amigos se enteraron de que estaba casado con una inglesa, muy linda y llena de virtudes (según dicen mis informantes) y que le llevaba dos o tres años; con ella tuvo un hijo, Anthony, inglés, de cuarenta años, que ahora vendrá a Buenos Aires, a recibir la herencia. Otra sorpresa: todos sabían que Antuquito era rico; todos (incluidas las hermanas) quedaron sorprendidos por la inmensidad de su fortuna.

Novelista joven y trepador. Mi joven vecino reconoce que su novela, en la que trabajó los últimos dos o tres meses, necesita correcciones, pero se declara harto de estar releyendo siempre lo mismo y resuelto a publicarla cuanto antes, en el estado en que se encuentra. Tomada esta varonil resolución, comprendió que enfrentaba un dilema clásico: publicar, de acuerdo, pero ¿dónde? Se contestó a sí mismo que lo más práctico era dirigirse a la mejor editorial. Para ello empezó a salir con una muchacha, que trabaja en la editorial elegida y es hija del patrón. Después de una semana de salidas cotidianas, no aguantó más y dio la novela a la muchacha. Siguieron saliendo, pero ella no parecía apurada por hablar del libro. Un día, habían pasado cuatro o cinco, el escritor no aguantó más y, a la una y media de la tarde, se largó a casa de su amada.

—Estarían almorzando —comentó su interlocutor, que resultó luego mi informante.

—Estaban almorzando —contestó el novelista.

—¿Y cómo te recibió?

—Parecía molesta, no sé por qué. Hasta diría que se mostró impaciente.

—¿Vos qué hiciste?

—Le pregunté si iban a publicar el libro.

—¿Qué te contestó?

—Me dijo que las primeras sesenta páginas eran pesadísimas y que había que corregir todo el libro. Que lo iba a dar para que lo leyeran. ¿Te das cuenta? Quedé muy deprimido, sobre todo porque yo creía que me quería un poco. ¿No podrías hablarle a Pezzoni, para ver si me aceptan la novela en la Sudamericana?

Esposa, llenando un formulario para el juez:
Nombre: Fulana de Tal.

Nacionalidad: Argentina.

Sexo: Autodidacta, porque mi marido no me enseñó nada.

Puerta

> *Soñando todavía, se despierta*
> *y ansioso, en la pared busca la puerta.*

Fórmula: Muy señor mío.

Fórmula rota (por una corresponsal alemana): Muy señor Casares.

Errare humanum est. En un film de Woody Allen una poetisa recita, ante un amigo, su último poema. El hombre la felicita, le asegura que el poema es maravilloso, pero que se le ha deslizado en él un pequeño error: la mariposa no se convierte en gusano, sino al revés... La poetisa, que se pregunta con tristeza por qué ella no podrá escribir sin errores... Realmente esa mujer me parece la encarnación de todos los que escribimos. Sin ir más lejos, en "Un viaje inesperado", dije: "Un viejo coronel de la Nación". No pasó una semana (después de la publicación) sin descubrir que los coroneles (de caballería, infantería, artillería, etcétera) dejan el arma para convertirse en generales. Es decir, no hay coroneles de la Nación, sino generales de la Nación.

El agente comenta: "Tengo que cuidar los coches de los rusos" y me parece, aunque no me consta, que en la afirmación hay un poco de menosprecio y rencor; en efecto en Buenos Aires la palabra *ruso* es generalmente un término de menosprecio, que sugiere en seguida el agregado *de mierda. Gallego* y *judío*, y en alguna medida *turco*, también suelen emplearse peyorativamente. *Italiano, francés, norteamericano* no son términos condenatorios; transformados en *tano* o *gringo, franchute, yankee* o *Johnny*, sí lo son. *Inglés* y *alemán* no son condenatorios, ni tienen deformaciones o motes agresivos. La condenación de unos y la exención de otros parece difícil de explicar. Aunque amistoso, el pueblo —aquí, en todas partes— tiende a la xenofobia: a rusos y judíos, que confunde, los desprecia; a los gallegos los tiene, casi afectuosamente, por brutos; a los italianos los desdeña un poco; y a los hijos de italianos les atribuye defectos (cobardía, duplicidad, perfidia) y los culpa de la decadencia nacional; a los franceses los ve como ridículos, por demás ceremoniosos, qué "tanto *voulez vous* con soda"; a los norteamericanos ahora se los odia y se los llama *yankees o gringos*. Este uso de *gringo* viene del Caribe; para nosotros *gringo* fue siempre sinónimo de *italiano*. A los ingleses se los admira un poco, pero se los odia porque eran los dueños de nuestros ferrocarriles, por la suposición de que nos tenían como colonia y porque nos sacaron las Malvinas; a los alemanes, celebrados como ordenados y eficaces, se los miró y mira con odio (ayer entre los aliadófilos, y hoy, entre judíos e izquierdistas). Cuesta que el interlocutor convenga en que debemos mucho a los judíos, a los italianos, a los franceses, a los ingleses, a los españoles en general y a los gallegos en particular, y seguramente también a los *turcos*, y su variante de *turcos cristianos* (libaneses), a los alemanes, a los armenios.

He sido buen hijo y he querido ser buen padre. Lo que a otros exime de todo sentido de culpa hacia los hijos, en mí lo infunde: el haberles dado vida.

Idiomáticas. Elemento. Concurrencia (o los alumnos o los profesores de un colegio; o los socios de un club; o los obreros de una fábrica, etcétera). "El elemento es muy malo", exclamó la señorita, frunciendo la boca.

Después de morir mi padre, yo noche a noche tenía con él sueños agradables (porque habíamos estado juntos, porque habíamos conversado). Ahora esos sueños vienen de vez en cuando. Anoche hablé con él por teléfono, pero de pronto la comunicación se cortó y ayer no pude restablecerla. De todos modos quedé feliz de haber oído su voz.

Refrán para significar que frente a muchachas jóvenes tenía pocas esperanzas de conseguirme como jinete: "A burro viejo, pasto tierno".

2 diciembre 1980. El escritor Roman Gary se suicidó hoy. Como yo había nacido en 1914, por lo que me siento sobreviviente. Deberé escribir textos eximios para justificar mi privilegio. *Les promesses de l'Aube* es una admirable novela (¿autobiográfica?) de Gary.

De solicitado a postulante. Fernando Sánchez Sorondo me dijo que mandara a la revista *Claudia* un "diccionario": sección de ese título que aparece en todos los números de la revista y que consiste en una serie de epigramas, versos, referencias, correspondientes a tantas palabras como letras hay en el abecedario (para cada letra va una palabra cualquiera). Yo entendí que él estaba en *Claudia* y me pedía la colaboración. Le dije que me "diera" dos semanas.

Cuando tuve listo mi "diccionario" llamé al director de *Claudia* para darle la noticia. El hombre, que hacía poco me había pedido un cuento, se alegró, pero me dijo que podían pagarme solamente 20 o 30 millones viejos. Me pareció una miseria y le pedí 50 millones (medio millón en plata de ahora). Dijo que si le autorizaban a pagar eso, al día siguiente mandaría a retirar el original. A la noche me llamó una señorita de *Claudia:* pasaría a buscarlo al día siguiente a la mañana. Estuve muy contento, porque el Diccionario me había salido bien. A la una de la mañana, ya acostado y cansadísimo, me acordé no sé por qué del papa Urbano y me pregunté qué palabra con U yo había incluido en el Diccionario. Para salir de dudas, fui a mi escritorio y pude comprobar que me había olvidado de la u. Me las arreglé para escribir el parrafito correspondiente, lo que me llevó una hora por lo menos.

A la otra mañana apareció la señorita, que ojeó el Diccionario y lo celebró con risas y exclamaciones admirativas. A la tarde me llamó el director de la revista y me dijo que no había conseguido el visto bueno, que la situación de la empresa era mala, que para pagarme una suma así tendría que hacerme esperar tres o cuatro meses, que por si yo quería publicar mi colaboración (¿un "diccionario"? ¿dónde?) en otra parte, me lo devolvía. Hubiera querido…

Dicho: Se le pasea el alma por el cuerpo: se deja estar, no se apresura debidamente, no es expeditivo, es lerdo. "El tren sale dentro de una hora, y al gordo se le pasea el alma por el cuerpo".

5 diciembre 1980.

Cuando el objeto perdido
ya es un objeto encontrado
por un momento es querido,
antes de ser olvidado.

De 1979 a 1980.

Curiosa década, la del setenta.
No sé si me entristece o me contenta.

El año 70, en cuanto al reconocimiento público de mi literatura, fue un *annus mirabilis*. Recuerdo que en Pau yo pensaba: "Tantos triunfos no presagian nada bueno". En el 71 llegaron, en dos ocasiones, los más horrorosos tirones en la cintura. En ambas ocasiones el fulminante dolor llegó con un ruido: estoy seguro de que en la primera se rompió un disco y en la segunda, otro. El lumbago cambió mi vida; tuve que abandonar para siempre el tenis; no volví a montar a caballo; y por un tiempo bastante largo me reduje al analfabetismo: escribir era impensable y la mera tensión de la lectura me reavivaba los dolores; no fui un evidente lisiado; fui un lisiado que circulaba como cualquiera, en el mundo de los sanos. No solamente el lumbago me hostigó en esos años; contribuyeron con molestias y miedos la prostatitis y una suerte de bocio.

Como refugio las mujeres no se lucieron; ya dijo Machado que no son demasiado hospitalarias. De todos modos, para mí son el único refugio.

Escribí también: no mucho y no mal. En el 78 me extirparon las tiroides y, veinte días después, la próstata. El lumbago progresivamente va cediendo.

En el 80, por primera vez en la vida, me endeudé; conocí —por qué no decir conozco— el ansia estéril de las dificultades económicas. Mis médicos, en la materia, dicen que saldré de ésta. Espero salir también de las dificultades de salud que se presenten y tirar por muchos años. Aclaro que por ahora me encuentro bien y que he reanudado la natación, que me siento firme y que vigorosamente copulo. Desde el comienzo de la década, esporádicamente ensayé ejercicios de versificación; en el 80, las prácticas fueron asiduas.

A Europa viajé en el 72 y en el 73. En el 73 la familia se me unió en Francia. En el 75 volví a Francia.

Diciembre 1980. *Sueño.* Soñé con mi padre. Por la abertura de una puerta lo vi en una silla de mimbre, de hamaca, riéndose, en el cuarto de al lado. Tuve entonces la mala suerte de despertar.

Willing ladies are enough. Verdadero fue esto, en mis mocedades; pero no hoy en día. Aún me aceptan, me acompañan, pero con moderada disposición para la alcoba. Por más que emule a Johnson, el jinete circense, cuando la semana concluye raramente paso de dos veces, una con cada una. Ni ellas ni otras reclaman la energía o efusiones que sobran.

Personajes para cuento o novela. Un hombre modesto, que por pudor le dice a la mujer: "para salir de esa murria te convendría una acostada", y una mujer que, orgullosa, una y otra vez se le enoja, porque él vuelve el acto del amor impersonal, externo a la compartida pasión, un ejercicio profiláctico.

Breves rachas inútiles.

26 de diciembre de 1980. Dos personas, en distintos momentos, me dicen que miembros de su familia partieron en viaje y me preguntan con patetismo cómo pasaré la noche de Año Nuevo.

27 de diciembre de 1980. Dos relojes, en distintos momentos, se me deslizan de la mano y caen al suelo, sin malas consecuencias.

Cuando quería estar con ella, no sabía por qué ella no quería estar con él. Ahora que estar con ella o no estar con ella le importa poco, no sabe por qué ella quiere estar con él a todas horas. Basta que las quieras para que no te quieran.

Nadie congenia con la gente.

Quiero creer que no es feminista, porque su libro sobre las mujeres se titula *Socias de mierda*.

Es inútil evocar la compasión. Tu interlocutor no la conoce.

Vaudeville. Con la gran escritora habíamos copulado repetida e intensamente. Me eché a un lado, en la cama, para descansar, cuando llamó el teléfono. No lo atendió; dio por seguro que la llamaba el marido. Se incorporó, se lavó y en menos de cinco minutos estaba vestida y lista para irse. No tuve más remedio que levantarme.

"El flaco viejo si engorda un poco se quita años de encima, pero si pierde uno o dos kilos ya envejece", dijo Domínguez, de los baños del Jockey Club.

La Legión de Honor. De chico yo admiraba una vidriera, en el Palais Royal, donde se exhibían condecoraciones. La que más me gustaba tenía una cinta celeste y blanca. Mi padre me explicó que las más prestigiosas, o deseables, eran la Legión de Honor y la Cruz de Guerra. Creo que le expresé el deseo de que me las regalara. Mi padre me explicó que las condecoraciones no se compraban, se ganaban. Deseé mucho ganar la Legión de Honor, la Cruz de Guerra y la que tenía una cinta celeste y blanca, como nuestra escarapela. Cuando era chico yo era muy vanidoso. Después me curé del ansia de condecoraciones, aunque me sentía honrado de que mi padre hubiera ganado la Legión de Honor y hubiera ascendido en ella de caballero a gran oficial.

Mi padre se ponía la cinta y después la roseta, cuando estábamos en Francia. "A uno lo tratan mejor", me aseguraba. Yo encontré así una buena razón para volver a desearla. La afirmación de mi padre fue confirmada por la anécdota que oí no sé dónde: de Moreas, muy viejo, sorprendido por un vigilante con ánimo de detenerlo o apercibirlo, en el acto de orinar en la vía pública; sin interrumpir la micción Moreas mostró la solapa condecorada y el policía se cuadró e hizo la venia hasta que Moreas retomó su camino. A personas elegantes les oí decir que la cinta colorada de la Legión de Honor era muy "chic".

Leí en el *Grand Dictionnaire* de Larousse el artículo "Légion d'Honneur" y comprobé que había dos condecoraciones, las que se daban a franceses y las que se daban a extranjeros. Los franceses condecorados son por grandes méritos y sus nombres quedan grabados no sé en qué monumento o registro; los extranjeros, bueno, pueden ser diplomáticos y personalidades de otros países a los que por conveniencia se los condecora. Ya me dijo mi prima (francesa) Paulette: "Hay Legión y Legión".

A fines del 79, el *attaché technique* y el *attaché cultural* de la embajada de Francia nos mandaron a Silvina y a mí, como regalo de año nuevo, un libro, hermoso y carísimo, con reproducciones de pinturas y grabados persas. Al poco tiempo me llamó por teléfono el *attaché technique* y me dijo que el embajador había pedido para mí "une certaine décoration": no dudé de que me dijo "une certaine décoration" porque no me darían la Légion d'Honneur como a Borges, a Sabato o a Manucho, sino las Palmes Academiques. Siempre me pareció que las Palmes eran para personas demasiado subalternas para la Legión de Honor. Por lo demás, cuando yo era chico las aborrecía por el violeta de la cinta, que me parecía triste. El *attaché technique* me pidió un currículum, con énfasis en mi vinculación con Francia, o mejor dicho con cosas francesas. Después de escribirlo consideré que mi único título para ser condecorado por los franceses era mi amor a Francia. No creo que ese título merezca un premio.

Ayer, cuando leí el telegrama del embajador francés, *Chaleureuses félicitations pour votre nomination au grade de Chevalier de la Légion d'Honneur*, me sentí sorprendido, contento, un tanto conmovido. No parece poco el hecho de que Francia lo haya notado a uno... Es claro que en todos los países del mundo, año tras año, nota a unos cuantos varones oscuros.

9 enero 1981. En la esquina de Callao y Sarmiento, a la 7 y 35 de la tarde, frente al quiosco de los diarios, un caballero que explica a otro el fallo del Vaticano sobre el conflicto del Beagle, en tono de profunda melancolía concluye: "Su Santidad nos cagó".

Sueño. En casa viven dos hermanos, un hombre y una mujer, de edad madura, que en el sueño quiero y estimo (en la vigilia no los conozco). Él es corto de vista, de cara fea, pero buena persona, con sentido del humor. Un día el hombre muere. Admito que por horrible que me parezca debo ocuparme del velorio, entierro, etcétera. Voy a una de las dos empresas fúnebres o cocherías, como se las llama, más conocidas de Buenos Aires, Mirás o Lázaro Costa. Me tratan muy amistosamente, con mucha consideración personal (después me diré que es la especialidad de esas casas, y que saben ganarse la momentánea simpatía de gente que espontáneamente los mira con un poco de horror). Yo me siento cómodo, hablando con esos amigos que saben expresar tan agradablemente el respeto y la admiración que les merezco. Cuando llega el momento de pronunciar el nombre del difunto, Perisset, creo recordar que su familia es dueña de una empresa fúnebre, y me digo que si contrato el entierro con un competidor mi amiga se pondrá furiosa. Me pregunto cómo salgo de la situación. Si digo que el difunto se llama Perisset sospecharán que perdieron el tiempo conmigo, y se preguntarán si soy un bromista o un idiota.

Cuando despierto creo recordar que existe una empresa de pompas fúnebres llamada Perisset. Me olvido de consultar la guía telefónica. *Post scriptum* (dos días después). El día del entierro del Cabito Bioy llego a lo de Margot, donde lo velan. En el furgón fúnebre leo la inscripción *Casa Perisset*.

Al rato soñé que leía en un diario: "El ejército argentino reconquistó la mitad del territorio que por el fallo del Papa nos tomó Chile".

Si quiero la mejor vida, soy escritor, pero si los achaques o las enfermedades me hostigan, soy palafrenero de mi cuerpo.

Expresión. Observó que antes la gente salía a tomar aire.

Aseguró que se pasaba las horas frente a la televisión en color. Dos veces dijo: "Es mucho más divertida que la televisión en blanco y negro". Pensé que si lo decía de nuevo descubriría que estaba diciendo una estupidez. Lo dijo de nuevo, pero no descubrió nada.

21 enero 1981. *Humilde portento*. Sin necesidad de despertador, habitualmente despierto a las 8 o poco antes. Anoche me acosté muy tarde, así que no me sorprendió demasiado ver esta mañana, al despertarme, que el reloj marcaba las nueve menos cuarto. Me levanté y cuando me asomé al corredor, me pareció raro que la casa estuviera tan oscura y silenciosa. Volví a mi cuarto y de nuevo miré el reloj: marcaba las seis de la mañana. Me acosté y me dormí. Al despertar miré el reloj: marcaba las 9 menos cuarto.

Cansado de la dureza del piso, ocasionalmente, a eso de las seis de la mañana, dejo la estera y subo a la cama. Diríase que, hasta entonces, mi sueño había avanzado por sinuosos caminos vecinales y que ahora desembocó en una autorruta.

Un día me llamó por teléfono Carolina Muchnik. Me dijo que era tía de Hugo Santiago (Muchnik), que era pintora, que había hecho mi retrato y que si yo la autorizaba me lo regalaría. La autoricé, por cierto, y olvidé el asunto.

Pocos días después, al volver a casa, a las ocho o nueve de la noche, encontré a Silvina muy extraña: parecía feliz de que yo hubiera vuelto, pero asustada, como si quisiera ocultarme algo y no pudiera, por los nervios y la angustia que la dominaban. Finalmente me confesó que había ocurrido un hecho sumamente desagradable. Las explicaciones nada claras dejaron entrever que había recibido una amenaza contra mí. Era aquella una época de peronismo en el poder, diariamente nos informábamos de secuestros y frecuentemente recibíamos (aun nosotros, que nunca participamos de un gobierno, ni teníamos figuración política) amenazas telefónicas, anónimas siempre, y las más veces disfrazadas de amistoso consejo. Por fin Silvina accedió a mostrarme lo que había llegado a casa.

Cuando lo vi comprendí que era el retrato mío que había pintado Carolina Muchnik. Tratábase de un cuadro grande, de un metro setenta de altura, ocupado por mi cabeza y hombros, y una tira roja, que Silvina interpretaba como un cuchillo ensangrentado o una mancha de sangre, pero que en realidad quería representar la llama de la inspiración. Fuera de esa tira roja, el resto de la tela estaba pintado de un azul infinitamente triste. Silvina había interpretado el cuadro como una amenaza de muerte. Me costó mucho convencerla de que era un retrato, que la autora estaba orgullosa de haberlo pintado y que me lo enviaba amistosamente, de regalo. De lo que no pude convencerla fue de que ese objeto no tenía por qué traer mala suerte. Dijo que no podía soportar ese tristísimo retrato; que pintaría encima cualquier cosa. Le prohibí que lo hiciera. Dijo entonces que pintaría algo en el reverso de la tela, para que si alguien lo veía contra una pared no lo diera vuelta. Le prohibí que lo hiciera.

El viernes pasado me llamó Carolina Muchnik y me pidió el retrato, para incluir su fotografía en un álbum de sus pinturas, que va a editar. Le prometí que se lo mandaría el sábado. Se ofreció a pasar a buscarlo, pero le repliqué: "De ninguna manera, con mucho gusto se lo enviaré". En cuanto cortamos la comunicación me puse a buscar el cuadro. Temía que hubiera desaparecido. Estaba, con una constelación de ojos y una cara, pintadas —por Silvina— con marcador azul, en el reverso de la tela. Me dijo que limpiaría el revés de la tela con lavandina. Consulté con el reparador de cuadros Lasa. Me dijo: "Por nada emplee lavandina. Va a manchar el retrato, si no lo agujerea". Veremos qué se puede hacer. Lo peor es que los trazos del marcador de Silvina se ven sobre el retrato.

El cura: "El pueblo rodeaba a Jesús. Su madre y sus hermanos [primos hermanos] no podían llegar a donde estaban. Alguien le avisó: 'Están tu madre y tus hermanos'. Cristo contestó: '¿Quién es mi madre y quiénes son mis hermanos?' y señalando a todos los que estaban a su alrededor exclamó: 'Éstos son mi madre y mis hermanos'. Espero en Dios que la madre y los hermanos, o primos, no lo oyeran, porque lo hubieran tomado a mal…". El cura era un español, loísta; decía: *lo avisaron* por *le avisaron*.

Advertí alguna modificación en las oraciones. *Mi humilde morada* se convirtió en *mi casa*: expresión más simple, pero menos eufónica. La expresión "muertos en la amistad de Dios" me pareció grata.

En Mendoza, una mujer, que tuvo ocho hijos, explica: "¿Por qué no me hice abortar? Porque el aborto es para mujeres ricas. ¿Por qué no maté al primero? Y, yo quería tener un hijo. Al segundo lo maté por la pobreza y porque era varón. La tercera fue una nena. Siempre quise tener una nena. ¿Los otros? Si hubieran sido mujercitas no los hubiera matado. A los hombres sí, a los varoncitos sí, porque los hombres me han hecho mucho daño, señor, desde que nací, siempre mucho daño".

Los mató a todos cuando nacieron, con una media de hombre que llevaba puesta y se las enroscaba en el cuellito, hacía un nudo y apretaba fuerte hasta que el nenito moría. Después lo tiraba al pozo negro del excusado. Después se acostaba de nuevo en la cama. Al otro día se levantaba bien: "Sin problemas. Siempre me fue bien en los partos. Nunca tuve hemorragias".

Una hermana de la asesina dice: "Fue al colegio hasta quinto grado. Es despierta. Mire los cuadernos de sus hijos, señor. Ella los guiaba bien".

Yo estoy seguro de que ella no tiene conciencia de haber matado a siete personas. Alguien me dijo: "Al fin y al cabo si ella los había hecho, tenía derecho a hacer lo que quisiera... Qué mal quedaría uno si dijera esto".

Le Temps Retrouvé. Después de mucho tiempo se encuentran dos viejos. Uno de ellos exclama:
—¡Cómo estaré yo, si vos estás así!

Amores de la gente.

Hay amores tristes como defectos. (Después de leer *Le Temps Retrouvé*).

El portero se ahorcó. Llega la policía. Un oficial llama a su mujer para decirle que lo esperen para comer. Le explica:
—Acá hay un mono que se ahorcó.

La señora de Alfonso, a quien visité ayer en la librería, me dijo: "Después del desayuno un amigo llamó por teléfono. Luis habló con él y después me pasó el teléfono. Estuve hablando unos diez minutos. Cuando corté sentí un vacío. Llamé 'Luis'. No lo encontraba. Entré en el cuarto de las chicas. A los lados, en camas paralelas, estaban durmiendo nuestras dos hijas: una de quince años y otra de dieciséis. La puerta que da al balcón estaba abierta. En el balcón, en el suelo, vi las zapatillas de Alfonso. Corrí enloquecida a asomarme. Abajo estaba en la calle, boca abajo. No creí que estuviera muerto".

En La Biela encontramos a Bachicha Aguirre, viejísimo, que le dijo a Silvina:

—Hacía años que no te *véia*. (*Véia*: fonética de argentinos de antes y de campo).

El diariero me dice tristemente: "La gente está monetizada. Usted no me creerá, Bioy, pero este año no he encontrado una chica para llevar a Mar del Plata que esté dispuesta a cargar con los gastos. Es matarse: usted le da las condiciones y en seguida empieza el chicaneo: cada uno paga lo suyo. Es muy triste".

En casa trabajaba una mucama de tierra adentro, cobriza, feúcha, flaca, sin duda mal nutrida, buenísima persona; en sueños la besé con mucho afecto.

En una revista (*Letras de Buenos Aires*) publicaron *El espejo ardiente*, una obrita en un acto de Silvina, y con la indicación: *Época de Calderón*. Silvina estaba furiosa. "Es un desprecio", me aseguró. "No creo que tuvieran esa intención", contesté. "Siempre quitás importancia a lo que hacen contra mí". (*Post scriptum*: No creo que sea un desprecio; pero la intención no es fácil de explicar).

Soñé con mi padre. Estaba muy feliz en su compañía. Después apareció una rubia, amiga mía en el sueño, y me entretuve con ella en juegos eróticos. Cuando busqué a mi padre no lo encontré.

La realidad es inagotable. Emilia, la mucama, que trabajaba también en una fábrica de hombreras, se vino un día con dos o tres hombreras para que las viéramos. Estaba muy interesada en los diversos modelos, en los diversos materiales (lana, rayón, lona), en la terminología.

Distraída. Al salir del cine, mi secretaria ve que hay una librería, recuerda el título de un libro que le recomendaron, entra por un largo corredor, entre mesas de libros, hasta un mostrador transversal, en el fondo, atendido por tres empleados. Como le dicen que no tienen el libro, sale por donde entró. Camina unos pasos, ve una librería, entra por un largo corredor entre mesas de libros hasta un mostrador transversal, en el fondo, atendido por tres empleados que a su pregunta sobre si tienen el libro que le recomendaron contestan en coro: "Es la misma librería".

Mi estupidez. Al lustrador le digo que ha de haber poca humedad porque siento que los zapatos me quedan grandes. En ese momento advierto que el lustrador me aprieta la vacía punta del zapato y me digo que pensará "Tiempo muy seco, sin duda, pero sobre todo zapatos de dos o tres números por encima del que necesita".

27 febrero 1981. *Meteorológicas.* Desde hará cosa de una semana el calor es insufrible. Parece que desde La Quiaca hasta la Antártida se extiende una masa de aire cálido. Tan monstruosamente cálido que el hielo de la Base Marambio se derritió: que se derrita el hielo del polo sur es una capitulación muy dura para el patriotismo meteorológico de los criollos. Hoy caminaba por Callao, en el calor y el sol, cuando me llamaron la atención dos chicos, de unos siete u ocho años, que comentaban: "Qué suerte que esté lloviendo. Lo que hemos esperado esta agua. Qué lindo mojarse así". La gente los miraba asombrada, porque no caía una gota de agua.

Integración. En trance de recuperaciones, la desilusión a veces no es más que una etapa. Uno se dice "Nunca me avendré a estas muelas que amontonaron en mi pobre boca", "nunca voy a caminar con este pie postizo que mira quién sabe para dónde". Llega, sin embargo, el día en que muelas y pie son parte de nosotros.

Fragmento de un diálogo de enamorados.

Te lo digo francamente:
yo me aburro de repente.

Justiniano Lynch. Era un tío abuelo mío, que se quedó a vivir en París, porque se había casado con una vendedora del Bon Marché y supuso, con razón desde luego, que sus hermanas la "snobiarían". Justiniano era de color verde oliva, bigote blanco y voz nasal, de nariz tapada. Probablemente había sido buen mozo, en la juventud. Para mí era un persona un poco ridícula, porque mis padres se reían de él. Vestía de oscuro y usaba guantes grises. En nuestras temporadas en París, siempre nos visitaba, y siempre regalaba a mi padre una caja de habanos de no recuerdo qué marca. Por un malentendido, creía que esa marca era la favorita de mi padre; en realidad, sólo los fumaba delante de Justiniano y después no sabía qué hacer con ellos.

La guerra del 39 trajo a Justiniano y a su mujer a Buenos Aires. De su mujer dijo mi madre: "No sé de qué se quejan mis tías. Es idéntica a ellas. Seguramente ese aire de familia es lo que gustó a Justiniano".

Un día lo visitamos en la casa que edificaron en la plaza Vicente López. Procedimos a un minucioso *tour de propriètaire.* Realmente se trataba de una casa magnífica —aunque de afuera me pareció modesta—, sabiamente pensada; tenía todos los adelantos de la época (muchos que no conocíamos); indudablemente, vivir en ella tenía que ser placentero y cómodo. Recuerdo que pensé: "Este hombre ha decidido echar el resto y darse los mejores lujos", y que mientras admiraba la casa y lo admiraba a él, guiado por puritanismo o por cábula pensé: "Regalarse algo tan perfecto debe de ser un error. Sobre todo, tratándose de una vivienda. Las cosas fallan por algún lado. Esta casa no puede fallar, así que la falla vendrá por el lado del pobre Justiniano". Poco después murió. Yo estaba demasiado en mis amores para ocuparme en saber qué pasó con la viuda.

Sueño. Muy agradablemente hago el amor con ella. De pronto me despierto. Le digo:
—Qué vergüenza. Me dormí.
—Yo también —contesta.
—¿Seguimos? —le pregunto.
—Pero es claro —me dice.
Estoy en eso cuando realmente despierto y me encuentro en mi cuarto, en mi cama, solo.

Sueño. Estoy muy feliz, bien abrigado, en una cama camera que saqué a la terraza. Cuando voy a dormirme, se desata un aguacero. Tengo demasiado sueño para levantarme y llevar la cama a mi cuarto. "Va a pasar pronto", digo, refiriéndome a la lluvia. Pasa, en efecto. Con satisfacción me hundo en las mantas, porque hace frío y me dispongo a dormir. Despierto entonces, y me encuentro en la estera, con el cuerpo tibio, pero los brazos fríos, porque los saqué de abajo del poncho. Pongo los brazos adentro, me arropo bien, retomo el sueño.

Cuando Emilia, la modista de tierra adentro, volvió de sus vacaciones, le pregunté si se había recuperado, porque estuvo débil y pálida, de tanto trabajar (entraba en la fábrica a las 6 de la mañana; en casa, a las 2 de la tarde), y le di un beso. Mientras se lo daba, suavemente me tomó la cara con la mano.

Creo que mis discos estallaron en dos ocasiones, hacia el fin del 71 y en febrero del 72, en Mar del Plata. Me pareció oír la rotura. Yo no sabía si podría aguantar, si era aguantable, el dolor. Inmóvil, absorto y desesperado estuve durante 40 minutos o una hora; después gané la cama.

La efusividad de Martín Müller es notable. Cuando le dije que me habían dado la Legión de Honor, aseguró: "Es más importante que el Premio Nobel".

No he notado en las feministas mayor simpatía por las otras mujeres.

Crónicas informales. Lo habían herido de un balazo a Reagan, presidente de los Estados Unidos. Alguien dijo que el atentado lo había conmovido mucho y que deseaba someter a sus amigos sus reflexiones. "No hay defensa contra gente que no se atiene a las mismas reglas de juego que nosotros —continuó—. Ellos pueden secuestrar, torturar y no rendir cuentas. Si se los tortura el mundo entero protesta. Si no se los tortura, no hay manera de romper sus conspiraciones. Yo me pregunto si la solución no será institucionalizar la tortura. Ponerla en manos expertas. Sacarla de esos animales de las comisarías, como uno que en la 17 (¿o en la 15?) donde me tenían detenido, le aplicó la picana en el órgano sexual (la violó con la picana) a una mujer menstruada. Yo digo si la tortura, en manos expertas de un hombre como Cardozo, que sabía distinguir la verdad de la mentira, arrancadas al torturado…". Aquí un señor S. se levantó, dijo que no quería seguir oyendo, que a él lo había torturado Cardozo y que no quería recordar nada. El otro lo calmó: "A amigos míos (mencionó nombres que no recuerdo) los torturó Cardozo. A uno de ellos, Cardozo lo llamó al día siguiente y todos protestamos; pero vimos que estaban conversando nuestro amigo y Cardozo. Nuestro amigo volvió. Nos dijo: 'No es tan mal tipo. Me explicó: «Mirá pibe, lo que te hice ayer no lo hice por gusto; lo hice porque mi obligación es averiguar la verdad. Pero yo no te tengo rabia ni te deseo mal. Yo soy un tipo como vos. Tengo mujer e hijos. Para darles el puchero, trabajo»'". Aquí yo (ABC) dije: "Después de esa explicación a su torturado de la víspera, pienso peor todavía de Cardozo". S., el que no quería recordar, me dijo: "Había dos Cardozo. El padre, el comisario experto, y el hijo, que era un cabo o algo así y un sádico. El padre dirigía y el hijo torturaba. A mí me torturaron el hijo y un tercer individuo, dirigidos por el comisario Cardozo. A mi hermano, esos técnicos, esos expertos, lo dejaron para siempre lisiado de columna. Yo no les perdono el haberme dado ganas de matarlos. Durante un año pasé casi todos los días frente a la embajada paraguaya, donde estaban asilados, en la esperanza de que se asomaran y que me dieran la oportunidad de pegarles un balazo. Ni por casualidad se dejaban ver. Pasaron ocho años encerrados en la embajada, lo que es una forma de presidio. Al otro, al tercer torturador, lo fusilé tres veces. El gobierno de La Plata, después de la Libertadora, me puso al frente de una comisaría, con tanta suerte que allá fue a caer mi ex torturador. Mandé que una mañana lo llevaran al patio y con un pelotón, con un oficial que daba órdenes, lo fusilara. Lo fusilamos con balas de fogueo. Yo no podía torturarlo ni mandar que lo torturaran; pero eso sí, tres veces, con intervalos regulares, de diez y quince días, lo fusilé. El hombre se convirtió en una babosa; se arrastraba como un gusano. Créame, nada destruye más. Un día, una persona que en la policía estaba por encima de mí y que, enterado de los fusilamientos, nunca me apercibió ni menos reprendió por ellos, apareció con una orden de libertad para el sujeto. Créame que eso me cayó muy mal; pero dos o tres días después que lo pusiéramos en libertad, lo liquidaron. El que había traído la orden de libertad cuando me vio lanzó una risotada y explicó: 'Yo sabía que se la tenían jurada, así que lo puse en libertad para que esas manos anónimas lo mandaran al otro mundo'". El que había hablado primero me contó: "A mí me habían detenido. Una mañana me llevaron a un salón donde quince funcionarios me miraban. Yo les dije: 'Si alguno de ustedes va a ponerme las manos encima, mejor que me maten, porque yo voy a recordar siempre sus caras y si sobrevivo juro matar al que me haya torturado'. No me tocaron. Yo creí que era por mi bravata. Al día siguiente Cardozo me explicó: 'No te torturamos porque supimos que vos no estás en esto. Si tuviéramos dudas te torturaríamos tantas veces como fuera necesario'. Le pregunté si me iban a soltar. Me dijo que no. Que me chuparía uno o dos meses de detención, porque la policía no puede equivocarse".

Según el padre Cuchetti, Juan XXIII, acosado por gente de la televisión, que le pedían unas palabras de presentación para un informativo sobre su persona que habían filmado, escribió: "Soy la biblioteca de los libros de Pío XII".

Sueño. Llegamos en automóvil a los Estados Unidos. En un inmenso bosque de pinos estaba nuestra casa. Alguien dijo que la encontraba tristísima. Mientras descargábamos el equipaje, la miré. No, no tenía nada de triste. Se parecía a nuestra casa de Mar del Plata, aunque era menos linda y más chica. Enfrente había un gran espacio abierto que recordaba los *commons* de las ciudades inglesas. Hacia la derecha descubrimos una cabaña rústica donde vendían recuerdos y algunos elementos regionales. Entramos, para curiosear y tal vez comprar algo. En una caja o estuche de madera sobre el mostrador, vi un pan muy blanco, en forma de libro. Como el pan siempre me atrae y me interesa, quise comprarlo, aunque tenía el aspecto de ser desabrido, con mucha miga cruda. Mientras yo buscaba la plata, el hombre puso sobre el mostrador noventa céntimos. Entendí que para no defraudar su confianza yo debía pagar con un dólar. No solamente no encontraba un billete de un dólar: no encontraba ningún dinero. Un poco molesto y bastante alarmado, dije que volvía en seguida por el pan, que había dejado en casa la cartera. El hombre me dijo:

—Llévese por lo menos este vuelto.

Metió en mis manos un montón de hojas de papel carbónico usado. Comprendí que me expresaba su desprecio.

En casa olvidé el asunto, porque oí la voz de mi padre, que preguntaba:

—¿Estás ahí?

Felicísimo le abrí la puerta, lo vi, me dije que había reconocido inmediatamente su voz, que no oía desde aquella mañana horrible de 1962 y me encontré despierto, solo.

Principios de abril de 1981. Nunca fui propagandista de mis libros y este pelafustán confiadamente espera que lo sea de su película basada en un cuento mío. Casi nunca un texto mío me parece tan bueno como para imponerlo a los lectores. ¿Por qué trataré de infligirles la comedia de este improvisado chambón?

En París, en el 51 o en el 54, conocí a James T. Farrell, cuyo *Studs Lonigan* Borges admiró contra tantos escritores... Era el amante de Suzanne, el padre de su hijo abortado y, sobre todo, un personaje tan bastamente grosero como su lengua, que aparecía aumentada cuando lamía los lentes de los anteojos. Después de conocer a Farrell, el propio Sabato se nos antoja un caballero.

A veces pienso que leyendo las *Vidas de los poetas* de Johnson, no se necesita nada más para la felicidad.

Jean-Pierre Bernès, que fue esta mañana a la Recoleta a llevar unas flores para Angélica, me contó que junto a una bóveda había un matrimonio con una chiquita. La mujer, que escrutaba a través de la puerta de rejas, dijo:

—Me parece que hay un lugar. ¡No se lo vayas a decir a las tías!

Bernès me contó que Coignac le contó que Mujica Lainez está *deshecho* a causa de mi Legión de Honor. Manucho sostiene que desde luego él tiene más méritos que yo para recibirla, que tradujo esto y aquello, etcétera.

La señora, ante la crisis que conmueve al país: "Yo sólo pido a Dios que sea esta vez una crisis de veras, aunque nos hunda a todos, con tal que le baje el copete al servicio doméstico".

Receta. La felicidad completa yo la consigo con:
Salud.
Coitos frecuentes y satisfactorios.
Invención y redacción de historias.
Apetito y buenas comidas.
Despreocupada holgura económica.
Una buena compañera a mi lado.
Una casa agradable, en un lugar agradable, para vivir con ella.
Abundancia de libros.
Cinematógrafos, no demasiado a trasmano.
La familia del otro lado del mar.

Pariente.

> *Ahora les presento a mi pariente:*
> *rebuzna cuando dice lo que siente.*

Oh, enfermo: algún día descubrirás que el médico sabe más que tú de medicina, aun de la medicina que se refiere a tu cuerpo. Oh médico, algún día el enfermo descubría que sabe más que tú de la medicina que atañe a tu mal.

14 mayo 1981. Le pido a Dios que yo salga de ésta. Por no decir de éstas, como habría que decir; como digo.

Mi tío Enrique me previno que, antes del amor, las mujeres reciben mal las ponderaciones de los efectos balsámicos de la cópula y después, bien. Me contó: "En una ocasión encontré a mi amiga tan quejosa y melancólica que le pregunté afectuosamente si no le convendría una buena cogida". No haberlo dicho. Me puso en mi lugar. Ella se acostaba por amor, no por razones de salud, etcétera. Desde luego, ni se habló de ir a la cama. A los pocos días, sin embargo, después de una larga sesión de abrazos, se apresuró a convenir conmigo en que el amor lo deja a uno 'suavecito por dentro'".

Un círculo misterioso. Hay unos personajes casi famosos, e inevitablemente desconocidos, que evidencian una propensión a estar juntos; son ellos Fulano, apellidado a veces de Tal, Mengano, Perengano y Zutano. El primero tiene mujeres e hijos. Autoridad, para la mujer, es el tango *Haragán*:

> *El día del casorio*
> *dijo el tipo 'e la sotana:*
> *"El hombre debe siempre*
> *mantener a su fulana".*

Los hijos son Fulanito y Fulanita, que suelen usar el apellido paterno de Tal. Mengano, Perengano y Zutano no tienen mujeres; el primero, eso sí, tiene hijos, Menganito y Menganita, además de un pariente al que no toma demasiado en serio: Mengueche.

Amenazas de principios de 1981:

—Lumbago: hasta ahora he pasado por dos ataques, fuertes y duraderos.

—Dificultad de regularizar o estabilizar mi vida sexual.

—Situación económica peligrosa: a) personal, peligrosísima, con un programa de ventas desgarradoras, tal vez imposibles, que me salvarían de situaciones difíciles; b) del país (que vuelve improbable toda venta) y que nos llevará tal vez a quién sabe qué infiernos.

Conyugales, I. La señorita era hija de un jubilado ferroviario, que vivía en Temperley, en uno de esos chalets de ladrillo aparente que el ferrocarril, en tiempo de los ingleses, mandaba construir para ofrecer en venta, en condiciones muy favorables, a sus empleados: una casa espaciosa y sólida, que hoy en día sería un lujo para cualquiera. No sé cómo la señorita llegó a conocer a un candidato de esos que no hay que perder. Hombre serio y fino, en buena posición, ya que era dueño de un obraje en el Chaco. Para asegurar la presa, la señorita no halló mejor modo que pasearlo por Temperley y mostrarle casas suntuosas, quintas, locales de comercio y hasta un cinematógrafo y decirle que todo eso era de su padre. Como llevada por un escrúpulo, atemperaba el embuste con la explicación: "Es claro que con la maldita ley de alquileres, la renta mensual es una miseria". Profundamente impresionado el caballero pidió la mano de la señorita; se casaron; partieron al Chaco. Allá se descubrió que él no era dueño del obraje, sino empleado de administración. A la vuelta de unos años, la artritis impidió al hombre seguir trabajando y ella empezó a vender tortas que preparaba con muy buena mano, tuvo éxito en la empresa y hoy en día ese matrimonio bien avenido goza de una sólida posición.

Conyugales, II. La mujer, una prima de quien me contó la historia, se casó con un hombre que decía no conocer el vicio del trabajo, a lo que debemos agregar que bebía, fumaba, era jugador y mujeriego. Como ella trabajaba bien vivieron en un magnífico departamento, puesto a todo lujo, en La Paternal. Es verdad que ella trabajaba mucho y que volvía tarde a su casa, porque en la oficina la retenían, lo que en realidad era ventajoso, porque le pagaban horas extras. Como se querían mucho y se llevaban bien, la mujer no hacía caso de lo que pensaba su familia: que el marido era un vividor, que no le importaba nada de ella, etcétera. Un día en que la señora volvió muy tarde a su casa, al abrir la puerta creyó que se había equivocado de departamento; en efecto, lo que sus ojos veían eran cuartos totalmente vacíos, salvo por unas hojas de papel que encontró donde debía estar la cama. Eran boletas de empeño, correspondientes a algunos objetos personales de la mujer, a los que ella estaba particularmente apegada. Una fineza, una prueba de consideración, ya que si ella quería recuperarlos le quedaba la posibilidad... Se supo que el hombre se había ido con la mejor amiga de la mujer. Pasaron los años. Ni el marido ni la esposa pidieron nunca el divorcio, ni siquiera en aquellos años en que hubo divorcio en nuestro país. Veinte años después, tan imprevisiblemente como partió, volvió el hombre. La familia, que lo veía como a Satanás, temió que ella lo aceptara. Efectivamente lo aceptó. "Nunca dejó de ser mi marido —dijo ella— y, sobre todo, lo quiero". Se fue, pues, a vivir con el marido, al departamento del marido, y por consejo de éste vendió su viejo departamento y puso la plata en el banco. La familia temblaba por ella y vaticinaba desastres. La vida rumbosa que llevaron avivó las peores sospechas. Veraneaban en Mar del Plata; en invierno, viajaban a Europa. Ella fue así la única persona de la familia que había salido al extranjero. Un día el hombre murió. Ella en un primer momento pareció enloquecida por la pena, pero se sobrepuso. Explicó: "No puedo quejarme de la suerte. Si es verdad que un día él me abandonó, también lo es que volvió, para darme todos los gustos y para quererme. A su lado fui siempre muy feliz". Padres y hermanos le dijeron que no fuera a pasar dificultades económicas sin recurrir a ellos. Con el tiempo esas personas debieron enterarse de que ella había heredado del marido una vasta fortuna, con propiedades en Buenos Aires y Mar del Plata, amén de no pocas hectáreas de campo y de mucha plata en el banco.

13 junio 1981. En la comida del Día del Libro dije a Martín Noel:
—En ese tiempo yo jugaba al *tenis* todos los días.
Silvina Bullrich me corrigió en voz alta:
—Hacías *todo* todos los días —y explicó—: Adolfito escribía todos los días, jugaba al *tenis* todos los días, *etcétera*.

Girri contó que en un café oyó a una mujer que hablaba desde un teléfono público, con alguna amiga o pariente, sobre una sesión de espiritismo de la que venía: "Mamá y papá están de lo más bien y ¡agarrate! Edelmiro ya se ha reencarnado".

Cuando era chico las actitudes de los santos, en las estatuas y estatuitas de las iglesias, en las estampas, no me gustaban. Me parecía que fingían bondad y que eran demasiado sedentarios. Si hubiera tenido que convertirme alguna vez en un personaje del panteón cristiano, me hubiera avenido a ser un ángel o un arcángel; por razones de cuerpo, no me atraía la idea de convertirme en un querubín. Siempre lamenté el desalojo de los dioses griegos y romanos. Pensé que yo hubiera podido dirigir plegarias a las diosas, más que a ninguna a Venus, y aun a Diana y a Minerva; y entre los dioses y héroes, a Hércules, a Pan... Además las causas perdidas tienen siempre encanto para mí...

Por todo esto me asombra mi actitud en los primeros años de la década del 30, cuando estuve con mis padres (y mi perro Ayax, un gran danés) en La Cumbre. Vivimos en el Hotel Olimpo de un tal Naso Prado, que rendía culto a los dioses griegos. En el parque del hotel había estatuas de Zeus, Afrodita, Artemis, Apolo, Dionisio, etcétera, y un anfiteatro. Naso Prado dio a mi padre un libro que había escrito, titulado *Olimpo*. El señor Naso Prado y sus estatuas y su templete no me interesaron mayormente. Sería a lo mejor porque las estatuas y el templete parecían de yeso o porque el señor Naso Prado era un poco ridículo, o porque los chicos son muy snobs. De todos modos, el hecho de que un hotelero de Córdoba venerara a los dioses paganos debió alegrarme. Yo sentí nostalgia por el paganismo. Cuando leí en Pardo, en el 36 o en el 37, a Hegel, para quien el cristianismo convierte el destino del hombre en un drama romántico, me pareció que decía la verdad y que me explicaba mi espontánea repelencia por el espíritu y las formas de esta religión que nos tocó en suerte. También la nostalgia mencionada.

Idiomáticas. Rondón, de. De repente, sin dar aviso.

> *Como una grieta en mi dicha*
> *surgió la preocupación:*
> *con tal que no se presente*
> *el marido, de rondón.*

Debemos reconocer que raramente apelamos a la lectura, prueba extrema a la que pocos libros admirados resisten.

Una tal Omil rechaza las críticas de Pezzoni a libros de Sur compilados por ella, alegando que es argentina de varias generaciones y que Pezzoni es hijo de extranjeros.

Idiomáticas. Bota fuerte: de cuero y alta (hasta la rodilla).

Victoria dejó un departamento a Pepe [Bianco], otro a Enrique [Pezzoni]. Las molestias que suelen causar las propiedades: pago de luz y calefacción, de impuestos, desventajas por la falta de teléfonos y por la existencia de bienes similares pero más grandes, más nuevos, más valiosos, azuzan continuamente la irritación de Pepe, y en algún grado de Enrique, contra su benefactora.

Empleo del singular, por el plural, que da cierto énfasis. Ejemplos, agradablemente "compadres", en letras de tango:

> *Pero yo sé que metido*
> *vivís penando un querer,*
> *que querés hallar olvido*
> *cambiando tanta mujer...*

(*Pero yo sé*, tango de letra ingenua y eficaz, que recuerdo cantado por Azucena Maizani).

> *Piantá de aquí, no vuelvas en tu vida.*
> *Ya me tenés bien requeteamurada.*
> *No puedo más pasarla sin comida*
> *ni oírte así decir tanta pavada...*
> *¿No te das cuenta que sos un engrupido?*
> *¿Te creés que al mundo lo vas a arreglar vos?*
> *¡Si aquí ni Dios rescata lo perdido!*
> *¿Qué querés vos? ¡Hacé el favor!*

(*Qué va cha ché*, que Rosita Quiroga y Sofía Bozán cantaron admirablemente).

Nótese pues: "decir tanta pavada" por "tantas pavadas". También: "bien requeteamurada" o una capacidad lunfarda castellana, que no le envidia nada al alemán, de formar palabras compuestas. También, que ya en el 30 se pensó que nadie rescataría lo perdido, lo que hoy se prueba que resultó profético, pero que no lo hubiera sido si el 4 de junio del 43 no hubieran salido las tropas.

Idiomáticas. Ladino. En la Argentina, usualmente *taimado*; pero también, *astuto, hábil.* Como en la huella:

> *A la huella, huella*
> *seguí el camino,*
> *que no te vas a perder*
> *si sos ladino.*

Dijo mi amiga: "Una persona que menstrúa una vez cada veintitantos días no puede ser filósofo". Atinadas palabras a las que yo agregaría (después de nuestra *serata* del 7 de agosto de 1981): Tampoco amante.

Soy un hombre anterior a la pasta de dientes. Cuando era chico no se conocían, o no eran de uso general, las pastas dentífricas. Por lo menos, en los primeros veinte años de mi vida, me lavaba los dientes (como todos en casa) con un cepillo que enjabonábamos primero en jabón de España y después, para blanquear, hundíamos en polvo de creta. El jabón de España era muy duro, seco, poco espumoso, a pintas grises y blancas como huevo de tero; el polvo de creta era blanco. Usábamos cepillos norteamericanos, de marca Prophylactic.

Pese al llamativo título de esta nota, debo reconocer que en los baños de la casa de mi abuela vi siempre amarillos pomos de pasta

Kolynos. Vi (y usé) esa pasta dental alguna vez que fui a dormir a su casa, a los 13 o 14 años. No me cabe duda de que esos pomos correspondían a una manera nueva de lavarse los dientes, que todavía no había entrado en casa. Las buenas dentaduras de nosotros tres (ellos tuvieron escasas caries; yo, ninguna, hasta ser hombre y, entonces, muy pocas) eran un argumento de peso para no dejarnos llevar por modas y no sustituir nuestros conocidos de siempre, el jabón y la creta, por dudosos productos propuestos por la propaganda de industriales norteamericanos.

Mi joven vecino estaba orgulloso y visiblemente halagado. Recibiría en su casa a una amiga que había conocido en Brasil. Una mujer exótica —negra—, muy fina, inteligente, de extraordinaria belleza. Cuando la tuvo en la casa, dejó ver alguna reticencia. La mujer había llegado con una hija, de ocho o diez años. Pasaban los días y mi vecino ya no se mostraba tan contento. Empezó a viajar a Chapadmalal, para los fines de semana. Por último explicó: "Ya no las aguanto. Lo que más me preocupa es que no tengo la menor idea de cuándo se va a ir esta negra de mierda".

Idiomáticas. Elemento. Gente que habita un, o concurre a, un hotel, barrio, café, colegio, etcétera.

> *En pleno Caballito está el convento,*
> *pero gran cosa no es el elemento*[10].
> Karl Baedeker, *Buenos Aires: Guía turística para inmigrantes*,
> Leipzig, 1893.

---

[10] *Je te crois* (nota en francés del propio Karl Baedeker).

Idiomáticas.

Convento por *conventillo*, inquilitano o casa de inquilinato.

Desmejorado. Eufemismo. "Lo encontré muy desmejorado". De mal aspecto.

La "buena salvaje". La muchacha y su madre, que desean mudarse, vieron un departamento nuevo, en la calle French, que les gustó mucho; sin embargo debieron renunciar a comprarlo porque el precio era, para ellas, excesivo. Días pasados, madre e hija comieron en casa de un amigo y su mujer: jóvenes recién casados, verdaderamente preferidos de la madre. La hija, al enterarse de que estos amigos querían comprar un departamento, les dijo que vieran el de la calle French. No bien salieron de la casa, la madre increpó a la muchacha. Le dijo: "Adoro ese departamento; si ellos lo compran, voy a estar furiosa; nunca podré visitarlos, en esa casa, que debiera ser mía". La hija le dijo que aunque no lo compraran sus amigos, tampoco ellas podrían comprarlo. "¿Qué sabés? —le contestó la madre—. Si Felicio, el peluquero puto, ganó la lotería y se fue a Turquía, ¿por qué yo no puedo ganarla?"

Sorprendido. Jeremy Taylor, el gigantón estúpido, que se fue al Uruguay con plata de tantos English o Irish porteños, vivía desde hace mucho en Buenos Aires. Como también tenía negocios en Uruguay, viajaba frecuentemente entre las dos Bandas. De uno de esos viajes volvió antes de la fecha fijada, y al entrar en su cuarto encontró en la cama, con su mujer, al diputado radical Rodríguez Araya. Taylor, fuera de sí, empezó a gritar, desenfundó un revólver calibre 38 y disparó un tiro al aire; esto fue su perdición, porque Rodríguez Araya procedió a desarmarlo y lo entregó a un vigilante. Después de dos días de calabozo, Taylor recuperó su libertad, para enterarse de que se le seguía un juicio por portación y uso de armas, escándalo, agresión y desacato a la autoridad.

Me contó José Vergara que hasta principios del siglo, en España, en las barberías de aldea, había un huevo de madera, como los que usaban las zurcidoras, que los clientes viejos se ponían en la boca para rellenar la mejilla y ofrecer a la navaja una superficie desprovista de arrugas. "Era un solo huevo, que a lo largo del día entraba en sucesivas bocas. La noción de higiene llegó hace poco". Según el mismo Vergara, en tiempos de su abuelo, después de un baño la gente se metía en cama, para no enfriarse. También dijo que un médico inglés, de mediados del siglo XIX, para no sé qué mal recomendaba una ducha, con la salvedad de que no había que tomarla sin un médico presente. Dudo de la exactitud de esta última información, porque tengo entendido que por entonces las duchas (aun las frías) eran habituales en los colegios británicos.

Una de las razones para que la iglesia condenara la *Encyclopédie* fue que en alguno de sus artículos dijo Buffon que los animales tenían alma.

Escenas del siglo XX. En el tercer piso de esta casa tiene sus oficinas la embajada libia. De tanto encontrarnos en el ascensor o en el hall de entrada, nos cruzamos saludo con los diplomáticos, o con algunos de ellos, porque en verdad son gente poco afable, o que así lo parece. Uno que siempre saludaba y con el que solíamos cambiar frases que no iban más allá del saludo del tiempo era el encargado de negocios: hombre alto, de tez clara, con anteojos. Llegó a invitarnos a alguna fiesta en celebración de alguna fecha de su país y a pedirle a Silvina que le prestara un ejemplar del libro *Árboles de Buenos Aires*. A la fiesta no fuimos; Silvina le prestó el libro (después supo que la embajada había comprado algunos ejemplares en la librería La Ciudad). Ayer, 29 de agosto, el portero me contó que la semana pasada ese hombre huyó al Cairo; el nuevo encargado de negocios, que apenas saluda, inició una investigación; mantuvo encerrados por largas horas en un cuarto al chofer, en otro a la secretaria y después, por separado, los sometió a interrogatorios sobre qué sabían de la fuga. Parece que todos los funcionarios de la embajada se recelan.

Otra buena salvaje. A Jovita, que lleva la cruz de su asma y cuyo marido, Pepe Montes, está con una úlcera, la mucama por horas, una muchacha buenísima, le previno: "Alguien los quiere mal a ustedes dos y los ojeó. Si no se defienden, esa persona va a matarlos".

La señora me dijo: "A veces yo me pregunto, Bioy, si el psicoanalista no les habrá extendido a mis hijas una patente para ser lo que usted y yo siempre hemos llamado unas sinvergüenzas".

High life de conventillo (principios de siglo).

> *Mesa de luz con su vela*
> *y su tarro de color,*
> *sobre el colchón una grela:*
> *a mí me gusta el confor.*

Una amiga dice que en el amor, las mujeres quieren al individuo (a un hombre, no a los hombres) y los hombres quieren a la especie (a las mujeres, no a una mujer en particular). En cuanto a mí, así nomás es.

The life so short. Después de hojear *Adolfo Bioy Casares y sus temas fundamentales* de Bernardo Javier Ruiz López, no sé qué me asombra más, tener una obra o tener una vida.

Diario de un escritor. Los trabajos y los días. "Porca miseria —me dijo—. Noto que estoy muy dispuesto a escribir mi diario los días de buena copulación. Los otros, no".

Frases hechas. Como loco, loca, o como un loco, una loca. Mucho.

Anoche estaba la Coca,
fumando como una loca.

Dichos. Salga pato o gallareta. Salga lo que Salgari, lo que salga.

Salga pato o gallareta
hace el gordo su pirueta.

"En política no hay ética, lealtad o amistad que valga. Lo que cuenta es el resultado", dijo con beneplácito Estela Canto.

Examinando la biblioteca advierto cuánto de lo que he sabido olvidé. Es como descubrir la muerte en uno.

El conde de Saint Germain, a quien los franceses reputaban espía inglés y padre de la masonería y los ingleses, espía de los Estuardos, declaraba haber vivido miles de años, haber conocido a Jesucristo... Veía con frecuencia a Luis XV y a Madame de Pompadour. Un día tocó una melodía en el clavicordio; Luis XV le preguntó qué era y St Germain contestó: "No sé; la oí por primera vez cuando Alejandro entró en Babilonia". Por su apariencia, debía de tener unos cincuenta años. Decía beber un elixir que lo mantenía siempre en la edad que tuvo cuando lo bebió por primera vez. Murió en 1780 (Ver *Madame de Pompadour* de Nancy Mitford, XVIII).

Afrodisíacos. A un hombre de más de sesenta años una muchacha

le recordó la eficacia de la expresión corporal para una buena disposición para el amor. Años después, el mismo hombre, cansado de una
seguidilla de amores ineficaces, recordó que para un buen amor conviene sentir atracción por la mujer, o simular que uno la siente.

Péndulo. Cuando los gobiernos civiles nos hunden en lo más profundo del abismo, nuestro interlocutor nos alienta con la noticia de
que ya están por llegar los militares, que vienen para quedarse, de
modo que ya podemos bien guardar en la caja de fierro la libreta de
enrolamiento, porque por muchos años no la necesitaremos (para votar). Cuando los militares fracasan, nuestro interlocutor nos alienta
con la esperanza de que habrá que llamar a elecciones y dar el gobierno a los peronistas o a los radicales, que serán una grandísima basura,
pero que en definitiva no serán peores que los militares y que por más
que nos duela son, hay que admitirlo, la quintaesencia del argentino,
pura incapacidad, altanería y resentimiento.

Lo de todos los días. El versificador de la primera sala es para ti la
seguridad de no pasar a tu cuarto, que está en los fondos, a sacarte el
sobretodo, a orinar o a recostarte en el diván, sin oír la lectura de uno
o varios poemas.

Idiomáticas. Rantifuso. Palabra muy usada en los años veinte. El
ejemplo que recuerdo es de una cuarteta que solía decir Santiago, el
hermano del Sordo:

> *Después de tanto joder*
> *se apuntó a una rantifusa*
> *que lo miraba sonriendo*
> *desde la inmunda gambusa.*

Nuevos actores en el reparto de la política internacional. Cuando asesinaron a Sadat yo me entristecí, porque su política me parecía bien inspirada y eficaz y porque admiraba al hombre por su coraje. Sadat tuvo un coraje muy superior al coraje físico; el de contrariar los odios de su pueblo y de los pueblos aliados. La noticia de su muerte fue celebrada con bailes populares entre los palestinos del Líbano y en Damasco. El gobierno del Irán creyó oportuno felicitar al pueblo egipcio y Kadafy, presidente de Libia, declaró ese día fiesta nacional. Aquí no para el desenfreno. Los aliados de Sadat se mostraron (lo digo con pesar) dignos de sus enemigos. En el plebiscito para confirmar o rechazar al nuevo presidente de Egipto, el presidente de Sudán votó "como homenaje al amigo muerto, a su viuda y a sus hijas" y en conferencia de prensa declaró que los planes que habían preparado con Sadat para el asesinato de Kadafy iban a sufrir demoras a causa del infame asesinato de Sadat por los sicarios de Kadafy.

Informaciones diversas. Se dice *orientar* porque en los mapas antiguos y en los medievales, estaba arriba el este. Mercator puso arriba el Norte.

Correo sentimental. Caballero, con servicio doméstico completo incluido, busca señora, en iguales condiciones, para fines…

Líneas escritas después de leer un contrato leonino:

Dibujas bien al redactar contratos.
Tu amo, el editor, que es ciego y pillo,
te premia porque cuidas su bolsillo
y no ve la crueldad de su retrato.

25 octubre 1981. *Hermano burro.*

Por esa persistente matadura
el burro sabe que la vida es dura.

Me enoja su codicia porque infunde protectora prudencia a mi generosidad.

Hacia el año 30 yo leía con agrado *El caso de la familia Benson y El caso de la familia Greene,*[11] de S.S. van Dine, en un folletín de *La Nación*.

31 octubre 1981. Soñé que dormía, tal como estaba durmiendo, en una estera, en el piso del escritorio. Aquel extraño sueño era un espejo que reflejaba fielmente la realidad, salvo que en él yo era negro y tenía bigotes blancos.

Idiomáticas. Sobón. Dícese del portero de esta casa. Persona inclinada a la lentitud y al descanso. Aplícase a otras actividades.

Viernes, 30 octubre 1981. Esa mañana, cuando mi secretaria me acusaba de trabajar poco en mi cuento y yo me defendía alegando el exceso de preocupaciones de todo orden, sonó el timbre de la puerta de casa y un vigilante me entregó un montón de páginas escritas a máquina. Era una demanda de los nuevos propietarios de un campo en Pardo, que reclamaban como derecho la salida a la ruta por el mío, salida que yo había permitido al viejo propietario, Montoya, por conocerlo de siempre (hubo tres generaciones de vecindad entre mi fa-

---

[11] *The Benson Murder Case* (1926) y *The Greene Murder Case* (1928), respectivamente. [N. de DM]

milia y la suya). Con gran disgusto descubrí que me citaban en el juzgado de Azul, el viernes 6 de noviembre, a las 9 y 30 de la mañana. Hablé a Junior Campos Carlés en seguida y me dijo:

—Bueno, allá iré el viernes próximo.

Sentí un gran alivio, matizado por el sentimiento de culpa de obligarlo a ese viaje, sin molestarme siquiera en acompañarlo. Desde luego, para una persona como yo, con la cruz al hombro de una columna vertebral con dos discos rotos, un viaje así presenta algunos riesgos. Por momentos sentí el impulso de ofrecerle mi compañía; lo reprimí y, como un gran egoísta y quizá un grandísimo sinvergüenza, "me dejé estar" sin decir nada.

Creo que el martes me anunció Junior que el abogado que se ocuparía del caso, su corresponsal en Azul, opinaba que mi presencia era necesaria. Campos Carlés padre apoyaba esa opinión. Hablé con él. Me dijo que el Gran Hotel del Azul era excelente y que su restaurant era famoso en todo el país. La idea del viaje perdió un poco de su aspereza. El prestigio del turismo, en su versión más elemental, la gastronómica y hotelera, fomentada por las queridas guías Michelin, que siempre tuvo predicamento conmigo, empezó a seducirme con imágenes mentales en que me veía entregado al descanso en prodigiosos hoteles de Francia y de Suiza.

El jueves 5, a las 6 de la tarde, emprendimos viaje hacia el Azul, en el Volvo de Junior. Era un día oscuro, lluvioso y frío. En Ezeiza, en lugar de seguir por las habituales rutas 205 y 3 (Cañuelas, Montes, Las Flores) tomó la ruta 3 hasta Cañuelas y de ahí siguió las 41 o 51 (Lobos, Saladillo, General Alvear, Tapalqué) hasta el Azul. Yo no conocía estas rutas: me gustan mucho; tenían poco tráfico, sobre todo de camiones, y se extendían entre campos muy lindos (es cierto que la lluvia avivaba su verde).

Cuando bajamos del coche, en el Azul, nos sorprendió la intensidad del frío. Es claro que esto era nada comparado con el de nuestras habitaciones del Gran Hotel; pero vamos por partes, como decía el calígrafo Basile. La entrada del hotel nos pareció fría y deprimente, con muebles comprados en alguna mueblería de la calle Sarmiento. Los cuartos eran chicos, de dos camas, con minúsculos baños, de bañadera descascarada, canillas difíciles de cerrar e higiene dudosa. Me recordaban hoteles de ciudades no turísticas de provincia, de Francia e Italia, en mi viaje del 49, es decir cuando la pobreza de la guerra no había sido superada. Lo que me pregunté es cómo superaría esa noche de frío sin enfermarme. Con horror comprobé que el radiador de calefacción que funcionaba estaba tibio. Su ineficacia era absoluta.

De todos modos me preparaba para una opípara comida en el famoso restaurant. Cuando supe que el abogado vendría a conversar un rato "a las 9 y media, antes de comer", debí disimular mi impaciencia.

El abogado, Álvarez Prato, me pareció un hombre muy agradable. Era joven, inteligente, preciso y con sentido del humor. Me recordaba, no sé por qué, a un amigo del protagonista en alguna novela de Eça de Queiroz. De ninguna manera esta comparación es peyorativa. Las novelas de Eça de Queiroz son para mí gratísimas. Me explicó Junior que era hombre de vieja familia de estancieros y abogados. Estoy seguro de que es bastante pobre y decente. Me dijo que si había pleito lo ganaríamos; el demandante no tenía el campo encerrado; podía salir por otro camino; nosotros le habíamos ofrecido salir por el nuestro, si firmaba una declaración por la que reconocía que ese paso no significaba un derecho de servidumbre y él no quiso firmar la declaración.

Cuando se fue, entramos en el enorme, inhóspito comedor, con luces de neón, ventiladores con aletas, en el techo, y avisos de colores de un "pancho gigante". Había cuatro o cinco mesas ocupadas. Nos trajeron un carrito de fiambres oscuros, que parecían de utilería de algún viejo teatro. Me resigné a un jamón glacé, con un ananá que tenía una mitad de un color verdoso, de verdín. Después comí un bife con un puré de papas que no debió de contener papas, sino algún producto que las imitaba casi perfectamente en el color, pero no en el sabor. Cuando volvimos a los cuartos seguían tan fríos como antes. Hablé con el portero. Me aseguró que la calefacción andaba "a todo lo que daba". Elegí la cama de mejor (más duro) colchón, le sumé las tres frazadas de la cama vacía. La visita al baño fue una audacia fugaz. Aquello era, en cuanto a frío, un desfiladero. Me metí en cama. Por la respiración el frío me llegaba dolorosamente. Pensé que no enfermaría si tenía mucha suerte.

Sospecho que los cuartos estaban tan fríos porque no les mandarían calefacción hasta la llegada de los pasajeros. Éstos eran pocos.

A la mañana siguiente desperté bien, en un cuarto templado. Abrí las persianas. Había un sol radiante y un cielo muy azul. La gente que vi parecía abrigada, encogida y presurosa. Me enteré después de que la temperatura era de 6°.

Cuando íbamos a los tribunales con Junior, el abogado e Ibarbia, que acababa de llegar de Pardo, en una calle vi a un viejo flaco y alto, con aire de artesano decente. El abogado nos dijo:

—Ése es don Juan Arrastúa.

Del grupo sólo yo nunca había oído el nombre de esa persona. Me explicaron: Arrastúa tiene treinta y dos estancias, sesenta y dos mil cabezas de vacunos, ha sembrado este año quince mil hectáreas. Pregunté si había heredado algo o si se había hecho solo. Cada uno de los hermanos Arrastúa (don Juan es el mayor) heredó treinta hectáreas. Hoy el más pobre de los hermanos tiene siete mil. Don Juan es un hombre muy rico. Dos hijos se le mataron en accidentes: entonces se volcó al trabajo. En realidad, le gusta mucho. Nadie entiende de campo como él. En el Azul, cuando hay que repartir un campo entre varios, se le llama a don Juan para que haga los lotes. Don Juan siempre acepta el encargo y no cobra nada. Nadie duda de su buena fe y de su saber. Nadie le va a discutir si dice que una hectárea de tal potrero vale tres de tal otro. Tiene un hermano, Noel, que anda como un linyera. Un día viajó a Buenos Aires a comprar un campo; llevaba toda la plata encima. La policía detuvo el colectivo y pidió documentos. A él lo bajaron, por creerlo un croto. Cuando le encontraron toda esa plata encima no dudaron de que era el botín de un asesinato. Él pidió que llamaran a Azcona por teléfono. Cuando Azcona les dijo que lo soltaran, que tenían preso a uno de los más fuertes estancieros del Azul, los policías no podían creerlo.

Llegamos al tribunal. Ahí vi a uno de los dos hermanos Fabro, que hacían la demanda, y al abogado de ellos, de traje entallado, cruzado gris, con gruesos y grandes cuadros azules, corbata multicolor, pañuelo en el bolsillo de arriba, cabeza angosta, pelo entrecano, peinado con gomina, aplastado en lado y con alto y engominado jopo. En un meñique, un anillo con rubí. Nuestro abogado dijo que parecía un abogado de la mafia, en los Estados Unidos de los años treinta. Todos estuvieron amables.

Al leer nuestra respuesta, el abogado desistió de la demanda contra mí y la mantuvo contra Rincón Viejo. Cuando salimos se acercó, me dijo que mi profesión era sublime, que leía todos mis libros, que me quería entrañablemente, como a todos los escritores argentinos, y me preguntó por qué no reconocía ahí nomás la servidumbre de paso y todo quedaba arreglado. Le dije que no.

Nosotros fuimos a tomar un café en el Colegio de Abogados y después partimos a la estancia. Almorzamos allá, con la hospitalaria Josefina y con Fernando Ibarbia. Josefina dice que sus amigas, que ven fotografías del Rincón Viejo, le dicen que tiene suerte de vivir en un sitio así.

Citado por Junior, que no tiene pereza de pasar por tragos amargos, después del almuerzo llegó Montoya, limpísimo, paquetísimo:

con una enorme rastra de monedas. Es un hombre cetrino, de cara de trazos firmes, pelo blanco, más bien corto, impecable pañuelo blanco al cuello, camisa celeste, la rastra y botas cortas. Nos saludamos efusivamente. Pronto Junior puso las cosas en su sitio, un sitio poco grato. Ahora o firma un papel en que dice que pasa por mi campo por gentileza mía o le cerramos la tranquera. Si él firma eso el otro no lo deja pasar por su campo, que está entre el mío y el suyo. En realidad, si no firma, ahora no tendrá inconvenientes porque durante el verano el otro camino de salida no se inunda; para el invierno, ya habrá fallado el juez; si falla a mi favor, podrá pasar porque se lo permitiré o porque habré perdido el pleito y tendrá derecho a pasar.

A las seis estaba en casa, en Buenos Aires.

Idiomáticas. Señor, persona de sexo masculino. Señora, persona de sexo femenino. "Los asaltantes eran dos. Un señor y una señora" (parte policial, leído en diario de Buenos Aires, el 3 de noviembre de 1981).

Me dijo que a quien realmente envidiaba era al judío errante. ¡Libre de la casa, de la mujer, de los chicos, del servicio doméstico! ¡De cuanto nos lleva a pensar que sin la muerte la vida sería intolerable! Si fuera el judío errante, después de un primer tiempo, siempre duro, pasaría largas temporadas en los mejores hoteles, auténticos palacios donde todos los huéspedes son libres.

Un viejo. Un viejo me refirió que si compra algo para él siente que le debe explicaciones a su mantenida. Como no me dejaba convencer, por último explicó: "Siempre teme que se le achique lo que le voy a dejar" (en herencia).

En sus *Memorias*, Stuart Mill dice que hay que distinguir los actos *mala per se* y *mala prohibita* (que corresponden a las convenciones, etcétera).

Historias de mujeres.

27 años, muy católica, *soubrette*. Ve a un brujo todas las semanas. Un día descubrió jubilosamente que esperaba un chico y, de acuerdo con su novio, fijaron fecha para el casamiento. Al poco tiempo apareció en casa con aire melancólico y, ante preguntas de Silvina, explicó que gente que no los quiere bien "le cortaron al novio abajo". Así, es claro, no pueden casarse. El muchacho, desesperado, no se deja ver, aunque ella le ha dicho por teléfono que tenga confianza, porque no todo está perdido. En efecto, el muchacho está en tratamiento: ella le explicó todo al brujo, que se ocupa del caso a la distancia.

45 años, viuda, madre de dos hijos, atractiva, de buena posición, eficaz administradora de sus bienes, una mujer de consejo para sus amigas. Tiene novio. Lo ve una o dos veces al año; no más porque él vive muy preocupado por sus padres, que son "viejitos". Lo ve cuando él la llama; ella nunca lo llama, porque eso a él no le gusta. Son novios desde hace cuatro años. Se han visto y acostado seis veces.

42 años, soltera, atractiva, de sólida fortuna. Hará unos quince años la dejó el amor de su vida: hombre casado, que entonces se divorció, para casarse con otra, con la que vive feliz. Ahora, de vez en cuando, la visita en su casa. Conversan; alguna vez el hombre le llevó algún regalo. Ella declara que han reanudado el amor.

32 años, estudiante, rubia, más bien atractiva. Unos la dejan porque temen enamorarse de ella; otros, "porque quieren encontrar a una chica seria, para casarse y tener hijos"; otros, sin explicaciones, porque ella se avino a salir con compromiso para nadie y a no llamarlos.

Diciembre, 1981. Noticia que debiera agregarse a la edición escolar de cualquiera de mis libros:[12]

Para el alumno

> *Desconfiado estudiante, a este librito*
> *no tienes que aprenderlo de memoria.*
> *Para eso, francamente, no fue escrito,*
> *ni para ser lectura obligatoria.*

Para el profesor

> *Ni con el torpe, de cabeza enhiesta,*
> *lo uses de instrumento de tortura.*
> *Tú inicias a la gente en una fiesta.*
> *No es otra cosa la literatura.*

1° enero 1982. *Cuento policial*

> *Murió el pobre canario que a tu novia trajiste.*
> *Inútil que lo niegues, devorador de alpiste.*

Sueño. Mi chica y yo nos encontramos con unos amigos míos que desde hacía mucho yo no veía: dos hermanos, el mayor alto y fuerte, el menor, alto y flaco, y una hermana, morena, de facciones regulares, grandes ojos, pelo corto y un cierto aire de mujer inteligente, precisa, de sentido práctico; tal vez abogada o médica, sin duda una doctora. Les dije a estos amigos con cuánto placer los veía y pensé: "No miento. Me traen los mejores recuerdos de la mejor época". Nos encaminamos a casa. Mi chica y la doctora iban adelante. Pude oír que mi

---

[12] Fueron incluidos en las ediciones escolares de *La invención de Morel* y de *El perjurio de la nieve*, de Editorial Colihue, ambas de fines de 1981. [N. de DM]

chica la invitaba a quedarse a vivir con nosotros. "Hay cuartos de sobra", le decía. Yo hubiera querido que mi chica no se apartara tan pronto, porque me hubiera sacado de una situación incomodísima en que me hallaba: no podía recordar cómo se llamaban estos amigos. Siempre tuve huecos en la memoria, huecos donde se esconden los nombres de personas que encuentro después de ausencias más o menos largas y también, en ocasiones, los nombres que se me van de la memoria, en el momento de presentarlas a otros, corresponden a personas que veo frecuentemente. He notado que en los últimos tiempos estos olvidos son para mí casi inevitables.

Mi casa quedaba en la calle Rodríguez Peña, a la altura del 500. ¿O del 600? En todo caso, a mitad de cuadra y del lado de los números pares. Era un petit hotel de frente francés, en imitación piedra, bastante parecido a otro, contiguo, un poco más grande y suntuoso, con zócalo de piedra gris, que pertenecía a una familia muy amiga de mis padres y de mis abuelos. Yendo en dirección a la plaza del Congreso, nuestra casa era la segunda (¿o la primera?) de esas dos. La luz en la calle Rodríguez Peña, muy blanca en aquella hora, un poco lechosa, como de amanecer, me recordaba viejas fotografías desteñidas. No andaba casi nadie por la calle.

Al temor de que mis amigos descubrieran que yo no recordaba cómo se llamaban, se agregó el temor de que descubrieran que yo no recordaba cuál era mi casa. Traté de entretenerlos en conversaciones insustanciales, para dar tiempo a mi chica, para abrir la puerta: ella también tenía llave. Lo malo es que ella conversaba con la doctora, como yo conversaba con los hermanos, y no se acordaba de abrir.

Había una diferencia: las dos mujeres estaban interesadas en lo que hablaban. Mi conversación con los hermanos languidecía, y en cualquier momento empezarían a preguntarse si yo no la mantenía nada más que para disuadirlos de entrar, para que me dijeran: "Bueno, hasta pronto". Empecé a notar cansancio, tristeza, en sus caras.

Como serpiente que se muerde la cola. Estoy escribiendo con los mismos procedimientos, *mutatis mutandis*, que usé para mis primeros cuentos; para todos los horribles cuentos anteriores a 1940.

Un viejo enamoradizo, piensa en ellas.

> *¡Con cuánto amor desean las mujeres*
> *el traspaso veloz de tus haberes!*

Variante:
> *Entienden el amor esas mujeres*
> *como pronta absorción de tus haberes.*

Query. Leo: "Encadenar una muchacha sana". Corrijo: "Encadenar a una muchacha sana". Sigo leyendo: "a un hombre derruido". Recapacito: "Entonces, no. No voy a escribir 'Encadenar a una muchacha sana a un hombre derruido'...". ¿Habrá que tratar a esa muchacha como si fuera un objeto y despojarla de la preposición *a*? Parece que sí. O ponerla en la frase anterior: "Encadenarla a un hombre derruido".

7 enero 1982. *Habent sua fata libelli.* Compilamos la *Antología de la literatura fantástica* a espaldas de toda cuestión de derechos, que ignorábamos. López Llausás, que nos compró la selección, nada nos dijo de los derechos de autor y nos pagó con mil pesos. Después la Sudamericana reeditó varias veces el libro. Cuando editoriales extranjeras lo pidieron, nosotros no aceptamos las proposiciones, porque no queríamos vernos envueltos en reclamaciones de derechos, que pudieran perjudicar a los actuales dueños de la Sudamericana, que tal vez ignoran la situación del libro, porque López Llausás había muerto y ellos, sus descendientes, no son quizá muy expertos en este asunto. Editori Riuniti, de Roma, los campeones del contrato leonino, se interesaron en la antología. Yo le di largas al asunto. Consulté con mi amiga Gloria López Llovet; expliqué las cosas. Me dijo que más valía *let sleeping dogs sleep*. Hoy llegaron tres hermosos ejemplares, enviados por Editori Riuniti, que arregló las cosas con Sudamericana, a espaldas de los autores de la selección y de los autores de los cuentos. Los pícaros *editori* han añadido una nota: *"L'editore, nei casi in cui non gli è stato possibile rintracciare gli autori, si dichiara a disposizione degli interessati per i relativi diritti d'autore"*.

Addendum. Quizá fui injusto con Editori Riuniti. Yo no llevé adelante la discusión de la cuestión de los derechos, por ignorancia y por pereza (pereza de encarar el asunto). Aparentemente lo han resuelto bien, habrá que ver con qué beneficios para los autores de los cuentos. Con relación a los contratos leoninos de Editori Riuniti, me ratifico. Basta leer los que firmamos (¿dormidos?) para *Un modelo para la muerte* y los que no firmamos (despiertos, por fin) para *Los mejores cuentos policiales*. Tengo en mi poder las copias.

Lista de inamovibles, inexplicables.
Quiroga, Arlt, Lovecraft, Lautréamont, Boris Vian.
En otra categoría: Poe (*pace*, Borges), Baudelaire, Faulkner, Joyce. Hay una diferencia: los de la primera lista son mamarrachos. Faulkner, Poe, son escritores y Joyce un gran escritor. De Baudelaire, no hablemos. *Id est*: mejor no hablar.

Idiomáticas. Pajaronas. De tales calificó mi amiga a mis mujeres previas. Pajarón: presuntuoso, persona de más prestigio que valía, como Battistessa o Canal Feijóo. Un verano, Peyrou declaró que *pajarón* era palabra recién traída de Mar del Plata.

Elogio matizado. "Tiene una cara linda, pero más bien aporotada".

Poética.

> *Sacar lo que usted sueña y ordenarlo.*
> *El estilo es el tiempo. Hay que esperarlo.*

La ansiedad trae claustrofobia. Yo tuve la suerte de reconciliar a más de un matrimonio desavenido. Me acosté durante dos o tres meses con la mujer. El marido empezó a encontrarla menos ansiosa, más encantadora, como había sido antes, y a quererla de nuevo. Por su parte la mujer descubrió que el marido volvía a ser el de los primeros tiempos, el que un día la había enamorado. Porque no me necesitaba, se alejó de mí.

En un libro titulado *Juanamanuela mucha mujer*, alguien deplora que los bidets no estén al alcance de los pobres. Mientras me contaban eso (no leí el libro), se me ocurrió la historia de un demócrata sincero, que perdió las elecciones nadie sabe por qué, después de una campaña política en que empleó el siguiente lema o estribillo:

> *Si usted me da su voto, dotaré*
> *a cada ciudadano de un bidet.*

17 enero 1982. *Sueño.* Entro en un cuarto en una torre de un castillo, un cuarto amplio, de aspecto primitivo, con un agujero. Por el agujero veo, abajo, el agua de la fosa. El cuarto es un sanitarium. Es un mingitorio. Me pongo a orinar. Con cierta melancolía, observo que el chorro de mi pis ya no es tan vigoroso como lo fue hace poco. De pronto me alarmo: ¿no estaré meándome en la cama? Me levanto rápidamente, me palpo. Estoy seco. Voy al baño.

Un artículo de Calvino sobre *Pinocho*. Voy a tratar de leer *Pinocho* en italiano; buscaré la edición de Feltrinelli. Cuando yo era chico, *Pinocho* fue mi libro preferido y un estímulo para la imaginación. Calvino se las ingenia para escribir un artículo que tiene informaciones y observaciones curiosas, pero que aburre.

Este hombre simple. Me parece que soy un individuo simple. Me alegro de las buenas noticias, me entristecen las malas, cuando me tratan bien me encariño, etcétera. Sin embargo, no soy tan simple en mi conducta erótica. Cuando todas las circunstancias son favorables, he caído en fiascos; con dificultades interpuestas me he abandonado a los más agradables de los juegos amorosos.

Mujer en peligro. Otilia llamó a Silvina, al cuarto de plancha, y le pidió que mirara a la azotea. Ahí estaba un hombre, tomando sol, desnudo. Otilia comentó, indignada: "Qué asqueroso. Qué sinvergüenza. Completamente desnudo. Sin un short, tan siquiera. No le importa que yo, que estoy embarazada, lo vea. Si me hace mal ¿qué le importa?".

Si cree que la realidad es un sueño, ¿por qué se esforzaría tanto en ser discreto, previsor, eficaz?

Según mi amiga, amo a las mujeres, pero no las quiero.

Sabe —¿o no puede creer?— que me gusta (con tanta nostalgia) Francia, y no pierde ocasión de menospreciarla, de menospreciar a quienes la quieren. ¿Por qué? ¿Por maldad? ¿Por estupidez? ¿O se trata de una campaña de proselitismo? ¿O de un lavado de mi cerebro?

El taxista me dijo que el domingo estuvo mal del hígado. El sábado a la noche había tenido sed. En efecto, a lo largo de la noche, bebió un sifón de soda, una Coca-Cola "tamaño familiar" y un litro de leche. El domingo, antes del café con leche, bebió otro litro de leche. Al almuerzo ya no tenía sed, pero su hija le había preparado una jarra de naranjada y, para no desairarla, la bebió. Concluyó el almuerzo, copioso por lo demás, con una barbaridad de flanes que le preparó su señora, seguidos de otro litro de leche.

La voz de la experiencia. Son todas inaguantables, aunque por motivos diversos, que a veces no descubrimos en seguida, lo que nos permite aguantarlas, por un tiempo.

Inexplicables.

Quiroga. Sin esperanza.

> *¿Vas a escribir y admiras a Quiroga?*
> *Dejamos a tu alcance banco y soga.*

Arlt. Tiene remedio.

> *¿Halla usted encanto en la lectura de Arlt?*
> *No es grave. De algún modo lo celebro.*
> *Lo curarán a base de Swiss Malt*
> *y de un buen tónico para el cerebro.*

Baudelaire. Réplica.

> *En cuanto a lo de cursi, habrá que ver*
> *si alguien le pisa el poncho a Baudelaire.*

Reportaje imaginario.

P.: ¿Cómo describiría lo que sintió hoy al llegar a su casa?

R.: Una escena de derrumbe. Como si me cayera encima una lluvia de polvo, y pedazos de revoque. He visto escenas parecidas en el cine; generalmente les ocurre eso, en cavernas, a los buscadores de tierras. Yo sabía que no encontraría un tesoro y que no debía asustarme demasiado: la caverna, o casa, no se derrumbaría; seguiría, eso sí, con su lluvia de polvo, que molestaba la respiración.

Sonsera. Sonso. Sonsera escribe J.B. Silva, en su *Guía del buen decir*, un libro que manejé asiduamente en mi juventud: muchos escriben este argentinismo con eses, de acuerdo a nuestra pronunciación; y muy de acuerdo con la etimología... si como dice la Academia, *zonzo* proviene del latín *insulsus*.

La gente se hace ideas curiosas respecto del arte de la novela. Un novelista de apellido Juan me aseguró que yo debía ir al Bragado, porque allí había un grupo de personas que conocían infinidad de viejos refranes, algunos traídos de España. "El escritor que recoja ese tesoro —me aseguró— va a escribir la más estupenda novela de todos los tiempos".

Irse. Un valiente que no desdeña la oportuna huida. "Su [de Byron] primera reacción a la crisis fue... escapar al extranjero" [T.A.J. Burnett, *The Rise and Fall of a Regency Dandy* (1981)]. Conozco a otro con la misma maña.

"En Koblenz perdieron por muy poco el ferry en el que debían regresar... Este percance, tan insignificante en sí mismo, llevó a Scrope a observar que resumía la historia de su vida" [T.A.J. Burnett, *The Rise and Fall of a Regency Dandy* (1981)].

Retrato. Toma tiempo en fijar la atención y, rápidamente, se distrae.

Profesión. Escritor y mandadero (en cualquier orden).

Pinocho. Soy amigo de Pinocho, que en la infancia me llevó de la mano por los caminos de la imaginación. Cuando me encuentro con otros devotos de Pinocho descubro que nuestros recuerdos no coinciden. Freud, quiero decir algún "complejo" del *snobismo* herido, me induce a olvidar lo que sé: ellos, siguiendo una buena tradición, leyeron el volumen de Collodi; yo, con infinidad de ignorantes, los fascículos de Pinocho publicados en la colección "Cuentos de Calleja" en colores.

Hoy leo en la "Nota Preliminar" de Esther Benítez a su traducción del libro de Collodi: "Es muy cierto que la fama y difusión del Pinocho de Bartolozzi en el ámbito lingüístico hispano eclipsaron por completo el Pinocho de Collodi, hasta el punto de que aun es frecuente encontrarse con quien [¡con ABC debiera decir!] recuerda nítidamente el Pinocho de Calleja y sólo tiene una borrosa memoria del de Collodi". Baste aclarar que Bertolozzi —Salvador Bertolozzi Rubio— ilustró con sus dibujos la traducción de Calleja del libro y escribió el texto de las nuevas aventuras publicadas en los fascículos que tanto me atraían: *Pinocho en la India, Pinocho en la China, Pinocho en el Polo, Pinocho en la Luna, Pinocho en el país de los hombres gordos, Pinocho en el país de los hombres flacos, Pinocho en Jauja, Pinocho en Bavia, Pinocho detective* y de la serie *Pinocho contra Chapetí*, que me gustó menos.

Leí que Dante empezó la *Comedia* en 1307. La primera vez que aparece el epíteto *divina* en el título, fue en una edición veneciana de 1555. Dante llamó a su poema *Comedia* porque acaba bien (empieza mal y acaba bien). Todo esto lo leí en la Enciclopedia Bompiani (*Opere e personaggi*).

Query. ¿Pangrams? No está en el Oxford grande ni en los diccionarios de terminología literaria. El *Times Literary Supplement* de diciembre 25 trae este ejemplo: *Waltz, bad nymph, for quick jigs vex.* Una frase que contenga todas las letras del abecedario. El mérito estaría en la brevedad: veintiocho letras (en una carta al editor, firmada Ralph Imtone, que sería el autor del citado *pangrama*).

Idiomáticas. Talento. De los talentos (medida de peso) de plata y de oro. Talentos de sociedad (en todo caso, *talents de société*).

Todos los hombres son iguales. La gente del campo que se viene a Buenos Aires vive por lo general del lado de afuera de la Avenida General Paz, casi en la capital, como si no se atrevieran a entrar.

Exiliados ingleses, como Brummel y Scrope Davies, vivían en las ciudades sobre el Canal de la Mancha, como si quisieran estar en el camino a Inglaterra (Brummel en Calais, Scrope Davies en Ostende y en Dunkerque).

Últimamente me da por soñar en tercera persona. Por ejemplo, el sueño de anoche: me levanto a hacer pis, por pereza no me pongo la *robe de chambre*. Vuelvo a la cama transido de frío. Inmediatamente me duermo y empiezo a soñar con dos personas, conocidas mías en el sueño, desconocidas en la realidad: un hombre y una mujer, que están en su casa, en las Malvinas. Alguien les pide que vayan hasta la casa de otro malvinense, a buscar un objeto, su recuerdo. Vuelven transidos de frío y uno de ellos dice que los mandaron a buscar ese objeto en la esperanza de que en el trayecto murieran congelados. Considero que esa afirmación es calumniosa.

Contribuciones académicas norteamericanas. En el Sarah Lawrence College, de los Estados Unidos, al que me llevó de visita una ex alumna, oí una tarde del 56 o del 57 la conferencia consagratoria del profesor Pinkerton, sobre *La cena gozosa* de Baltasar del Alcázar. Ante todo Pinkerton se declaró perplejo de que no pocos lectores —entre los que no faltaban críticos e historiadores de la literatura— tuvieran a *La cena gozosa* por juguete cómico, pieza cómica. Se preguntaba cómo no descubrían que se trata de un doloroso intento de confesión. Un intento dolorosísimo que por una subsiguiente y, por cierto perdonable, pérdida del coraje, queda trunco...

> *En Jaén, donde resido,*
> *vive don Lope de Sosa*
> *y diréte, Inés, la cosa*
> *más brava de él que has oído.*
>
> *Tenía este caballero*
> *un criado portugués...*
> *Pero cenemos, Inés*
> *si te parece primero.*
>
> *La mesa tenemos puesta,*
> *lo que se ha de cenar junto,*
> *las tazas del vino a punto:*
> *falta comenzar la fiesta.*

En realidad Lope de Sosa no es otro que Baltasar de Alcázar, e Inés, la mujer que lo ama. La revelación postergada, la regocijada gracia del poema, para esos lectores desprovistos de sensibilidad, obedece al repentino terror que siente Lope de Sosa, es decir Baltasar del Alcázar, de confesarle a Inés la anunciada *cosa brava* acerca de Lope de Sosa, es decir de sí mismo. Como ustedes lo habrán advertido, tal vez el *quid* del asunto es la patética admisión de que no puede amarla. *Cherchez la femme?* ¡No, de ninguna manera! porque él ama a su criado portugués.

Vida novelesca: la del profesor Duplaix, en *Biographie Universelle* (París, 1814), tomo XII. Firma el texto Lally-Tolendal.

Esquimal, según el *Dictionnaire de Biographie, d'Histoire et de Geographie* de Dezobry et Bachelet, significa "comedor de pescados crudos". Podríamos, pues, decir: Los japoneses son esquimales.

Le dice a su amiga: "Hice la promesa de conocer a otro hombre antes de morir. Es más fácil decirlo que hacerlo. Creo que voy a tener que llamar a licitación". Es casada, madre de dos hijos, de 29 años, linda, inteligente.

Las mujeres como consuelo. Hastiado de la que tengo en casa, pensé: "Nada mejor que hablar con una mujer encantadora para consolarme". Me pregunté: "¿A cuál llamo?". Sucesivamente las recordé y las deseché a todas. "Mujeres, las de antes", me dije y me pregunté: "Si pudiese llamar a mis amigas de antes, ¿a cuál acudiría?". Dios mío, cómo negar que no eran menos inhóspitas que las actuales. No por nada, el Eclesiastés dice: "He hallado más amarga que la muerte la mujer" y agrega: "El pecador será preso en ella". Puedo decir que tiene razón, porque siempre fui ese pecador. El Eclesiastés, un vanidoso insoportable y gran decidor de evidencias, pero conocedor de las mujeres, no hay duda.

Una mujer se enojaba cuando yo le decía que era el lado divertido de mi vida. No pensé que sobrellevan una gran tradición de mantenidas, esclavas y geishas. Para un hombre como yo el lado divertido de la vida es el mejor. En lo que evidentemente cometí un yerro fue en suponer que ella lo fuese.

Domingo, 25 julio 1982. Después de ver *Oblomov* (film de Nikita Mijalkov, sobre la novela de Goncharov) en que el protagonista, su familia y sus siervos duermen hasta entrada la mañana, o todo el día porque viajaron y están cansados, o a la hora de la siesta, llego a casa a las cinco y media de la tarde y la persona que abre la puerta me anuncia: "Todo el mundo duerme la siesta". Voy a ver a Silvina, que está en cama, despierta. "¿Qué viste?", me pregunta. Le digo; a su pedido empiezo a contar el film y advierto que está durmiendo.

Libre albedrío.

> *¿Libres? Libres no estamos, ni siquiera,*
> *de no pensar lo que la mente quiera.*

Recuerdos sentimentales. Me refirió sus aventuras amatorias. La más extraordinaria, según él, habría sido la desfloración de una virgen de 49 años: una señorita de la sociedad paraguaya, bien educada, lo que se llama fina y lindísima. "No me va a creer, señor Bioy —me aseguró—, pero acostarse con una virgen de esa edad es exactamente como comer gallina vieja".

Testut, Juan (1840-1925), el autor de la famosísima (entre nosotros, al menos) *Anatomía*, no figura en el *Grand Larousse* del siglo XIX ni en el *Pétit Larousse* de 1923. Lo encontré en el Espasa.

Idiomáticas. Padre. Aumentativo, ponderativo, para los mexicanos. Entre nosotros cumple esas funciones en la frase "de padre y señor nuestro" (mejor con mayúsculas, no sea que Se irrite), como en mi *Diario* del 31 de julio de 1982: "Estoy con un resfrío de padre y señor nuestro".

Idiomáticas. Ala, como masculino, más allá del artículo. "Leí un cuento sobre un ángel que tiene un solo ala y para poder volar busca el otro ala entre los pobladores de la tierra. El cuento es de Syria Poletti" (Isidoro, Conversaciones durante las pruebas). Habría que ver cómo maneja la palabra *ala* Syria Poletti. Le conté el cuento a la doctora, sin recordar que al llegar al restaurante me había dicho "estoy con un hambre bárbaro".

El poncho de los pobres: el sol, en el habla porteña. No digo que la expresión sea exclusivamente porteña; sé que es porteña, y tan grande es mi ignorancia que ignora que a lo mejor es también de otras regiones.

Definición. Psicoanálisis: Una seudociencia, que halla justificación en su eficacia curativa, que no existe.

Vida ejemplar. Primero trabajó para vivir tranquilo. Después, para morir tranquilo.

Retrato.

> *Plácido y sedentario en alto grado,*
> *si se para, uno cree que está sentado.*

En todo ve un significado oculto; se engañan así quienes no quieren que los engañen.

Enferma. Si le dicen que alguien está tan enfermo como ella, se ofende.

Yo elegí, para que me acompañaran en la vida, mujeres. Si pienso en las elegidas me pregunto si no elegí mal.

Frase compuesta de palabras horribles. "Como dijo alguien, en toda hija esquizofrénica se reconoce una madre esquizofrenosa".

"El changador de la esquina" solía decirse en mi infancia. Creo que ya no quedaban changadores en las esquinas.

Recuerdo para "Mi vida con las mujeres". Cuando Borges, en 1943, se enteró de mis amores con Faustina, me dijo algo que incluía la reflexión: "Nunca uno sabe en qué concluyen esas cosas". Yo le aseguré que el hecho no traería ninguna catástrofe, y sentí que su reflexión parecía dudar de mi control sobre las pasiones. Yo le demostraré, pensé, que no pierdo la estabilidad así nomás.

En realidad, yo tenía razón, porque los amores vienen acompañados de tantas molestias, que uno se siente afortunado de que las tardes concluyan y de poder volver a su refugio.

En el verano del 71, cuando todavía se mantenía en la lista de best-sellers *Diario de la guerra del cerdo,* la escritora me visitó en la estancia. Nuestra conversación fluía cordialmente, hasta que hablé de la nueva novela que tenía en preparación:

—¿Cómo? ¿Ya estás escribiendo otra? —me preguntó, con la cara torcida por el despecho.

Obreros del aburrimiento universal. ¿Cuántas personas en el mundo, mientras usted lee estas líneas, dirán a su amante que debiera

dejarlo? O dejarla, porque no ha de haber menos hombres que mujeres proclives a dar tales tediosos comunicados.

Idiomáticas.

Perdedero. Úsase frecuentemente en la frase perdedero de tiempo.
Dícese de algo que ocasiona pérdidas de tiempo. "Hay que volver a los
chasquis. El teléfono es un perdedero de tiempo".

Lo saqué cortito, lo saqué al trote: lo eché, en el habla porteña. Lo
saqué cortito, zapateando, al trote, carpiendo, con cajas destempla-
das, a espetaperros, vendiendo almanaques, con la cola entre las patas. Modismos que expresan, con diversos matices, la manera violenta
y eficaz con que expulsamos a alguien.

Coincidencias inútiles. El único Arcadio que conozco, Arcadio Bustos, me dijo ayer, en el club: "Mire lo que son las coincidencias. Me he
pasado la vida sin encontrar un Arcadio, y esta mañana abro *La Prensa* y, en un sueltito fechado en La Rioja, leo que murió un señor Arcadio Bazán y que en el entierro habló un señor Arcadio Jiménez".

El 15 de septiembre es el día de los ancianos japoneses (y de un
anciano argentino).

Un señor Tumey no quería jubilarse. Le preguntaron por qué.
Dijo: "En el mismo momento en que un hombre se jubila, pasa a
trabajar, en su casa, de mucamo".

Parece que un señor conocido como el Negro Elía dijo:
—Cuando una mujer me gusta, invariablemente me dicen que se
acostó con medio Buenos Aires e invariablemente yo me quedo en la
otra mitad.

Drago es mi amigo de toda la vida, una suerte de hermano, con el que consulto la realidad, para maravillarme finalmente por el hecho de que cada uno por su lado ha llegado siempre a las mismas conclusiones. Para un libro que están escribiendo sobre mí le preguntaron cómo empezó esta prodigiosa amistad, que viene de cuando teníamos tres años de edad. Drago contestó: "Porque nuestras niñeras, Visi y Pilar, congeniaron y se divertían conversando juntas".

Cuando yo era chico en Francia todavía había gente que decía "Je vais prendre *un fiacre*" por *"un taxi"*. (Los primeros coches de alquiler tenían la cochera en la rue Saint Fiacre. Este santo, que llegó de Irlanda, fundó un monasterio en Breuil).

Un taxista, de voz aflautada y doliente, me dijo:
—En este país, los únicos que trabajan son los coreanos y los bolivianos.

El taxista, que parecía un hombre educado, observó: "Son los únicos laburantes". La inclusión de los bolivianos en esa frase me sorprendió. Yo los conocía como vendedores de limones, en la vereda de los mercados. Lo que sé es que tanto bolivianos como coreanos son objeto de animadversión. Me contaron de médicos que no creían necesario gastar anestesia en partos de bolivianas. Mi autoridad en el asunto de palabra defendía a las bolivianas y atacaba a esos médicos. En cuanto a los coreanos, creo saber que hay indignación contra ellos porque no se resignaron a trabajos rurales y porque son esforzados y prósperos comerciantes.

Veraz pero tonto. Le dije que empecé mis lecturas con avidez pero sin ningún discernimiento ni criterio. Gamboa replicó:
—Yo empecé con el mismo criterio que tengo ahora. No lo digo

con jactancia, sino porque fue así nomás. Yo elegía los libros según la edición: quería ediciones lindas.

A José María Peña se le debe (entre otras cosas, como haber cuidado y hermoseado San Telmo) un libro de admirables fotografías titulado *Buenos Aires anteayer*. Las fotografías son buenas, asombrosas, significativas. Los textos, breves. En uno comenta un aviso (que se ve en la fotografía) del cognac Domecq y en otro un letrerito en un café. A pesar de que la palabra *Domecq* está en la fotografía, Peña escribe: *Domec*; a pesar de que en un avisito de un almacén se lee: *Las ventas son únicamente al contado*, "transcribe", de modo cacofónico, *Las ventas son solamente de contado*. Dicho esto, hay que expresar la mayor gratitud a Peña por el libro, por las fotografías y por las utilísimas acotaciones.

Sueño.
Presuntos materiales del sueño:
*Encuentro con una amiga, convertida en una matrona asaz diferente de la muchacha que fue en tiempo de nuestros amores. Cortésmente la felicito y me felicita: "Qué bien estás", etcétera.
*Visita de los hijos de una cocinera que tuvimos hace años, una criolla bastante zaparrastrosa. En una ocasión se quedó conmigo sola en Mar del Plata, porque Silvina y Marta habían ido a Buenos Aires. Yo debía de tener fama de acostarme con todas las mujeres, ya que cuando nos quedamos solos deslizó una frase que significaba "ahora que estamos solos". Me hice el desentendido. No tenía ánimo para tanto… Siempre recordé a esa mujer con pena de haberla quizá ofendido.
*Lectura de una entrevista a un soldado de la guerra de Malvinas, donde se cuenta el viaje en avión y la llegada a Puerto Argentino. Dice el soldado: "Cuando uno llega a una ciudad desconocida, lo primero

que hace es orientarse. Aquí está el Norte, allí el Sur, etcétera. En las Malvinas no me enteré de nada. Ni me dijeron cómo se llamaba la montañita donde acampamos".

*Una amiga me cuenta su visita a un ginecólogo. Me dice: "Me pareció más simpático que la primera vez. Quizá porque no me revisó".

Sueño: Viajo en un avión, con una amiga. Entiendo que para llegar a donde voy, debo tirarme con paracaídas. Aunque sufro de vértigo y siempre he pensado con horror en la hipótesis de tirarme en paracaídas, en el sueño estoy confiado en lo que haré. No llega el momento de ponerme a prueba porque siento los saltos del avión que toca tierra y veo, por la ventanilla, que ya estamos aterrizando por las calles de una ciudad medieval, terrosa, soleada, con casas de piedra. Bajamos del ómnibus (en esa parte del sueño, el avión se había insensiblemente convertido en ómnibus) en la plaza principal. Por ahí encuentro a una amiga, ahora bastante amatronada. Como soy médico (en el sueño, nomás) la reviso. Está vestida con un delantal y debajo no lleva otra ropa. Comenta eso risueñamente y se ruboriza. Le digo que debajo de mi guardapolvo estoy desnudo. Para cerciorarse me palpa. Me despido, porque debo seguir con mis visitas médicas. Me interno en la ciudad. Sucesivamente visito y ausculto a tres hermanas de mi primera paciente: como ella, son mujeres grandotas, pesadas, amatronadas, no muy jóvenes, con aspecto de salud y limpieza. Pienso que no debí avanzar por esa ciudad desconocida sin tomar precauciones. Estoy desorientado. No sé si encontraré a mi compañera de viaje, la que me acompañó en el viaje. La ciudad es chica. Fácilmente encuentro la plaza y, en un banco, a mi amiga. Se alegra de que haya despachado con rapidez mis visitas médicas. Le explico: "Todo es muy simple. Uno mira al paciente, lo toca un poco, le da unos consejos. Creeme: si no fuera médico, lo haría igual".

Otro lector ávido. Parece ser que Hemingway, antes de volver a su casa, paraba en el quiosco del diariero y compraba un montón de revistas de toda laya, semanarios de actualidad, etcétera, y, después de comer, se quedaba leyendo hasta la madrugada.

Como si fuéramos todos conformistas, en este país está mal visto prever dificultades, por probables que sean. Hay que ser optimistas, y lanzarse a locuras como la guerra de las Malvinas sin pensarlo dos veces. Todo el mundo es patriota y si alguien duda sobre el resultado de la patriada es un traidor. Los patriotas que no vacilaron antes, cuando las cosas se ponen amenazadoras, razonablemente, sin inútiles intentos de resistencia, proceden a una rápida rendición.

La mujer quiere menos al marido que a su matrimonio.
El marido quiere menos a su mujer que a la plata que ahorra por no divorciarse.
La novia quiere sobre todo la fortuna del novio; y si éste es viejo, la herencia.
Sin duda, la enfermera y el médico quieren más a su abnegada profesión que al enfermo.

Demasiada actividad

> *Aprendí de una bruja, que es un hada,*
> *el curioso placer de no hacer nada.*

El detalle molesto. El infartado había reaccionado tan bien que el médico anunció: "Mañana lo damos de alta" y bajó a la sala de médicos del primer piso, a ver una película pornográfica. En eso estaba cuando le avisaron que el enfermo había tenido un paro cardíaco.

Otra negligencia en el libro *Buenos Aires anteayer*. En la página 62, líneas 1 y 2, se lee: "El Pabellón de los Lagos fue construido en 1901". En la página de enfrente, 63, línea 1, se lee: "El Pabellón de los Lagos, inaugurado en el año 1900 en Palermo". ¿Lo inauguraron el año anterior al de su construcción? ¿O primero lo inauguraron en Palermo y después lo construyeron? *Trop de zéle* no es defecto argentino.

Una multitud de peregrinos va a pie de Buenos Aires a Luján. En el camino, una amiga mía vio pasar rápidamente, rumbo a Luján, un automóvil tripulado por un cura y una mujer, que llevaba sobre el techo, en grandes letreros, la inscripción: *Venga con nosotros, a pie, hasta la Virgen*.

Idiomáticas. Para mal de mis pecados. ¿Como si se dijera "para empeorar aún las cosas"? ¿O, simplemente, "para castigo de mis culpas"? Para mal de mis pecados, abro la puerta y me encuentro con el cobrador.

Confesiones de un alcornoque o insistencias de un error. En el *Times Literary Supplement* leo una nota muy elogiosa sobre un *Dictionary of Symbols* de un tal Cirlot. Lo encargo. Cuando lo recibo, descubro que Cirlot es un catalán y que el libro está traducido del español. La estupidez de haber comprado la traducción inglesa de un libro español me avergüenza; tal vez por eso casi nunca recurro a ese volumen, que duerme, poco menos que olvidado, en su anaquel. Los otros días veo en la librería Fausto un diccionario de símbolos; no lo compro, porque el precio, 440.000 pesos, me parece excesivo. Quedo, de todos modos, con ganas de comprarlo. Cuando voy a la librería Fray Mocho, le pregunto al patrón, que es un amigo, si tiene el libro y a cuánto me lo dejaría. Cien mil pesos, me dice. Lo compro. Lo consulto varias veces, hasta que Silvina se lo lleva a su escritorio, para copiar figuras de animales, para unas viñetas que le pidieron. Quiero ver qué dice de dioses y divinidades. No lo encuentro. Entonces me acuerdo de que tengo un diccionario de símbolos en inglés. Lo busco. Lo encuentro. Lo consulto. De pronto descubro que es la traducción del comprado en Fray Mocho. Es decir que dos veces compré indebidamente el libro. Primero en inglés, cuando podía comprarlo en español. Después en español, cuando ya lo tenía en inglés.

Noto que siento un poderoso afán de satisfacer los deseos del prójimo (no leer esto buscando doble sentido, por favor). Si a Silvina le gusta, o le cae bien, el yogurt descremado de ananá, para reunir seis o siete potes recorro las rotiserías del barrio. Sin embargo, me faltó coraje para satisfacer el deseo de aquella mujer, en Mar del Plata.

15 septiembre 1982. Cumplo mi sesenta y ocho aniversario escribiendo y acostándome con mujeres como siempre. Como desde hace cincuenta y cuatro años por lo menos.

Historia de amor. El hermano de N., que se fue a vivir a España con su mujer y sus hijos, encargó al suegro la venta de la casa de Bariloche: el único bien que tenían. El suegro encontró comprador; pero el juez de menores no daba la autorización para la venta, aunque tenía la prueba de que los dueños de la casa ya habían comprado otra en España (de modo que con la venta de la casa de Bariloche no los descapitalizaban). La situación se prolongó, con toda suerte de inconvenientes para el hermano de N. y su mujer: si no vendían la casa de Bariloche, no podrían pagar la nueva, etcétera. Finalmente, se descubrió que el señor encargado de la venta tenía la autorización del juez desde hacía mucho tiempo: quería hacerles imposible a su hija y a su yerno la situación en España para que volvieran. Extrañaba a su hija.

17 septiembre 1982. Sin lumbago, sin tortícolis, mejor, con menos deudas.

Sábado 18 septiembre 1982. A la tarde, José me refiere: "Una amiga, casada con un almirante, le dijo hoy por teléfono a mi mujer: 'Para peor al desgraciado que tengo en casa le gusta ponerse el uniforme'".

A la noche soñé que estaba en un velorio y que la mujer del muerto formulaba este epitafio:

> *A él siempre le gustó cambiar de ropa,*
> *y comer pan tostado con la sopa.*

Al enterarse de la rendición en las Malvinas, Federico Aldao se desplomó desmayado.

Idiomáticas.

Ladeado: enojado, resentido. Se torció: se resintió. *Ladero.* "Lo trajo de ladero": de acompañante, de escolta y apoyo.

Estar chaucha, o *un poco chaucha*: sentirse mal, fuera de caja, etcétera.

Cusí cusá. Dícese de algo que es mediocre, regular para abajo. "Esta pollera le salió cusí cusá", dice la señora a la modista.

Un generoso. Silvina le pregunta a Bengoa si escribió en *La Nación* una nota sobre María Rosa Vieyra. El interrogado protesta con auténtica indignación: "¿Cómo yo voy a escribir sobre una persona tan poco importante?".

La comisaría 49, en el barrio de Villa Urquiza, de Buenos Aires, es conocida en la repartición como *la Estancia*. Quizá porque tuvo plantas (¿hasta un árbol?) o porque su portón de dos hojas recuerda una tranquera.

Lo que no rima en España, a veces rima entre nosotros. Véanse los endecasílabos de Calixto Ayohuma:

> *Dueño y señor de hacer lo que tú quisieres,*
> *¿te esmeras en plagiar a don Juan Pérez?*

Idiomáticas. Dolamas. Dolencias. Palabra de argentinos del siglo pasado. Mi abuela decía: "Aquí me tenés, llena de dolamas". También decía: "Estoy hecha doña Calores", cuando tenía calor. También: "Estuve con cuidado", por "estuve preocupada" (de que te pasara algo), ansiosa porque alguien tardaba.

Paso por un país conocido. Me dijo: "Cuando quise que me quisiera no me quería; ahora que no quiero que me quiera me quiere".

Después de leer su vida por Anger, pienso que Chapelle (Claude-Emmanuel Levillier) fue una persona muy querible.

Lo que trata de que me entre en la cabeza: Me ha dado sus mejores años y en compensación debo dejarla bien pertrechada. Con tanta insistencia lo repite y me recuerdo que por la ley de la vida pronto la abandonaré en este mundo hostil, que llego a preguntarme si no me ha dado todos esos años en la seguridad de que estarán compensados por lo que recibirá a mi muerte. Una sospechosa compañera para el descenso por la pendiente final. Sospechosa de impaciencia, por lo menos.

Tudora Sandru Olteanu, traductora rumana de *Dormir al sol*, me dice (en una carta de septiembre de 1982) que la conmovió una frase mía, leída en un reportaje: "Yo creo que todos merecemos compasión, porque somos unos pobres diablos heroicos por el solo hecho de estar vivos".

¿Qué tengo en contra de la Barrenechea?[13] ¿Que escribió, en elogio de una novela peruana, *La multiplicación de las viejas*, para denostar de paso el *Diario de la guerra del cerdo*, porque "se pretendía realista y los personajes no empleaban al hablar las palabrotas que hoy son de rigor"? Como ven, no me asiste ninguna razón valedera, salvo tal vez la de salvarla del olvido, ya que algún anotador del futuro pondrá un asterisco y al pie de la página recordará que Ana María o María Rosa Barrenechea era una profesora, o crítica, argentina y que enseñó vaya uno a saber qué y cómo en universidades norteamericanas que, por lo visto, no eran demasiado exigentes.

Idiomáticas.

Tun-tun. Al tuntún (quizá por onomatopeya, como los golpes exploratorios de un bastón de ciego): a ciegas, de cualquier modo, salga lo que Salgari.

Quedar, quedarse, por guardar. *Me lo quedo.* Modo de hablar corriente en Buenos Aires, en 1960-80. ¿En otras regiones? Francis

---

[13] Barrenechea, Ana María. Crítica y profesora argentina. Formada en el Instituto Nacional del Profesorado y en el Bryr Mawr College de Pennsylvania. Enseñó en las universidades de Buenos Aires y en la Columbia University. Publicó, entre otras obras, *La expresión de la irrealidad en la obra de J.L.Borges* (1957) y estudios diversos sobre Sarmiento, Cortázar y Macedonio Fernández. [N. de DM]

me trajo su artículo sobre las clases sociales. Dentro de semanas me preguntará: "¿Me lo vas a devolver o te lo quedás?".

Charivari. Cencerrada, jaleo. Cortejo de gente que hace música o bulla, con sartenes, cacerolas, teteras, etc., en burlesca celebración de casamientos absurdos. Digamos que la novia tuviera 29 y el novio 68. Definición del *Oxford English Dictionary*: "Una serenata de música *rough*", con los instrumentos que antes menciono, en burla de bodas incongruentes. *Charivarium*. En Italia, *mattinata;* en Cerdeña, *corredda*.

Anglicismos: *reificar, irrelevante*. ¿Por qué no *vicariamente*? que sería útil.

Sabiduría casera. Cuando hay tormenta se corta la leche.

De Jorge Borges (padre del escritor): "Vale más una mentira dichosa que cien verdades amargas".

Mundos cerrados. Le pregunté cómo hacía el marido de Maruja, el colectivero, para no arruinarse por las sucesivas locuras de su mujer: mudanzas continuas, malvendiendo lo propio y comprando a cualquier precio, reformando los departamentos y casas, para renunciar a ellos cuando están listos, etcétera. "¿Cómo? ¿No sabe? —me contestó—. Maruja tiene un tío soltero, que la quiere como un padre, y que es la persona más generosa del mundo. Es verdad que la plata le sobra. Imagínese que es inspector municipal y que pone la última firma para habilitar una obra. Piense en todo lo que se edifica en Buenos Aires, y en todas las coimas que recibirá ese hombre de Dios".

Idiomáticas.

Despropósito. Bien mirada, es palabra curiosa.

Chusmear. Desde hace un tiempo se dice por *chismear.*

Tole-tole. Desorden, zafarrancho, barullo, batifondo, gresca. "Se armó el tole-tole, o un tole-tole de la madona".

Alma. Llámase alma ese conjunto de mañas molestas, hasta dañinas, que tienen los otros.

Idioma de Yrigoyen:
Efectividades conducentes: disposiciones y recaudos para llevar algo a buen término.
Patéticas miserabilidades: el "factor económico", el dinero.

Extraño uso de la preposición "de". La ciudad *de* Buenos Aires, *de* París, *de* Chascomús; el partido *de* Las Flores, *de* Tapalqué. En cambio, la estación Pardo, la estación Vicente Casares, la estación Dr. Domingo Harosteguy, sin la preposición.

Byron (el más valiente de los hombres) se casó por debilidad y por la pereza de aclarar un malentendido.

En un artículo del *Times Literary Supplement* del 22 de octubre de 1982, sobre *Group Portrait* (un libro de Nicholas Delbanco), leo: "...la hostilidad de por vida entre Wells y Ford, que culminó en la publicación de *The Bulpington of Blup*". ¿Significa esto que el Bulpington era Ford Maddox Ford? Si no, ¿qué puede significar la frase?

El neo-criol de Xul Solar. Pli: complicado. *Cónfera*: conferencia. *Ronso*: equivocado, errado. *Entó* por *entonces*. *Upa*: arriba. *Neo-belle-za*: muchacha linda ("Este año hay muchas neo-bellezas"). *Pesi cae* por *cae de su peso*.

Elena L., con acento alemán y tono dogmático: "A los cincuenta años tuve una lesión en el hombro y entendí que debía renunciar al tenis de campeonato. Había llegado la hora de seguir mi vocación. El bachillerato de arte, que yo había seguido cuando chica, no me servía para entrar en la Facultad. En un año hice el bachillerato y después me metí en medicina. Me recibí en 1970. Por un año fui residente —gratis, porque a las veteranas ¿quién les va a pagar?— y después pasé dos años en Inglaterra, en un hospital, practicando mi especiali-dad, cardiología, y sobre todo aprendiendo, aprendiendo siempre. A poco de volver aquí murió papi. La casa me quedaba grande, entonces la transformé en un centro para reeducación de infartados. Ya pasa-ron por mis manos más de mil muchachos: los llamo así porque desa-rrollo con ellos un buen compañerismo. Después de ver cerca de mil casos de infarto, ¿sabés, Adolfito, cuál es mi primera conclusión? Que las mujeres, Adolfito, son unas hijas de una tal por cual. El hombre a los cincuenta años —la edad predilecta del infarto— al fin sabe lo que quiere y al fin puede tenerlo. Pero entonces cierra los ojos y se muere. ¿Sabés por culpa de quién? De su mujer, que pide todo —nuevos departamentos, coches, viajes— y que no da nada. ¿Sabés cómo expresan su amor por el marido? Prohibiéndole cosas que quie-re, porque dan colesterol o pueden hacerle mal. Son ellas las que le hacen mal. ¿Nunca has pensado por qué solamente el 6% de los infartados son mujeres? ¿Por alguna razón fisiológica? No te dejes engañar, Adolfito. Porque llevan una vidorria envidiable, mientras el marido se mata por darles toda clase de lujos, y porque realmente nada las preocupa. ¿Vos creés que alguna vez una mujer me llama para preguntarme cómo va el marido? ¡Nunca! Si me preguntan algo, es '¿Cuándo volverá al trabajo?'".

Toda revolución aumenta los dolores del hombre. ¿Por qué no se desacreditan? Porque todo gobierno es odioso; porque en las luchas revolucionarias el buen lado es el de los insurgentes. Cuando los insurgentes son gobierno, los más crueles triunfan —porque la represión es bien vista— y los ajusticiamientos se multiplican, por espíritu de venganza y por una razón práctica: no dejar enemigos que pongan en peligro el nuevo régimen.

Muerte del doctor Mario Schnir. Murió el martes 2 de noviembre de 1982, de un infarto. Ejecutaba quiropraxia con admirable suavidad y precisión, porque debía de conocer el aparato locomotor mejor que nadie y porque, habiendo tenido cuatro infartos, no quería forzarse. Alguna vez me dijo que le gustaba mucho la medicina; sobre todo su especialidad, porque en ella pocas veces tenía que anunciar calamidades a los pacientes y casi siempre les traía alivio. Yo sé que a mí me salvó de grandes dolores; además, el hecho de que él existiera me comunicó seguridad: porque estaba Schnir nada muy malo me ocurriría en la columna. Me dijo que él debía portarse bien, para ir al cielo, donde no podía haber lumbalgias ni discosis. En el infierno, seguramente abundaban; si llegaba ahí, no se salvaría de que lo nombraran jefe de sala de traumatología. Schnir era muy músico y bastante lector. Tenía poco más de setenta años.

Idiomáticas. Qué tan.

Cariño, dicen hoy a su mishé
las minas, qué tan bien que se te ve.

Este *qué tan*, como el *cariño* por *querido*, son contribuciones del

Caribe en nuestra habla, vía series de televisión norteamericanas, dobladas allá en el norte.

Cuando leo sus recuerdos, en *Mi último suspiro*, siento amistad y admiración por Buñuel; pero en los capítulos en que habla del surrealismo, lo encuentro un tanto bobo. Posiblemente un tema idiota infesta de idiotez a quien lo trata, sobre todo si lo recuerda con nostalgia.

En la calle, pensamientos de algún modo coincidentes.
Nos miramos en los ojos, con una chica, y pensamos:
—¡Si tuvieras dos años más!
—¡Si tuvieras cuarenta años menos!

Idiomáticas. Muy cocorita dícese de personas altivas, impertinentes, furiosillas, como decía no sé quién. La forma española *cócora* ("persona molesta e impertinente por demás", según el *Diccionario de la Real Academia*) se usa poco entre nosotros.

El pobre Mallea, que murió el 12 de noviembre de 1982, pasó los dos o tres últimos años de su vida en la noche de la arterosclerosis. Un maligno comentó: "Ya estaba acostumbrado". Según Cicco, dejó una inmensidad de papeles en desorden: "Qué desgracia. No hay nadie para ordenarlos. No sé qué pasará con todo ese material. Qué desgracia".

Posible aclaración de un misterio poco interesante. En el entierro de Mallea reapareció nuestro amigo, el diariamente endomingado dentista de Caballito, devoto de la literatura, que durante un largo período venía a comer a casa, noche a noche, o poco menos, siempre con rosas para Silvina, y que abruptamente, sin explicaciones, se hizo negar cuando se lo llamó, para desaparecer de nuestra vida. En el cementerio, Silvina lo encontró flaco, pálido, desmejorado, por así decirlo... Muy avergonzado y afectuoso, explicó su conducta: se había enamorado de una chica; iban a casarse; tenían todo listo, muebles y departamento, cuando la chica desapareció, rompiendo la promesa de casamiento que le había dado... Él quedó "destruido", tristísimo.

La situación, acaso cómica para terceros, puede ser muy dolorosa para quien la sobrelleva.

Mi amigo Miguel, el librero de Fray Mocho, me muestra *La cifra* de Borges y comenta: "Este material se vende mucho", después me muestra *Carne picada* de Asís, y comenta: "Este material se vende poco y sólo para regalos". Insiste en la diferencia entre el "material" que se compra para lectura y el que se compra para regalo.

Idiomáticas.

Redondo. Dícese de un número entero, no fraccionado: Cien mil pesos redondos, ciento cincuenta mil redondos.

Noño. De un plato de comida: insulso. De una persona, generalmente precedido de *muy*: remilgado. Esta última acepción ¿es fruto de un error y se limita al habla de unas pocas familias porteñas? No sé.

Farmacéuticos en Suiza tomaron a mal que yo me lavara diariamente la cabeza y me pronosticaron una pronta calvicie. En los cincuenta y ocho años vividos hasta entonces, el efecto no se había materializado; signos de estragos no advertí en los diez años siguientes.

En la revista *Gente* reproducen una vieja fotografía de Silvina, Mallea, Helenita y yo, tomada en casa (Posadas 1650). Yo aparezco en ella con expresión tensa en la cara por ser esa foto una de mis primeras experiencias con autodisparador, y por haber corrido para sumarme al grupo, de miedo a que el obturador funcionara antes de mi llegada. El texto adjunto declara que fue tomada por mi padre, con lo que al menos para mí se convierte en otra persona. Por torpeza manual y por repulsión a las máquinas, mi padre nunca sacó una fotografía, ni supo manejar automóviles, ni andar en bicicleta, a pesar de haber tomado lecciones. Según él no sabía hablar por teléfono. ¿Qué importa?, preguntará algún lector. Tal vez nada, si no nos parece mal que todos colaboren en la deformación de la verdad.

Risum teneatis. En estos días (noviembre del 82), alguien dijo que Mallea fue escritor más completo que Borges.

Cuando yo estaba enamorado (desde mi butaca del cine) de la actriz Louise Brooks, hacia el 23 o el 30, nadie compartía mi admiración. Hoy en día hasta los ridículos pedantes de los *Cahiers du Cinéma* la elogian.

La proximidad de la muerte escarmienta por un rato.

A los que hagan guiones con mis relatos: "En un guión me parece lo esencial el interés mantenido por una buena progresión, que no deja ni un instante en reposo la atención de los espectadores. Se puede discutir el contenido de una película, su estética (si la tiene), su estilo, su tendencia moral. Pero nunca debe aburrir" (Luis Buñuel, *Mi último suspiro*).

Frase oída con frecuencia: "Cualquier cosa, me llama".

Observador atento de la realidad, has vivido veinte años en la torre y hoy dijiste: "Qué raro, no sabía que fuera verde". Al rato nomás te enteraste de que estaban pintándola de verde y de que siempre había sido gris.

En una peluquería de Sainte Maxime, donde estaba afeitándome, una mañana de 1954, me enteré, por un suelto del diario *Nice Matin*, de la muerte de Colette. Recuerdo el hecho, no por la escritora, a quien nunca admiré de veras, sino por aquellas mañanas, aquellos días y aquellas noches en Avallon. Iba a la peluquería para escapar un poco de la tirana de turno. En el recuerdo fue una época feliz; los lugares me gustaban; el paso de una situación a otra, la expectativa consuetudinaria, me divertían; la vida con una mujer tenía, como tuvo siempre para mí, encanto aun cuando el alma de la mujer que me tocara en suerte lo estropease; porque sabía que era provisoria, que de algún modo me desembarazaría de ella para seguir la picaresca de la vida, el trabajo de zapa de mi compañera no me preocupaba demasiado.

Pancho Murature dijo que Luisa Mercedes Levinson parece una cama deshecha. Realmente dijo *an unmade bed*. En español no pierde la fuerza.

Pobres perros, para el amor tan dispuestos y tan resignadamente frustrados.

Versos de calendario:

> *Mis padres —y no Buda ni Mahoma—*
> *tienen la culpa si esta vida es broma.*

Mujeres. Máquinas de transmitir tensiones. Las encendemos por un rato, por placer. Si quedan encendidas nos mandan a la tumba.

Dicen que me mantiene joven la sociedad de las mujeres. ¿Joven?, me pregunto, cuando me veo en un espejo. En todo caso, a cierta edad más de una vez nos preguntamos: ¿me quedo solo o sigo con ellas? Quedarse con ellas tiene por lo menos el encanto de permitirnos por un tramo suplementario la continuación de nuestra vida de siempre. Desde luego, como son muy francas, nos lo hacen pagar. Debemos, pues, prepararnos para oír frasecitas como: "Espero que, si te pasa algo, no me encontraré desamparada. Acordate que te sacrifiqué mis mejores años. ¿Vos creés que otros me querrán cuando vos no estés a mi lado?".

Todo álbum de fotografías es patético. Aun los ajenos. Aun el impreso y publicado, de Lartigue.

En esta época permeada de psicoanálisis, cuando alguien nos malquiere, conviene decir: "Está muy enfermo".

Otra mujer. Por lo menos le agradeceré el bienestar que me da cuando está lejos.

"¿Para qué verse?"[14] —decía Johnny Wilcock.

En el *Times Literary Supplement* del 17 de diciembre de 1982 leo un artículo sobre *Les Rêves et les Moyens de les Diriger* (1867) de Hervey de Saint-Dénis (Marie Jean Lion Hervey, Baron de Jucherau, Marquis de Saint-Dénis, 1822-1892). Sus observaciones: (1ª) el hecho de que en el sueño sepamos que soñamos, demuestra que los sue-

---

[14] "¿Para qué reunirse con los amigos?".

ños son fenómenos psicológicos, no fisiológicos; (2ª) nuestra posibilidad de alterar los sueños (yo, ABC, la tengo) prueba la existencia de
libre albedrío; (3ª) la posibilidad de guiar los sueños podría utilizarse
en medicina, en el tratamiento de las pesadillas, de los sueños ansiosos y de las emisiones nocturnas (que Hervey de Saint-Dénis llama
"desdichados incidentes"); (4ª) la capacidad de estar lúcidamente
consciente de estar soñando permite una investigación introspectiva
de las leyes de asociación de ideas y de las relaciones entre las ideas,
las imágenes mentales y la memoria; (5ª) el estudio de los sueños
prueba la falsedad de la remanida comparación del sueño con la
muerte y más bien demuestra la verdad del dicho "la vida es sueño".
En su afán de investigador, Hervey de Saint-Dénis durante una temporada cada vez que una orquesta tocaba determinado vals, lo bailaba
con la misma hermosa mujer; y cada vez que la orquesta tocaba otro
determinado vals, lo bailaba con otra mujer, igualmente hermosa,
pero de tipo diverso. Después ordenó que las dos piezas se grabaran en
el repertorio de una caja de música; conectó la caja con un reloj despertador, que a diferentes horas de la noche le tocaba uno u otro vals;
así descubrió que cada vals le sugería en el sueño la imagen de la
correspondiente mujer, "la que en el sueño no se le aparecía necesariamente en un baile o vestida para bailar".

Vocabulario sexual de los romanos.
Verpa: pene con el prepucio bajo, por erección, exceso de actividad
sexual o circuncisión.
Mentula rigida o mentula languida, pene.
Passer (gorrión): pene (Catulo, Marcial).
Virginal, virginale: genitales femeninos (en latín imperial).
Pedicatio: sodomización.

La intimidad de la cocina no me alegra.

Acercamientos al animal. En un film documental vi y oí a un viejo inglés de Kenya que, imitando la voz de los elefantes, los atraía hacia él. El 13 de enero, en el Rincón Viejo, en Pardo, vi y oí a Ezequiel Ruiz Luque, cuando junto a un alambrado imitaba diversos mugidos de vacas y de terneros. Los animales, que huían, al oírlo se detuvieron y con una simultaneidad espectacular volvieron sus caras, flanqueadas por atentas orejas. Insistió Ruiz Luque, y los animales empezaron a acercarse, llegaron hasta muy cerca, mirándonos con una atención que las abiertas orejas no disimulaban.

Pardo, 13 enero 1983. Después de un agradable, aunque sucinto (carne y papas) almuerzo en la estancia, expliqué a Ruiz Luque mi resignación, quizá temporaria, al tambo de Rojas y mi preferencia por agricultura en el campo bueno y por invernada en el más bajo; mi voluntad de no permanecer más allá de los dos años inevitables en una sociedad de familia, aun a costa de anular la eficacia de la explotación; en la imposibilidad de que estoy —me atreví a decir *estamos*, porque la situación de mis socios está más comprometida que la mía— de emprender nuevas deudas. Prefiero, dije, que mi tambo sea por un año una tapera a fundirme en ese año y tener que vender Rojas.

Mi amiga me dice que la demora de 48 horas para dar la visa del Consulado francés le hará perder el avión a su hijo. Me ofrezco a intentar una conversación con el cónsul. Ya me iba cuando recapacité: buena ocasión para ponerme la cinta de la Legión de Honor. No la encuentro por ninguna parte. Tal vez podría cortar una tirita de la cinta de Comendador de la Legión de Honor de mi padre. Imposible abrir el cajón de la mesa donde están las condecoraciones de mi padre. No encuentro la llave. Encuentro, sí, la caja con la cruz de mi Legión de Honor y pienso que si le corto una tira a la cinta quizá pueda arreglarme. Para no dejar rabona a la cruz, corto una cinta insuficiente, que en casa fijan con hilo y aguja y alfileres al ojal de mi solapa. En el Consulado me atiende un barbudo impaciente. A mi pregunta de si puedo ver al Cónsul, contesta con otra pregunta: "¿Cuál es su problema?". Lo explico y me dice: "Que el joven venga con su pasaporte y ya veremos qué podemos hacer". Mi nombre y la circunstancia de tener la Legión de Honor que alegué (*horresco referens*) no merecieron, por fortuna, su atención. También por fortuna, al chico le dieron la visa inmediatamente.

Estilo paratáctico. Estilo en que las cláusulas se suceden sin palabras que denoten relación, coordinación o subordinación: "Una vez hubo una princesa y se internó en el bosque y descansó junto a un fresco arroyo" [*Los hermanos Grimm*, "El rey de los sapos"].

Ya me iba, pero veo frente al ascensor a una señora tan evidentemente ansiosa, que me acerco un poco y le digo:
—El ascensor principal está descompuesto.
De mal talante, me contesta:
—No comprendo.
Pienso que ha de ser sorda y me acerco más.
—El ascensor principal está descompuesto —insisto—. Va a tener que subir por el otro.
—¿Otro? ¿Por qué?
—Porque éste no funciona.
—¿Por qué no han puesto un letrero que diga "No funciona"?
—No sé, señora.
Ya en el ascensor de servicio, me pregunta furiosa:
—¿En el 3º es la embajada libia?
—No, señora. Ya no están aquí. Se han mudado.
—La guía da esta dirección.

—Porque hace poco era aquí. Ahora se mudaron.

—¿Dónde?

—A Belgrano.

—¿Sabe la dirección? ¿Sabe el teléfono?

—Yo no sé nada, señora. Hable con el portero.

—¿Por lo menos sabe dónde está el portero?

—Sígame, señora.

Frente a la puerta del departamento del portero la dejo, no sin gritar antes:

—¡Eladio!

Desde lejos me contesta el portero:

—Ya voy.

Veo que la señora aparta a Karin, la hija de Eladio, y se mete en el *sancta sanctorum*, donde nadie se atreve a penetrar.

A la noche, cuando vuelvo a casa, lo encuentro a Eladio y le pregunto cómo le fue con la simpática señora que le traje.

—Cállese —me dijo—. Yo estaba en el baño cuando la señora se metió en el departamento. Abro la puerta y me encuentro con esta sargentona, que me dice: "¿Baño? ¿Baño? Déjeme pasar". Porque yo no sabía quién era y estaba muerto de vergüenza, me le crucé por delante. De un manotón me apartó y diciendo: "No aguanto, ya no aguanto", se encerró en el baño. Después quise ver si no se había alzado con algo, pero acabé por desistir.

Decadencia. Melancolía de viejo escritor. En la relectura de sus textos de juventud, que siempre tuvo por mediocres, la perplejidad de no saber si ahora podría escribirlos tan bien.

18 enero 1983. Muerte de Arturo Illia, ex presidente de la República. Sus virtudes primordiales fueron la falta de ostentación, de fanfarronería y la honradez: no robó. Profesaba el respeto por la Constitución. No persiguió a nadie. Posiblemente en la Historia quede como prócer, lo que me obliga a pensar en la extrema pobreza de la época. Políticos, hoy en día, no vanidosos, hombres públicos no ladrones: seguramente no muchos en nuestro país. Los diarios dedicaron abundantes páginas a Illia y a su muerte. Unos pocos centenares de personas lo acompañaron a la Recoleta, y esos pocos no parecían acordarse de él ni de su muerte. Vociferaban: "¡Viva Perón! ¡Viva Yrigoyen! ¡Viva Illia! ¡Abajo los militares!". Mi secretaria, que vio el cortejo en Ayacucho y Las Heras, me dijo: "Llevaban a pulso el ataúd, que se zarandeaba peligrosamente". De los que formaron el cortejo, muchos desertaron antes de llegar a la Recoleta. Una circunstancia curiosa: Illia había pedido que lo enterraran en Cruz del Eje (Córdoba), donde fue médico muy querido. Mi secretaria me contó que, en Buenos Aires, Illia iba a su misma panadería. Muchas veces lo vio con un paquetito de factura. Siempre iba solo.

Parece una mezquindad recordar ahora que su gobierno fue malo. Quizá, por aquello de que *de mortuis nisi bonum*, algunos lectores me censurarán, y otros, no necesariamente radicales, se enojarán conmigo. Yo escribí lo que se me ocurrió sobre el doctor Illia, sin otra preocupación que la de ser veraz. Convendrá tal vez agregar que era alto, flaco y narigón.

P.S. Escribí que "lectores no necesariamente radicales se enojarán conmigo". Nuestro país no tiene la costumbre de oír la verdad. Toda verdad contraria a lo que se desea en el momento o a sentimientos generosos, de admiración, de amor o de patriotismo, ofende a los argentinos. Hay desde luego excepciones, como la del taxista que estaba profundamente indignado porque las noticias que se dieron sobre la salud del doctor Illia alentaban falsas esperanzas. "Otra vez me engañaron miserablemente", rugió. En la ocasión, me pasé al bando de los amigos de la mentira y traté de explicarle que como el señor de La Palisse, el pobre Illia, cinco minutos antes de la muerte, estaba aún con vida y que no hubiera sido caritativo anunciarle que de un momento a otro iba a morir.

Las mujeres en la vida de un hombre. Pensaba que mi vida, con seis o siete sucesivas mujeres, fue, en los años finales de nuestra unión, una desagradable mezcla de resignación y de urgencia de Houdini, el mago que se desembarazaba de los nudos que lo ataban. Me pregunto: ¿qué me gustó alguna vez en ellas? Más allá del conjunto de insoportables defectos que formaban sus personalidades, me atraía tal vez el eterno femenino pero, si pensamos un poco, ¿no sospechamos que ese eterno femenino coincide con el conjunto de defectos que formaban sus personalidades? ¿Habrá una mujer que después de cinco o seis años no sobrepase el límite de incomodidad que puede soportar el amante?

Artífices del 1500 italiano, en Roma. Según Benvenuto Cellini, en su *Vida*, los mejores artífices de Roma, en aquellos años, eran:
Lucagnolo para grandes vasos
Lantizio para sellos
Cavadoso para medallas
Amerigo para esmaltes
Probablemente en esas mismas especialidades él los superaba a todos.

Mala suerte. En poco tiempo le chocaron dos veces, por detrás, el coche nuevo, y el psicoanalista le aseguró que el hecho era una prueba evidente de homosexualidad reprimida.

Tener anteojeras. Se dice de personas como mi pariente, que mientras celebra una de sus distracciones —refiere el caso tres o cuatro veces consecutivas y se ríe mucho—, no oye la estridente campanilla del teléfono que está a su lado.

29 **enero** 1983. *El marido*. Le dije que a su mujer le hubiera gustado alargar el viaje hasta Roma, pero que sola, tal vez no tuviera ganas de hacerlo y que él debía acompañarla. No es imposible que al decir eso yo encarnara el papel de fiel amigo del matrimonio... Me contestó: "¿Por qué va a ir sola? No le faltará algún amigo que la acompañe. Es una mujer linda y hay que aprovechar todas las oportunidades de vivir". Me pareció advertir en su réplica cierta animosidad... ¿Descubrió que yo estaba representando un papel? ¿Quiso decirme que él iba a confiarme su mujer (o la castidad de su mujer)? ¿Pensó que yo viajaría (alguna vez tuve esa intención)? Me enojé un poco. No sé si porque me creí descubierto (nada enoja tanto) o porque me pareció falso lo que decía. Por linda que sea una mujer, no estoy seguro de que en una ciudad extraña, en pocos días, encuentre a un agradable compañero de viaje. Quizá en parte suponga que es difícil encontrar el adecuado compañero de viaje, porque para ese candidato yo sea más exigente que el marido y, sobre todo, que ella misma; pero realmente pienso así por mi experiencia. Cuántas veces no anhelé, como Benjamin Constant, *arreglar mis asuntos, dinero, una amante, un viaje:* encontrar una amante que sea también una confiable compañera de viaje. Desde luego, no descarto la posibilidad de haber cavilado injustificadamente sobre el sentido de la respuesta del marido. No somos (por suerte) transparentes. Sin embargo, sin embargo...

Copla popular. Puede cantarse con entonación andaluza:

> *Las mujeres del mundo*
> *son tres o cuatro,*
> *y esas bastan y sobran*
> *pa' darnos teatro.*

Invención de las casas de departamentos. En *La Nación* del viernes 9 de febrero de 1883 se lee "En Nueva York se está abandonando el sistema de casas construidas para una sola familia y se adopta el de construcciones destinadas a dar abrigo a varias familias". En el suelto se habla de dos edificios, el Dakota y el Navarre, de 8 y 9 pisos respectivamente, con varios ascensores, con comodidades para el servicio en el piso superior, en la proporción de cinco criados por familia. Es claro que en Roma ya existieron las ínsulas de once y doce pisos. Ver Carcopino, *La vie quotidienne à Rome.*

9 febrero 1983. En mi cruz:

Para vivir, hay una sola vez
y la estropeamos por estupidez.

Idiomáticas. Non calentarum, por "no se sulfure", "no se preocupe", "no se haga mala sangre", dicen con solemnidad y latinidad pésima (quiero creer) algunos porteños.

Cuando digo que una expresión es porteña no ejerzo ningún imperialismo en favor de mi ciudad. Quiero simplemente decir que la oí a porteños y que no sé si fuera de Buenos Aires se usa. No soy un estudioso de la materia; un observador no más.

Recuerdo con cuánto asombro y escepticismo le oí a Weibel-Richard la afirmación de que los seres humanos —todos, inclusive los que más queremos— están llenos de los peores defectos: mendacidad, cobardía, envidia, codicia, etcétera. Yo pensaba: tal será su experiencia, tal el mundo que le ha tocado; yo, que tengo mejor suerte, que estoy rodeado de gente maravillosa, como mis padres, mi abuela, mis tíos, algunos de mis primos, los amigos de mis padres, mis amigos, sería muy desconsiderado y cruel si le dijera que mi experiencia justifica una opinión muy distinta de la suya sobre el género humano.

Ahora entiendo: cuando se habla de inocencia de los niños y de los jóvenes, se piensa en errores como el que yo cometía.

Reconocemos la excelencia, cuando la encontramos. Nuestro equipo de football del Club KDT no temía a nadie. Julito y Charlie Mediteguy eran rapidísimos wings y precisos goleadores. Yo era un centroforward velocísimo, hábil para llevar la pelota a las cercanías del arco contrario. Enrique Drago era un buen back, y tanto Sojo como Nelson eran arqueros confiables. Un día Rossi (¿o ya había muerto Rossi y dirigía el Club Kramer?) nos armó un partido contra la sexta división de Sportivo Palermo. Luchamos con incansable coraje. Julito llegó a meter un gol a nuestros rivales, que a pesar de ser muchachos de la calle no nos trataron con menosprecio y nos metieron siete u ocho goles.

Idiomáticas. Banda, Estar en. "Desde que el taxista la largó, nuestra amiga está en banda". Está sin compañero, sin amor. ¿Qué significa *banda* en esa expresión? ¿Margen? Consulto, seamos obvios, el *Diccionario de la Academia*, y encuentro en el artículo *Banda*, esta acepción marina: estar en banda, dícese de cualquier objeto que pende en el aire. Por ejemplo, una cuerda, una amarra pueden estar en banda.

La historia se repite. Primero, algunas dificultades para enamorarlas. Después, las peores dificultades para dejarlas. Posiblemente en el sexto año aparece en ellas la impaciencia por el casamiento. En el instante en que se lanza la correspondiente campaña, todo el encanto del amor desaparece. No todo, tal vez; pero ya no hay libertad y los impulsos de amor se vuelven temibles, porque aceleran nuestra carrera en el rumbo no querido.

"Está de vacaciones", dije de Emilia a su amiga. ¿Está bien *de* vacaciones"? ¿Habría que decir "*en* vacaciones"? Sin embargo, esta forma recuerda demasiado a la francesa *en vacances* y confunde situación con lugar.

Los grandes artistas del pasado quisieron lograr la belleza. Después, los imitadores lograron una belleza más deliberada y amanerada que auténtica y se desacreditaron. Los artistas llamados modernos descubrieron que en la fealdad sin normas estaban a cubierto de críticas. El propósito perseguido no era tan evidente como en quienes buscaban la belleza, y los censores no sabían señalar deficiencias (señalarlas parecía una ingenuidad). El futuro gran artista competirá con los clásicos, en el sentido de que logrará una belleza que sin ser la de ellos no sea menos manifiesta.

La fealdad de Picasso *et alii*, una falta de coraje.

Salud. Estoy sano cuando mis enfermedades no me molestan.

"To marry —Stevenson dijo (según un periodista de *Time*)— is to domesticate the Recording Angel". Sé quién es el ángel en cuestión, pero no lo encuentro en la *Concordancia* de Cruden, ni en el Brewer's y me pregunto cómo traducirlo. La docta Carmen Domecq propone el Ángel Apuntador. Explicación de Francis Korn: El hombre casado renuncia a farras y locuras. Su prontuario se vuelve doméstico. Explicación convencional del momento vivido, pero ¡ay! verosímil.

Explicación en la cara de los viejos. ¿Se sabe por qué en la cara de los viejos aparece ocasionalmente una expresión de azoramiento, de ansiedad, aun de idiotez?

Errores. En La Biela. A sus compañeros de mesa, que la escuchan con la mayor atención, una señora explica: "Yo, que me he pasado la vida privándome de las gaseosas, para no engordar, y tomando agua tónica (señalaba una botella de agua mineral), saben de lo que hoy me entero: las gaseosas y el agua tónica tienen exactamente la misma cantidad de glóbulos rojos".

With an eye on the loaves and fishes. Se dice en alusión a Juan, VI, 26, y significa: "teniendo en cuenta los beneficios materiales". Acaso cabría traducir "con un ojo en los panes y el pescado".

De un político:
> *Es un místico. Un gran iluminado,*
> *con un ojo en los panes y el pescado.*

Variante:
> *Fanático, idealista, arrebatado,*
> *con un ojo en los panes y el pescado.*

Invisible para él mismo. "¿Por qué será? —dijo el viejo—. A las mujeres de antes les gustaba acostarse; a las de ahora les gusta hablar".

Las mujeres. "Se me acusa de tratar ásperamente a las mujeres —puede que sea cierto— pero yo he sido su mártir" (Lord Byron, en carta a Murray, 10 de octubre de 1819).

Febrero, veintitantos, 1983. Fernando llama a Silvina y le dice que desearía que hoy le tire las cartas. Cuando Silvina le responde que no puede, que tendrían que dejarlo para mañana, Fernando se muestra sinceramente contrariado.

Estoy planeando el manual *Cómo soltar las mayores estupideces en la conversación*.

En el segundo y tercer piso volteaban paredes, martillaban y por una ventana arrojaban sobre un contenedor colocado en la vereda inagotables cantidades de cascotes que difundían por el aire un polvo seco y áspero que llegaba al quinto piso. Silvia, que vive en el cuarto piso, me dijo: "El infierno ha de ser así, con la ventaja de que uno está muerto".

La bonne adresse.

> *Luxor Hotel Mendieta, Chivilcoy.*
> *Basta llegar para decir "Me voy".*

Los otros días —creo que el 3 de marzo de 1983— se suicidó en Londres Arthur Koestler. Era vicepresidente de la Sociedad Exit, para la eutanasia, tenía poco menos de ochenta años, estaba muy enfermo, con mal de Parkinson. Su muerte no necesita, pues, aclaración alguna. En cambio me parece que sería bueno que los largos comentarios periodísticos sobre el ausente trajeran una aclaración sobre el simultáneo suicidio de la mujer, de cincuenta años y sana. Parece evidente que quiso morir con su marido, pero me gustaría saber que él no aceptó despreocupadamente su ofrecimiento de acompañarlo en el viaje o, mejor dicho, en el sacudón final.

Sueño. Me dispongo a ir con mi amiga a una orgía (*partouse* entre varias mujeres y yo). A último momento, se entera del verdadero carácter de lo que le han propuesto y dice que no, porque va a tener un hijo conmigo. Entiendo que es una excusa; sin duda le da un poco de vergüenza decir simplemente que es por ella que no quiere ir.

Estoy con ella en casa, cocinando. Unas explosiones en las hornallas nos convencen de que la casa va a explotar (porque estaba edificada sobre un depósito de nafta, que ocupa el sótano). Cargamos el equipaje en el coche. Mi amiga llevó sus valijas y me pregunta si llevé las mías. Le digo que sí, lo que es falso. Por temor al lumbago dejé todas mis valijas grandes y sólo traje dos o tres de mano. Pienso en la variedad de cosas que perderé en el fuego: libros, lo que estoy escribiendo, etcétera. Pienso que tarde o temprano todo se perderá y que más vale perderlo ahora y ahorrarme un lumbago. Estoy muy contento de mi astucia.

Aspectos en que no creí. Con referencia a palabras italianas, que asimilamos a parecidas españolas o de alguna otra lengua de origen latino: me asombra un adjetivo peyorativo, después de *donna*, como si creyera que es un título honorífico, y tiendo a suponer que *sorella* es un diminutivo.

Me parece curioso que *dolorido* se use casi exclusivamente para el dolor físico y *dolido* para el moral.

11 marzo 1983. Me llamó Martín Müller. Me dijo que durante sus vacaciones en Córdoba planeó un libro sobre mí; lo titulará *Bioy*.

En Jerusalén, una viejita norteamericana le dijo a Ezequiel Gallo: "La decadencia del mundo empezó con el paganismo". Para ella esta palabra significaba "cristianismo". Me confirma Martín Müller algo que empecé a sospechar, pero que increíblemente no sabía: los judíos consideran, llaman, pagana, a la iglesia católica, con su Dios Padre, Dios Hijo, Espíritu Santo, Virgen María, Santos y Santas, ángeles, arcángeles y querubines, sin contar con el diablo.

Un dirigente de los gráficos, socialista, antiperonista, contó a mi amigo que en la huelga de los gráficos, durante la primera dictadura de Perón, lo metieron preso. Los Cardozo lo sometían todos los miércoles a un tipo extraño de tortura: unos rounds con el boxeador (negro) Alberto Lowell. Un día el paciente le dijo a Lowell: "¿Por qué no le pegaste así a Godoy?"[15]. Ese día Lowell se ensañó con él. Agregó: "Años después apareció un hijo de Lowell. La gente no lo quería, porque como boxeador era malo y sobre todo porque recordaba que el padre había sido torturador".

Faulkner en el Cuartel 7° del partido de Las Flores. La viuda de Pees, nuera de mi difunto vecino del fondo del camino José Pees, se ahorcó en su rancho. En esa soledad vivía con su hijo idiota. Tuve esta noticia en el potrero 7°, el 18 de marzo de 1983.

Todo iba muy bien, hasta que tuve la mala ocurrencia de leer mi diario.

Sobre mi joven vecino, me dicen: "Sólo conoce dos sensaciones. Una, cuando tiene que pagar algo. Otra, cuanto tiene que hacer algo para ayudar a un amigo". Sobre el mismo, Silvina dijo: "Si se le apareciera un hada que le ofreciera la fama, que es lo que más quiere, a cambio de un momento de generosidad, se quedaría sin fama".

También sobre el mismo, me contaron que dijo que estuvo muy cansado, que ya no aguantaba más a su ex amante, porque ésta se mostraba obsesionada por un grano que tenía en la nariz, que según el médico podía ser canceroso. Dijo él que el colmo fue cuando la mujer le pidió que la acompañara al consultorio de un especialista,

---

[15] Un boxeador con el que Lowell había peleado hacía poco.

donde tuvo que estar esperando, con exagerada ansiedad, el resultado de los exámenes, que fue negativo.

Comme l'autre vie est difficile. Para ser prestigiosa, una religión debe ser monoteísta; para atraer a la gente, politeísta.

En un cafetín de Versailles, sin duda con Helena, descubrí que me gustaba el budín inglés. Fuera de unas pocas confiterías, en ninguna parte en Francia le sirven a uno un té como la gente. En aquel cafetín de Versailles no había tostadas, el té era tibio y para acompañarlo traían porciones de budín inglés, con envolturas de fábrica. Advertí entonces que el budín inglés y el té armonizan del modo más grato. Pienso ahora que un buen té es algo muy difícil de conseguir en este mundo. En Inglaterra el té es bueno y siempre lo sirven caliente pero ¿cómo evitar las rebanadas crudas, recubiertas de manteca, de ese triste pan con miga que para ellos es el pan?

El chico (9 años) comenta: "Yo no sé cómo sigue habiendo ladrones. Siempre pierden". Es un espectador de series de televisión norteamericanas, en las que los delincuentes siempre pierden.

En España meten presas a las mujeres que abortan (1983).

30 marzo 1983. 12 horas. Veo a las mujeres como habitantes de un planeta inabordable; después del almuerzo me acuesto con mi amiga; a la noche veo a las mujeres como mis compañeras en este mundo.

En la noche del lunes soñé que me acostaba con una chica que no conozco; en la noche del martes soñé que me acostaba con una chica que conozco de vista; en la tarde del miércoles me acosté con mi amante (que volvió al país después de un viaje).

"Linda camisa —comentó el camisero—. No se la vendí yo. En mis tiempos, telas como ésta se destinaban a los disfraces de diablo que compraba la purretada para carnaval".

Idiomáticas. Comparsa. Además de las de máscaras y las de actores, en el campo había las de esquila, muy comunes durante mi infancia y mi juventud. "¿Paz? —le pregunté a la señora que presentaron en el cocktail—. ¿No será pariente de una tal Paz Osán que solía tener una comparsa de esquiladores en la zona de Pardo?".

En un pueblo de Colombia, un terremoto derrumba las iglesias sobre los fieles que acudieron a los servicios de la Semana Santa. Hay muchos muertos.

Aimer c'est agir, escribió Victor Hugo. Pienso que es verdad; una verdad que más vale ocultar a nuestras amigas.

Jorge Cruz, uno de los directores del suplemento literario de *La Nación*, durante los cuarenta días de cuaresma no come carne.

La Resurrección del Señor, fundamento del cristianismo. "Si Cristo no ha resucitado —dijo San Pablo— vana es nuestra fe".

Silvina y Beatriz Guido conversan por teléfono. De pronto las sobresalta la voz de un hombre.

BEATRIZ: —Hay alguien en la línea.

SILVINA: —Está ligado. Voy a cortar. (Corta).

VOZ DE HOMBRE: Sé perfectamente quiénes son. Son dos escritoras. Hace un rato que las estoy oyendo. Nunca oí tantas pavadas.

Un caballero, amigo de mi hija, estuvo con ella en mi escritorio y, en un momento en que se quedó solo, leyó un contrato que yo había dejado sobre la mesa. No contento con leerlo, lo comentó conmigo.

Hace poco, muy seguro, usé la expresión *contradictio in adjectio*. Después tuve dudas sobre si la entendía, o no, y la busqué en el Lalande; leí: "*Contradictio in adjecto*. Contradicción entre un término y lo que se le agrega (por ej. entre un sustantivo y su adjetivo)". El probo peronista, el lúcido radical.

"No me hables del Tero", solía decir mi padre, para que no lo distrajera de algo que se disponía a hacer.

Idiomáticas.

Tapadas. Hacienda de un color oscuro predominante, como las vacas holando casi exclusivamente negras. En el remate del 14 de abril de 1983, en Vicente Casares, si por las más blancas pagaban cuarenta y tantos millones, por las tapadas pagaban veinte millones más (en vacas similares). La preferencia de la gente de campo por los animales de pelaje oscuro sobre los blancos fue, a lo largo de mis años de experiencia, siempre marcada. Ahora los veterinarios dan la razón a los paisanos: los vacunos negros parecen menos propensos que los blancos al cáncer de ojos y otras enfermedades. Vicente Miguel, por su parte, me dice que en tiempo de mis tíos, las vacas y los toros tapados se consideraban de desecho.

Caravana. Por extensión, unas chapas indicativas, de material plástico, que se fijan en una oreja de vacunos puros o puros por cruza.

Después de un encuentro callejero, con besos y promesas:

¿Que la llame en París a Gloria Alcorta?
Mi única vida es demasiado corta.

De un santo leí que nació en África y que reiteradamente soñaba con viajar a Europa. Bueno fuera que no.

Serendipity. Facultad de lograr por accidente descubrimientos inesperados y felices. Por *Serendip*, Ceilán. La palabra es de Horace Walpole, quien la usó en su cuento de hadas "Los tres príncipes de Serendip" (Ceilán). Traducción: ¿Serendiptividad? ¿Serendipicencia?

Murió Pedro Quartucci. Bastante buen actor.

Idiomáticas. Lenguaje oral, *lastimado*. Lenguaje escrito, *herido*. Es claro que *lastimadura* es *herida leve*.

Frase ambigua. Estruendosa deposición de un presidente.

Ignorancia supina. No es la mayor, sino "la que procede de la negligencia del sujeto". ¿Por qué?

Marta Viti me pregunta qué puede hacer con su bibliografía de ABC. Como no puedo decirle que se la meta ya se sabe dónde, le recuerdo su intención de mandarla a una revista norteamericana (de profesores de español y portugués). Asegurándome que su bibliografía es un trabajo científico y que nadie hizo una igual, me la muestra. Veo qué ha puesto sobre *La invención de Morel* y encuentro que ya en 1937 se había publicado un fragmento, lo que es bastante raro, porque entonces o había escrito unas pocas páginas de borrador, o solamente había imaginado la máquina y la trama, o más probablemente no se me había ocurrido aún la idea. Entre los libros prologados por mí incluye *Poesía gauchesca*, que prologó Borges.

Idiomáticas. Refalar, resfalar por *resbalar*. Argentino rural *in Refalosa.*

Plegaria del sirvientero (de un cancionero anónimo)

> *Santa Zita, santa Zita,*
> *yo te pido una mucama,*
> *para bien de mi ropita*
> *y alegría de mi cama.*

Idiomáticas. Porra. Pelo grueso y enmarañado, como el de los indios o los negros. *Mandar a la porra.* Mandar al diablo.

Una señora habla con otra en la mesa contigua en La Biela: "Dijo que yo estaba mamada. Y tendría razón".

Yernos para Lear. El relator se enteró de que su hija esperaba un chico y decidió ir a verla a Guayaquil. En el aeropuerto lo recibieron la hija y su marido: un muchacho de inmensa pelambre anaranjada, un triángulo tieso y enmarañado, cuya base reposaba sobre los hombros. La chica, en un viaje por el continente, había conocido a este muchacho y en seguida se había enamorado de él. La llevó a su casa, junto al mar. En Guayaquil, los hijos rebeldes de padres ricos suelen retirarse junto al mar, a vivir en la playa. El muchacho era hijo de un ingeniero de caminos. Según mi relator, no hay caminos en el Ecuador. Estudió dos años de ingeniero y cansado de que lo tomaran por gringo (norteamericano) a causa del color de su pelo, abandonó el estudio. Para llegar a la costa cruzaron en lo que podría describirse como los restos de un jeep, por las más pavorosas villas miseria. Me dijo mi relator: "Solo, me hubiera muerto de miedo". Atravesaron ríos. Recorrieron kilómetros y kilómetros por la playa. De pronto llegaron a un lugar donde había unas casillas semidestruidas de madera, sobre pilotes. Mi yerno apuntó a una de las casillas y dijo: "Ésa es nuestra casa". Mi relator pensó: "Para ellos habrá sido el paraíso; para mí es un espanto". A pesar de los mosquiteros, había que dejar las ventanas abiertas para que el viento se llevara los mosquitos y los tábanos. "Es claro que por la ventana abierta podía entrar un individuo a degollarlo a uno —dijo el relator—. Además, a la noche, con la marea alta, uno oía y sentía el mar debajo del piso y no había que ser demasiado imaginativo para temer que el mar se llevara una noche la casilla. Es lo que pasó y por eso mi yerno se vino con mi hija para acá y yo no tengo esperanzas de que se vuelvan al Ecuador. No tienen dónde vivir".

Vivimos en la incertidumbre de la verdad. Tomamos por verdad nuestras decisiones. Si nos resignamos a una operación quirúrgica, para el cirujano no recurrimos al consejo de los hombres sabios... Elegimos el que nos parece mejor según el discernimiento de los partidarios de un político radical o peronista, y alegremente nos jugamos la vida entre las manos de algún Mallea de la medicina.

Me preguntan: "De sus lumbagos, ¿cómo está?". Para ser el rey de la creación estoy bien. Ahora si tengo que correr un poco, para llevarle un remedio a la que tiene dolor de muelas, al día siguiente me dolerá la cintura. También me duele por haber sacado los platos de la alacena o por otros quehaceres domésticos.

Le quart d'heure américain. Dícese cuando en una relación de amor la iniciativa es de la mujer. Desde luego ocasión de emplear esta expresión hay siempre (aun cuando creemos lo contrario).

La semana pasada, murió en Venezuela Baica Dávalos. Era amigo de Genca y sé que una noche desde una ventana del cuarto piso de esta casa (Posadas 1650) orinó a la calle. Con su mujer, Mamy, solían visitarnos a Genca y a mí en Vértiz; con el tiempo, Mamy se pasó a Jaime, el hermano de Baica. Baica se fue a Venezuela y escribió. A su pedido lo recomendé a la Guggenheim, para que lo becaran; no lo becaron. Era un hombre fuerte, basto, asaz inteligente, bebedor, salteño profesional; desprejuiciado, inescrupuloso, no contemplaba demasiado los sentimientos ajenos; de todos modos, la gente que lo quería lo quería mucho.

Un hermano. Me dijo que al dejar de querer sabía que ya nunca se enamoraría y que al enamorarse de nuevo se enamoraba como la primera vez.

Aprendizaje. Mis primeros cuentos (de *17 disparos*, *Caos*, *La estatua casera*, *Luis Greve, muerto*) eran sueños contados. A la noche soñaba, a la mañana escribía. No me faltaban asuntos; creía en ellos, porque los sueños nos persuaden de su importancia, de su encanto, de su promesa de misterio. Cuando comprendí que el lector merecía historias más lúcidamente inventadas y armadas con mayor rigor, ya tenía el hábito de narrar historias y la seguridad mal ganada desde luego, pero eficaz, porque en esta materia son decisivos el estado de ánimo y la convicción de estar dotado de una imaginación adecuadamente fértil.

Un viejo me dijo: "Es notable con qué naturalidad reducimos nuestras pretensiones". Pensaba sin duda en los "cambios extraños que traen los años".

Según diarios de hoy, 11 de mayo de 1983, el Papa estudia la posibilidad de absolver a Galileo. Al fin y al cabo, el principal cargo contra él sería el de no haber consultado debidamente a los astrónomos del Vaticano.

Egoísmo ingenuo. Ella estaba muy triste, porque había despedido a un amigo, un tal Jeremy, que se iba a Inglaterra. "¿Sabés lo que me dijo tu vecino?", me preguntó. "Que él también estaba muy triste, porque Jeremy hacía buenas traducciones de sus cuentos". Y agregó ella algo en el sentido de que ese comentario era un fiel autorretrato.

The Twenties, *The Thirties* de Edmund Wilson. ¿Por qué la lectura de estos volúmenes desalienta? Los "conocidos" de Wilson son, hoy y aquí, y me atrevo a predecir, mañana y allí también, desconocidos; infinidad de desconocidos, presuntamente muertos, de quienes se cuentan historias, anécdotas, dichos, cuyo mérito principal sea, tal vez, el de corresponder a esas personas. Cerramos, pues, los libros con un ligero estremecimiento de rechazo, como si constituyeran un convincente registro de mortalidad y olvido. Después de leerlos, no se pregunta uno: *Alas, alas, if all should be in vain*, sino que sabe *ad nauseam* que todo es vano, salvo la muerte.

Palabras. De Felipe Fernández: *Chichonear*, por bromear, jaranear. De una amiga: "La gente de antes era más pifiona" (burlona). De una señora: "Es muy *pied à terre*", por *terre à terre*. De una chica de Parera y Avenida Alvear: "Cuando concretemos" por "cuando nos acostemos".

Etimología. *Paranoia*. *Para*: al lado (¿o más allá de?); *noia*: nous, la mente (¿o el conocimiento?).

Nueva[16] fonética porteña.
El empleado del escritorio me pregunta:
—¿Le traigo una *shoda*?
En cuanto al léxico: *soda* se usa para designar, indistintamente,
la soda o el agua mineral con gas (o efervescencia, como decíamos
antes).

Hokusai revisited. Tengo la modesta aspiración de vivir no menos
de mil años. Llegaré entonces a madurar de manera más generalizada
y hasta cierto punto completar mi educación. Me he pasado la vida
pensando en las palabras. Sin embargo hasta después de cumplir sesenta años mi conocimiento teórico de fonética era nulo. Si algo sé
ahora de esa disciplina es por azar. Porque una amiga, que debió dar
su examen de fonética, me pidió que la ayudara a estudiar algunas
bolillas. En mil años habrá oportunidades de que otros azares favorables ocurran.

Adolfo,[17] 83 años. Siempre vivió con mujeres. Todas se quieren
casar con él y le sacan plata. De sus muchos años en Roma, los últimos los pasó con una condesa. Llegó el día en que, por la situación
argentina, la madre le escribió para prevenirlo de que no podía mandarle la mensualidad habitual; tendría que reducirla a la mitad. Poco
después volvió Adolfo: confesó que la condesa, después de leer la carta, lo mandó de vuelta, con lo puesto —su traje estaba muy raído—,
sin un peso. Hará cosa de pocos años Adolfo tuvo que operarse de no
sé qué... Su hermano se sorprendió de ver cómo lo atendían las amigas: con intimidad de enfermeras y verdadera devoción. Ahora volvie-

---

[16] Ya decían *Che papusha, oí.*
[17] Este Adolfo no soy yo.

ron a operarlo: de próstata, esta vez. Su hermano fue a visitarlo a la mañana. En el cuarto, había dos camas. En una estaba Adolfo; en la otra, su amiga, de 83 años. Volvió al anochecer el hermano. Ahora la compañera era una mujer de treinta años. El hermano, que le administra el dinero y le pasa mensualidades considerables, le preguntó por qué a fin de mes siempre estaba tan corto de dinero. "Me lo sacan las amigas", explicó Adolfo. Las deja, porque le basta con llegar a fin de mes sin mayores privaciones. "No tengo herederos, ni mucho futuro que digamos", explica. Está acostumbrado a vivir con mujeres. Lo cuidan, lo acompañan. Todas tratan de casarse con él; en eso es irreductible. A veces lo cansan y hasta por momentos lo amargan, hablándole de su muerte, de la conveniencia de hacer cuanto antes un testamento que las favorezca y de poner desde ya cosas a su nombre; son momentos desagradables, pero pasajeros. No les guarda rencor. Si se acuerda, les dejará algo en el testamento, ¿por qué no? Al fin y al cabo, el hermano no necesita nada, ni va a vivir mucho más que él y no tiene hijos; el Estado, no es muy simpático, y las sociedades de beneficencia vaya uno a saber cómo están manejadas. Mejor dejar algo a esas mujeres que él conoce tanto y cuyas habilidades le hacen gracia y hasta lo conmueven.

22 mayo 1983. Un matrimonio unido. Ella, muy flaca; él, hinchado. Pensándolo bien: ella también hinchada, aunque flaquísima y frágil. La mirada de ambos, fija; los ojos, vidriosos. Sordos. Caminan con pasos cortos, deslizados, con el cuerpo inmóvil, como si estuvieran fajados. Parecen dos cilindros con piecitos; cilindros inestables, vacilantes. Para beber, él adelanta una mano temblorosa; no se priva del vino. Están al borde de la tumba. No conocieron nunca las tentaciones de la generosidad. Diríase que los une un pacto de no agresión, que a medias acatan.

Noticia:

Coleccionista fiel muere demente.
Todo reloj da hora diferente.

Yo soy una persona esperanzada. A lo largo de la vida, me cansé, por buenas razones, de una ristra de mujeres sucesivas y clamé siempre por una nueva mujer, que volviera perentoria la justificación de desembarazarme de la previa mujer de turno y que me hiciera feliz. Nunca perdí la esperanza de ser feliz con una mujer ni quise vivir solo (aunque solo generalmente no estoy desocupado, ni aburrido ni triste).

Alimentación de Sartre. Según Silvina Bullrich, que cita a Simone de Beauvoir, Sartre "se ha alimentado sobre todo de embutidos, salchichón, salchichas y ha bebido mucho alcohol" ("Las sorprendentes revelaciones de Simone de Beauvoir", en *La Nación* del 22 de mayo de 1983).

Nonsense.

I. (Económico)
La cuenta de sombreros trae sorpresas
en todo aquel que tiene tres cabezas.

II. (Frívolo)
En gorras y bonetes hay sorpresas
para aquellos que tienen tres cabezas.

Un machista. Me pidió que no la viera como a un objeto sexual. Cuando no las veo como un objeto sexual, me pesan como el pescado que llevaba sobre la espalda el pescador del aviso del *Cod's Liver Oil*, que había en las viejas estaciones ferroviarias. ¿Hay algo más alegre que el objeto sexual?

Feministas. Para mejorar a las mujeres, de acuerdo; para enemistarlas con los hombres, una aberración. Ya hay demasiados odios. No hay tantas alternativas para nadie.

Me dijo: "Las mayores diferencias entre mujeres y hombres: a las mujeres les gustan los bebes; a los hombres, no; las mujeres dicen 'salir' y los hombres 'andar'. Las demás son puramente agradables".

Otras diferencias: los hombres son más teóricos, más principistas; las mujeres más realistas, más prácticas.

Yo prefiero la sociedad de las mujeres; son más filosóficas ("tal libro, tal film me gustó por..."); los hombres más históricos ("gané en tres sets"; "vendí a tantos pesos").

Elvira Orphée llama a Silvina y dice que en los Estados Unidos un grupo de mujeres escritoras, enojadas porque los hombres no escriben sobre ellas, han decidido no escribir sobre escritores machos. Ella aquí empuña esa antorcha y se ha puesto a escribir sobre escritoras. Va a escribir sobre Silvina. El artículo perderá un poco de eficacia porque el móvil que la lleva a escribir no es tanto el arte de Silvina, sino la casualidad de que sea mujer.

Idiomáticas. Caray. Interjección que se usa eufemísticamente por *carajo*. "Caray, vas a llegar tarde". La forma *qué caray* es más anticuada aún. "Entre la rubia y la morena, qué caray, no sé por cuál decidirme...". Sinónimo: *Caramba*.

¡Los acomodos, las mezquindades, los desbordes de vanidad que habrá habido alrededor de los principales hechos históricos!

El universo es un mecanismo ridículo.

Me aseguran que la fundación de Roma fue un acto bastante deslucido, sobre todo si lo comparamos con la fundación de La Plata.

El 4 de junio de 1983, sobre el 4 de junio de 1943. Versos de calendario (en imitación de López Velarde):

> *Patria querida, todo tu infortunio*
> *empezó en un atroz 4 de junio.*

(después de leer un artículo de Manuel Tagle, en *La Prensa* de hoy).

Dios como jefe de celadores. Como un viejo jefe de celadores a quien la rutina diaria de su empleo llevó a tener a los alumnos por sus enemigos, Dios parece posible y hasta probable. Tras la lectura de un artículo en que se dice que Sartre se alimentaba de embutidos, se emborrachaba y se había convertido en un muestrario de enfermedades repelentes consideré mi juiciosa vida. En la mesa: verduras y legumbres al vapor, carne asada, agua pura, nada de alcohol ni de tabaco ni de calmantes ni de estimulantes. En la cama: fácil sueño y animoso copular. En el mundo: disposición para seguir en la faz de la tierra con interés y alegría... Me salió del alma felicitarme por mi suerte y pensar: Estoy bien, sano y fuerte, y quién te dice que no siga así por muchos años, acaso hasta más allá de los cien, como secretamente esperaba en mi confiada juventud. Al otro día me intoxiqué en el restaurant y a la noche me sentí mareado, desdichado, helado... Una noche difícil, como las de Buzzati, seguida de malestares y mareos que me acompañaron una semana, hasta que me resfrié... Una amiga me dijo: "Dios existe únicamente para no dejar que nadie levante cabeza".

Sueño. Estábamos en el campo, recorriendo no sé qué plantaciones. Llegamos a un lugar arenoso, casi desértico, donde había un magnífico árbol, de hojas verdosas. En largas filas, en la arena, había árboles jóvenes, diminutos, de la misma especie que nosotros habíamos plantado con la esperanza de formar un bosque. Mi mujer me dijo:

—No van a prosperar. Se están secando por falta de riego.

Largamente se quejó del personal. El árbol grande de pronto se agitó en un vaivén de abanico y al inclinar la copa volcó agua sobre los arbolitos jóvenes, que reverdecieron, revivieron ante nuestros ojos maravillados.

Sueño. Una adivina anuncia a mi mujer que las arenas la taparán. Queda muy cavilosa. En vano le digo que no haga caso de esas patrañas. Mientras hablamos (ella fatalista y amarga, yo exasperado) caminamos por la playa. Llegamos así al borde de una depresión: cañadón o zanja en la arena. Mi mujer baja al fondo de la zanja y se acuesta, boca arriba. Yo quiero sacarla de ahí, pero no hago nada, ni le digo nada: estoy paralizado ante su terquedad, su fe en brujerías, su pesimismo. Aparece una muchacha a caballo, que se dispone a cruzar la zanja. Al ver a mi mujer, detiene el caballo. Le digo a mi mujer que salga. No se mueve. Cansada de esperar, la otra espolea el caballo; éste cuidadosamente cruza la zanja, saltando el cuerpo de mi mujer. Admiro la delicadeza y precisión de movimientos de sus pasos. La arena, mientras tanto, va tapando a mi mujer; sólo quedan la cara y las manos afuera. Me recuerda a una reina acostada, de piedra, de no sé qué iglesia. Estoy desesperado por no sacarla y para no sufrir más despierto.

Idiomáticas. Dícese *un té bebido*, por "un té no acompañado de alimentos sólidos". "Tomé un té bebido".

Primer fallo en cuestiones de propiedad literaria y primer pirata en la materia. Algunos historiadores explican la salida de Irlanda de San Columba como una fuga. En efecto, el santo copió en secreto el Salterio de San Jerónimo, que había traído de Roma Finnian. Éste lo sorprendió y le exigió que le entregara la copia; San Columba se negó. Finnian presentó el caso ante el rey Diarmid, que falló contra el santo. Probablemente sea éste el primer fallo en cuestiones de propiedad literaria.

Perplejidades del novelista. Baroja exagera cuando se pregunta si va en zapatillas, con zapatillas o por zapatillas. Pero, ¿si debiéramos decir que alguien para llamar, para que le abran, golpea a la puerta? ¿O en la puerta? ¿O la puerta? *A la puerta*, parece que la personaliza y la castiga. *En la puerta*: se diría que no llama discretamente; más bien que está furioso y golpea lo que tiene a mano. *Golpea la puerta*: ¿trata de castigarla? ¿O acaso quiere destruirla?

Viaje a un país conocido. Cuando A quiere a B, B advierte en A una dependencia, una ansiedad, que le parece irritante y de algún modo mantiene distancias, cuida su libertad, y si puede se va. Si B no se ha ido, cuando A empieza a prescindir de B, porque se cansó, o porque ha reparado en C, B nota la ausencia de ansiedad, se alarma y realmente se interesa por A. El amor, impulso de los seres humanos, animales muy desagradables, no prospera en el buen trato, sino en situaciones de guerra: ataques, contraataques, retiradas, juegos de alianzas.

9 o 10 junio 1983. Muerte de Abraham Rosenvasser. Un señor judío, muy criollo, del que me sentía amigo. Descubrió un papiro que narra una ficción (¿el único?). En todo caso, era un hombre culto, inteligente. Conocí al hijo —con quien jugué muchas veces buenos singles de tenis— y a la hija, a quien admiraba y aun deseaba de lejos: era lindísima.

Nótese el curioso (aunque frecuente y conocido) empleo del futuro como potencial o condicional; un futuro, que no es futuro, pero que se mantiene, quizá por eso mismo, en el lenguaje oral.

Un viajero trae de España la siguiente información. En los letreros que indican a los automovilistas que aminoren la marcha porque por ahí cruzan los niños a la escuela, en lugar de niños o de nenes, la palabra empleada es: *Neno.* Aquí hay nenes y nenas; allá nenos y nenas.

Esmeralda Almonacid me aseguró que magnolio es el árbol y magnolia la flor.

Expresión usual. Miti miti, por mitades iguales.

Idiomáticas. Mejorando lo presente: sin desmerecer lo presente, pero más contundente y afirmativo. Lo presente: los interlocutores del que habla.

El médico me refiere el caso de un colega un tanto remiso en el cumplimiento del deber. Después continuó: "Cada cual es como es. Yo no podría tener esa indiferencia por el enfermo. Pero no creo que sea un mérito mío; está en mi naturaleza. Ahora tengo una clienta que atiendo a domicilio; porque la gravedad de su estado le impide venir acá. Me espera como al Mesías. Cuando acabo con el último cliente del consultorio, voy a su casa. El lunes, iba en mi coche por Ayacucho y de pronto me doy cuenta de que me he pasado de Juncal, por donde debía doblar. La verdad es que yo estaba cansado, harto de atender enfermos y no veía la hora de llegar a casa. ¿A que no sabe lo que hice? Dije: 'Me voy directamente a casa. Hoy no visito a la pobre señora'. Otro, en mi lugar, la hubiera visitado. Yo, no. Cansado como estaba no debía atender a nadie más. Enderecé inmediatamente rumbo a casita".

Idiomáticas.

Tener un buen lejos. Dícese de gente que es atractiva cuando se la ve de lejos. La expresión asombró y deleitó a mi amigo Quiveo.

Hay que hacer de tripas corazón. Frase no grata, pero expresiva. Me trae a la memoria una cuarteta, de ningún mérito:

> *Buenos Aires, la paloma;*
> *Montevideo, el pichón;*
> *¿cómo quieres que se junten*
> *el cuajo con el riñón?*

Mujeres complacientes: no encontré muchas. ¿Gente complaciente? Tampoco. Digo *mujeres* porque pienso más en ellas.

Notas autobiográficas. Sopas e influencias. Se me habían extraviado algunas sopas de mi infancia. Consultaba con gente conocedora del arte de la cocina, sin lograr una lista convincente. Hoy, domingo 3 de julio de 1983, en un artículo de *La Prensa* sobre la mandioca, recuperé la tapioca, subproducto de la anterior. Con el recuerdo de la sopa de tapioca y sus prestigiosos redondelitos traslúcidos, vino el de otras y pude completar la lista de las que me servían en la casa de mi abuela, en el tercer piso de Uruguay 1400, donde nací y pasé los seis o cinco primeros años de la vida. Las sopas eran de sémola, o de tapioca, o de avena, o de arroz, o de cabello de ángel, o de verduras, o de lentejas, o de Quaker Oats (avena, de nuevo, pero diferente). Cuando nos mudamos a nuestra casa de la avenida Quintana 174 ya era bastante grande —tendría 6 o 7 años— para que mis padres se dejaran influir por mis deseos. Como me gustaba tanto el puchero, conseguí que lo hubiera todos los días, al almuerzo, y como primer plato se servía caldo del puchero, con no pocas legumbres. Las tradicionales sopas quedaron, pues, para la comida de la noche y, poco a poco, fueron desapareciendo de los menús (en casa había sobre la mesa una tarjeta con el menú que diariamente y para cada comida escribía el mucamo).

Mis padres permitían que yo opinara sobre decisiones de la familia. Cuando fuimos a los Estados Unidos, en 1930, por decisión mía fuimos a Los Ángeles (y no a San Francisco), a Detroit, donde nos alojamos, también por pedido mío, en el Hotel Book Cadillac, y en Nueva York, por preferencia mía, reservamos cuartos en el Savoy Plaza (y no en el Plaza, que tal vez hubiera sido mejor elección, o, si lo pienso más detenidamente, no, porque en el Plaza yo no hubiera conocido a Kathleen: un amor vale más que un hotel, sobre todo en el recuerdo).

Entre mis padres y yo las influencias fueron recíprocas. Nunca olvidé una conversación entre ellos, que oí casualmente, en una estación de París, de donde partía el tren que nos llevaría a Inglaterra. Creo que mi padre comentó:

—El que está contento es Adolfito. Es muy partidario de Inglaterra.

A continuación se lamentaron de no poder transmitirme su amor por Francia, amor que nació en mí en ese preciso instante, sin duda de un sentimiento de compasión, combinado de uno de vergüenza por mi necedad: un sentimiento que el tiempo fortaleció invenciblemente, y que largas experiencias de vida cotidiana confirmaron.

Creo que de muy chico un snobismo cuyos orígenes no vale la pena rastrear me inclinaba a favor de Inglaterra, en contra de Francia. Además, en mis primeras temporadas en París, estuve bastante triste: mis padres salían de noche y, en un cuarto de hotel de una ciudad desconocida y gris, me sentía solo. En aquellos cuatro primeros viajes nos alejamos de Buenos Aires durante mis vacaciones y la feria judicial de mi padre, para encontrarnos en invierno en el hemisferio norte.

Idiomáticas. Uso ambiguo de este. *Este,* seguido del nombre de un día de la semana, puede significar el actual, el presente, el que estamos pasando o el próximo. "Este domingo, a las 22, verán ustedes..." puede ser anuncio de lo que se verá hoy, si se dice un domingo, o el próximo, si se dice en otro día de la semana.

Otra guerra del cerdo, cuya probable ventaja sería la de enterrar en el olvido las enemistades entre jóvenes y viejos y ¿por qué no?, entre Oriente y Occidente, capitalismo y socialismo, derecha e izquierda, sería la de heterosexuales y homosexuales.

En este país, un hombre lúcido declaró que ganan las elecciones sus adversarios porque en el gobierno, después de dos o tres años, nadie se salva del descrédito. Justificadamente, lo que es peor.

Idiomáticas. "Qué va a trabajar, a casarse", etcétera: "No trabajará, no se casará...". También dícese "qué va" sólo, sin otro verbo:
—¿Habla bien francés?
—Qué va.
Es decir "qué va a hablar", "no habla".

Filo de se. Latín inglés. Literalmente: felonía contra sí mismo. Significación: suicidio.

Quienes rechazan una opinión o un razonamiento por no ser moderno, intelectualmente se descalifican.

Los chicos son muy inteligentes, pero:
A una chica de 8 años, que me dijo que Perón vivió hace mucho tiempo, quizá cuando Napoleón Bonaparte gobernaba en Francia, traté de explicarle que desde la muerte de Perón hasta ahora cabían los años de un chico y que desde la muerte de Napoleón, las vidas de dos viejos. El resultado no fue brillante: creyó que Perón era un chico y que había dos viejos que se llamaban Napoleón.
Uno de 8 años de edad, no solamente es inteligente, sino que habla como una persona adulta. Los otros días le dijo a su tía:
—Es muy curioso. Tomás [su hermano, de nueve años] y yo no tenemos los mismos recuerdos. Tomás siempre habla de un cumpleaños, que yo no recuerdo, tal vez porque entonces era muy chico. Yo, en cambio, recuerdo una ola que de pronto inundó la playa en Mar del Plata, y se llevó una cantidad de cosas. Tomás no la recuerda...
La tía distraídamente le preguntó:
—¿Tomás estaba con vos?
El sobrino contestó:
—No, Tomás estaba en Mar del Plata.

En la época peor de mis lumbagos, solía preguntarme qué me los provocaría. Llegué a atribuirlos a causas aparentemente absurdas. Por ejemplo, al largo de las uñas de los pies. Noté que si una semana no las cortaba me venía el lumbago. Para no equivocarme, fijé un día para cortarlas, el sábado, y semana tras semana, cumplía puntualmente con esa operación, hasta que me dejé pasar un sábado y quizá dos.

—¿Y tuvo un ataque de lumbago?
—No. Una uña encarnada.

El Caribe asoma a nuestra televisión:
—¿De qué tanto hablaron?

El *Times Literary Supplement* mantiene su prestigioso formato, pero su contenido lo nivela con cualquier periódico de este mundo en decadencia.

Por televisión vi y oí a Salk, el descubridor de la vacuna contra la polio. Carrizo le preguntó: "¿Sus vacunas apuntan a destruir el mundo de los virus? El mundo de los virus, de los microbios, de las bacterias, es enemigo del nuestro, pero como el nuestro, fue creado por Dios, y todo lo que hace Dios es para el bien"... Por lo menos un oyente sintió vergüenza.

Vecindario de Quintana, en los años 20. Empezando por nosotros: en el 174 estaba nuestra casa, con jardín al frente, por un lado y atrás. A nuestra derecha, estaba la casa de los Navarro Viola; la siguiente, por la misma vereda, era la casa de Bermejo, presidente de la Corte de Justicia. Por el fondo lindábamos con la casa que arrendaba Germán de Elizalde, con su mujer la flaca y alta Andrée y sus hijos; en la casa contigua a la nuestra, por el lado izquierdo vivía la novia pálida de Julio Menditeguy; en la esquina había un convento de monjas. En la esquina de enfrente (Quintana y Montevideo) vivían don Julio Menditeguy, su mujer Rosa y sus hijos, nuestros amigos (nuestros: míos y de Drago) Julio y Charlie; la casa contigua, a continuación (hacia Cinco Esquinas) era de una modista (el hijo, d'Aris, jugó después al tenis en el Buenos Aires), que tenía muchas operarias: una de ellas durmió conmigo, en casa, una noche de ausencia de mis padres; la casa siguiente, con el mismo rumbo, era un conventillo, donde vivían las hermanas conocidas por "las Siete Calzones": Susana, que me citó con señas, me enamoró y desapareció, y Helena, que trabajaba en la tintorería Los Mil Colores, de Posadas y Montevideo; yo la sacaba a pasear por Palermo en taxi; la besaba, le acariciaba las piernas (¡Era hermana de Susana, pero eso no bastaba!); la casa siguiente fue de los Balcarce, después de la embajada alemana y después oficinas de alguna repartición pública; la siguiente, de Saavedra Lamas, famoso por sus altísimos cuellos de celuloide y por su aspecto, no excesivamente limpio. En Montevideo, entre avenida Quintana y avenida Alvear, a mitad de cuadra, en la vereda más próxima a la Recoleta, había un tambo; en la esquina de Montevideo y Quintana (números impares), había primero un taller de bicicletas, después un electricista; por Quintana, del lado de los números impares, hacia Rodríguez Peña, había el negocito del diariero sin nariz (famoso, en el barrio, por su colección numismática), una caballeriza (me parece que oigo el ruido de los cascos contra el empedrado cuando entraban los caballos entre paredes en las que se apilaban fardos de alfalfa y de afrecho).

Confesión. Cuando murió Mallea, Silvina y yo, por falta de coraje, no fuimos a la casa. Para nosotros, nuestro pobre amigo había muerto años atrás. Se sobrevivía recluido con su mujer; no reconocía a los amigos que lo visitaban y de vez en cuando les preguntaba: "¿Quién es usted, señor?". En cuanto a la mujer, que fue siempre desequilibrada, había perdido la cabeza hacía tiempo, y sin mucha justificación pasaba de la cordialidad a la furia. Silvina ni siquiera fue al entierro; yo, sí. Meses después, Helenita, la mujer, me llamó para agradecernos: me dijo que si no se había ocupado de nosotros en el velorio, no lo hizo por falta de afecto, sino por turbación, y que por favor la perdonáramos. Conmovido y avergonzado le aseguré que no tenía de qué disculparse y omití decirle que no habíamos ido a su casa la noche aquella.

Nota histórica. Los hechos fueron así, pero la situación real era la inversa. Me acostaba con mi amante, únicamente cuando ella tenía quejas contra el marido.

Idiomáticas. Cantar. Dictar. "Tomó papel y lápiz y me dijo: '¿Por qué no me canta?'".

Caribe. —¿Qué tan lejos de aquí está la costa del mar?
—Ocho kilómetros, más o menitos.

Bioy. Tuve siempre mi nombre por bearnés. Los vascos (y Jean Bioy, el que se fue a Hesparren) me dicen que es vasco y que el valle donde está Oloron Sainte Marie, nuestro pueblo natal, también lo fue. Los bearneses opinan que mi nombre puede significar *bonito;* espero que se equivoquen. La opinión de los vascos es más categórica y más voluble. Según unos, significa *Uno contra dos;* ojalá que acierten. Según otro, *dos cadenas,* y según otros, *dos robles.* En el acto de la Fundación Vasco-argentina, un especialista me dijo:
—¿Bioy? Dos lechos.
Le contesté:
—No tengo nada contra la poligamia.

Los interlocutores de hoy no recuerdan el verso

en una de fregar cayó caldera

que todo el mundo conocía en tiempo de mi bachillerato. Sospecho que el verso es de Quevedo y si no me equivoco está seguido de *transposición se llama esta figura...*

Como ignoro cómo continúa propongo:

En una de fregar cayó caldera:
transposición se llama esta figura.
Si vuelve la frase un tanto oscura
oculta tu pobreza de sesera.

Cómo soy. Porque su marido estaba muy enfermo, sentenciado o poco menos por el médico que lo operó, mi amante pasó unos días de ansiedad y tristeza. Porque la quiero y también porque imaginaba la situación de ese hombre, la soledad del que ya nadie puede auxiliar, yo también estaba preocupado, y cuando ella, jubilosa, me anunció que los temores del médico resultaron infundados, que su marido estaba mejor, que no corría peligro, tuve una gran alegría. Me propuse que celebráramos las buenas noticias con un almuerzo... Como estaba contento empecé a desearla. Al rato imaginé que la celebración se extendería a una siesta a la que imaginativamente enriquecí con diversas situaciones eróticas. Esto puede parecer una incoherencia de conducta y sentimientos. A mí la alegría me impulsa al amor físico.

Noche del miércoles 30 al jueves 31 agosto 1983. Después de un día en que sentí a las mujeres aún menos hospitalarias que de costumbre, tuve sueños agradables: una larga cabalgata en el campo, en la que descubrí que me había olvidado del lumbago, y dos mujeres, extraordinariamente afables, que me mimaban, que se recostaban en mis pudenda, no con el propósito de excitarme, sino porque me querían y porque nuestras caricias, nuestras recíprocas entregas, eran lo consabido, lo natural entre nosotros.

4 septiembre 1983. Un aviso de Emecé, en *La Nación* de hoy, anuncia la cuarta edición de *Dormir al sol* (cuarenta y tantos mil ejemplares). No está mal.

José Bianco. Me dice:
—¿Qué te parece la Barrenechea?
—Menos inteligente que simpática.
—¿Te parece simpática?
—Nada.
—Menosprecia a todos los escritores aceptados y exalta supuestos méritos de escritores mínimos como Felisberto Hernández y Oliverio Girondo. Ésos son los grandes escritores para ella.
No le dije que Pezzoni está preparando un artículo sobre Felisberto Hernández. Bianco reflexionó con tristeza:
—¡Qué estúpidos son los profesores!
Me habló de una revista literaria.
—¿Sabés quién va a ser el secretario?
—No.
—Tu joven vecino.
—¡Qué raro el amor de ese muchacho por la literatura! No lo lleva a leer... Además, ¿por qué dedicarse a una actividad para la que no se tiene aptitudes? Es como si yo me dedicara al box.

Una consulta al médico de cabecera.
BIANCO: Tengo que ver a un otorrinolaringólogo.
FLORÍN: ¿Para qué?
BIANCO: Estoy sordo de un oído.
FLORÍN: ¿A quién vas a ver?
BIANCO: Creo que a Zubizarreta.
FLORÍN: Un momento (consulta con otro médico). ¿Qué tal es

Zubizarreta? (Después de un momento, a Bianco). Podés ver a cualquiera.

La fama. Yo era cliente del lustrador que trabajaba en las arcadas del hotel Alvear. Un día me esperó en casa y me pidió unos pesos prestados. Se los di. A los pocos días lo encontré de nuevo en la puerta de mi casa.

—Me ha pasado una cosa muy desagradable —me explicó—. El encargado del edificio me dijo que va a dar a otro el permiso de lustrar ahí. Me lo dijo hoy y ni siquiera me permitió que trabajara el resto del día. Le vengo a decir esto porque no quisiera que usted pase por ahí y al no verme piense que me fui a otra parte para no devolverle lo que le debo.

Le contesté:

—Nunca pienso mal de un amigo.

Le gustó mucho la frase. Al rato me dejó entender que ni siquiera tenía plata para comprar lo necesario para seguir lustrando. Contra toda cordura (tal vez) le di unos pesos más.

A los pocos días me devolvió parte de la deuda. Según me contó, en el Club Francés dijo que me conocía y le propusieron que lustrara en la peluquería del club. Estaba muy contento.

—Mi señora y mi hija le mandan un beso —me dijo—. Me pidieron que las disculpe de no venir a dárselo personalmente, pero como vivimos en Merlo y todavía estamos un poco cortos de fondos van a dejar el viaje para más adelante. Es increíble lo que hoy día cuesta viajar. Yo soy casi analfabeto, no me avergüenzo de decirlo, pero ellas leen y me pidieron que le diga que el libro que más les gusta es *Héroes y tumbas*.

10 septiembre 1983. Con mucha pena leo en el diario que murió Bruno Quijano.

Mi joven vecino habla de su nueva novia:

—No me molesta nada.

—¿Y cómo es?

—Muy linda, pero casi no habla. Me gustaría que hablara más.

—Entonces tal vez fuera molesta.

—Tenés razón.

—¿Qué hace?

—Es traductora.

—¿Va a traducir tus cuentos?

—Así lo espero.

DESCANSO DE CAMINANTES

16 septiembre 1983. Cuando concluye el día hago el balance. Si escribí algo no demasiado estúpido, si leí, si fui al cine, si estuve en cama con una mujer, si jugué al tenis, si anduve recorriendo campo a caballo, si inventé una historia o parte de una historia, si reflexioné apropiadamente sobre hechos o dichos, aun si conseguí un dístico, probablemente sienta justificado el día. Cuando todo eso falta, me parece que el día no justifica mi permanencia en el mundo. Quiero decir, "no la justifica ante las parcas". Ante mí, basta el más sonambúlico funcionamiento de la mente. En realidad siento (lo que no significa que sea así) que la natural y permanente reflexión (aun cuando no descubra nada) basta para justificar ante mí el día y la continuación de un infinito futuro de días parecidos. En cuanto al tenis y al caballo, corresponden al hombre que fui antes de 1972. Desde entonces me prohíbo tales actividades. Los sueños, frecuentísimos en mí, justifican holgadamente mis noches.

Tal vez los hombres tengamos diferentes clases de corajes y de cobardías, como uno que padece de vértigo a lo mejor no se asusta si lo llevan rápidamente en un automóvil. Yo no tuve miedo en la posibilidad de un naufragio, en alta mar, ni ante cada una de las operaciones quirúrgicas que padecí, ni de montar un potro... Quizá la imaginación me contraiga ante la posibilidad de que me lleven preso. La hostilidad debe de asustarme. Ni siquiera el maltrato; la hostilidad. Fui un boxeador valiente.

Referencias sobre lo que acabo de decir: Operaciones: amígdalas, en 1949; tiroides y próstata, en 1978.

Naufragio: Amén de las muchas tormentas que pasé embarcado, en el Essequibo, en el Pacífico, en una noche de 1930, llamaron al pasaje y a la tripulación, para que se reuniera junto a los botes correspondientes y con el salvavidas puesto, porque el barco se hundía... Después nada pasó, pero salvo los pasajeros argentinos (Andrada, los Reynal, Harrington, nosotros) hombres, mujeres y niños rezaban y lloraban en cubierta.

La doma: en Pardo, en 1935. El box, en 1932 o 33, después de aprendizajes con Willie Gould, que fue campeón argentino. No, no pierdo la cabeza ante peligros.

A ellas: Mi modelo es Luis XV, porque dijo: "Después de mí, el diluvio". La vida del hombre comprende dos períodos o tramos sucesivos, de diversa extensión, cada uno con su tarea esencial. En el primero, la tarea es vivir; en el segundo, morir. A veces, en este segundo período, ocurren penosas confusiones. Contra toda lógica, el hombre quiere vivir. Por fortuna no faltan a su alrededor mujeres enamoradas, para recordarle que el fin está cerca y que sin pérdida de tiempo debe ordenar las cosas, para compensarlas de haberle entregado, y, ¿por qué no?, sacrificado, la juventud, los mejores años de la vida.

El fluir de los sueños. Junto al automóvil, ya cargado el equipaje, espero con mis tres hijos a mi mujer, morosa como siempre, y pienso que la buena educación de los chicos ha de merecer la aprobación general. Todavía estoy congratulándome cuando advierto que el más chico de mis perros, el más revoltoso, persigue a las gallinas y provoca el pandemonio en el que participan los otros dos. Temo que la gente del lugar piense mal de mí, por culpa de mis perros. En esos perros se habían convertido mis hijos de la primera parte del sueño.

Advierto que soy frecuentemente superficial. Por ejemplo, si se hablaba del libro del *Barrio de la Recoleta*, que escribió Lafuente Machain y que lleva fotografías mías, siempre dejé entender que el texto no valía demasiado. Ayer lo releí. No sé si es posible escribir mucho mejor sobre un barrio; en particular, sobre un barrio que no es de los más viejos y que durante mucho tiempo fue suburbano. En las páginas de Lafuente Machain hay anécdotas, hay personajes interesantes. El libro es modesto, pero excelente (*I am not damning with faint praise*).

23 septiembre 1983. Murió García Venturini. Tal vez con él también fui superficial. Había algo campechano y brusco en su trato, que me repelía. Nunca pensé que se debiera a la timidez. Yo que soy tímido, que para sobreponerme a las consiguientes trabas, tantas veces aventuro un humorismo impreciso y hasta vulgar, ¿por qué no le concedí la posibilidad de que más allá de la primera impresión hubiera un hombre de alguna valía? Por de pronto era liberal. Olvidé que a los liberales nos odian y quizá me hice eco de sarcasmos de los antiliberales, siempre altivos y numerosos.

No creo ser injusto con el librito de Graciela Scheines sobre mí: no es excesivamente atinado. ¿De nuevo recaigo en la superficialidad? Tal vez: hablo por una primera impresión que me lleva a postergar para ocasiones más animosas la lectura. Abro el libro. El primer capítulo, titulado "Una puerta se abre", empieza con la frase "Quinto piso en la elegante Recoleta". Cierro el libro.

24 septiembre 1983. Ayer leí en el diario que un tal Roux (corredor de automóviles, si no me equivoco) tenía una inflamación en las vías urinarias. Pensé: "Qué clavo pasarle eso a uno". Hoy, cruz diablo, tengo síntomas de que eso mismo está pasándome.

Ayer (24 de septiembre) me crucé en la calle Posadas con una muchacha lindísima. La miré con espontáneo interés y me preocupé en grabar su rostro en la memoria, porque no me resignaba a olvidarlo. Todavía hoy lo recuerdo ¿o creo recordarlo? Subsisten facciones, quizá no el conjunto sino fugazmente. No hay duda de que la muchacha linda es una expresión de belleza a la que nunca fui indiferente. Cuando me acostaba con una amiga, al ver su cara, reía de alegría; cuando la oía proferir sandeces, me rebelaba con una desilusión que bordeaba en la incredulidad. ¿Cómo tanta belleza no se extendía al alma y al intelecto? ¿Cómo una cara prodigiosa podía convivir con una mente vulgar?

Si hace unos años me hubiera cruzado con la chica de ayer, con la fe de quien hace lo que debe, hubiera hecho lo posible para trabar relación con ella. Ahora, porque sé que soy viejo y que en la visión de la gente he de ser viejísimo, con el corazón destrozado la dejo pasar. ¿Qué me comentó el viejo boletero del Santa Fe 1 (o 2), cuando yo salía de la sala, después de ver *Insólito destino* de la Wertmüller? "Una historia de amor. No es para nosotros".

Cuántos sueños. De Croisilles dice Tallemant des Réaux que sus escritos eran "un franco galimatías" y recuerda, a modo de ejemplo, la observación de que las flores son *"superficies doublées"*. No me embelesa la observación, pero tampoco me parece inepta ni oscura.

Domingo, 25 septiembre 1983. Esta noche es la comida en casa de mis amigos. Silvina, que piensa no ir (no ir, *ella y yo*), posterga hasta el último momento la desagradable conversación en que dirá:

"No vamos", pero la anfitriona, impaciente siempre, quiere saber desde la mañana que sí iremos.

Paso el teléfono a Silvina. Para una dueña de casa, por más que esté preocupada por tu salud, cuando invita a comer, la exigencia mínima es que no seas un desertor, aunque en ello te juegues la vida. No, la Victorita, no era tan excepcional. Es claro que parecía un tanque, un cañón Grosse Bertha; ésta, en cambio, es flacucha, nerviosa. Pero no menos dominante. Cuando llegamos ya estaban todos los invitados: Tabbia, Andrés, Florín, Pezzoni y un matrimonio. Me pregunto si alguna vez vi a ese hombre. ¿Acaso un Di Tella? ¿Un Bullrich, que se me extravió? No creo. La mujer no es tonta ni linda, pero muy simpática. A lo largo de la noche marca puntos en inteligencia, puntos a su favor, que me conquistan. Con el marido soy cortés, pero un poco distante, porque no sé si lo conozco. Cuando emprendemos el regreso, me entero de que el marido es Fischerman, el director de cine, de quien me sentí muy amigo en dos o tres entrevistas que tuvimos; él deseaba filmar *Los que aman, odian* (escribió el guión) y creo que también *El sueño de los héroes*. Temo que haya pensado que lo traté así para demostrarle mi disgusto porque esos proyectos no se cumplieron. Tampoco puedo decirle la verdad, porque parecería que lo olvidé tan completamente porque le doy poca importancia. Es difícil llegar a la verdad sobre la conducta social, y Freud fomenta nuestros desconciertos.

Para una lista de objetos desaparecidos a lo largo de mi vida.
Lentes. Llamábamos así a los "quevedos", en francés *pince-nez*: anteojos sin "patas", que se sostenían por un resorte que apretaba el filo de la nariz. Yo era partidario de los lentes, *contra* los anteojos; como tantas veces (y siempre en política) mis candidatos fueron vencidos: los lentes desaparecieron, sólo quedan los anteojos. Creo que la gente que los necesitaba (o unos u otros) para leer, prefería los lentes: la

pequeña incomodidad en la nariz le recordaba a uno de sacárselos (y así protegían la vista, no los usaban para mirar de lejos). Aclaro que yo no usé anteojos hasta el cincuenta y tantos; para entonces los lentes habían desaparecido. Recuerdo que usaban lentes mi tío Augusto (Bioy) y Lucio López. Cuando se quitaban los lentes, la marca en la nariz persistía un rato y no sé por qué la cara tomaba el aire indefenso de quien está desnudo.

Tinteros.

Papel secante: tan usual, que había una leyenda entre colegiales: puesto bajo la planta de los pies, daba fiebre; podría uno alegar enfermedad y faltar a clase.

Las victorias y los *breaks* de las estaciones ferroviarias. Les *vis-à-vis*, los *phaétons*, los *landaus*, los *coupés*, las calesas.

Las polainas. Había dos variedades. La urbana, de género, que se usaba sobre los botines y debajo de la parte inferior del pantalón; la campestre o por lo menos de equitación: de cuero, llegaba casi a la altura de la rodilla y se usaba con *breeches*. También las había de brin. Frases: "qué polaina" por "qué clavo, qué inconveniente, molestia, engorro, qué mala suerte".

Las pianolas. Había una en Vicente Casares.

Los funyis, los bastones.

Dos planchas de hierro negro; la de arriba bajaba sobre la otra por un enorme tornillo que tenía en el centro.

Las máquinas copiadoras de cartas.

Bigoteras: máquinas afeitadoras de hojas de afeitar. Gomina. Criolina. Brillantina. Jabón de España (gris y blanco, de pura espuma).

Para oficinistas, mangas postizas para evitar que las mangas de los sacos se estropearan.

Horquillas para el pelo.

Elásticos para sostener el sombrero.

La cadena de la letrina.

La escupidera.

La salivadera (fuera del cine Arte, donde subsiste).

Baúles-ropero (*innovation*). Un escritor del grupo Proa me aseguró en 1924 que el baúl-ropero iba a revolucionar para siempre la vida y el moblaje de los hombres. Hoy no existen esos, ni otros, baúles.

El cuarto de vestir, de las señoras.

Bollitos de Tarragona, palitos de Ortiz, pancitos de San Antonio.

Los pucheros a la criolla. La carbonada.

La sopa mère. La soda crêpe. Los zapatos kids.

El monta-platos.

El aceite de ricino, el sulfato de sodio, la limonada Roget, las vacunas de Méndez, las botas Simón. Calmantes y tónicos.

Los llamadores de las puertas.

Los automóviles doble Phaeton, las *voiturettes*.

Trajes de brin.

El cuco.

Como este mundo es injusto y premia al que obra mal, la publicación de seis pésimos libros, los anteriores a *La invención*, resultó beneficiosa para mí; sobre todo porque pude comprobar que la publicación de un mal libro, por lo general no es una calamidad que lo hunde a uno en la vergüenza eterna y en el escarnio. Sé de amigos (hay que llamarlos de algún modo) que por el temor de perder la estima de los demás nunca se resuelven a publicar. Eran tímidos y se convirtieron en tímidos resentidos.

Pienso que un trabajo utilísimo está esperando a un iluminado del Derecho Constitucional. La democracia no va a seguir durante quinientos años con el sistema electoral. Las elecciones norteamericanas, en las que especialistas proponen el candidato como si fuera un producto que hay que vender, son el inevitable modelo para todas las otras. Y aun las nuestras, con los políticos que salen a recorrer ciudades, a prometer y sonreír para que los elijan, no presentan muchas garantías ni son muy dignas. Desde luego, quien es más simpático para la mayoría, quizá no sepa gobernar bien. En cuanto al que prometa más y el que declare que comparte con el pueblo sus odios predilectos, seguramente no es escrupuloso, ni merecedor de confianza. ¿Qué otros sistemas de elegir gobiernos? El hereditario y el de grupos de caciques o de matones. Sin mayor esfuerzo identificaremos algunos ejemplos.

Frases espantosas. "Estamos cansados de revoluciones incruentas", oí decir a alguien en La Biela, con inocente ferocidad.

Hablaban de los peligros que acechan al país y de la insensatez de nuestros hombres públicos y aun de nuestro pueblo. Un amigo observó:

—Algo peor. ¿Vieron la solicitada de un grupo de señores católicos, que protestaron porque el derecho canónico ahora autoriza a los sacerdotes a dar la comunión a protestantes y aun a judíos? Esos señores de la solicitada pretenden ser más papistas que el Papa. ¿No saben que desde 1966 hasta hace muy poco, para introducir esa reforma trabajaron 97 cardenales que consultaron a más de 1.100 obispos? ¿O pretenden saber más que 97 cardenales y 1.100 obispos? La solicitada en cuestión me parece realmente el acabóse.

Aplausos.

En la cámara, un Patrón Costas había hecho no sé qué observaciones sobre el apellido de un parlamentario; el otro le replicó: "Peor es llamarse Patrón y tener cara de peón".

11 octubre 1983. Días como el martes 11, sin mujer, sin literatura, con largas conversaciones de negocios, con trabajos abyectos por calles repletas de automóviles atascados, me instilan unas gotas de *tedium vitae.*

Francés. Tíos y tías *à la mode de Bretagne*: "Los primos carnales de mis padres son mis tíos *à la mode de Bretagne*". Sobrinos *à la mode de Bretagne*: "Los hijos de mis primos carnales son mis sobrinos *à la mode de Bretagne*". No sé muy bién quiénes son mis primos *à la mode de Bretagne*; tras un breve bloqueo, sospecho que los primos de mis primos que no son mis primos son mis primos *à la mode de Bretagne.*

Modismo inglés. To call someone names. I like when you call me names: cuando me insultas, me injurias. Origen: ofender, denostar llamando a uno por *nicknames*, sobrenombres, o aun por epítetos ofensivos.

Dicho francés: *C'est du pareil au même.*

Idiomáticas. Darle a uno la loca. Dícese para significar que cedió a los impulsos del momento, que hizo lo que tenía ganas, aunque no fuera lo más juicioso. "Me dio la loca y me vine en taxi". "Me dio la loca y me fui a Carhué".

Noche del 16 al 17 octubre 1983. Creíamos que Marta, que estaba en Pardo, vendría esa noche a Buenos Aires. En la mitad de la noche, en mi sueño, Marta me grita desde lejos la pregunta: "¿Puedo quedarme en Pardo?". Después de un instante de vacilación, a gritos contesto "Bueno". A la mañana me entero de que Marta postergó su regreso a Buenos Aires hasta la noche siguiente.

Octubre 1983. Los países parecen ómnibus manejados por irresponsables que eligen el itinerario y el destino (o meta). Los demás habitantes viajamos como pasajeros: mejor dicho, como hacienda que va en camiones-jaula al mercado de Liniers. Sin hacerme ninguna ilusión acerca de los conductores, me avine a mi papel de pasajero: por supuesto, no debo quejarme. No aspiré nunca al puesto de conductor, por la convicción de que no sería feliz negando, contrariando, entristeciendo, defraudando: lo que en casi todos los actos de gobierno parece inevitable. Además, no me creo capaz de mandar a la gente ni de organizar a un país. No dudo de que tendría conciencia de mis ineptitudes y que sufriría. De todos modos, el grado de ineptitud de quienes manejan nuestro ómnibus me asombra un poco.

Algunos relatos míos me gustaron más que otros, pero ninguno de mis escritos me deslumbró. Emidio Greco, Hugo, Paolantonio, Tevar, el pobre Luna, Bapsy, no tuvieron la menor duda acerca de la perfección de sus trabajos; sin embargo Greco no es tonto y Bapsy fue y Hugo es inteligente. Creo que soy menos chambón que ellos y que estoy más descontento de mis logros.

Nombres de puestos, en Vicente Casares (San Martín en Cañuelas): La Rodetona (por la puestera), El Elefante (por la marca del silo). En Rincón Viejo: El pájaro hombre; Los perales; El asesinado. Hay en Rincón Viejo una laguna del Sastre; había otra de Les Clanes.

"Saque el almuerzo, Antonio", decía mi abuela al mucamo, para pedir que lo sirviera.

Hasta 1930, en la tienda Les Trois Quartiers de París había un ascensor hidráulico, que la ascensorista hacía subir mediante un fuerte tirón de una cuerda.

A la realidad, nada le importa las buenas causas. Los otros días, un vecino me abrazó en la calle y me dijo: "Ánimo Bioy. Va a ganar (en las próximas elecciones) Alfonsín". Me atreví a preguntarle por qué iba a ganar Alfonsín. "Porque si gana el peronismo —contestó— el país está frito". Se me cayó el alma a los pies; por un instante había creído que mi amigo disponía de mejores razones para su pronóstico. La indiferencia de la realidad por el bien y el mal incluye casi todo, aun nuestro cuerpo: pero no la mente. El cuerpo con la mayor soltura puede entregarse a la multiplicación de células indebidas y condenarse a muerte. La mente, que desea nuestra salvación, no basta; si bastara yo sé que no me llegaría nunca el último momento.

Vecinos (Países). A nadie odiamos como a los vecinos. Consiga que un francés admita una palabra en elogio de suizos o de belgas, sin contar, desde luego, con su tradicional odio por alemanes e ingleses. Los escoceses, los irlandeses, los galeses, no quieren a los ingleses. Los españoles y los portugueses se desprecian mutuamente. Argentinos y chilenos, argentinos y brasileros por cierto no se quieren y con dolor en el alma sé de argentinos que no quieren a los orientales (perdón, a los uruguayos) y me han hablado de uruguayos que no nos quieren nada.

Sueño. Después de cuarenta años, todavía sueño con mi perro. Estaba en la estancia y alguien me dijo que en el pueblo de Pardo lo vio a Ayax. Cuando iba para Pardo desperté.

Otro sueño. Soñé que me encontraba con mi amiga, como yo en lo alto de una escalera de caracol. Caíamos escaleras abajo. Yo caía sobre mi amiga, no sentía dolor alguno y estaba a punto de reír, pero me contuve porque vi la cara de la gorda, descompuesta por el dolor: la pobre no tenía debajo un colchón de carne humana que amortiguara los golpes contra los duros escalones.

Sueño. Llego a un cuarto donde hay mucha gente. Todos tienen máscaras de lobo. Me miro en el espejo. Yo también tengo máscara de lobo.

Plan de gobierno. Por el sacrificio de cada individuo, el tedio de todos.

Idiomáticas. Biaba. Argentinismo antiguo. Trompeadura, golpiza, castigo, derrota.

El peluquero, tenorio bien dispuesto, me refirió que en el restaurant conoció a una viuda no muy joven, de cara agradable, de ojos maravillosos, de ojos distinguidos, rápida en la conversación, extraordinariamente culta. Cuando llegó el momento de levantarse de la mesa, le preguntó si aceptaba una galantería. Contestó ella que sí. Entonces le dijo: "Estoy seguro de que usted fue linda".

Bathos. "Hombre de prodigiosa cultura, héroe civil, ingeniero agrónomo" (oído en un homenaje).

Idiomáticas. Por ahí (léase *por ay*). A lo mejor, tal vez. "El hombre está de lo más satisfecho, y por ay revienta". "Siempre fue de Boca, y por ay cambió" (*Reflexiones del porteño medio*, II, 321). "Por ay cantaba Garay": dícese de una cosa que se vale con otra.

Oído, a una señora vieja, sentada con varias contemporáneas suyas, dos filas delante de mí, en un cinematógrafo: "Por una vez que me invitan, aprovecho".

El amante. La señora me dijo que su amigo se acuesta siempre con ella, cuando el marido viaja, lo que es raro, o cuando sospecha que el marido la engaña, cosa que no es frecuente.

"No es partícipe", explicación usada primero por "no participa" y, finalmente, por "no es partidario". Viene tal vez de "no es partícipe de tal opinión o bandería".

Momento grato en un principio, que inaugura un futuro de alarmas: cuando nuestra amante nos revela que llegó a la convicción de que la queremos de verdad ¡y tanto más que el marido!

10 diciembre 1983. Reflexión en el umbral de una nueva era. Primer día del gobierno elegido por el pueblo. Esperanza y escepticismo. Esperanza, no sólo porque se acabó un sistema autoritario, inescrupuloso, criminal y porque nos hemos salvado de los peronistas, que también son autoritarios e inescrupulosos, sino porque en toda su campaña el presidente electo apeló únicamente a la Constitución y a los mejores sentimientos de los hombres. Escepticismo, porque el partido radical tuvo ya tres pésimos gobiernos, dos de Yrigoyen y uno de Illia. Es verdad que también tuvo un gobierno excelente, el de Alvear, que las nuevas autoridades omiten, o parecen omitir, de la tradición partidaria.

Illo tempore. La farmacopea familiar en mi infancia incluía la tintura de yodo, como desinfectante indispensable. Cuando se aplicaba a una herida, convenía soplar para atemperar el escozor. Para heridas, también se usaba el agua oxigenada. La maravilla curativa era de frecuente y variada aplicación. La tos se curaba con pastillas Valda.

El Hierroquina Bisleri se bebía por entonces. O por lo menos era frecuente en los avisos.

Cuando había que limpiar un traje se mandaba al Aqua Pratt (Tintorería Pratt). Un tango lo dice:

> *Espuntá la lira*
> *y cortate el pelo*
> *y a ese traje reo*
> *lo mandás al Agua Pratt.*

Idiomáticas. Cusifai. El coso, el tipo. Persona, despectivamente. Úsase en los dos géneros: el o la cusifai. Peyrou solía usar la palabra.

Diciembre 1983. En favor de los radicales votamos todos los que no querían represión peronista ni represión militar. Ahora compartimos la alegría, el alivio del triunfo —nadie niega que es agradable vivir en libertad— pero tal vez en un futuro no lejano un buen número de los que hoy nos acompañan nos dejen para emprender la represión de todos los que no piensan como ellos.

Los argentinos, aun los que no hablan como gringos, a veces pronuncian *pero* a la italiana, con acento agudo.

Illo tempore. Contra las moscas: Tangle Foot, láminas recubiertas de una substancia pegajosa, con apariencia de miel. Más lindas, pero de menor eficiencia, eran unas chapas con margaritas pintadas, que se suponía mataban las moscas. En el comedor de los sirvientes, en Vicente Casares, en el centro de la mesa, los comensales tenían una rumorosa jaula para moscas, de alambre tejido.

A veces me pregunto si los dolores morales no son un lujo de los que no conocen el verdadero dolor.

En defensa de la bigamia. No hablo por lo que me pasa ahora, que estoy viejo y ya no atraigo a las mujeres; hablo por la experiencia de toda la vida. El que tiene a una sola mujer, probablemente a través del comportamiento deja que ésta intuya la situación y se condena a desatenciones, descuidos, abandonos, postergaciones. Parecería que la mujer sólo ama para conseguir sucesivamente al hombre, al marido, al testador, para desalojar a una rival o para atarnos por la procreación. Alguna vez, un poco harto de una vida de malabarista con algo de prestidigitador, en la que alternaba dos mujeres que se ignoraban (una se llamaba "lunes, miércoles y viernes"; la otra, "martes, jueves y sábados"; el domingo, para descansar), a las que sumaba una siempre renovada de ocasionales oficiantes, me dije: "Basta de engaños. Ahora tengo a una mujer que me gusta. Voy a darme enteramente a ella. Voy a conocer el verdadero amor". Conocí días vacíos, algunos embustes y muchas postergaciones; recordé entonces que ya había vivido situaciones análogas. Cuando introduje en mi vida a una segunda concubina, todo mejoró: hasta los amores.

No lo negaré: tiene sus inconvenientes la bigamia. El mayor, sin duda, es que lleva tiempo. Por eso el famoso chiste del viejito encierra una irrebatible verdad. Cuando le preguntaron cómo hacía para dejar satisfechas a tantas mujeres, contestó: "Me compré una bicicleta". En efecto: superada la dificultad provocada por la insoslayable realidad del tiempo, todo son ventajas.

Después de pasar revista a mis largos amores recapacito: me debe gustar mucho la sociedad de las mujeres para no estar convencido de que más vale olvidarlas.

Párrafo subrayado (cuando descubría la literatura, a los doce o trece años) en un diálogo de Vives: "Beatriz [a uno que no quiere levantarse]: —Ésta es tu primera canción de la mañana, y bien antigua. Abriré las dos ventanas, la de madera y la de vidrio, para que el sol de la mañana te dé en los ojos. Levantaos, levantaos".

No sé por qué eso me gustaría tanto. Quizá por algo que tiene poco que ver con su mérito literario. La celebración de la mañana, de la luz de la mañana que me parecía que entraba en mi vida por esa ventana abierta.

Dichos con Tata y batata.

Va Tata al baile (para que se entienda: Batata al baile; *batata* no es aquí *tubérculo*, sino *vergüenza*, perturbación del tímido).

No te fiés, Batata,
ni de tu tata.

Tata, padre o abuelo. A mi abuelo materno, yo le "decía" Tatita; a mi abuela materna, Mamita o Mamama; a mis abuelos paternos, Gran Papá y Gran Mamá. Pongo "decía" entre comillas, porque va en sentido de "me refería" para mi abuelo materno y mi abuela materna; ambos muertos cuando yo nací. Mis nietos me llaman *Tata*.

La fe, en que se apoyan las religiones, nace de la necesidad de tener alguien, o algo, a quien pedir mercedes. La parte de creencia, en ella es variable, imprecisa y cuenta poco.

Una señora amiga los otros días fue a misa a pedir su ascenso en el escalafón, de la categoría 017 a la 021, aunque reconocía, según dijo, que las personas como ella, incrédulas, que raramente van a misa, tienen mala suerte y no consiguen ascensos. Con cierto orgullo y mal disimulada exasperación me leyó una carta de su hijo, que está en

Europa, la quiere mucho y es católico practicante. La frase que la molestó un tanto decía: "En todas mis oraciones pido a Dios que te dé fe".

Me pregunté por qué no fui nunca verdaderamente amigo de Victoria Ocampo. Mis padres la querían mucho y eso me predispuso en su favor. Admití, alguna vez, que *Sur* era importante y pude creer que el material de lectura tenía su parte en el agrado que me producían el papel muy blanco, la tipografía nítida y la elegante composición (estoy hablando, es claro, de los primeros números). Sé que Victoria era una buena persona, sin duda partidaria del bien… Decir que era mandona, ególatra, vanidosa no es faltar a la verdad; pero sin duda uno sobrelleva a mucha gente así. ¿Entonces? Creo que hoy encontré la respuesta. Victoria ofrecía amistad y protección a cambio de acatamiento. Naturalmente no esclavizaba a nadie. En su casa, los amigos tenían toda la libertad de pupilos de los últimos años de un colegio. Porque esto era así, el grupo de Villa Victoria siempre me pareció un poco ridículo. La reina y sus acólitos o bufones.

Victoria. Imposible confundirla con *Vidorria*. Ofrecía su amistad contra nuestra libertad.

Pocos libros más inútiles que el *Diccionario infernal* de Colin de Plancy.

Helena Garro negaba (ay de mí) el *Anónimo sevillano*.

Después de ver el film de Fellini sobre Casanova, pienso que de algún modo yo he sido un Casanova de segunda o aun de intermedia.

La película sobre Casanova es triste. La vida de Casanova, como la de todo el mundo, consistió en nacer, copular y morir. En su caso, tal destino parece particularmente patético, porque él a todo el mundo aseguraba que había hecho muchas cosas importantes; nadie lo escuchaba.

He sabido por Casanova que los antiguos pintaban a Venus bizca.

Wakefield.

I. Burone me contó de alguien que, siguiendo a una muchacha, se fue de la casa. Dos años después, una noche, a la hora de comer, volvió. Entregó a su mujer un envoltorio:

—Traje esto —dijo.

Era una pizza.

II. El cómico Sandrini estaba casado con la cantante de tangos Tita Merello, mujer insoportable (amén de peronista). Una tarde Sandrini dijo:

—Voy a comprar cigarrillos.

No volvió más, ni se acordó de pedir sus cosas.

III. Un juez de la Suprema Corte de Salta había recibido en su casa a un colega, que debía consultarlo sobre un asunto urgente. Estaban conversando junto a una amplia ventana que daba a la calle, cuando vieron pasar a una mujer espléndida. El visitante pidió excusas para salir un segundo. Nunca volvieron a verlo.

IV. Mis dos amigas se fueron a esperarme a Mar del Plata (cada una por su lado; no se conocían). Yo demoré un poco el viaje. Finalmente, me despedí por escrito de una y otra —salvo destinataria y dirección, esas dos cartas, como las de Boswell a sus amadas de Turín, resultaron idénticas— y me fui a Francia.

En mi primera infancia había todavía lacayos. En Vicente Casares, cuando se ataban los coches, al lado de René, el cochero, iba un lacayo en el pescante. No estoy del todo seguro, pero creo recordar que en el pescante del Packard-Levasson que era el coche de mi abuela (en la ciudad), al lado de los sucesivos Gaston y Émile iba un lacayo (de librea, como el chofer). Cochero y chofer eran franceses; la mujer del cochero René era la muy criolla, de voz altísima, Gregoria, niñera de mi madre. El perro de caza del matrimonio se llamaba Tom. Una vez me mordió. Gregoria se vestía como criadas del siglo XIX, con una blusa con puntillas, cuello duro, almidonado, y puños similares, pollera muy ajustada en la cintura y larga. La librea de René incluía *breeches*, polainas y botines de cuero marrón oscuro.

En sueños alguien me dijo: "Si pudiera, compraría dos o tres ríos". Creo que era una chica.

Soy un llorón repulsivo. Soy ateo y hoy he llorado por Santa Escolástica, la hermana gemela de San Benito, que vivió en el siglo VI. Sintiendo la muerte próxima, Santa Escolástica pidió a Benito que no se apartara de ella esa noche. San Benito se negó, porque no quería infringir la regla que él mismo estableció para la abadía de Montecassino: ningún monje podía dormir afuera. Escolástica se echó de rodillas y empezó a rezar e inmediatamente se desató una terrible tormenta. El santo no pudo volver a Montecassino.

—Hermana mía, ¿qué has hecho? —preguntó Benito.

—Te pedí algo y me lo negaste. Dios me lo ha concedido.

Tres días después murió la santa. La enterraron en Montecassino. Tres semanas después murió Benito. Lo enterraron en el mismo sepulcro.

Un día, en un bar de Villa Allende, se rió de una mujer que continuamente movía la cabeza. Ahora la mueve ella.

Plegaria del padre de familia:

Líbreme Dios del infierno
y tome en cambio a mi yerno.

12 febrero 1984. *Muerte de Cortázar*. Vlady me previno:
"Escribile pronto. Está enfermo. Va a morir". Como siempre, me
dejé estar. Yo quería agradecerle la extraordinaria generosidad de referirse a mí, tan elogiosa, tan amistosamente en su admirable "Diario de un cuento". La carta era difícil. ¿Cómo explicar, sin exagera-
ciones, sin falsear las cosas, la afinidad que siento con él si en política muchas veces hemos estado en posiciones encontradas? Es co-
munista, soy liberal. Apoyó la guerrilla; la aborrezco, aunque las
modalidades de la represión en nuestro país me horrorizaron. Nos
hemos visto pocas veces. Me he sentido muy amigo de él. Si estuviéramos en un mundo en que la verdad se comunicara directamente,
sin necesidad de las palabras, que exageran o disminuyen, le hubiera
dicho que siempre lo sentí cerca y que en lo esencial estábamos de
acuerdo. Pero, ¿la política no era esencial para él? Voy a contestar
por mí. Aunque sea difícil distinguir el hombre de sus circunstancias, es posible y muchas veces lo hacemos. Yo sentía cierta herman-
dad con Cortázar, como hombre y como escritor. Sentí afecto por la
persona. Además estaba seguro de que para él y para mí este oficio
de escribir era el mismo y lo principal de nuestras vidas. No porque
lo creyéramos sublime; simplemente porque fue siempre nuestro
afán.

13 febrero 1984. Cuando me dicen "Cortázar murió a los setenta
años" voy a protestar, voy a segurar que no era tan viejo, pero entonces recuerdo que yo cumpliré en el próximo mes de septiembre esa

edad, que imagino como una nevada cumbre de la vejez, peor, de la humanidad.

Santoral. San Severo, sacerdote de Valesi, en los Abruzzos. Por medio de sus oraciones resucitó y, lo que parece aún más extraordinario, convirtió a un hombre a quien los demonios ya arrastraban al Infierno. San Gregorio el Grande certifica este milagro.

14 febrero 1984. Se pega un tiro Angelito Sánchez Elía. Su locura: se creía pobre. Qué pobreza.

Una verdad amarga, más que nada increíble, que los chicos de mi tiempo un día debían admitir, no porque realmente la creyeran, sino porque les llegaba con todo el peso de la autoridad de los chicos mayores: los propios padres hacían entre ellos "porquerías", *id est*, copulaban.

Cortázar compró un lugar contiguo a la tumba de su mujer Carol, para que lo enterraran. Este hecho me asombra un poco, en un hombre que no creía en el más allá. La única justificación que veo estaría en una promesa hecha a la mujer querida antes de que ella muriera. A mí no me importa dónde me entierren. No me gusta pensar en eso. Tal vez lo menos desgradable para el mundo que me sobreviva, sería que me incineraran; pero la verdad es que no quiero pararme a pensar, porque da un poquito de asco.

Horresco referens. La segunda mujer de Cortázar, la letona Ugné Karvelis, trata de convencer a las autoridades argentinas de repatriar los restos.

A un indio americano, condenado a muerte por los españoles, un fraile le preguntó si no quería aceptar la verdadera religión e ir al cielo. El indio preguntó: "¿Los cristianos van al cielo?". Cuando el fraile le contestó afirmativamente, el indio dijo: "Entonces no quiero ir".

A un jinete mogol le preguntó un misionero si no quería ir al cielo. Él preguntó si podía llevar su caballo. El misionero le dijo que no había caballos en el cielo. "Entonces el cielo no me interesa", dijo el mogol.

19 febrero 1984. En *La Nación* de hoy, leo declaraciones de varios escritores sobre la muerte de Cortázar. La mejor, increíblemente, es la de Sabato. La de Silvina no está mal. En la de Beatriz [Guido] hay mentiras, lo que en ella es una prueba de sinceridad.

Vuelvo sobre la muerte de Cortázar. Odile Baron Supervielle me dijo: "Yo no estoy triste. Sé que está en el cielo, con Carol".

Sobre el suicidio de Angelito Sánchez Elía. Una señora me dijo: "Yo no estoy triste. Sé que no se ha condenado y que descansa".

Siempre aborrecí el olor a lavandina.

Chesterton dijo: "De neuróticos y de locos se ocupa ahora la psiquiatría; antes, la hagiografía. Creo que en eso hay decadencia".

Wilde dijo que la Historia del mundo es una sucesión de noticias de policía.

Idiomáticas. Tu abuela, tu abuela la tuerta, tu abuelita la tuerta. Úsase para rechazar una proposición desventajosa.

No hay tu tía, frase que se emplea para significar que las cosas son como son y no como uno quiere; que determinada solución, aunque sea amarga, es la única.

Escribir sobre la institución de los amantes, pilar indispensable para la estabilidad del matrimonio. Además, hay que tener ganas (dicho con ironía) para probar el matrimonio una segunda vez... Tipo de amante recomendable: el *cavalier servente* de Italia y los amantes del siglo XVIII de Francia e Inglaterra: una para el marido, uno para la mujer. Tipo de amante insoportable: la romántica prole del psicoanálisis que difama la condición de amante y quiere dejar al cónyuge, si lo tiene, casarse con su amante, con quien se lleva tan bien (porque no están casados, porque no viven juntos).

No creo que Cortázar tuviera una inteligencia muy despierta y enérgica. Desde luego, sus convicciones políticas corresponden a confusos impulsos comunicados por un patético tango intelectual. Le gustaban las novelas "góticas". Creía en la astrología.

Me aseguran que en el profesorado a Pezzoni lo ponen a la altura de Wittgenstein. También que Pezzoni, en sus clases, jamás aventura un juicio de valor. Sobre Fulano, Zutano dijo tal cosa; Perengano tal otra. Y que tanto él como Costa Picazo se complacen en dedicar íntegramente un curso de literatura americana, para señoritas que no saben nada de esa literatura ni de ninguna otra, a Emily Dickinson, o, peor aún, a Fitzgerald o a la llamada literatura negra. Las pobres pierden quizá la única oportunidad de acercarse a una literatura; oirán hablar, eso sí, de un autor menor o de un género menor.

El odio idiotiza. Aseguró que Aldo Ferrer fue un excelente ministro de Economía de la provincia de Buenos Aires, pero reconoció que fue un mal ministro de Economía de la Nación. "La explicación es clara —me dijo—. La Nación tiene asuntos que interesan a las multinacionales y la mujer de Aldo Ferrer es judía".

12 marzo 1984. Oscar me dijo que hay tantos mosquitos ahora en la zona de Pardo que del pasto sube un ruido de hervor; los caballos estornudan y se estremecen; la hacienda y los caballos se amontonan en el campo, anca con anca y usted ve cómo trabajan las colas para espantar los mosquitos; las ovejas también se amontonan, como si las juntaran perros y se pasan la noche sin dormir.

Las memorias de Casanova son como una larga novela, con infinidad de caracteres muy diversos y muy definidos: nos atrae por la clara variedad de hombres y de mujeres, y también por los episodios y por las reflexiones.

Casanova: Pese a la buena opinión que tenía de mi persona, nunca tuve la menor confianza en mí mismo (dice de sí cuando joven).

Casanova: "El hombre viejo tiene por enemigo toda la naturaleza". El matrimonio tiene por enemigo la realidad entera (ABC).

Casanova: Esa dama, para tratarme a la napolitana, me tuteó desde el momento en que nos presentaron.

Sobre la Calabria: "carece absolutamente de todas aquellas cosas agradablemente superfluas que hacen soportable la vida".

Llama *batticulo* a una bolsa que llevan *in situ* los frailes franciscanos. El nombre de *baticola* de nuestros arneses, ¿viene de ahí?

Dice que en Roma casi todos los hombres, fuera de los nobles, que no aspiran a puestos eclesiásticos, se visten como abades, aunque no lo sean (nada lo prohíbe) (siglo XVIII).

Dice que el bazo es el órgano de la risa.

Dice que siempre se dejó engañar por las mujeres (*anche io*).

Idiomáticas.

Morir. No contar el cuento; cantar para el carnero; cagar fuego; irse ("Se nos fue don Benito"); estirar la pata; dejar de existir; espichar; entregar el rosquete; entregar, dar, el alma; dar el último suspiro; cerrar los ojos; pasarle algo a uno ("Por si le pasa algo, tomó la precaución de hacer el testamento").

Compartimento. Compartimiento. En la Argentina, *compartimiento* parece afectado y hasta un poco absurdo. Ver el *Diccionario* de Garzón.

Domingo, 25 marzo 1984. Silvina vio en la televisión la película *Perdida en el mar.* Entro en el cuarto y me dice: "Qué desagradable. Es como uno de mis cuentos pero mucho más divertido".

25 marzo 1984. Hoy le dije a Drago: "Qué raro. Alfonsín quiere a todo el mundo, menos a nosotros. Quiere a gente tan poco querible como los peronistas, o los democratacristianos, o el propio señor Alende. A nosotros, no".

25 marzo 1984. *Santoral.* San Dimas. El buen ladrón: uno de los dos delincuentes crucificados junto a Cristo; el que dijo: "Acuérdate de mí cuando estés en tu reino". Jesús le contestó: "Hoy estarás conmigo en el paraíso".

Idiomáticas. Curiosa acepción del verbo *irse*: se valen, son parecidos, equivalentes, etcétera:

> Don Rubén y don Román
> por ahí nomás se van.

El interlocutor cree siempre que hay que decir únicamente lo que levanta el ánimo. Nos hemos convertido, por eso, en un país de mentirosos. Peor: de incapacitados para la realidad.

Sueño. Sueño que estoy en París. De pronto descubro con agrado, con la nostalgia del que está lejos de su tierra, que ando por calles y plazas de Buenos Aires. "¿No te has enterado? —me preguntan—. Hasta el lunes Buenos Aires está en París". Recuerdo entonces que he visto carteles que anuncian *La Semana de Buenos Aires en París*. Estoy orgulloso de mi ciudad, ansioso de que los amigos franceses la valoren y la alaben. Me llevo una desilusión: ocupados en protestar contra los excesos de la propaganda moderna, los franceses no miran, ni siquiera ven, a Buenos Aires.

En el San Martín hubo una mesa redonda de escritores, en que se discutió sobre literatura erótica. Como suele ocurrir en estos casos (trátese de mesas redondas de mujeres o de hombres) se dijeron, con la mayor seriedad, muchas pavadas. El público era casi exclusivamente femenino; en todo caso parece que el único escritor presente fue Dalmiro Sáenz. Le preguntaron si tenía algo que decir: "Bueno —contestó—, ya que me preguntan les confesaré que después de oírlas hablar de todo eso me siento un poco excitado".

En mi juventud, de la mujer que recibía plata de su amigo, se decía "es una mantenida". Estaba mal vista. Hoy, la que está mal vista es la que no recibe nada; en cuanto al hombre que no da plata, que no aporta, como se dice, es un vividor, tal vez un rufián. "El desgraciado no aporta un peso para la otra", dijo una señora de su último yerno *à la mode de Bretagne*.
Hasta que anduve por los cincuenta años, ninguna mujer me pidió plata para sus gastos. Después varias; pensé "les piden a los viejos".

Me equivocaba. Mi edad no era la causa, o por lo menos la causa única. Hubo un cambio en las costumbres.

5 abril 1984. Estaba preocupado porque el resfrío me impidiera la asistencia al acto, en la Feria del Libro, en que me darían un vigilante de bronce (*timeo danaos*), en reconocimiento de "lo que hice" por la literatura policial. A la noche soñé que iba al acto, que me encontraba con Ulyses Petit de Murat y que lo abrazaba con mucho afecto. De pronto creí recordar que a Ulyses algo le había pasado... Es claro, me dije, se ha muerto. Mientras tanto, en el fondo del salón, saludaba a otras personas (mal informadas, sin duda).

7 abril 1984. Me he puesto un saco que compré en Nueva York en 1949. Me vi en el espejo y anhelé: "Ojalá que mi vida con mujeres siga por otros tantos años", pero melancólicamente me dije: "El saco de Er". El lector pensará: "Pedantescamente"; se equivoca; tengo a mano el saco de Er desde que lo encontré en Platón, pero después de la muerte de mi primo Enriquito Grondona, o de mi tío Justiniano Casares; ahora recuerdo:

En un placard de la casa de la calle Uruguay (1400) vi ropa de Justiniano, *inter alia* una galera de felpa —nada más fuera de carácter con relación al muerto— y pensé en el saco de Er; yo estaba haciendo una visita de despedida a la casa, porque la habían vendido e iban a demolerla. La costumbre era mudarse después de una muerte. Las primeras muertes de la familia Casares fueron (para este testigo) la de Enriquito Grondona (Casares) y la de Justiniano Casares, alias *Justi*.

Estuve hojeando *La guía del buen decir*, de Juan B. Silva, uno de los libros que más asiduamente manejaba en mis albores de escritor (otros: un *Prontuario del idioma*, de los Manuales Gallach; *Prontuario de hispanismo y barbarismo*, del padre Mir; el *Diccionario y gramática* de la Academia; el *Diccionario de ideas afines* de Bénot (traducción del Roget's *Thesaurus*); *Diccionario de verbos* de Ruiz León (verdadero título: *Inventario de la lengua castellana*, I, Verbos), los diccionarios de argentinismos de Segovia y de Garzón. Un punto que me preocupaba era si debíamos escribir (como decíamos) *entré a casa*, o *entré en casa*. Estimulado por Silva, por un tiempo escribí *entrar a*; después, por prudencia, *entrar en*.

El libro de Silva está publicado por La España Moderna, editorial que yo respetaba mucho. En el alto de la portadilla se lee: Biblioteca de Jurisprudencia, Filosofía e Historia; un poco más abajo: *Guía del buen decir*, y un renglón más abajo: *Estudio de las transgresiones gramaticales más comunes*. ¿El volumen encajaría en la Jurisprudencia, o en la Filosofía, o en la Historia?

En la página de enfrente leemos: "Obras de Filosofía publicadas en La España Moderna". La lista incluye un libro de Pascal, uno de Castro y, de Max Müller, *Ciencia del lenguaje*. Debajo de este título, la lista continúa con otros, del mismo autor: *Historia de las religiones, La mitología comparada, Origen y desarrollo de la religión*. Un poco más abajo se lee "Otras obras publicadas por la misma Casa Editorial"; encabeza la lista el *Diario íntimo* de Amiel.

Por lo visto no creían supersticiosamente en el rigor los editores de La España Moderna. Tampoco, Silva. He aquí el primer párrafo del prólogo:

"El mejor modelo de buen decir lo dan hoy, sin duda alguna, Doña. Emilio Pardo Bazán, Echegaray, Galdós y cuantos con más arte y con mayor acierto usan el habla castellano". Si como creo, las palabras que siguen a la mención de Galdós significan que los que escriben mejor escriben mejor no tengo nada que objetar. Dos páginas más adelante Silva se pregunta si "Alas y Clarín, con sus críticas aceradas, no han hecho más mal que bien a la literatura castellana". Hasta el lector de 13 años, que yo era por entonces, sabía que Alas y

Clarín eran el mismo escritor. De todos modos el libro de Silva me fue útil y su criterio, bastante amplio, me resultó saludable.

Exclamaciones francesas.
Tonnerre de Dieu, y *Tonnerre de tonnerre* (para no mencionar el nombre de Dios, en vano).

Entre los manjares superiores recuerda Casanova trufas blancas, peces del Adriático, moluscos de concha y, como vemos, el champagne no espumante, el Peralta, el Jerez y el Pedro Ximénez.

Dios proveerá, dicho sabio de pecadores, según Casanova, y de gente acostumbrada a vivir sin la protección de la ley, fuera de la ley.

"No va a tener tan pronto el dulce", para indicar que a un pretendiente o candidato se lo hará esperar antes de acceder al coito.

Casanova dice que el viejo puede conseguir placer, pero no darlo. Soy tan ignorante que ignoraba esa verdad. Consecuencia: El viejo difícilmente conseguirá una mujer, no profesional, con la que conseguir el placer que puede conseguir.

Idiomáticas. Buscar un pelo en la leche. Los españoles dicen (ver el *Diccionario de la Academia*) un pelo en el huevo.

8 abril 1984. Considero la afirmación de Casanova sobre los viejos y el placer. Presiento que me encamino al celibato. ¿Quedaría la posibilidad de una *soubrette* en el zenana? ¿O de una discípula, como las del filósofo, seguramente *filósofo*, Marcel? ¿O la que dejamos con hambre acaba por odiarnos? No acaba, la pobre; empieza. *Ad litteram.*

En una audición de radio oigo una conversación entre un locutor de Lima y uno de Buenos Aires, sobre un motín de presos en no sé qué punto del Perú.

El de BA: Y por la matanza en la prisión, ¿el gobierno pagará un precio político?

El de L.: De ninguna manera.

El de BA: ¿No le costará la renuncia al Ministro del Interior?

El de L.: De ninguna manera. Ningún rehén ha muerto ni ha sido herido.

El de BA: Pero hay muchos muertos.

El de L.: En las filas de los guardias no hubo muertos ni heridos.

El de BA: Hay 21 reclusos muertos.

El de L.: Ésos son delincuentes. Son los que se alzaron y tomaron rehenes; pero como te digo, los rehenes están sanos y salvos y los miembros de la guardia también.

No se entendían; ni se acercaban a la comprensión. Allá no existe, por lo visto, la simpatía en favor de los presos, de los que están fuera de la ley. Aquí los "malos" son los "buenos" y los "buenos" son sospechosos.

Arábamos, decía el mosquito. Expresiones por las que entendemos algo que no es lo que literalmente nos dicen: "Drago está pintando su casa". Drago no pinta nada; un pintor hace el trabajo. "Este año sembraré cuatrocientas hectáreas". Como San Isidro Labrador, pero no doscientas, un tractorista hará el trabajo. Seguramente algún estanciero dirá: "Este año voy a servir ochocientas vacas".

Romero.

> *Quien pasa por el romero no coge de él,*
> *no ha tenido amores, ni los quiere tener.* (refrán).

Y entre las damas del vicioso trato,
si no queman romero, no hay buen rato.

Francisco Navarrete y Ribera, *La casa del juego*, 1690.

Vi con gusto a Jorge Amado porque, lo recuerdo muy bien, en Niza, cuando integramos el jurado para el premio Lion D'Or, nos entendimos en seguida: antes que premiar a un joven autor de poemas pretenciosos, oscuros y tediosos, convinimos en elegir a un viejo cuentista, que evidentemente conocía su oficio y escribía para ser leído. Cuando nos encontramos acá en Buenos Aires, nos abrazamos y me dijo: "Querido amigo, siempre recuerdo nuestras conversaciones en el jurado y cómo nos entendimos fraternalmente. Fue en Madrid. Usted me acompañó, y con su voto premiamos al poeta brasilero... (pronunció un nombre que yo nunca había oído)".

En la Feria del Libro hacía mucho calor. Jorge Amado, pasándose un pañuelo por la cara, se quejó: "¡Esto es el Brasil!".

Dos operarios están arreglando una vereda. Uno le dice al otro:
—Las calles de Buenos Aires tienen un no sé qué.
No puedo creer lo que oigo. Después comento la frase con un amigo, que aclara:
—Es un tango de Piazzolla.
Nuestra erudición es como las fortalezas de frontera, que siempre dejan un sector desguarnecido por el que entran los invasores.

Cada cual tiene el misterio que le concede su ignorancia. ¿Por qué Stendhal escribió en su epitafio Arrigo Beyle, si su nombre era María Enrique? Misterio revelado: *Arrigo*, en la tumba de Stendhal, no es el *arrigo bello*, o arrigo, el payaso que hace ruido; simplemente es *Enrico* (Aclaración de Bianco, por teléfono).

Un crítico de la sociedad. Chofer de taxi, viejo: "Yo lo voté a Alfonsín y lo volvería a votar, pero de ahí a creer que va a sacar al país del pantano… Mire: a este país no lo saca nadie, porque todos los argentinos, óigame bien, todos, pateamos en contra. ¿Cómo va a progresar un país donde todos pelean contra todos? Es un pueblo egoísta, interesado, coimero, ladrón. Una porquería. ¿No me quiere creer? Yo también me incluyo. Allá por el año 40, haga bien la cuenta, eran otros tiempos, gente más sana, yo trabajaba en una dependencia del Ministerio de Marina. Yo veía a los almirantes, fíjese lo que le digo, a los señores almirantes, que un día se llevaban a su casa una lámpara, otro día un sillón. Y no crea que en el robo hormiga entraban sólo los almirantes; entraba todo el escalafón, de arriba abajo. Yo empecé llevándome un día una bombita de luz; de ahí pasé a una lámpara; después a sillas y mesas. Las vueltas de la vida me llevaron al Ministerio de Salud Pública. Cuando un jefe se arreglaba con un laboratorio para comprar una partida de remedios, yo iba a retirarla; eso sí, no la retiraba si no había un regalito —una atención, que le llaman— para mí. De algo puede estar seguro: en casa nunca faltó alcohol, algodón, aspirinas ni purgantes. De arriba, es claro, todo de arriba. Créame: a este país no lo arregla ni Dios".

Chofer de taxi, de edad mediana. Nombramos a Cacciatore y me dijo: "A ése le deseo una linda muerte de cáncer". "A ustedes", le dije, "los tuvo a mal traer. Los obligó a poner ese farol en el techo, que ilumina cuando están libres; a poner cinturones de seguridad, a cambiar los relojes del taxímetro". "Por todo eso", me replicó, "le doy diez puntos". "Bueno, hizo las autopistas. Costaron millones y dejaron a mucha gente sin casa". "Yo no le achaco eso", dijo. "Es una obra y va a llegar el día en que se la agradeceremos". "Pero entonces, ¿qué le achaca a Cacciatore?" "Muy sencillo. Cuando empecé a trabajar pagué por mi licencia de taxista más que por este coche. En eso llega el bueno de Cacciatore y establece que las licencias son gratuitas. ¿Eso es justicia, es igualdad? Cuando veo a la manga de taxistas con licencias del 77, me entra una furia venenosa y quiero morir. Demasiada injusticia". No me atrevo a decirle que si su manera de sentir prevaleciera, ningún gobierno se atrevería a rebajar una tasa, un impuesto ni a mejorar nada.

Menos lúcido que el oso bailarín, escuché con agrado alabanzas de mis declaraciones sobre Manuel Mujica Lainez, con motivo de su muerte. Las formulaba, por cierto, el chancho, mejor dicho la chancha.

Cuando des tu nombre para una comisión de homenaje a alguien —por ejemplo a Juan Bautista Alberdi— no creas (como yo) que das tu apoyo o adhesión; piensa (como los de la comisión mencionada) que propones tu figuración, por la que pagarás una suma, digamos quinientos pesos.

Me aseguran que los empleados de nivel bajo, el día en que reciben el sueldo, intercambian con sus compañeros de trabajo bromas picarescas sobre las respectivas esposas de las que dicen: "Hoy van a estar contentas" y otras frases por el estilo. En realidad lo que sugieren y declaran es que esa noche la mujer los aceptará entre sus brazos. La hospitalidad dura mientras hay abundancia de dinero: una semana, cuando más. Después, el hambre, hasta el siguiente mes.

Query. Qué es *refosque*: ¿un plato de comida? ¿una bebida? ¿una fruta? A Casanova (tomo I, cap. XIV) le dicen: *"J'ai du refosque précieux, venez en goûter"*.

Ya es hora de olvidarse del cine interior y ver la muerte como la conciencia de los seis años, el acné de los catorce, la calvicie de los veintitrés y la próstata enferma de los sesenta y seis. Para el organismo no tiene más importancia, aunque lo aniquile.

Para casi todo lo que se hace con terceros se recurre a falsas promesas. Por ejemplo, mi amigo Norberto Repetto quiso invitarme a una conferencia suya en el Instituto Libre; como esa invitación le parecía un motivo insuficiente para llamar a un amigo a quien no veía desde años, se le ocurrió ofrecerme el cargo de Consejero del Instituto, del que él es rector, e inventar que el acto, en el que él hablaría, era una fecha importante en la Historia del Colegio. Aunque yo recuerdo mis tres primeros años en el Instituto como una temporada en el presidio, con profesores incapaces que me denigraban y me hacían dudar de mi inteligencia, o más bien, admitir mi inepcia, y los últimos años como una temporada en un club, donde alternaba con profesores incapaces (con excepciones como Butty y algún otro) acepté todo y el martes 3 de mayo, a las siete menos cuarto, fui al acto. Repetto me trató cordialmente y con mucha cortesía. Me senté en el estrado, a su izquierda; a su derecha estaba el presidente de la Corte Suprema; pronto advertí con alivio que yo no estaba ahí en calidad de Consejero, sino de ex alumno; ahora "famoso escritor". Por primera vez asistí, desde el estrado, a una conferencia. Pude apreciar en qué alto número de caras pronto aparecen ojos entornados. Tuve ocasión de preguntarme por qué, los que tenían sueño, se sentaban en las primeras filas. Pero no todo el mundo tenía sueño; había una chica morena, de ojos muy bellos, de nariz perfecta y de expresión despierta. Parecía despierta aun al hecho de que yo podía defenderme contra la tentación de mirarla. Nuestras miradas se cruzaron varias veces... Yo recordaba cuando iba a los teatros de revista (en los años de mi adolescencia) y de tanto mirar desde las primeras filas a una bataclana obtenía alguna sonrisa, como secreto y promisor saludo. La última vez que me sucedió eso fue en París, en el 64 o 67, en el Moulin Rouge.

Después de la conferencia, cuando ya me iba a casa, en la vereda, se me acercó la muchacha. Me dijo que era la primera conferencia de su vida, que estudiaba museología y que esperaba verme en la próxima conferencia del Instituto. Yo le dije que era muy linda. "Usted también", me contestó. A los setenta años, vienen bien, créanme, estos halagos a la vanidad.

Cabe agregar que la conferencia me interesó —describía la patética indigencia de este país despoblado entonces, pero rico en hombres cultos— y que fue pronunciada en el mismo Salón de Actos donde yo, hacia 1926 o 1927, sólo pude pronunciar las cinco o seis primeras frases de una exposición que imprudentemente me encargó Moyano, el profesor de francés: "Paris, Capital de France, Centre du Commerce et l'Industrie". No pude seguir. Moyano, como un muñeco triste murmuraba: *"C'est le trac, c'est le trac"*. El recuerdo me acompaña hasta hoy y me impide hablar en público.

En la comida que le dio Emecé, Jorge Amado dijo: "Veo alrededor de esta mesa a grandes escritores, como Bioy, a jóvenes escritores, como Vlady Kociancich, y a escritores, simplemente escritores" (Silvina Bullrich, Marta Lynch, Elvira Orphée, Blaistein, Rabanal, Aguinis, etcétera, todos etcétera). Vlady me dijo después: "Qué *gaffe*". La verdad, aunque yo pensé, lo admito, que Amado había sido extraordinariamente amistoso (conmigo, por cierto. ¿Qué me importa una *gaffe*?, etcétera).

¿Cuándo aprenderé? En todo lo que nos proponen hay engaño.

Un amigo me pide que integre la comisión directiva del club: "El presidente y toda la comisión están empeñados en tenerte. Todos te quieren. Para peor, porque su mujer está enferma, Fulano no aceptó. (Pudo agregar: 'La vocalía que te ofrecemos')". Recordar que en toda proposición hay una trampa oculta para distraídos. Yo soy distraído.

Curiosa *n* final del imperativo, argentina, vulgar, anticuada, usada aún hoy en el campo: "Pónganlon aquí. Sáquenlon. Cómanlon. Véngansen cuando quieran. Ábranlon. Ciérrenlon".

Sueño. A la estancia de Pardo llegan, en una *voiturette* Chrysler, tres visitantes: uno es un cura muy alto, muy flaco, muy pálido; de otro recuerdo la gorra de hilo, blanca; del tercero, nada. Los llevamos a ver un falso cementerio que tenemos en el monte. Les mostramos las lápidas. En una se lee: "Aquí yace un asaltante, muerto a palos"; en otra: "Aquí yace un visitante sospechoso". Con disimulo miramos la cara de los individuos, sospechamos que son asaltantes.

Refosque. Encontré la respuesta en una nota de René Démoris, en el volumen de *Memoires* de Casanova, de la edición de Garnier Flammarion, que me llegó de Francia. Lo encargué porque los editores ocultaron, callaron la circunstancia de que la edición es abreviada. A esos atorrantes les debo, sin embargo, la nota del profesor Démoris: "*Refosque. Refosco.* Vin du Frioul".

Observaciones de un Esclavo Negro. "*Tengo que salir* es más fuerte que *Tengo que salir para esto o aquello.* Cuando digo *Tengo que salir,* la patrona calla y salgo. Cuando digo *Tengo que salir para esto o aquello,* la patrona alega que no hay apuro, o que lo hará otro y quedo en casa", me explicó el Esclavo Negro, alias Alter Ego.

Report on Experience. Cuando me dicen: "Tengo que hablarte" no siento curiosidad.

Santoral. San Juan I. Papa de 523 a 526. Por decisión suya, los años ya no se contaron desde la fundación de Roma —*ab urbe condita*— sino desde el nacimiento de Cristo. Fijó la fecha de la Pascua y echó las bases de la música sacra, de lo que llegaría a ser el canto gregoriano.

Mayo 1984. Cuento con dos amantes, para no acostarme con ninguna.

Profesores del Instituto que fueron los demonios de mi primer año de abatimiento y desolación: Rivarola (álgebra), Aldini (latín); un poco menos ponzoñosos (indiferentes, despreciativos, no ensañados): Campolongo (geografía), Sáenz de Samaniego (castellano). Tal vez porque fui deficiente al principio quise alardear de mi suficiencia después. Cuando cursaba cuarto año di quinto libre. En sexto año tuve nuevos compañeros; mis amigos Drago, Julito y Charlie Menditeguy estaban todavía en quinto. En el año (siguiente) que pasé dedicado a leer, esperando a Drago para entrar juntos en Derecho, me acostumbré al estudio de lo que me interesaba y a escribir. Me costó mucho esfuerzo emprender el estudio de Derecho. Olvidaba algo más sobre los años del bachillerato (o Nacional, como decíamos): si Rivarola parecía empecinado, sadísticamente empacado, en convencerme de mi estupidez, Butty, profesor de trigonometría, en sexto año, parecía complacerse en convencerme de mi capacidad. Me puso diez en todas las pruebas escritas, aunque me señaló que a veces yo me equivocaba en los resultados. "Entonces, ¿por qué me pone diez?", le pregunté. "Porque domina la materia. Un buen matemático puede hacer mal las cuentas". Lo recuerdo con gratitud.

Fueron profesores los pocos de los hombres que recuerdo con desprecio, como Rivarola, y (menos acremente) Albesa, Campolongo, Aldini; y fue profesor uno de los que más he querido y de los que más ha influido para bien en mi educación y en mis libros: Felipe A. Fernández, entrerriano, que enseñaba matemáticas.

Diccionario del porteño (c.1984). *Rayado/a.* Adj. Loco. "Está rayado". "Es un rayado". *Rayadura.* Locura, manía, afición dominante. Se dice también "raye". "Qué raye por los restaurantes de la Recoleta".

Profunda verdad, ya dicha en mejor estilo por el conocido proverbio: "Más vale caer en gracia que ser gracioso".

Idiomáticas. De no te muevas. Para calificar un daño o susto: tremendo, formidable. Ver el *Diccionario* de Segovia.

Sueño melancólico. Habíamos discutido. Finjo que me voy. Ella no entiende que sólo hago una representación, que estoy diciéndole: mira lo que voy a hacer, o lo que soy capaz de hacer, si me tratas con tanta dureza. Ella se va de veras, por una sierra empinada y boscosa, donde según es fama en la zona se guarecen facinerosos. Emprendo la ascensión de la sierra. Cuando salgo a cielo abierto, en la cima, veo una pequeña estación ferroviaria, y, en una vía muerta, un vagón de pasajeros. Subo y en el interior de ese vagón vacío, en el más lejano de la larga sucesión de asientos vacíos, la veo de espaldas, con la cabeza inclinada en un brazo extendido sobre el borde del respaldo. Estoy muy triste.

Recuerdo de 1932. Estábamos en Pardo, Drago y yo, esperando, con resignación y un poco de miedo, que nos llamaran al servicio militar. Recibimos dos noticias, una buena, que los estudiantes del 14 no haríamos el servicio militar (por razones de economía) y una mala: que Felipe Fernández había muerto.

Los peores años de mi vida, hasta hoy. 1952, por la muerte de mi madre. 1962, por la muerte de mi padre. 1972, porque mis lumbagos pasaron de ser excepcionales a ser continuos y yo de ser un atleta, o poco menos, a ser un lisiado.

Pequeñas modificaciones de las costumbres en nuestros días. Ahora las mujeres son más explícitas que diez años antes. En una tarjeta postal que me escribe desde París, mi amiga me pregunta, o se pregunta, cuándo le llegará el volumen de la novela que le conté "en la cama del hotelito". En la misma tarjeta me dice que vio una exposición retrospectiva de Manet y por fin comprendió la razón de una advertencia mía: "Manet, no Monet". La verdad es que Monet jamás me gustó; Manet, sí, y mucho, ayudado quizá por George Moore. Me exhorta a cumplir la promesa de visitarla. "París en verano es fabulosa —dice— *et les jeunes filles sont en fleur*".

Idiomáticas. Si me (le, te) pasa cualquier cosa. Si muere. *Loc. clas.*: "¿Y cómo voy a quedar yo si a vos te pasa cualquier cosa?". Aclaración: la frase no se refiere al dolor ni a la soledad sino a la situación testamentaria. Mejor dicho, económica. *Post mortem nulla voluntas?*

Dicho recordado por Casanova (I, XIV): *Dum vita superest, bene est.* Mientras quede vida, todo está bien.

Presagios y plegarias. Yo me precio de manejar bien y he pasado una considerable parte de la vida en automóvil. Es verdad que en ese viaje no manejaría yo, porque tenía una pierna "fisurada"; pero no sentía la menor preocupación o temor... Sin embargo, la noche anterior al viaje no podía dormirme, porque no bien cerraba los ojos nuestro automóvil, a gran velocidad, iniciaba un vuelco de muchas vueltas sucesivas. A la mañana siguiente salimos temprano y ya cerca de Mar del Plata, el conductor perdió el dominio del coche, que zigzagueó en la ruta, se tumbó de lado y dio tres o cuatro vueltas...

Paso a las plegarias. En París yo estaba con una, de la que me había cansado, y extrañaba a otra, que a lo mejor, si la llamáramos, vendría... Caminando por la avenida Kleber, a las once de la noche, pedí que mi compañera me dejara. Al día siguiente se fue a Londres. Me pareció que había ocurrido un milagro y, seguro de mi buena estrella, invité a la extrañada, que no aceptó.

El 31 de mayo de 1984, en el ascensor de casa, en viaje hacia el quinto piso, me salió del alma la plegaria: Que me llegue la noticia de que gané un premio en algún lejano país, que el premio consista en una tan gran cantidad de dinero, que justifique el hecho de ir a recibirlo. A la mañana del día siguiente, viernes 1° de junio, suena el teléfono cuando me disponía a salir. "Con tal de que no sea un clavo", digo, y atiendo. Una voz femenina y extranjera pregunta por mí y aclara: "Hablo de Roma". Era una empleada de Editori Riuniti, los editores italianos de *Historias fantásticas*. La empleada me dice: "Tengo para usted una buena noticia y una mala. La buena es que *Historias fantásticas* ha ganado el Premio Mondello, de seis mil dólares, en Palermo. La mala es que no se lo dan si no viene a recibirlo. ¿Acepta?". Le digo: "Acepto si no me piden que hable por televisión ni que dé conferencias". El viaje y la estadía son pagos. Editori Riuniti me invitan dos días a Roma. Acepto también, en las mismas condiciones. "Soy un escritor que tiene, por lo menos, un inconveniente", le digo: "No hago relaciones públicas". Habrá que estar allá alrededor del 10 de septiembre.

Para las dos plegarias, como habrá advertido el lector, la satisfacción fue literalmente adecuada, pero con fallas. Partió la chica que debía irse, pero no llegó la deseada. En cuanto al premio siciliano, parece la respuesta perfecta. Seis mil dólares para cualquier argentino de este momento es una enorme cantidad de plata.

Latinajo. Video lupum decimos para prevenir a nuestro interlocutor de que apareció el hombre de quien estamos hablando. O tal vez uno lo piensa cuando la querida amiga deja ver sus sentimientos. O cuando en un negocio que nos proponen advertimos un peligro.

Marcas que lograron identificar con ellas determinados productos: Singer, máquinas de coser; Kodak, máquinas de fotografías; Faber, lápiz; Prophylactic, cepillo de dientes; Ford, auto barato; Rolls Royce, auto caro; Underwood, máquinas de escribir; Waterman, lapicera con depósito; Stephens, tinta; Perry, plumas de escribir; Slazenger, raquetas y pelotas de tenis.

Observación de un snob. Barrio de la Recoleta, un domingo soleado, a las tres de la tarde. "Hoy el barrio se ha llenado de automóviles y de gente que mira las vidrieras, como si estuviera en Europa".

Santoral. San Bonifacio. Nació en Wessex, Inglaterra, en 675. Se llamaba Wynfrid. En 718 visitó Roma, donde el papa Gregorio II le cambió el nombre por el de Bonifacio y lo mandó a evangelizar la región al este del Rin. Años después abatió el roble sagrado del monte Godesberg, a pesar de que los lugareños le previnieron que ese hecho le acarrearía una muerte instantánea. Nada malo le ocurrió. Ante este milagro, los paganos se convencieron de que sus dioses eran falsos y muchos se convirtieron al cristianismo. No así los frisonios de Dokkum, que martirizaron a Bonifacio el 5 de junio del 744.

Cuando Mercedes Frutos llevó al Instituto del Cinematógrafo su guión para la película *Otra esperanza*, los del Instituto (radicales, enemigos acérrimos de toda censura) pusieron el grito en el cielo: "Es el guión más subversivo que nos ha llegado", dijeron. Sospecharon que ella había sido infiel al original. Leyeron el cuento. Tuvieron que admitir que todo lo subversivo estaba ahí. Uno dijo: "Bioy es un escritor de derecha, pero la inteligencia siempre es subversiva". Tal vez no sea del todo así; habría que decir que la inteligencia no está afiliada a ningún partido y que no es dogmática.

ADMIRADOR: ¡No sea modesto! ¡Usted es un escritor extraordinario!
VIEJO ESCRITOR: Bueno, tal vez algo aprendí de tantos libros escribidos.

Ellas y ellos. Dijo que no había diferencia alguna entre hombre y mujeres salvo que las mujeres son abogados pleiteadores y los hombres jueces irresolutos.

Sueño inexplicable. Soñé que yo era el doctor Troccoli.

Sueño. Estoy en Roma, en mi cuento, en el hotel esperando que me traigan el desayuno. Aparece la patrona, pone la bandeja sobre la mesa y abre las cortinas. Me dice:
—¿Ha visto nuestro *giardinetto*? Un trocito de la campiña en Roma.
Me acerqué a la ventana. Abajo, hacia la izquierda, estaba el *giardinetto*: un gallinero con un dejo de aire rural. Ya me retiraba de la ventana cuando, hacia la derecha, vi algo que me deslumbró: una calle arbolada y curva, pero no una calle de ciudad sino la calle de un bosque o de un parque campestre. Quise verla de cerca y salí.

La calle era de tierra, con pasto, y el bosque, a los lados; parecía infinito. Caminé un rato. Por ningún claro entre la arboleda divisé una casa, un lejano edificio, que me confirmara la cercanía de Roma. Seguí perdiéndome en el campo, sin pensar más en la ciudad, feliz.

Nota: Pudo ser una pesadilla. Fue un sueño gratísimo. No sentí que fuera una alegoría.

Santoral. San Antonio de Padua. Nació en Lisboa, c.1190. Fue bautizado con el nombre de Fernando. Muy joven aún entró en el monasterio Santa Cruz, de Coimbra. Allí despertó en él su firme vocación por la conversión de los infieles. Con permiso del superior, dejó el convento, ingresó en la orden franciscana, y fue bautizado con el nombre de Antonio. A fines de 1220, llegó a Marruecos, enfermó, los superiores de la misión resolvieron repatriarlo. Una fuerte tormenta llevó el barco a Sicilia. De ahí se desvió a Asís, donde estaba reunido el Capítulo general de la Orden. Obtuvo el permiso de retirarse al eremitorio de Monte Paola, para consagrarse a la oración. No quedó en el eremitorio mucho tiempo, porque para aprovechar sus dotes oratorias en favor de la orden, lo mandaron a Rimini, a Montpellier, a Tolosa y a otras ciudades de Francia. En 1229 viajó a Padua, donde compuso sermones para todas las festividades del año. Como predicador era tan admirado, que debieron custodiarlo, porque el pueblo se abalanzaba sobre él para arrancar jirones de sus hábitos. Fue presbítero y doctor de la Iglesia. Murió en Padua el 13 de junio de 1231. Fue canonizado por Gregorio IX en 1232 y proclamado Doctor Evangélico por Pío XII en 1946.

Este texto reproduce con algunas variaciones uno anónimo (por cierto, no mío) publicado en *La Prensa* de Buenos Aires el 13 de junio de 1984.

Cásate y te darán una vida que no quieres.

Intoxicación. Una semana de pesadilla. Pero ahora la considero un alto en el camino, que me permitió ver a cada uno de los personajes que me rodean y entender que las trabas que me ligan son imaginarias pero peligrosas y que la indiferencia por mi dicha puede muy bien darme una muerte más triste aún de lo necesario y premiar antojos de badulaques.

Lo que menos importa del escritor es el texto: La última circunstancia del escritor es el texto. Mallea lo comprendió. Es claro que no conviene que sea demasiado malo. No hay que descartar que un día lo descubran. Más importantes son las fotografías y las noticias de los premios.

La distracción es un demonio familiar que llevamos a cuestas. Por ser bromista pertinaz y pesado nos irrita; por ser maligno, a veces nos mata.

El presidente de la Sociedad de Escritores, un poeta, dijo: "El escritor trata de capturar su identidad". Seguramente para no caer en un estilo prosaico no dijo que trata de saber quién es.

El subjuntivo es el inevitable adorno de la oratoria barata. El mismo poeta abundó en *dijeras* y *añoraras*.

Si el enfermo está grave, el médico apelará al remedio heroico: licor anodino de Hoffman. Ver *Biographie Universelle (Paris, 1817)*, tomo XX, s.v. "Frédéric Hoffman".

Idiomáticas. Patitas pa' que te quiero. Correr o escaparse a toda velocidad, a todo lo que uno da (como también se dice). Francés: *Prendre ses jambes à son cou*. Recordar la canción:

> *Prendre ses jambes à son cou:*
> *manière de courre pas commode de tout.*

Según una encuesta (ver *La Nación* del miércoles 11 julio 1984) yo sería el hombre más elegante de Buenos Aires. Según me describió una niña, en una composición que presentó a su colegio, soy de baja estatura, de cabeza grande, de ojos chicos, de carácter bondadoso. Se dice que por la boca de los locos y de los niños oímos la verdad. Dudo: mi estatura fue en tiempos del examen para el servicio militar 1 m. 75 cm. (no es la de un gigante, pero tampoco la de un enano). Hará cosa de dos años me midió el doctor Schnir y mi estatura había descendido a 1 m. 72 cm., más o menos. Mis novias siempre elogiaron mis ojos.

Según otra encuesta, Alfonsín es el político más popular del país, seguido de Menem (no doblar la n ni confundirlo con polvos) y por el viejo Alende.

Describió Drago a la mucama de Helenita Mallea (viuda del escritor), como joven, casi bonita, bien educada y un poco inexpresiva. Drago llamó por teléfono a casa de Helenita, para excusarse por no haberla recibido. Cuando la mucama dijo que la señora había salido, Drago explicó:

—Quería disculparme por no recibirla. La señora vino a casa muy temprano.

En tono impersonal y respetuoso, confirmó la criada:

—A las seis de la mañana empieza a joder.

En la juventud, todo es posible y por eso todo es aleatorio; en la vejez todo fue como fue y nada podrá ser de otra manera. Nuestros errores son nuestra vida; nuestras publicaciones, nuestra obra.

Idiomáticas. Saber, en sentido de *soler*, muy común en la provincia de Buenos Aires (por lo menos). "Don Solanas, ¿usted sabe ver a la Mónica?", oí ayer, cuando volvía a casa.

VIDA ÍNTIMA

Agosto 1984. Leí en un diario: "Hecho incomprensible, cuya investigación reclamamos. En el curso 'Aprenda a morir sin dolor' murió el cien por ciento de los inscriptos".

Idiomáticas. Para su gobierno. Para que usted sepa y decida como corresponde:

> *Yo, para su gobierno, a usted le aviso:*
> *en esta fonda hoy todos comen guiso.*

Me dijo: "Para querer al novio de la hija hay que ser Mujica Lainez".

Bianco me aseguró que en esta época en que la vida privada del individuo está en continuo peligro de requisas policiales, el género de los diarios y de las memorias desaparecerá. Le dije que la vida privada siempre estuvo expuesta a los peores peligros.

Otro me dijo: "La guerra atómica será el fin del mundo". Le dije: "La muerte es el fin del mundo de cada cual. Desde que hay seres vivos, ese fin del mundo llega todos los días en cantidades enormes. Ya nos hemos hecho a la idea".

1984. El argentino, al votar, puede elegir entre peronistas o radicales, vale decir entre la catástrofe o la desilusión.

Esa entrevista que te piden insistentemente, que perturbará el ritmo de tu trabajo, no es tan preciosa para quien la pide; te digo más, no lograrás una gratitud ni te reconocerán un mérito que te libre de futuras entrevistas; al contrario, establecerás un precedente que las volverá inevitables.

Todo cambio en el vocabulario o la prosodia nos irrita, salvo cuando lo recomienda un snobismo.

Modismos.

Nada que ver. 1. Es diferente, no es comparable, no es así. 2. No participa, no está mezclado en tal o cual asunto.

Ni hablar, como en "¿Mi dolor de hombro? ¡Ni hablar!".

Progreso. (versión de la segunda mitad del siglo XX):

> *Esas manos roñosas del taxista*
> *¿serán de un día en que el jabón no exista?*

Santoral. Santa Clara de Asís. Nacida en ese condado, a fines del siglo XII. Fundadora de la orden de las Clarisas. Cuando los sarracenos se disponían a entrar en Asís, Clara, desde lo alto de las murallas, les mostró el Santísimo Sacramento; los infieles optaron por retirarse. Ya próxima a la muerte, en su lecho de enferma, Clara oyó la misa de Noche Buena que a pocas leguas del lugar celebraban en una capilla. Por este milagro la admitieron en el santoral y después la nombraron patrona universal de la televisión.

Triste es la vida de San Roque. Cuando, echado de Plasencia, se retiró a un bosque, por años vivió del pan que todos los días le traía un perro. Pensándolo bien, este amigo fiel debió consolarlo de la ingratitud de los hombres. Sí, Roque debió de sentirse afortunado. ¿No habrá descubierto entonces que el cristianismo se equivocaba al negar el alma a los animales? Inteligencia, tal vez no le sobrara a ese perro, pero desde luego tenía lo que llamamos *alma*.

El médico de Mujica Lainez escribió una carta a los diarios elogiando el coraje de Manucho. Parece que éste conocía su mal y que le pidió al médico que lo ayudara a llegar decorosamente a la muerte. Cuando lo invitaron al homenaje que le ofreció la municipalidad de Buenos Aires, preguntó al médico si podía asistir. Contestó el médico que sí, pero que sin duda el esfuerzo y las emociones que le impondría ese acto acelerarían el proceso de la enfermedad. Mujica preguntó si lo aguantaría, si no había riesgo de que diera un espectáculo desagradable a toda esa gente que lo quería bien. El médico le aseguró que no había tal riesgo, pero que sin duda a consecuencia de ese acto moriría antes. "Morir un poco antes o un poco después no tiene importancia". Fue al homenaje, se mostró amable y despreocupado. Pocos días después murió.

Acostumbrarse a que la suerte de quien más nos importa, no importe un pito a gente que nos acompaña y nos quiere.

Alarms and Excursions. Desde siempre conozco la expresión, una indicación al director en piezas de teatro ¿de Shakespeare? Ahora no encuentro las dos palabras juntas en *Macbeth* ni en *Hamlet* (las primeras tragedias de Shakespeare que leí). ¿El significado? Creía entenderlo, sin examinar la cuestión de cerca. *Alarms* son campanadas, alarmas. ¿*Excursions*? ¿Corridas, tal vez?

Otra indicación al director: *Flourish*, fanfarria.

Frase coloquial. Patearle (alguien, algo) a uno el nido. "Que le deja-ran la nietecita fue patearle el nido. Ya no puede acostarse a gusto con la lavandera".

El gran bonete. Expresa convicciones no muy sinceras, pero de cor-ta duración. Sus convicciones son las que la gente quiere oír. Cam-bian cuando cambia de auditorio.

Memento mori. Tengo por sentimientos malos y desde luego estúpi-dos los que no aguantan el recuerdo de la muerte. Si me acuerdo de la muerte, ¿puedo querer, sentir amistad, caridad, compasión, ejercer la generosidad, buscar placeres, gozar de lujos, copular, oír música, pen-sar, contemplar obras de arte, acercarme a la naturaleza, escribir, go-zar de la vida? Por cierto, todos son sentimientos, disciplinas, impul-sos, actividades aceptables. ¿Puedo dejarme arrastrar por los celos, la envidia, la ambición de poder y posesiones, la vanidad, la pompa, la ostentación? No. Son malos aquellos sentimientos, apetitos que al confrontarlos con la idea de la muerte resultan absurdos.

A lo que lleva pensar... Enamorado siempre de la vida, erijo la muerte en juez de lo bueno y de lo malo.

26 agosto 1984. Ayer murió Truman Capote. Escritor más afor-tunado en el estilo, sobre todo en el tono de su escritura, que en los temas. Me gustó mucho su novela *Breakfast at Tiffany's* cuya primera parte creo que es excelente; después, como en tantos libros memora-bles, todo se dispersa (aun en los del querido Stevenson...). La idea del lugar seguro (donde la insegura protagonista se siente a salvo de todo peligro) y el carácter de ella (la encontraba parecida a Juno, de quien estaba por entonces enamorado) me sedujeron.

26 agosto 1984. Silvina no recorrió este día sin tropiezos. Al almuerzo, en lo de Mimí, pareció fulminada por una hemiplejia; con la cara en sesgo, hacia abajo y hacia el lado izquierdo, con un brazo más caído que el otro; primero estuvo imposibilitada de hablar; cuando logró hablar, lo hizo con dificultad para encontrar las palabras. Al rato pareció la de siempre. A la hora del té, por unos instantes, tuvo de nuevo dificultad para articular las palabras y para encontrarlas. Después de comer el episodio se repitió, con menor intensidad que a la hora del almuerzo. Desde entonces no hubo recaídas.

Despreocupación ortográfica. Un panadero que produce excelentes *baguettes*, las denomina *Les baguets de la Flaute.* Su dificultad para escribir en francés, ¿lo lleva a pensar que en francés uno escribe de cualquier manera? Errores: *baguettes*, no *baguets*; *flûte*, no *flaute*; femenino, no masculino. Además nuestra flauta de panadería en Francia no se llama *flûte* sino *petit pain* y *longuet* (las más largas). Hay una mercería llamada *Le Collection* (en lugar de *La Collection*).

Echar hijos al mundo es disparar proyectiles que estallan contra la muerte. Algunos de esos proyectiles esperan el milagro de perforarla y seguir del otro lado.

Santoral. 1º de septiembre. San Gil o Egidio. Uno de los santos más venerados de Francia. Nació, según se cree, en Atenas y estudió filosofía y medicina. Repartió su dinero entre los pobres, se retiró a los bosques de Provenza, vivió en una gruta, se alimentó de la leche de una cierva y de las hierbas del bosque. Un día, el rey Teodorico, en una partida de caza, persiguió a la cierva e hirió una mano de Gil, que la extendió para proteger al animal. Conmovido el rey, ordenó que ahí se levantara un monasterio. Después de organizarlo, Gil cruzó los Pirineos, en busca de soledad. Murió en el año 720.

Parrafada con el vasco don Nicola:

—A usted siempre lo ven por el barrio —le digo—. ¿Cuándo está en su casa?

—Lo menos posible. La suerte de los abuelos es negra, señor Bioy.

—Ha de tener razón, pero ¿por qué lo dice?

—Porque, vea usted, si me canso de conversar con mi mujer (una vieja, reblandecida como yo), puedo conversar con los nietitos. Mire qué perspectivas aduladoras. Como para volverse idiota.

Me dijo que la costumbre de leer novelas policiales lo indujo a desechar, ante las perplejidades de la vida, a lo demasiado evidente, a lo groseramente obvio, y que por ello siempre se equivocaba.

Recuerdo de la infancia. Renuncia meritoria. Cuando llegué al convencimiento de que debía renunciar a la esperanza de tener un día una varita mágica, me sentí muy triste. Había renunciado a algo muy querido.

Ante no sé qué dolor. Que los dioses me distraigan.

Santoral. San José de Cupertino. Nació en 1602, en Cupertino, pueblito napolitano. Su familia era muy pobre. Porque no tardó en demostrar incapacidad para el estudio, sus padres lo sacaron de la escuela y lo colocaron de aprendiz de remendón; era tan desmañado que no logró aprender el oficio. A los 17 años entró como hermano lego en un convento franciscano; al poco tiempo lo despidieron, por inservible. Trató de ingresar en la orden de los Capuchinos, pero lo rechazaron. En 1621, por la recomendación de un tío suyo, lo admitieron en Santa María de Grotella, como oblato. Allá los padres superiores comprendieron pronto que, en su caso, la santidad se escondía bajo la rudeza y lo consideraron digno del sacerdocio. El estudio fue para él un verdadero suplicio, porque sus facultades mentales eran escasas; sin embargo, pasó los exámenes milagrosamente y fue ordenado el 18 de marzo de 1628. Se retiró a orar. Durante los arrobamientos permanecía en suspenso en el aire, en suave levitación; por esto y por los milagros que le atribuyeron, intervino el Santo Oficio. Fue largamente examinado y se llegó a la conclusión de que no había "nada censurable en fray José". Murió, como lo había predicho, el 18 de septiembre de 1663. Clemente XIII lo canonizó. Es patrono de los estudiantes y también, por ser llamado el Santo Volador, de los aviadores.

En la madrugada del 15 de septiembre de 1984 asesinaron en su casa al dibujante Lino Palacio y a su mujer. Vivían en Callao y Libertador. El Colorado (el electricista) me dio la noticia. Los asesinos: amigos de un nieto que había robado diez mil dólares.

Murió de viejo Luis Bengolea, de 85 años. Según él, desde los 14 había tomado no menos de seis whiskies por día, todos los días. Había hecho la cuenta. Eran muchos.

Estribillo de "Caminito" en su forma original y más veraz:

> *Desde que se fue*
> *no está más acá.*

Un idilio como todos.

> *Nos quisimos por más de veintiún años*
> *en que no fueron pocos los engaños.*

Mafia. Una explicación de la palabra: en tiempos de guerra con los franceses, había sido sigla de *Mal a Francia Italia anhela*.

Sabiduría. Es tanto el temor que ante los perros sienten los zorros, que pierden la capacidad de metamorfosearse en personas; o metamorfoseados en personas, de convertirse en zorros y huir (folklore chino).

Lector de Olga Orozco:

> *Todo suplicio merezco,*
> *sobre mí mismo me enrosco,*
> *de tedio ya me estremezco:*
> *estoy leyendo a la Orozco.*

Idiomáticas. Ahí andamos. Plural por singular, plural no mayestaticus sino modesto, discreto. Pronúnciase *ay andamos* y se dice en respuesta a las preguntas "¿Qué tal?", "¿Cómo le va?", "¿Cómo anda?", "¿Cómo se encuentra?", y significa "más o menos", "no demasiado bien", "por ahí, por ahí" (pronunciar *"por ay, por ay"*). Sinónimo: "Ahí (pron. *ay*) vamos".

Historia imaginada como variante de una película tonta (Una mujer inquietante) que vi. Un hombre tiene una hija con una mujer que adora (como yo quise a Helena Garro). La mujer lo deja y se lleva a la chica. Años después, cuando el hombre se entera de que la mujer murió, busca por el ancho mundo a la hija, no porque sea su hija, sino por ser la única otra persona que conoció de cerca a la mujer que adora. Tras muchas aventuras la encuentra, para descubrir que la muchacha ha vivido al lado de su madre sin conocerla, sin quererla.

Con las mujeres sigo haciendo las mismas cosas, ahora en sueños.

Idiomáticas.

Para largo. Llevará mucho tiempo. Autoridad:

> *Si el parto va para largo,*
> *buen consuelo es un amargo.*

Dos patadas, En. Rápidamente. Autoridad:

> *Lo arreglo en dos patadas, dijo Kant*:
> *donde se lee hormiga, escribir ant.*

Premio Konex. Más que selectivo, extensivo: 99 premiados, porque el n° 100 murió. A más de mi diploma me dieron el de Borges, el de Silvina y el de Sabato. Pensé que si me hubiera visto un chico como yo a los dieciséis años, hubiera exclamado "¡Toda la literatura!".

Cuento. El padre le dice al hijo: "Debemos querer la vida". Juntos la recorren, mientras recorren el mundo, y en todas partes encuentran maldad, estupidez, avaricia, avidez, mezquindad, gobiernos despóticos, ricos vanidosos y egoístas, pobres envidiosos y crueles. El padre muere en brazos del hijo, que le pregunta:

—Padre, ¿por qué debo querer esta vida?

—Porque no hay otra.

Papel madera. Inhallable en el *Diccionario de la Academia* (edición de 1970) y en el de argentinismos de Abad de Santillán. Papel fuerte, de color marrón (pardo), que se usa para envolver. Hay sobres de papel madera: fuertes, convenientes para mandar libros.

Papel higiénico. ¿Argentinismo? ¿Los españoles no lo conocen?

La gente de la generación de mis padres, al sistema de aguas de cañerías que recorren la ciudad y a las usinas que las bombean y las filtran, las llamaban las Aguas Corrientes. "Si falta agua, hay que llamar a las Aguas Corrientes". Mi padre nació en 1882. Probablemente veinte años antes, y seis mil también, no existían los cuartos de baños ni las letrinas. Aunque el Ajax de sir [John Harington]...

MARÍA S.: Sigo trabajando en mi novela. Desde hace tres años estoy con ella.
AMIGO: ¿Cuántas páginas has escrito?
MARÍA S.: Treinta, nomás. Me pasa algo muy raro. En cuanto me pongo a escribir a máquina, me caliento. No puedo seguir. Hasta me viene fiebre. Te juro que no aguanto.

El viaje de la vida. Monner Sans, el terror de los estudiantes de secundario y de la Facultad, en tiempos de mi juventud, apareció los otros días, tembloroso y viejísimo, en la ceremonia de los premios Konex. Vestía un traje azul, de cuyo saco no había nada que decir; de los pantalones sí: eran cortísimos. Guibourg, de 95 años, traía en cambio pantalones correctos y un saco rabón, más levantado en la parte de atrás que en la delantera. Pobres viejos. Como ven mal, los hijos los visten con lo que tienen y no les compran ropa nueva, porque de todos modos no la usarán por mucho tiempo.

Monner Sans tuvo una larga enemistad con Borges. En cuanto a mí, debo agradecerle su *Introducción a la literatura*. Cuando la leí, a los doce o trece años, me estimuló mucho. Sé de memoria no pocos de los versos que cita a manera de ejemplo.

El viaje de la vida. Muchas veces me admiré ante los amantes para conversar que tenían algunas mujeres. Yo era amante para copular; había otros para conversar. Después de los setenta años soy de alguna mujer amante para conversar. No por un impedimento mío, compréndame. Porque no me quieren para otra cosa.

En una pared de la peluquería hay fotografías de algunos clientes. La mía está al lado de la de Fernando de la Rúa. El peluquero me dice: "Es un gran muchacho De la Rúa. Para presidente yo lo voto sin vacilar. Para presidente de un club mediocre, no grande como Boca o River; un club de barrio".

El mismo peluquero: "Yo soy radical de siempre y mi padre era radical. pero, ¿a qué negarlo? Este gobierno hasta ahora no hizo nada de nada. Por eso no quiero darle un voto de confianza y, para el tratado del Beagle, voy a votar por el rechazo. Un cliente, que sabe mucho, me explicó que el arreglo es justo, que las islas fueron siempre chilenas. A mí no me importa. Me dicen que si no aceptamos el tratado podemos vernos envueltos en una guerra. Tanto mejor, porque así la perdemos y nos vamos todos juntos *a la mierda.* Dígame si usted ve otra solución para este país".

Curiosa acepción de *mirar* en expresiones coloquiales. "Mirá que va a firmar. Mirá que va a negarse a ser candidato al Nobel": "Estoy seguro de que no va a firmar. Estoy seguro de que no va a negarse a ser candidato al Nobel".

Me dan el premio de letras del Recorrido Dorado de la Sociedad de Distribuidores de Radio. Pinky (Satragno) agradece en nombre de los premiados con una delicadeza y gracia que "bien se quisieran" la mayor parte de mis colegas. Además —pero esto no ha influido en mi aserto— dice que mis libros la acompañaron en muchos momentos de la vida y porque me pareció sincera me conmoví. Si me convenció por ser una buena actriz que supo interrumpir mi incredulidad también merece elogio y gratitud. Otro de los premiados era Enrique Cadícamo, letrista de tangos, autor de "Che papusa, oí" (que desentonadamente canto de vez en cuando) y de "Anclao en París". Si no es autor de ninguna de las mejores letras ("Flor de fango", "Ivette", "Mi noche triste", "Volver", "Garufa", "Pero yo sé"; las parodias de "Entrada prohibida", de "El apache argentino"), está en el límite entre la buena época de los tangos y la decadencia, con la guaranguería de "Adiós, pampa mía". Si yo le hubiera dicho al oscuro escritor que yo era en 1930 o 32 que un día me darían un premio con el autor de "Che papusa, oí" hubiera estado muy feliz. Hoy mismo estoy feliz, porque por esa circunstancia me parece que ingreso en una muy grata mitología de Buenos Aires. Acaso no sea inapropiado señalar que por entonces, apoyándome en una colección del *Canta Claro* y del *Alma que Canta*, yo planeaba una antología de letras de tangos. Después de recibir los premios, con Cadícamo nos enredamos en un diálogo amistoso ante un micrófono de Radio Mitre. No sé cómo habrá salido eso.

En mi juventud, en un teatro de revistas alguien cantó "Che papusa, oí" y seguramente yo oí mal, porque a la salida canté:

> *Che papusa oí*
> *Cómo surgen de este tango*
> *los pasaste de tu ayer*

por

> *los pasajes de tu ayer.*

No solamente oí mal, sino que, totalmente confundido, debía de esperar cualquier cosa de la literatura (era la época de mi surrealismo).

Las líneas que siguen son un ejemplo bastante típico del resentimiento y la amargura de los tangos:

> *Hoy te arrastra la corriente*
> *mañana... ¡te quiero ver!*

Ejemplo de lo mismo, en otros tangos:

> *Ayer te vi pasar*
> *en una voiturette*
> *copera*
> *te saludé*
> *y vos te hiciste el gil*
> *como si no*
> *me conocieras.*

En "Niño bien", tango uruguayo, *fifí* está usado para significar hombre joven, de buena familia (niño bien); hoy la palabra es abiertamente peyorativa y significa hombre excesivamente delicado, afeminado. Por razones de usos, la letra del tango se presta a confusiones: ponerse polvos en la cara, después de afeitarse, no era propio de afeminados, sino de muchachos de las clases altas:

> *Llevabas en tu blanca*
> *cara de fifí*
> *más polvo que una carretera.*

También dice el tango:

Vos te creés que porque hablás de ti
fumás tabaco inglés,
pasás por Sarandí
y te cortás las patillas
a lo Rodolfo
sos un fifí.

(Sarandí es una calle del centro de Montevideo y Rodolfo es Rodolfo Valentino, el suspirado galán cinematográfico de *Los cuatro jinetes del Apocalipsis* y de *El Sheik*).

El taxista me dice: "Sin una viuda, de vez en cuando, o en su defecto sin alguna profesional, ya no podría vivir. Después de una tarde con una mujer, vuelvo a casa fortificado y dulce... Mi señora me parece la Virgen Santísima y la contemplo con una sonrisa de embeleso. Mi mujer me pregunta: '¿De qué te estás riendo, desgraciado? Si es de mí, ¿por qué no te vas un poquito al carajo?'".

Dolores lumbares, etc. Hay tratamientos excelentes para los que se conforman con poco.

Proverbios africanos:

Si quieres el perro, debes querer también las pulgas (Benin).

El que no quiere saber nada con una mujer charlatana, que no se case (los de la lengua Mongo).

Hasta haber cruzado el río, no insultes a los cocodrilos (Benin).

Según David Bain, de la Universidad de Manchester (carta en el *Times Literary Supplement*), *lesbiana* para las literaturas griegas y latinas, era simplemente una mujer de la isla de Lesbos; entonces no se usaba la expresión *lesbianismo* para significar el amor entre dos mujeres. En confirmación de lo anterior diré que en mis lecturas de poemas latinos encontré no pocas Lesbias y que nunca sospeché que el poeta les había dado ese nombre para sugerir que tenían amores con otras mujeres.

Sueño. Vivíamos en una cueva muy linda, muy limpia, muy ordenada, muy luminosa, bajo el agua. La superficie del agua estaba por encima de nuestras cabezas, a unos tres metros (o un poco más) del suelo. Mirar desde abajo esa superficie nos daba alguna ansiedad: el hecho de que viviéramos normalmente, sin verdaderas molestias, probaba el error de la gente que supone que debajo del agua uno se moja y se ahoga. A Florencio le daba por modelar, con plasticola, burbujas como las que suben a la superficie cuando se ahoga alguien. Lo reprendí, porque hacer eso me pareció de muy mal gusto; sí, la ocurrencia del chico nos perturbó un poco.

La forma del universo. "Cuando yo era chico imaginaba que la última pared del universo sería como la de una casa y me preguntaba qué habría del otro lado. La imposibilidad de encontrar una respuesta racional me dolía como una falta de coherencia: la falla que estropeaba los esfuerzos humanos para establecer un sistema racional y acabar con los pasajes oscuros que dan ocasión a religiones y demás remiendos arbitrarios. Ahora encontré una solución, cuya coherencia será tal vez puramente verbal. ¿Un yelmo como el del Quijote? Probablemente, pero sirve de algo y es un comienzo. Descripción: el universo es el más grande de los objetos y es único, en el sentido de que, aunque contenga infinidad de otros objetos, afuera de él no hay ninguno. Sus paredes exteriores son interiores. Es, pues, una esfera absoluta, en la que todos los rumbos, aun los ascendentes y los descendentes, conducen al punto de partida".

10 diciembre 1984. Muerte de Mary Terán de Weiss, ex compañera de tenis. Yo no era muy amigo de ella, por serlo de su rival, Felisa Piédrola, a quien entrenaba. Con Felisa, que también fue compañera, se odiaban. Después se hizo peronista, dicen que fue amante de Perón, directora de deportes y culpable de la conversión en canchas municipales de los clubes Buenos Aires (mi club) y Argentino. Cuando cayó Perón y se reincorporaron los clubes, en el Buenos Aires no la admitieron en el equipo para el interclub. Pasó el tiempo. En todas las ocasiones que nos encontramos, el trato fue de viejos amigos. Desde luego ella sabía que yo era antiperonista. Parece que últimamente estaba deprimida. Se tiró desde un octavo piso, en Mar del Plata.

Idiomáticas.

Fenómeno. Muy bien. "¿Cómo está, señora?". "Fenómeno".

Tener calle. Haber andado, tener experiencia.

Conversación entre Drago y Helenita Mallea:

DRAGO: Usted está muy nerviosa, Helenita.
HELENITA: No estoy nerviosa, Enrique, estoy loca.

HELENITA MALLEA: "Ya no puede uno leer *La Nación*. Trae la cara de Alfonsín, el nombre de Caputo, el elogio de Sabato. Es demasiado".

Los ladrillos del edificio de la cultura son los errores. Briante, en una entrevista, me hace decir:
Que me hago hacer "a mano" los trajes en Harrods. Nunca tuve un traje de Harrods.

Que mi automóvil tenía el tablero de madera. Nunca tuve un automóvil con tablero de madera.

Hasta aquí mi disgusto es porque *mutatis mutandis*… Después me cita entre comillas: "Las chicas pasan y la mujer [en el sentido conyugal] queda", yo habría dicho. Es verdad, pero agregué: "Qué triste".

Comienzo poco remendable. "Un conspicuo y su propincuo se encontraron…". (*Apropincuar, apropincuación*, palabras que el diccionario de la Academia registra).

30 diciembre 1984. Fue en Cangallo, 2330 (o 2230), donde formamos fila, Drago, Julito, Charley y yo, para pasar por los brazos de la Negra, prostituta que "levanté" para todos, en el cine Myriam, y que me dio dos recuerdos: un naipe (besado con sus labios con *rouge*) con nombre y dirección, y una fotografía que la muestra con un sweater de cuello ceñido a horcajadas de su rufián. Yo tenía doce o trece años. Hoy le cambiaron el nombre a la calle.

Historia de Eleuterio. Eleuterio B. vivía en Córdoba, con su mujer. Una vez fue al almacén, a comprar algo; no volvió a la casa, sino después de diez años (que pasó en el Paraguay, con una china). Cuando volvió no dio explicaciones ni se las pidieron. Al poco tiempo compró una enorme jaula de alambre tejido, como las de pájaros, de algunos zoológicos y la llevó a la casa. Introdujo en ella una cama, un ropero, un escritorio, una silla y pasó la vida en la jaula. Los criados la llamaban "el cuarto del señor".

Historia de la madre del psicoanalista escéptico. Cuando tenía 16 años, la madre del psicoanalista se enamoró de un muchacho. La familia se opuso al noviazgo y apartó a los chicos. Años después, ella se casó con el padre del psicoanalista; un joyero que mereció la aprobación de la familia. Vivieron apaciblemente. Un día la llamó su primer novio. Quería verla. Ella le dijo que no; hacía cuarenta años que estaba casada, tenía hijos ¿qué locura le estaba proponiendo? Murió el marido. La visitó el antiguo novio. Viven juntos y son felices.

Citando una frase de Rinaldi, confesaré que mis mejores placeres fueron los de un fornicador *à la bonne franquette*.

Dice que le irritan tus defectos. Quiere decir que le irrita todo aquello en que no te pareces a él.

Regalo de Reyes. En Vicente Casares (la estancia San Martín), al anochecer traían en el vagón (carro abierto, tirado por dos caballos) lo que en el último tren de la tarde llegaba de Buenos Aires (incluso barras de hielo), en largos y angostos cajoncitos de madera.

Yo había pedido a los Reyes que me trajeran un caballo de hamaca. Desde la ventana, en la penumbra del atarceder, vi la inconfundible cabecita, entre otros bultos, en la caja del vagón. Esa imagen me confirmó que vivíamos en un mundo sobrenatural, porque yo sabía que a la noche los Reyes Magos me traerían ese caballo. Indudablemente los chicos creen en lo que se les dice. O yo tenía mucha fe. No diría que la he perdido. Diría que después gané el escepticismo.

Virtudes poco frecuentes: Lealtad, ecuanimidad, coherencia.

Desencuentros en amores de gente de diversas clases sociales. De los años 20. Una chica se enojó porque le dije "Querida". "No soy tu querida".

TIEMPO LIBRE

11 enero 1985. *Idiomáticas*. *Rustrido*. Plato de comida, a base de pan rustrido, es decir, tostado, duro y roto en pequeños trozos; lleva ajo, cebolla, aceite. En Galicia desayunaban a veces con un rustrido, al que añadían un huevo. Otras veces desayunaban con un vaso de aguardiente.

Galicia. Los de la aldea (de los Iglesias) que iban a Cuba, solían tener destinos trágicos. Así Emilio, que era el mozo más apuesto y fornido. Mujeres cubanas lo destruyeron, por celos y despecho (muchas lo disputaban). Perdió totalmente la cabeza, y ya no sabía quién era. Así lo repatriaron. Era un trabajador incansable. Cuando algún vecino tenía que hacer algún trabajo, pesado pero no difícil, en la casa, en la huerta o en el monte, llamaban a Emilio, quien por la comida trabajaba todo el día, sin respiro. Después le daban un tazón de minestrón en el que ponían las presas menos codiciadas. Emilio lo despachaba en seguida y alargaba el tazón, porque se entendía que tenía derecho a dos. Después le preguntaban si quería más. Emilio no decía que no y ante la diversión de todos engullía todo el contenido de la olla.

Hubo otro que se fue a Cuba y dejó en la aldea mujer y críos sin nunca mandar una carta ni menos una peseta. En la aldea sabían por otros que allá en La Habana el hombre amasó una gran fortuna. Pasados treinta años, volvió: muy elegante con bastón con empuñadura en cabeza de perro, sombrero de fieltro, bigotes, corbata de moño, polainas blancas. Fue a la casa, revoleando el bastón, y lo primero que hizo fue darle a uno de sus hijos unas pesetas para que le comprara cigarritos; después le dijo que se guardara el vuelto, lo que causa muy buena impresión. Por poco tiempo, ya que descubrieron al rato que las pesetas para los cigarritos fueron las últimas que traía. La mujer le dijo: "Por mí, quédate en la casa, pero nada más". De todos modos, la mujer consultó con los hijos, que dijeron: "Está bien, pero que quede como criado". Así como criado vivió en su casa y después de no pocos años enfermó y murió. Como criado, siempre.

Uno, que amasó fortuna en La Habana, se casó con cubana de buena familia pero pobre y tuvo hijos con ella. La mujer empezó a pronto a sentir vergüenza del gallego; otro tanto, las hijas. Lo trataban con desprecio y cuando invitaban a cenar a gente importante, lo obligaban a comer en la cocina. El hombre, porque era generoso o porque esperaba gratitud, puso todos sus bienes a nombre de esas mujeres, que lo abandonaron a la pobreza. No tuvo más remedio que pedir al cónsul de España que lo repatriara. Todos en la aldea compitieron en agasajarlo y nadie lo menospreció.

Santoral. San Pablo, el ermitaño. Nació alrededor de 229 d.C. A los quince años se retiró al desierto, donde vivió cien años. En todo ese tiempo solamente tuvo una visita: la de san Antonio. De pronto apareció volando un cuervo, que traía en el pico dos panes: "Hoy me trae dos, porque tú has venido. Todos los días me trae uno". San Pablo bebía el agua de un manantial. Cuando murió, dos leones lo enterraron. La esencial veracidad de este último hecho no fue disputada por nadie, ni siquiera por los llamados "espíritus fuertes". San Jerónimo escribió su vida.

Sueño (un regalo a los psicoanalistas). En mi sueño —no sé, en la realidad— el rojo enfurece a las fieras. Estoy en un lugar, una suerte de salón de gimnasia, donde hay un tigre. En el sueño, no temo al tigre, como en la realidad no temo a los perros; no por nada me gustan los animales y me siento amigo de ellos. Alguien me hace notar que no debiera andar ahí con un poncho colorado; me saco el poncho, inmediatamente; y por si acaso me meto en un cuartito sin puerta que hay en el otro extremo del salón. Casi en seguida aparece el tigre; como un perro amistoso se levanta en las patas y apoya sus manos en mis hombros. Miro hacia abajo, entre el cuerpo mío y el del tigre, y veo que tengo puesto un slip colorado. Como preveo una situación desagradable, me despierto.

Alrededor del 16 de enero de 1985, murió, en Mar del Plata, Jorge Hueyo. Era bondadoso, trabajador, capaz de organizar bien, rigurosamente, empresas complicadas, como la iluminación de las pistas de San Isidro. Era necio, en el sentido de ofuscarse cuando lo contradecían. Una vez tuvo una discusión sobre cuestiones no trascendentes, créanme, con otro miembro de la comisión directiva del Jockey Club: se puso de un color rojo subido; después quedó mareado y muy pálido. Esta necedad, en un hombre tan bueno, hacía gracia y despertaba en algunos un afecto un poco paternal. A él y a mí nos unía una amistad hereditaria, que aumentó a lo largo de cuatro años de comisión directiva. Una minucia, que también contribuyó a que fraternizáramos. Estaba un poco harto de que siempre se hablara mal de los porteños y se encontrara méritos en los provincianos. Caminando hacia nuestras casas comentó: "Si no me equivoco, algo nos debe este país a los porteños". "Es claro —le dije—. Y hasta el nombre. Hubo un tiempo en que éramos los únicos argentinos:

Qué me importan los desaires
con que me trate la suerte,

argentino hasta la muerte,
he nacido en Buenos Aires".

Para mis adentros, pensé: "Que me perdone el Negro Patrón, que en mi presencia despotrica contra Buenos Aires y los porteños (engreídos, falsos, advenedizos, un dechado de virtudes, en fin) como si yo fuera salteño".

En una nota sobre *The Witches of Eastwick* de John Updike, en el *Times Literary Supplement* del 28 de septiembre de 1984, un tal Craig Raine escribe que Updike emplea un efecto inventado por Saul Bellow: una ristra de epítetos sin comas entre ellos. Un señor Joseph Finder, de Massachusetts, responde en otra carta publicada en el número del 11 de enero de 1985, que ese efecto ya fue empleado por Henry James y da tres ejemplos de *The Ambassadors*: *a pleasant public familiar radiance, strong young grizzled crop, new long smooth avenue.*
En algún momento me pregunté si el efecto, en James, no habría sido la consecuencia de un dictado. Yo sé que si dicto una frase análoga, sin decir *coma* después de cada epíteto, dos de mis amigas dactilógrafas no las ponen. Evidentemente, James tuvo mucho tiempo para corregir la omisión (si dictó el texto y si la omisión fue involuntaria). *The Ambassadors* se publicó en 1903. No sé si en ese año James había empezado a dictar. En todo caso, el efecto de supresión de comas no me parece propio del matizado James.

Noche del viernes 18 enero 1985. Bianco y Silvina preguntan: "¿Qué significa *estofa*, como en *baja estofa*?". Tal vez porque las preguntas obnubilan —piénsese en los exámenes— contesto: "No sé. Voy a ver". Pepe me disuade. Encuentro, lo que me parece increíble, que no me importa. Hoy a la mañana ya sabía qué significaba esa palabra: tela, género, como *étoffe* y *stuff*. Se lo digo a Silvina, [a quien] increíblemente mi hipótesis le parece increíble. Consulto al *obeso amigo, s.v.* "Estofa": 1."Tela o tejido de labores, por lo común de seda. 2. fig. Calidad. *De mi* estofa; *de buena* estofa".

Bianco me dice que José María Monner Sans (hijo; no el de la barbita, autor de *Disparates usuales en la conversación diaria y Barbaridades que se nos escapan al hablar*), en un artículo sobre Eduardo Wilde, sostiene que hay un parentesco intelectual y, sin duda, de sangre, entre el autor de "Primera noche en el cementerio" y Oscar Wilde. Por cierto que se trata de un *wilde guessing*.

Bianco me dice que *Sur y Cía* es uno de los mejores tomitos de las memorias de Victoria. "Su odio contra Keyserling la vuelve elocuente". También me dice: "La persona que tradujo el texto no sabe su oficio. Le hace decir a Victoria: 'Con mi padre nos amábamos mucho' por 'nos queríamos mucho'. Primero, está mal; después, ni Victoria, ni Silvina, ni vos ni yo hubiéramos dicho *amar* por *querer*. Incurre también la traductora en galicismos muy feos, como *no importa qué*, por *n'importe quoi*".
Estuvo de acuerdo conmigo en que el otro buen tomito de la serie es el de los amores con Martínez.

Cuento. Un escritor se pasa dos o tres meses en una casa de campo que le prestó el editor para concluir en una fecha determinada y bastante próxima una novela. El escritor descubre que en la casa hay un fantasma. Un fantasma desvalido, que trata de estar siempre con él. A veces el fantasma le dice: "Qué susto me llevé. Quedé dormida. Al despertar no sabía dónde estaba. Sobre todo, dónde estabas. Tuve miedo de que te hubieras ido". No sabe si irse. Se siente preso de esa compañía casi imperceptible. Y piensa qué será del fantasma cuando se vaya.

Pelea entre Evita y Libertad Lamarque. Libertad Lamarque se llama realmente así; su padre era anarquista. No sé qué empresario la invitó hace poco a una comida organizada por los Spadone, fideeros que subvencionarían a Lorenzo Miguel y a Herminio Iglesias. Como le aseguraron que no era una comida política, asistió Libertad. Al comienzo nomás, cantaron "Los muchachos peronistas" y Libertad escapó por las cocinas. Como seguramente la habían fotografiado en esa mesa, pidió que la invitaran a algún acto público radical, para que la vieran también ahí. A mi informante le dijo: "No me importa lo que se diga de mí, salvo que soy peronista. Eso no lo aguanto".

Le dijo a mi informante que al principio sus relaciones con Evita eran buenas. Como la vio tan pobremente vestida le regaló una blusa, que (a ella, Libertad) le gustaba mucho. Evita anduvo largo tiempo con esa blusa. Después, por motivos que Libertad no quiso explicar, se distanciaron. Cuando Evita fue poderosa, un día la citó en la Fundación. Libertad se encontró con Evita rodeada de todos los productores de cine del momento. Evita ordenó a cada uno, en voz alta:

—Repita lo que me dijo: que por motivos que usted sabe nunca va a contratar a esta mujer.

Todos dijeron lo que se les ordenaba.

Libertad comprendió que no podía quedarse en el país. Partió para México. Pronto la contrataron para filmar con Buñuel *Gran Casino* y otras películas. El destierro para ella fue económicamente beneficioso. No podía comunicarse por teléfono con su hija, en Buenos Aires; años después alguien tuvo un accidente grave y alguien se atrevió a pedirle a Evita que mientras durara la emergencia levantaran la incomunicación. *Bonne princesse*, Evita accedió.

Proyectos. Me encontré con un viejo amigo del club Buenos Aires. Le dije (como se estila en gente de nuestra edad):

—Estás muy bien. Es claro que sos más joven que yo.

—No, soy más viejo. Setenta y dos, contra setenta. Pero te aviso que a mí la edad no me preocupa.

—¿No digas?

—No, porque todos mis proyectos incluyen una cura de rejuvenecimiento. Ah, eso sí, una cura realmente eficaz.

—¿Existe?

—No tengo la menor idea.

—¿Entonces?

—Yo siempre espero que algún amigo médico un día me diga: "Mirá, en tal parte te hacen una cura y te dejan cincuenta años más joven". En el acto voy adonde sea. Ni se te ocurra que me quede, como la vez del premio. No hay en el mundo bicho viviente que pueda impedirme esa cura.

Con vanidad y también con vergüenza contaré lo que leí en *La Razón* del 26 de enero de 1985. Un señor Nicolás Jiménez le dice a Ernesto Schóo (autor del artículo) que el intendente Russack le dijo en 1981: "Tráigame un arquitecto loco, de esos que usted conoce, y proyécteme algo diferente para Mar del Plata. Yo le traje a Clorindo Testa, que veraneaba como siempre en Quequén, y planeamos entre otras cosas un circuito cultural que abarcaba tres grandes casas de Los Troncos: Villa Victoria —recién adquirida entonces por la Municipalidad local, la inquietud de Russack partía de esa compra—; Villa Mitre, donde hoy está el Museo de la Ciudad, y la magnífica casa de Silvina Ocampo y Adolfo Bioy Casares. Tres residencias que ilustran, además, el eclecticismo arquitectónico de fin de siglo: la casa prefabricada de Victoria Ocampo, traída de Dinamarca, toda de madera; Villa Mitre, que presume de ser un casco de estancia criolla sin haberlo sido nunca, y la casa de los Bioy, un castillo normando en miniatura. La idea era unirlas entre sí, ya que son vecinas, mediante salas subterráneas; en fin, un gran proyecto, que incluía hasta un tranvía, para hacer el itinerario".

Lo de castillo normando es una locura. *Une villa*, más bien. En cuanto a las salas, temo mucho que parecieran largos túneles y el tranvía, un trencito como el que había en el Jardín Zoológico, pero subterráneo.

Vive en una casa de muchos cuartos incomunicados.

Idiomáticas. Pruebista. No figura en la 2ª edición (1950) del *Diccionario Manual* de la Academia Española (el que ahora tengo a mano; más manejable que el llamado de la Academia). En el de la Academia, que el año pasado me regaló Genca (edición de 1970); tampoco. ¿Es argentinismo? Abad de Santillán lo registra y trae una cita de Fray Mocho. En todo caso, es expresión graciosa, parece rústica, parece de gaucho. Un gaucho tal vez diría *pruebisto* (para el *pruebista* masculino). *Addendum*: Ahora leo en Abad de Santillán que en algunas zonas dicen *pruebisto* y *pruebista*, según corresponda.

Para las mujeres, en la calle, no existo. ¿De qué me asombro? Ya en el sesenta y tantos, en Mar del Plata, noté que era un viejo transparente.

6 febrero 1985. Después de muchos días de trabajo ininterrumpido (poco menos de tres meses) concluyo la novela, que no tiene todavía título. Siempre dije: Me basta con un borrador, con eso me arreglo. Mis lánguidas sesiones con la secretaria me dieron el borrador; lo mejoré en estos días de trabajo intenso (y de más recursos, gracias al trabajo, de más inteligencia). Ahora concluí o así creo. *Ridiculus mus?* Esperemos que no.

Refranes

> *Si va a ser lo que Dios quiera,*
> *nada muy bueno te espera.*

> *Hay maneras de querer,*
> *que también son de joder.*

> *Es voluntad del Señor*
> *que siempre pase lo peor.*

Entiendo a cualquiera, salvo al que no le gusta el agua.

Siglo XVIII. Demasiada agua te trae esterilidad y la supresión de los olores naturales de tu cuerpo disminuye considerablemente tus encantos para el otro sexo. En Versailles había un *cabinet de toilette* contra 274 *chaises percées*.

Peor que el corte de luz es tener a Silvina en la casa cuando hay corte de luz.

Pensamientos inútiles del doctor Secosse.

No creemos en la igualdad porque nos atenemos al aspecto físico de los hombres: uno es gordo y otro flaco; uno blanco y otro negro, uno enano y otro alto. Si viéramos también los sentimientos y los pensamientos sabríamos que todos somos iguales.

De un mal borrador es posible obtener un buen libro y también, aunque parezca increíble, un mal libro.

Los niños no tienen menos necesidad de comunicación que los adultos, pero lo que dicen es más estúpido.

Dónde elegir. Dos grupos forman el género humano. Los hipócritas, ansiosos de que los amen, y los que a todas horas luchan por imponer su voluntad.

La experiencia. Después de una semana sin corriente eléctrica ni aguas corrientes, el viajero de la máquina del tiempo canceló su viaje al siglo XVIII, que tanto admiraba.

Idiomáticas.

Terminar, por *acabar,* en cualquier sentido, incluso el de la alcoba, para gente de antes y para Borges, para mí también (si me descuido), es eufemismo exquisito.

Cuanti más, dice la gente de campo de la provincia de Buenos Aires. "Desconfíe del pueblero, cuanti más si usted deja ver que es pajuerano", como realmente dijo don Juan Lombardo.

Notas de viaje de un marciano. Cuando envejecen pierden, parcial o totalmente, la capacidad de oír. No imagines que entonces descartan las orejas, como nosotros. Por el contrario, las agrandan. Esas orejas grandes e inútiles me parecen un buen símbolo de la imbecilidad humana.

Buenos Aires visto por viajeros. Dos holandesas, la traductora Barber van der Pol y una amiga fotógrafa, están deslumbradas con Buenos Aires: es una ciudad tan variada, llena de sorpresas, como si fuera un número infinito de ciudades; ahora bien, hay unas palabras que continuamente repiten y que permiten comprender la imagen mental que se llevan: "¡Buenos Aires es una ciudad en ruinas!".

Idiomáticas. Pucherear. Verbo que reingresó en el vocabulario. Ganar el sustento (y nada más).

PASAJERO: ¿Cómo va el trabajo?
TAXISTA: Puchereamos nomás.

Después de los sesenta años pasa el hombre del verbo *ser* al verbo *estar*.

Recuerdos. Había muerto alguien de la familia. Un primo dijo: "Va a ser terrible para Vicente (el más viejo de los tíos)". Una prima aseguró: "Los viejos sienten menos". Pronto pude comprobar la exactitud de esta afirmación, pero sólo después la entendí. Los jóvenes se sienten inmortales, anímicamente no creen en la muerte; cuando la muerte les arranca una persona querida quedan anonadados. Los viejos han visto morir a su familia, viven entre amigos que mueren y la propia decadencia de su cuerpo y quizá de su mente les anuncia la propia muerte. Cuando alguien muere, piensan "ya me tocará a mí", "me ganó por media cabeza". Piensan también: "Ahora, que haya muerto me duele. Mañana, cuando yo muera, ni eso ni nada va a dolerme ni importarme".

El editor al escritor que por fin le lleva su novela:
—Parió la burra.
El escritor se dice: "Menos mal que no soy Elvira Orphée".

Explicación de un policía. Los asaltantes son implacables con sus víctimas, porque las desprecian. Para ganarse el sustento, el asaltante se juega la vida, mientras que la víctima se dedica al comercio o a cosas peores.

Discuten por cuestiones de trabajo una empleada y un empleado. En su exasperación, la mujer pregunta:

—¿Qué tenés vos que yo no tenga?

¿Cómo no disiparme si muchas formas de vida me atraen?

22 marzo 1985. Suena el despertador y siento el júbilo de estar vivo, de empezar un día nuevo. Es un júbilo, minúsculo y nítido, como la moneda de cinco centavos de los buenos tiempos, cuando todavía Perón no había sacado a bailar a la República.

Ayer en Lavalle y Suipacha veo a un individuo que creo reconocer. "Hola, Bioy, qué gusto de encontrarlo" me dice en un tono sereno y bajo, de paisano. Este gaucho atlético, vestido de overall azul, es el turco Jorge Asís, notoriedad de los días que corren. Tuve poco que decirle; él fue persuasivo de sus sentimientos amistosos.

Según mi amiga: "No está vendiendo bien sus libros y este camorrero intelectual (entre comillas la última palabra), que agredió a todo el mundo desde diarios, libros, novelas, radios y canales de televisión, oculta un corazoncito sentimental, hambriento de caricias y de sincero afecto".

Sueño de la noche entre el 22 y el 23 marzo 1985. Llegué de visita a una editorial, creo que en el extranjero. El hall, grande y marmóreo, recordaba el de un banco. Había demasiada gente. Me cansé buscando una silla. Del otro lado del mostrador, donde trabajaban los empleados, había sillas vacías. Me faltó coraje para entrar ahí. Apareció una secretaria uniformada, que se puso a mi disposición. Era linda, con mejillas rosadas, seguramente suaves, de esas que suelen describirse como "de gata". Con cuchillo y tenedor —cuchillo muy filoso, de *vermeil*— le corté [Nota al pie: Sin efusión de sangre, como si cortara la pechuga de un pollo asado o un bife] primero y en seguida le comí un bocado, realmente chico, de la mejilla izquierda. Mientras tanto ella sonreía encantadoramente. Yo tenía hambre. Parece increíble, bastó un bocado para que me sintiera bien: descansado, repuesto. Una súbita compasión, me llevó, en ese momento a renunciar a la comida. La chica era linda y pensé que iba a quedar desfigurada por las cicatrices en la cara.

No veo más fuentes para el sueño que dos hechos ocurridos a la tarde. La conversación en que Vlady me refirió una historia de Cristina Peri Rossi: un escritor, después de un penoso viaje a través de una ciudad atestada de gente, llega a una editorial donde explica a una secretaria cómo es su libro. La secretaria es benévola, pero pone dificultades para la publicación. El segundo hecho: la compra de seis cuchillos exhibidos en una vidriera junto a un cartel con la inscripción: *Oferta de cuchillos filosos*.

Mi sueño (de aventuras para chicos) de la noche entre el 23 y el 24 de marzo. Estábamos presos, con libertad vigilada, en un castillo medieval. Podíamos ver a lo lejos, en el mar, nuestro defensor, nuestro fiel perro ovejero (manto negro), que, nadando, llegaba hasta las mayores profundidades y batallaba contra nuestro opresor, el cruel y enorme rey negro. Temíamos por la vida del perro, pero lo veíamos emerger de las aguas. El combate continuaba, indeciso. Mientras tanto, en un intento de fuga, yo llegaba a las cornisas de una torre. Ahí me encontré con una mujer amistosa, pero tal vez enemiga, que señalándome la estatua de piedra de un antiguo cortesano sentado en un trono, contra la pared, en el patio de abajo, me preguntó:

—¿Quién es?

—Capeto[18] —contesté.

En la vigilia no sé quién es este Capeto.

Las fuentes del sueño han de ser la salud de Catriel, el perro de Marta, que se ha puesto a respirar agitadamente, y la serie de Sandokan que pasaban en la televisión.

Mi dolencia. Fáciles deslizamientos milimétricos que provocan dolores kilométricos en la columna lumbar.

La vida. Entretenimiento ligero con final triste. No se aceptan pequeñas molestias que distraigan.

Idiomáticas. Cuenta. Como la cuenta del panadero, del sastre, del médico. Una sinécdoque. El resultado por la operación aritmética, la parte por el todo. En mi juventud, *factura* era término relamido, yo diría exquisito; por un lado, el más propio, como corresponde al recién llegado a la instrucción, no digamos cultura, que busca la exactitud y, además, paradójicamente, una suerte de eufemismo, de aparente ascenso de categoría (como *encargado* por *portero*), a que se echa mano para sortear la recíproca incomodidad del acreedor y del deudor cuando tienen que decir la suma que uno paga y otro cobra. Cabría agregar *adición* (suma), de uso exclusivo en los restaurantes, obligatorio en francés, optativo en español.

Me queda por averiguar el origen y las razones de sustantivo *factura*, aplicado a ciertas *masitas* (bizcochos, bollos, etcétera, salados o dulces) de las panaderías de nuestro país.

Refrán. Amor de viejos, no va lejos.

---

[18] Como Hugo.

Noticia recibida. Edición israelí de *Plan de evasión* en hebreo. Ventas desde el día de su aparición, 1° de abril hasta el 31 de marzo de 1984: "10 ejemplares vendidos, 14 devueltos: total 4". Temo que por error hayan omitido el signo menos (–).

Santoral. San Francisco de Paula. Patrono de los médicos. No pudo sanar a Luis XI, pero le preparó una buena muerte.

Report on Experience. ¿Compartir a una mujer? ¿Por qué no? Lo verdaderamente desagradable es compartir un cuarto de baño.

Todos hacemos daño sin darnos cuenta. A los demás no perdonamos.

Santoral. No encuentro el nombre de un santo (ver santorales de fin de marzo, principios de abril), cuya tranquila, anodina vida burocrático-clerical, concluye en el milagro (su único milagro) de morir un jueves santo. Por eso un papa lo santificó.

Modismos. Mi padre y gente de su tiempo solían decir "tener la vela" por *esperar* (en la acepción de *aguardar*). El que tenía la vela se cansaba.

Santoral (sacado de *La Prensa*). San Miguel de los Santos, el Distraído, catalán, de Vic (29 de septiembre de 1591). Ya trinitario, pero joven, fue a Salamanca y comenzó a manifestar distracciones o arrobamientos que lo mantenían en el aire, hasta un cuarto de hora. Como estos arrobamientos solían ocurrirle en cualquier momento, aun en la mitad de un sermón, sus hermanos trinitarios procuraban disuadirlo de subir al púlpito. Murió el 18 de abril de 1625, tal como lo había previsto.

Discípulo.

*Extraño efecto, mientras yo le explico
su cara se transforma en la de un mico.*

Obra maestra. Libro cuyas torpezas olvidamos porque sus aciertos nos dejaron un buen recuerdo y porque tenemos en menos a muchos libros famosos y algo hay que admirar.

Sueño. En el sueño yo frecuentaba, como lo hago en la vigilia, la librería Fray Mocho, que estaba en Córdoba, entre Talcahuano y Uruguay y realmente está en Sarmiento entre Callao y Riobamba. En el sueño, la librería era más grande y más desordenada.

Yo me sentaba a conversar como siempre con Leticia y Miguel, en el fondo, cerca de la pared de la derecha. En una zona espaciosa y un poco oscura, entre mis amigos y la pared de la izquierda, había tres caballos sueltos; mejor dicho, tres petizos zainos, no más grandes que un perro. Ustedes los conocen: de esos que ha logrado un estanciero de la provincia de Buenos Aires, de apellido italiano. En un día ulterior, pero en el mismo sueño, al cruzar la plaza Lavalle, encontré a los zainitos pastando en los canteros. Al verme, se pusieron detrás de mí, me siguieron cuando crucé Talcahuano y entraron conmigo en la librería. "Digan después —comenté con Leticia— que los animales no ponen atención y no tienen memoria. Estos caballitos no sólo me reconocieron; recordaban que venía a la librería". Leticia, Miguel y Marcos, el peruano, no me hacían caso; seguían hablando del nuevo gerente de Planeta, que sabía mucho de economía, pero que de librería no sabe nada. Quiere que le paguen al contado los libros del servicio de novedades. Etcétera.

Buen viaje.

> *¡Levanta amarrras el* De mal en peor*!*
> *¡Pasajeros a bordo, por favor!*

Sueño en que soy casi espectador. Unos amigos, padres de un chico y una chica, tienen un cuartito portátil, para meterlos cuando se portan mal o no estudian. El chico trae malas notas. Lo meten en el cuartito, cierran la puerta y oigo un disparo de arma de aire comprimido. Abren la puerta y sacan al chico. Tiene en la frente un palito con una especie de sopapa de goma en la punta, que se adhiere con ventosa. El chico está muerto. Los padres, que no parecen preocupados, viajan conmigo a Europa. Llevan a la chica y también el cuartito. En París, la chica se porta mal. Me anuncian que la van a meter en el cuartito. Yo les hago ver que van a matarla. No me escuchan.

"Es hombre de vastos recursos..." (la mujer abre los ojos) "...lexicográficos" (la mujer cierra los ojos).

Renuencia a morir. Nos sacan del cine antes de que la función concluya.

Cuando supe que según Maquiavelo a la gente le duele más perder una propiedad que un ser querido, me dije enojado: "¿A qué gente? No a nosotros". Reflexioné, pasé revista mental a pérdidas de propiedades y de seres queridos y de pronto tuve una revelación: nos importó más el testamento de mi abuela[19] que mi abuela.

---

[19] Materna.

Olor a *pachulí* (¿pachoulí?), decían con ligero disgusto mis padres y sus contemporáneos. Me pregunto si sería un perfume barato, poco prestigioso. Consulto a Abad de Santillán. No me equivocaba en la hipótesis.

Santoral. ¡Un santo, un santo! San Anselmo. Italiano. Obispo de Canterbury. Desarrolló la ciencia de Dios mediante el método filosófico.[20] Murió en 1109.

Para el Diccionario. Verbo *rotundizar* que, según Pezzoni (hombre atinado, por lo general), puede usarse, aunque todavía no tenga el imprimatur académico.

Satisfacciones de una madre. Transida de júbilo, soñó que se bañaba en el mar. Despertó empapada en la orina de su hija menor, que subrepticiamente se le había metido en la cama.

Baquet, presidente del Club Francés, me dijo que su familia es oriunda de una aldea de los Pirineos, cercana a Luchon, de la que tradicionalmente son los alcaldes, por lo que se dice: *"Les Baquets sont maires de père en fils"*, lo que significa *Los Baquets son alcaldes de padre en hijo*, pero que suena como *Los Baquets son madres de padre en hijo"*.

Fin de Fausto. Diciendo "No quiero irme hasta que termine la función", consiguió que le renovaran tantas veces la juventud, que llegó vivo al fin del mundo. Aquello fue de veras terrorífico y entonces alguien le oyó quejarse por no haber muerto en su cama, en su casa,

---

[20] Teología, desde luego, pero ¿el método?

rodeado de su familia y con la seguridad de un orden que venía de épocas anteriores y que iba a seguir después.

Uno me dijo no deber nada a sus hijos porque les había dado (toqueteando a su mujer, ahí presente) el Milagro de la Vida.

Apuntes del hospital.
—Dan la mejor atención médica. Algo que el paciente aceptará porque se lo dicen, aunque no tenga criterio para apreciarlo, tal vez hasta que sea demasiado tarde. Lo que sí podrá apreciar en seguida es que el lugar es inhóspito, el trato jerárquico (él está en situación de esclavo) y la comida dudosamente comestible.

—Hay que desconfiar de los personajes rodeados por un prestigio especial y que alegan una vocación: sacerdotes, maestros, enfermeras, médicos, madres *anche*: hay entre ellos mucho embaucador.

—Unidad coronaria. Ponen al paciente bajo la lupa del cuidado médico. A los médicos no los molesta que ante sus ojos, o cerca de sus orejas, la gente defeque, tosa, vomite, se queje, ronque agónicamente y muera. Al pobre diablo que por cuidados médicos alejan de la muerte, lo arriman por ese vecindario aterrador. ¿O quieren los médicos que siquiera en nuestras últimas horas de vida adquiramos la indiferencia al dolor, etcétera, que los vuelve a ellos tan superiores?

—No se aceptan visitas, para que las conversaciones no molesten. Las conversaciones de médicos, enfermeras, personal de limpieza, no molestan. Los portazos, tampoco. Luz eléctrica encendida de pronto, menos aún.

—El humo del cigarrillo de los médicos no perjudica la salud de nadie.

—Consiste el médico en un guardapolvo blanco, un estetoscopio y una jerga.

—El paciente está al servicio de la comunidad. Su cuerpo, mientras vive, es un mapa que el médico exhibe a sus alumnos; ya muerto, el paciente se multiplicará en piezas de repuesto, que provocarán el rechazo y la muerte de otros infelices.

—Vamos hacia la proletarización de la medicina, sin beneficio alguno para los proletarios.

Santoral. Santo Domingo de la Calzada. Dedicó su vida al servicio de los peregrinos que se encaminaban a Santiago de Compostela. Construyó una calzada en una de las regiones más agrestes, por donde iban los romeros (peregrinos que van a santuarios, con bordón y esclavina) y, ayudado por los vecinos, construyó un puente sobre el río Oja. Murió el 12 de mayo de 1109, nonagenario. Por su fama de santidad se le atribuyeron infinidad de milagros "siendo el más conocido el del gallo y de la gallina que, al mostrarse llenos de vida, aunque ya aderezados para la cena del juez, sirvieron de prueba, por intermedio del santo, de la inocencia de un joven recién ahorcado, pero que aún respiraba, quien así salvó la vida" (Extractado del santoral de *La Prensa*, 12/5/85; lo que va entre comillas es transcripción *verbatim*).

En casa de la señora trabajaban dos hermanas, la una de cocinera, la otra de mucama. Un día anunciaron que iban a retirarse. La señora les mejoró el sueldo. Un tiempo después, insistieron. Ella consultó con su marido, quien estuvo de acuerdo en darles un nuevo aumento, pero agregó: "No es bastante. No vamos a encontrar otras muchachas tan buenas" y compró un aparato de televisión, que les puso en el cuarto. Así continuó la relación entre esas empleadas, que de tanto en tanto manifestaban el deseo de irse, y ese matrimonio que las retenía con aumentos de sueldos y otras atenciones, hasta la noche en que las muchachas huyeron de la casa, dejando una cariñosa carta de despedida, con la dirección donde podrían encontrarlas si algo faltaba en la casa.

Mientras declaro a un periodista que recuerdo a mi colegio, el Instituto Libre, como una cárcel y a muchos de mis profesores como sádicos de notable mediocridad intelectual, me nombran presidente honorario de una sociedad de ex alumnos del Instituto Libre.

Me cuenta mi secretaria que su marido escribió un artículo acerca de la cuestión del Beagle, cuya publicación propuso a un Ruiz Moreno, que dirige una revista de asuntos de Derecho Internacional. A pocos días de aceptarlo, Ruiz Moreno llamó a Horacio, porque "tenía que hablarlo". Horacio fue a la entrevista, convencido de que tendría que oír alguna explicación de por qué el artículo no aparecía. Con alguna sorpresa y bastante alivio oyó esta frase:

—Me encantaría, y te agradecería muchísimo, que en algún párrafo de tu artículo citaras a mi padre.

Satisfizo el pedido, no sin trabajo, porque no sabía dónde meter alguna cita de Isidoro Ruiz Moreno.

Días después fueron a una conferencia sobre *Bermejo y el pensamiento de Alberdi*. Entre los académicos presentes estaba Isidoro Ruiz Moreno, única autoridad que citó el conferencista.

Mi secretaria se informó de que para este viejo las citas son como el alimento endovenoso que se da por gotas a los enfermos.

Mi amigo Ayala escribe un artículo sobre las perplejidades del reconocimiento póstumo. Señala que Cortázar lo tiene, sin haberlo buscado. No así, Mallea y Murena. Que Cortázar lo tenga no me asombra. Fue un verdadero escritor. Escribía agradablemente, con inteligencia, con encanto y, por si esto no bastara, cuenta con el apoyo de la izquierda política. Que Mallea y que Murena estén olvidados no me extraña tampoco. Fueron personas agradables, pero escritores torpes, "negados" diría. ¿Por qué no estando ellos para tener en cuenta, la gente va a leerlos? Otro tanto pasa con Larreta y un día pasará con Marechal, cuando no haya razones peronistas para admirarlo, y con un Alberto y un Ernesto y el absurdísimo Molinari, ¿mostrará devotos la posteridad?

La proliferación de homosexuales vuelve incómoda la amistad entre los hombres y pondrá dificultades a quienes pretendan contar la historia de dos amigos en novelas, en comedias o en películas. ¿Ya se examinó con suspicacia psicoanalítica a Virgilio y Dante, a Quijote y Sancho, a Martín Fierro y al sargento Cruz, a Sherlock Holmes y al doctor Watson, a Johnson y Boswell, a Kim y a su gurú, al Gordo y el Flaco y también (¿por qué no?) a los tres mosqueteros, que fueron cuatro?

26 mayo 1985. En *Estampas de tango* de Francisco García Jiménez Elía leo con algún orgullo que en la docena de bataclanas que en 1930 llegaron en gira hasta París, estuvo Haydée Bozán.

¿Una conversación franca sobre mala literatura? Eso es abrir la Caja de Pandora. Para señalar algo en que todo el mundo está de acuerdo —por ejemplo, que no pocos best-sellers americanos son mala literatura— no es necesario coraje ni la revelación puede servir de mucho; pero si el tema es la mala literatura habría que señalar lo que pasa por excelente y no lo es. En la categoría caben libros de Gracián, de Joyce, de Ezra Pound, de tantos otros buenos escritores, de no pocos amigos.

Me contó Quiveo que en su cátedra Mariano Castex decía: "Aquí se aprende a mover el vientre" y que "eso era el pilar de la salud". Aunque no venga al caso, recordaré que Lucio García, discípulo de Julio Méndez, aborrecía a Castex.

A propósito de la inundación de Buenos Aires, del 30 de marzo, quisiera averiguar cuándo fue la que se describe en el *Libro extraño* del doctor Sicardi. Con Borges ausente, no tengo a quién recurrir; fuera de él y de mí, ¿quién se acuerda del *Libro extraño*?

Por mucho que me desagrade me parezco a mi tocayo ilustre y a su autor. El sentido de la fugacidad de la vida me induce a tomar cualquier compromiso. Me digo: lo que deseamos que dure, no dura ¿por qué durará lo molesto? Quizá no dure mucho, pero la vida dura menos.

Recuerdo una vez que salimos con Drago a pasear a Ayax. En Montevideo, entre Quintana y Uruguay, le hablé de mis amores con Silvina y le dije: "Bueno, si hay que casarse me casaré, y todo pasará, porque todo pasa". Hoy, en el último tramo de la vida, todavía estoy casado. La vida es tan corta que dura menos que el efecto de un arranque de impaciencia.

Vivir. Lamentaba el haber tirado la vida por la ventana. No sabía que vivir consiste precisamente en tirar la vida por la ventana.

Prójima.

> *De lo que siento y pienso no se entera.*
> *Tiene el alma y la mente de madera.*

Leo en una *Enciclopedia de la Literatura Argentina*: "Manuel Gálvez, uno de los escritores más discutidos de nuestro país". Si Manuel Gálvez es el tema de nuestras discusiones, ¿qué puede esperarse de la inteligencia y del nivel intelectual de este país?

Un tipo de imbecilidad. La del que no puede cerrar las puertas (las deja entrecerradas) y tampoco puede cerrar del todo una canilla ni la tapa de rosca de un tubo.

La palabra es más vigorosa que la realidad. De chico me sorprendían las derrotas del invencible boxeador Fulano y de Paddock, el hombre más rápido del mundo.

Adèle-Clotilde Domecq, hija de Pierre Domecq, socio del padre de Ruskin, fue el primer amor de Ruskin. Esta experiencia debió de ocurrir en 1836, cuando Ruskin tenía 17 años. Nunca la olvidó. Adèle-Clotilde se había reído de él, cruelmente.

Con la mente en los pies. Elitistas. Hay elitistas perversos que al dedillo conocen los nombres de los dedos de las manos y, no lo creerás, olímpicamente ignoran los nombres de los dedos de los pies.

Dificultad extraña. Fácilmente jabono y enjuago los dedos del pie izquierdo, empezando por el chiquito y concluyendo en el gordo; en sentido opuesto, la tarea es difícil.

Si quiere vivir tranquilo, recuerde a Hernández, dedíquese a solterear, no provoque formaciones de vida doliente, llámense amantes o hijos, unas y otros, por vocación, domiciliados en el quiosco de las quejas. El día en que usted flaquee, lo acometerán con odio atrasado y lo encerrarán en un asilo para viejos y locos y, por fin, lo olvidarán.

¿Soy? Fui. Tengo ex amantes, una ex mujer; ex casas; un ex auto, el Citroën; soy un ex viajero, ex tenista, ex estanciero, ex jinete, ex deportista, ex amante.

Los políticos, término en el que incluyo a todos los que gobiernan o se proponen gobernar, tienen por meta el poder y quedar bien: combinación horrible de propósitos deleznables.

Dorothy Wordsworth dijo de su hermano: "William, who you know is not expected to do anything". Al leer esto tuve una reacción típica de Silvina, para quien todo es alusión a ella, y pensé: "Así fui yo, hasta hará cosa de unos diez años, cuando todo cambió, *with a vengeance*".

Cuando estaba enamorado de la francesa, le dije: "J'aime Brigitte Bardot, porque ella es francesa y me recuerda a vos". Me contestó: "Pas de patriotisme avec les femmes. Je doi te suffire. Je te défend de me dire que tu aimes une autre".

Qué esperan las mujeres del hombre de no más de cuarenta y cinco años: pene y encanto. De no más de cincuenta y cinco: pene y regalitos. De no más de sesenta y cinco: pene y mantención. De más de sesenta y cinco: mantención, pronta muerte y herencia.

Maridos en los que advertía enemistad y desconfianza ahora me saludan con afecto.

La libertad es la intemperie.

Según una autoridad dudosa, Ernesto Sabato se convirtió al catolicismo y su alma inmortal no se le cae de la boca.

Según la autoridad dudosa que mencioné, nuestro ministro de Cultura, Alconada Aramburú, al inaugurar en Madrid una cátedra, o un aula, o no sé qué, llamada Arturo Illia, mostró las palmas de sus manos y declaró a los oyentes: "Estas palmas lo tocaron". Aseguró también que "lo había querido mucho" y lloró y tuvo un soponcio. La autoridad, evidentemente falible, dijo que le dieron un vaso de agua y un geniol. Parece improbable que esa expresión de la industria argentina alcanzara a Madrid.

Según la misma autoridad, Sabato se enfurece cuando no le hablan de sus novelas, sino de los desaparecidos. "Nota que el escritor desaparece detrás de los desaparecidos", aseguró.

En la sección "Diccionarios" de la librería El Ateneo encuentro mi *Diccionario del argentino exquisito*. Siento, primero, una sorpresa agradable y, en seguida, una duda sobre mi derecho a estar ahí. Parece verosímil que ningún otro lexicógrafo conozca esa duda. En cuanto a mí, soy lexicógrafo porque un empleado literal y desproporcionado arregló los anaqueles.

Idiomáticas. Cómo hacemos. "¿Entonces cómo hacemos?" "Dormimos la siesta y después vamos al cine". Extraña expresión. ¿Será un galicismo que nos queda de otros tiempos, de cuando Francia estaba más cerca de nosotros?

Creo que Restif de la Bretonne dijo que escritores como él, que tratan de ser testigos de su época, son espías mirados con desconfianza por la gente. Mi tío Miguel Casares me dijo que los escritores son turistas que van al campo para mirar, comentar, pero no para participar en lo que allá se hace y que por todo ello son mirados con desconfianza por los estancieros y en general por toda la gente de campo.

Diálogo.
—Malos tiempos nos tocan, señora.
—Verdad, señor. Llovió toda la noche.

Idiomáticas. Hacer caso. 1. Obedecer. 2. Aceptar a quien la o lo requiere de amores. En algunos sectores de la población (por lo menos en la ciudad y en la provincia de Buenos Aires) la expresión fue reemplazada por "dar bolilla".

Es casi patética la naturalidad con que los ignorantes recogen los neologismos. Hablo de gente del montón: de presidentes, generales, obispos, etcétera.

Léxico.

Sare o share. Especie de raqueta, ovoide, alargada, de cuerdas blandas y mango corto, con la que se jugaba a la pelota. Podría decirse que el sare está a mitad de camino entre la paleta y el cesto. Cuando se juega con cesto (o cesta), o con gran chistera, se embolsa la pelota antes de proyectarla; en el sare también, pero menos prolongadamente. Drago y yo, *c.*1930, jugamos (mal) a la pelota al sare (así decíamos) con Charlie y Julio Mensiteguy, que jugaban bien. Jugamos en la cancha que tenían en su casa, en Callao (vereda de los impares), entre Quintana y Avenida Alvear.

En aquel tiempo decíamos: pelota a mano, al sare, al cesto, y también pelota a paleta. Ignoro si aún se juega con sare o si simplemente apareció en aquellos años y después se descartó.

Sare, share, chare: en las tres formas busqué la palabra en el diccionario de la Academia, de 1970, en el de argentinismos de Abad de Santillán, y en el de Garzón; no la encontré. Tampoco encontré *tambour*, ángulo *biselado* de la pared de una cancha de pelota, con el que se consiguen *rebotes* de trayectoria inesperada.

Díjose de un místico o, menos probablemente, de un teólogo: Es profundo como el follaje del árbol, hacia el cielo.

Me hablaba de las exigencias de su amante y trataba de disculparla: "Cree que la quiero por ser ella. No puedo decirle que la quiero únicamente por ser otra". ¿Por no ser su mujer?

> *¡Volver a ver los amigos!*
> *¡Vivir con mama otra vez!*
> *¡Vitoria, cantemos vitoria!*
> *Yo estoy en la gloria:*
> *¡se fue mi mujer!*

¿Discépolo hubiera escrito ahora este secreto himno nacional o personal de todos los maridos? Cómo se ve que lo escribió en épocas felices, inocentes de psicoanálisis.

Después de ver una comedia menor y fantástica, he pensado que el elemento fantástico es difícil de manejar en el cine cuando aparece como la explicación de los hechos: más aún si el espectador debe tomar en serio esos hechos, considerarlos terriblemente amenazadores; en cambio, si el elemento fantástico es circunstancial, o determina situaciones cómicas o sentimentales, no invalida la credulidad de los espectadores. En síntesis, lo fantástico es más adecuado a la comedia que a la tragedia. Algo más: parecería que el mal de amores no es una tragedia. El mal de amores es trágico si asesinatos o suicidios lo refuerzan; solo, puede tener la levedad de la comedia. Tal vez la incredulidad que siente cada cual por los amores de los otros vuelve al mal de amores un poco irreal, no incompatible con el género fantástico.

Médicos que recuerdo con afecto y gratitud:
Lucio García, clínico. Amigo. Gran solucionador de situaciones.
Valentín Thompson, otorrinolaringólogo. Persona gratísima.

El doctor Alberto Browne, homeópata. Inteligente y acertado. Me curó de una alergia que no me permitía vivir en mi casa de Mar del Plata.

El doctor Schnir, gran conocedor del aparato locomotor. Quiropraxista.

El doctor Parini [¿Farini?], dermatólogo. Acertadísimo.

El doctor De Antonio, que hace quiropraxia.

Quiveo. Kinesiólogo, amigo.

Me olvidaba: el veterinario Cánepa.

En Francia:

el doctor Pouchet, quiropraxia *et alia*

el doctor Díaz (de Aix-les-Bains)

el kinesiólogo Poussard.

Miércoles, 21 agosto 1985. A las 3 y media de la tarde, hora de descanso del portero, quedo encerrado en el ascensor de casa (un cuartito más o menos hermético) entre dos pisos. Para no dejarme llevar por los nervios, versifico. Escribí en mi agenda:

> *Repita el que está preso en su ascensor:*
> *mi suerte podría ser bastante peor.*

Como prefiero la verdad a la política, al rato corrijo:

> *Repita el que está preso en su ascensor:*
> *mi suerte podría ser algo mejor.*

Difícilmente. Estaban por ahí nomás Eladio y Leonardo (los porteros) y los operarios que arreglaban la caldera del agua caliente. En unos veinte minutos me sacaron.

No sólo pierdo cosas en mi casa; las pierdo en mis bolsillos.

Nuestra argentina ecuestre. Desde 1885, todo soldado, al entrar en el ejército, recibía un caballo, que debía cuidar mientras el soldado permaneciera bajo bandera y que después le quedaba en propiedad.

Odi et amo. Mi tío Enrique me dijo que en este mundo había mucha gente mala, que ama y odia intensamente, y alguna gente buena, que ama con fidelidad, pero con moderación, y que no sabe odiar.

Me vio de sobretodo y me dijo: "*Sobre todo* hay que estar preparado por si llueva". Creo que mi interlocutor es chaqueño.

En la Sociedad de Psicoanalistas, cuando alguien dijo *elección*, oí *erección*.

On his seventy one birthday. Regalo de cumpleaños. De Santo, como se decía entonces. La amiga de la cocinera me dice: "Muchas felicidades, niño Adolfito".

Prefiero el capricho individual al bien común, salvo cuando ese capricho es demasiado bobo y demasiado nocivo, como en el afán de procreación.

BRIC À BRAC

Idiomáticas. La gran flauta (que hace frío, que la novia es fea, que el precio es alto). Expresión usada en mi juventud y que hoy casi no se oye.

28 septiembre 1985. Sin estar triste puede uno estar acongojado.

Houdini. Gracias al episodio que, según los diarios de entonces, le costó la vida y que en realidad fue un simulacro, Houdini, artista famoso por desatarse en cuestión de segundos de cualquier atadura, se libró de sus compromisos, para ensayar, lejos de la mirada del público, una prueba más difícil y, por eso, más digna de su talento: la de librarse de la vejez y de la muerte.

A mi edad la muerte suele ser una decisión del momento, rápida, imprevisible.

Sueño. Soñé que ganaba un partido de tenis a Marguerite Yourcenar. Le ganaba 6-1, 6-2, 6-0. Un triunfo parecido tuve cuatro o cinco años después de abandonar el tenis, cuando jugué con un pariente, que se creía campeón. Con una diferencia: en el sueño Marguerite Yourcenar era la campeona mundial. Para que no se deprimiera por la derrota, le dije:

—Bueno, en mis tiempos fui un jugador bastante bueno.

En lugar de mejorar las cosas, mi frase las empeoraba. Equivalía a decirle: "Qué clase de campeona mundial es usted, si un jugador fuera de training y apenas bastante bueno le da semejante paliza". Aclaré:

—Yo entrenaba a Felisa Piédrola, que fue, en determinado momento, la mejor jugadora argentina, y a veces jugué con Mary Terán, su rival, que también fue campeona. Los tres teníamos un mismo nivel de tenis y frecuentemente las derroté.

Comprendí que no estaba atinado. Sin querer, sugería que una campeona mundial de ahora no era mejor que una campeona argentina de mi juventud; o si no, algo peor, que en tenis cualquier hombre era mejor que la mejor de las mujeres.

Pasé a decirle que no pensara que era competitivo; que no fui mejor jugador, porque nunca me importó ganar; lo que equivalía a decir que para ganarle ni siquiera tuve que buscar el triunfo.

Desperté, angustiado por tantas torpezas y tratando en vano de encontrar argumentos que convencieran a Marguerite Yourcenar de que era mejor jugadora que yo.

Martha Lynch se suicidó de un balazo, en la noche del 8 al 9 de octubre de 1985. Todo el mundo se preguntaba por qué lo habría hecho. Mi amiga me dijo: "Pobre, lo más triste es que se suicidó por vanidad". En todo caso, porque el paso del tiempo la entristecía y la vejez la asustaba. Se había hecho numerosas operaciones de cirugía estética, sin buen resultado. La gente la quería, la veía como una persona vital y fuerte; todo el mundo parecía desconsolado, salvo otra de mis amigas, que me dijo: "No perdono a los depresivos ni a los suicidas. Son monstruos de egoísmo". En cuanto a mí, me quedó, como tantas veces pasa, una sensación de culpa. ¿Por qué nunca la habré invitado a almorzar? (Me pidió que lo hiciera). Por pereza, nomás, pero ahora siento que nunca le concedí mucha más atención que la de unas palmaditas afectuosas. La conocí personalmente en un reportaje que nos hicieron a los dos, con el propósito de enfrentarnos, y salimos amigos, a pesar de las opiniones políticas encontradas. Ella era (en ese momento) peronista; yo fui siempre antiperonista. Marta era buena, quería entender el pensamiento de su interlocutor. En su conducta la impulsaban entusiasmos, "camotes", que la inflamaban de cuerpo y alma. Un trayecto en zig-zag que le conozco o creo conocerla, porque en verdad no estuve nunca bastante cerca para alcanzar alguna seguridad: Frondizi, Perón, Massera, Alfonsín. Como Victoria en el mundo de las letras, Marta, en el mundo de la política. Parece que el marido se enteró de que Marta había comprado un revólver. Consultó qué hacer con un experto, Girri, al que se le suicidió Leonor Vassena. Girri dictaminó: "Nada, no hagas nada. Aunque escondas o tires el revólver, si quiere suicidarse va a suicidarse". El marido siguió el consejo y esa noche Marta se pegó el tiro. A Fernando Sánchez Sorondo le había mandado una carta, en que le pedía el nombre y la dirección de su analista. El director de *Clarín* se la pidió y la publicó. Buscaba, sin saberlo, el efecto de la carta (¿o el telegrama?) que, en *Albertine disparue* el narrador recibe de Albertine, ya muerta. Le conté a una amiga las objeciones al suicidio de mis diversos interlocutores. "¿Por qué no podrá uno disponer libremente de su vida? ¿Porque pertenece a Dios? —preguntó, enojada— ¿Por respeto a la familia?". Yo dije: "Me parece que si una persona está dispuesta a destruir su vida, que es todo lo que tiene, puede sin cargo de conciencia causar una molestia o pena a terceros. Molestia y pena que sabemos, ¡ay!, que es pasajera".

A pan y agua. Entonces no me quejo. Nada me gusta como el pan y como el agua, aunque en orden inverso: el agua, algo sobrenatural, o extremadamente natural; el pan, la más natural de las obras del hombre.

Felicitaciones recibidas y otros homenajes:

1) La florista. No podían creer que usted me hubiera besado, señor Bioy Casares. ¿Por qué? ¿Porque soy una florista? les pregunté. Sepan que me besó el señor Bioy Casares, que es el cuñado de Victoria Ocampo y el esposo de Silvina Ocampo.

2) El garagista, agradecido porque le pagué la monstruosa suma que me cobra por la cochera: "Le deseo todos los triunfos y todas las satisfacciones. Le deseo más triunfos y satisfacciones de los que usted merece".

3) Firma de libros.
—Qué honor. Me llevo un libro con la dedicación de Bioy Casares.
—Yo quiero tener una fotografía autobiografiada por Bioy.

Novela. Historia, ficticia o más o menos supuestamente ficticia, de mayor extensión que un cuento, que puede terminar bien, con el triunfo del amor, o mal, con la muerte de uno de los dos protagonistas. Escritores chambones intentaron novelas que terminan bien, sin el triunfo del amor; fracasaron.

La aventura de un fotógrafo en La Plata. Modesta apología de la vocación.

Vlady Kociancich. Le digo que es muy conocida. Me contesta:
—Sí. Cuando me presentan, siempre hay alguno que pregunta: "Gladys, ¿qué?".

Idiomáticas. Sacarle a alguien la frisa. Hacerlo trabajar mucho. Mi padre usaba la expresión.

Proposición no temeraria. Era más completa la vida cuando había mujeres de recambio.

Reflexiones inadecuadas.

I) Hace un siglo, en el principio de nuestros amores, tuve ganas de fotografiarme con ella. La quería mucho; me parecía bien que una fotografía nos perpetuara juntos; y me parecía que una fotografía de nosotros dos convendría para mi (futura) autobiografía, ya que por prudencia y por ser fotógrafo había fotografiado a mis amantes, pero no me hice fotografiar con ellas. Las fotografías de grupos, o siquiera de parejas, tienen más vida que las de una persona sola.

La llevé al Rosedal. Nos fotografió cerca del puente uno de esos fotógrafos de guardapolvo, máquina de trípode, trapo negro y revelación en un minuto. En un minuto, o poco más, aparecieron *il buon vecchio e la bella fanciulla*. Esa fotografía era una prueba concluyente de que nuestro amor era absurdo.

II) Cora, una chica inteligente, pero con una misteriosa propensión a brujos y horóscopos. Me dijo que Lafuente, un compañero del profesorado, se había convertido en un brujo hecho y derecho. Es claro que era muy astuto. En la semana anterior estuvo con Cora y con su amigo, por separado. A ninguno de los dos dijo una palabra para indicarles que sabía que estaban juntos. "Sin embargo —concluyó— tenía que saberlo, porque es brujo". "Seamos obvios", pensé y observé: "No lo dijo, porque no lo sabía y porque no es brujo, porque no hay brujos". Esta última afirmación fue temeraria. Tan increíble la juzgó que descreyó de las anteriores.

¿Qué te dieron las mujeres? Un placer real de duración breve, un placer imaginario pero alentador, de duración imprecisa, y engorros, molestias, compromisos tan reales como permanentes. Sin embargo, sin ellas no tengo techo para protegerme de las adversidades. Quedé fuera del alero. Está lloviendo y hace frío.

Frase de Eduardo Gutiérrez, que hoy parece poco respetuosa: "Aquel fraile, más gordo que el mismo Martín Fierro y más colorado que un cangrejo cocido" (*Un viaje infernal*). *Martín Fierro* por *Hernández*, el libro o el personaje por el autor.

Sueño. Hablo muy encomiosamente de una chica (que nunca vi fuera del sueño). En la siguiente escena que recuerdo, estoy acostándome con esa chica. Después la llevo al bar de La Biela, en la esquina de Quintana y Ortiz. Nos sentamos a una mesita en la vereda. En la mesa con ruedas de nuestros desayunos de cuando vivíamos en Santa Fe 2606, me traen muchísimos números del *Times Literary Supplement*. Me pongo a leerlos y me olvido de la chica. Cuando me levanto para irme, la chica es una mujer madura, adusta, con arrugas a los lados de la boca, que me mira con enojo.

Sueño. Bobera revelada. Digo algo a un amigo de mi padre, un hombre mayor, que está hablando con otros. Porque no me escucha, repito lo que dije. No me hace caso, lo que me parece ofensivo, aunque él sea un hombre mayor y yo (en el sueño) un muchacho. Al irme, expreso con ademanes y un portazo mi disconformidad. El hombre me sigue y, riendo, trata de aplacarme. Ni siquiera contesto. Mi padre intercede. Tajantemente declaro que su amigo se portó como un guarango. Después noto —estoy en una ciudad chica, termal o de veraneo, donde hay un grupo de personas conocidas que encuentro diariamente— que mi actitud ha sido vista con aprobación. Oigo frases por el estilo de "Qué bien". "Un muchacho que se hace respetar", etcétera.

Cuando despierto, me digo: "Yo no sabía que fuera tan sonso".

Idiomáticas. En las primeras de cambio. En la primera oportunidad, en que alguien o algo se ponen a prueba. "Tiene muy buena ortografía y en las primeras de cambio le mete un acento a *perro*".

Me encuentro con Silvina Bullrich en la avenida Alvear, cerca del quiosco. Está muy rosada, con los cachetes inflados y sin arrugas. Me dice: "Qué mierda es la vejez. Claro que no hay que hacer lo de esa tarada de Marta Lynch. Pegarse un tiro: qué espanto. La pastilla, sí. Va a llegar el día en que habrá que tomarla. ¿Vos la vas a tomar? Yo te juro que sí. Yo, che, no quiero estar un día como Silvina (Ocampo, mi mujer). No hay que pararse a pensar en los hijos y los nietos. No tengo nada que ver con ellos. Más afines conmigo son esos que pasan. Uno debe hacer lo que quiera, sin pensar en los hijos. Vos estás muy bien, yo también, pero en plena decadencia. Tu nuevo libro me estimuló a escribir el artículo sobre la vejez. Hay que admitirlo: vos, che, inventaste la televisión. ¿Qué otra cosa es *La invención de Morel*? Y ahora publicás ese libro. Es para morirse. ¿Y te digo algo más? Cuando muera Silvina, vas a quedar roto, vas a dar lo que se llama un bajón. La vas a extrañar. Vas a estar solo. ¿Has pensado que ya nunca tendrás 69 años, ni setenta? ¿Te das cuenta lo que será cuando cumplas 80?".

Idiomáticas. En Buenos Aires dijimos siempre *Salón de lustrar.* Ahora vi en Callao un *Salón de lustre.* De un modo u otro debe de ser el último que queda.

Idiomáticas. ¡Guarda! Exclamación que se usaba en los años veinte; quizás antes. "¡Guarda!, que viene el tramba". Cuidado, ojo, que viene... Creo que es el imperativo del verbo italiano *guardare*, mirar.

No fue Byron a Missolonghi para pelear por la libertad de Grecia, fue para escapar de Teresa Guiccioli.

Octubre 1985. En el potrero 12 del campo Rincón Viejo, Pardo (cuartel séptimo del partido de Las Flores) en un charco, un peón, con la mano, pescó un bagre.

Una comida. La anfitriona nos dio pan con cebolla, pedazos de palta cubiertos de salsa golf y pejerrey con papas gratinadas. Olí el pejerrey antes de llevarlo a la boca y preferí una papa, que estaba cruda. A mi derecha una señora dijo: "Este pescado está muy fuerte". "Podrido", dijo Carlitos Frías, y siguió comiendo. "Podrido, no —dijo otra señora—: poco fresco, algo *faisandé* y crudo". Carlitos corroboró: "Crudo y podrido", y siguió comiendo. Otra que comió bastante es Marta, la mujer del médico. Éste dijo que la intoxicación con pescado era bastante brava, que tuvieran a mano el número correspondiente a intoxicaciones, el del Instituto de Diagnóstico y el de la Clínica del Sol. Trajeron una tarta de chocolate. "¿Vos la hiciste?", le preguntaron a la señora de mi derecha. "No", contestó. "Yo hice una de dulce de leche, sin probar el dulce de leche. Después vino mi nuera, metió un dedo, se lo llevó a la boca y dijo: 'Este dulce de leche está ácido' así que tiré la torta y compré una de chocolate. Ahora voy a llamar a casa de mi hijo, para que no coman el lenguado, porque lo compré en la misma pescadería en que se compró este pejerrey, y me pareció que no estaba fresco". La anfitriona dijo: "A mí también me llamó la atención el olor, fuerte y feo no sé si me entienden, que tenía el pejerrey, pero lo cociné igual". La señora de mi derecha volvió del teléfono muerta de risa: "Mi hijo dice que encontraron el lenguado muy oloroso y con un gusto raro, más bien feo, pero que ya lo comieron. No había otra cosa en la casa y tenían hambre".

En el *Times Literary Supplement* leo una encuesta sobre *Neglected Fiction*. Contestan muchos escritores, casi todos ingleses y unos pocos extranjeros que viven en Inglaterra. La ojeé por si descubría alguna novela de otro siglo que yo ignorara. Casi todos los participantes señalaban libros recientes que no habían sido debidamente considerados o libros olvidados de comienzo de siglo. Al ver el nombre de Cabrera Infante, leí con más atención y en seguida una A seguida de una B y de una C mayúsculas detuvieron mi mirada. Cabrera Infante dice: "To name only a few, there is Adolfo Bioy Casares, the Argentine writer usually type-cast as Borges's sidekick, who has written one or two *novellas* that are *obras perfectas*. These are *Morel's Invention* and *Plan of Scape*, both already translated into English with not even an *eco in lontano*". Ya con el inglés en mi pensamiento exclamé: "How true!". Me refería al "ausente *eco in lontano*" y pensé: "Qué raro que no me preocupe. Soy un individuo aceptado en todas partes, menos tal vez en la ciudadela de la literatura. ¿No dijo el prologuista francés de *Le Guide Bleu d'Angleterre* que la literatura inglesa es la metrópoli y todas las otras literaturas las provincias? Yo soy aceptado, casi famoso o por lo menos *famöso*, como decía Xul para las cosas no mejores, en las provincias, y no puedo entrar en la capital. Esto no me entristece. La capital de cada uno es su país. No me va mal en el mío.

Interlocutora. Conversar con ella es como tirar de un carro.

Es copiosa la lista de héroes que fueron a la guerra para huir de una mujer.

José Gilardoni (el honesto, benévolo bibliófilo) le confesó a mi pariente, el librero Alberto Casares, que en San Fernando, su pueblo, él es conocido por *Borges*. El diariero le dice: "Che, Borges, tengo algo para vos" (y le muestra, por ejemplo, un diario o una revista con declaraciones de Borges). Gilardoni colecciona, además de los libros de Borges, todo lo que Borges publica en periódicos. También todo lo que se publica de y sobre Mallea, Victoria Ocampo, Güiraldes, Mujica Lainez, Silvina, un servidor, Molinari, Girri y *tanti altri*.

El pueblo de Pardo. Según Noemí Pardo, el pueblo de Pardo fue fundado (c.1830) por su antepasado Santos Pardo.

Mi secretaria me preguntó el origen de la frase "Los muertos que vos matáis gozan de buena salud".[21] Afirma que yo le dije que era del *Don Juan*, de Tirso o de Zorrilla; me parece increíble, porque no tengo ningún recuerdo al respecto. Borges ignora la procedencia de la frase.

Juventud. Abrazos tiernos, que duran poco.

A ese marido que, en una película, se iba al destierro lo envidié, porque se iba.

Cuando, abrazados, nos decíamos "Te quiero" no mentíamos. Yo de veras la quería en ese momento; ella me quería para casarse.

Frente al plato servido, un error de juicio abre paso a la muerte. Quién tuviera probadores a mano.

---

[21] Me aseguraron que es de *Don Juan*, de Tirso de Molina.

Trabajo del final de una tarde:
—Escribo una carta, que enviaré con un cheque. Guardo la copia en el archivo.

—Hago el cheque. Tiene errores. Lo anulo.

—Hago un segundo cheque.

—Pongo la carta y el cheque dentro de un sobre. Lo cierro. Escribo la dirección, me equivoco. Rompo el sobre.

—Escribo otro sobre, pongo adentro la carta y el cheque. Lo cierro.

—Advierto que por error puse en el sobre el cheque anulado. Rompo el sobre.

—Escribo otro sobre, pongo adentro la carta y el cheque bueno. Cierro el sobre.

—Al archivar la copia de la carta, advierto que en ella puse el número del cheque anulado. Rompo el sobre, corrijo en la carta el número. Escribo un nuevo sobre y pongo adentro la carta y el cheque.

Biografía y festín de un hombre grosero. Lo conocí en el club. Me dijo que su memoria era de aventuras en la selva. Fue siempre cazador. Las piezas cobradas a lo largo de la vida eran poco menos de cien leonas, jóvenes y hermosas. Cuando abandonó la caza, por incapacidad física, se volvió sentimental y habló de su empeño en aligerar culpas. Salió en procura de sus antiguas Antonias, Danielas, Hipólitas, Agustinas, Irenes, Eugenias, Carlotas, Dianas, Doroteas, Octavias. Las encontró. Les ofreció una amistad aceptable porque después de la temporada de caza no corrían peligro y quizá ya entendieron que para ellas nada había contado como el cazador, como él entendía que nada había contado como la presa.

El gomero que está frente al pórtico de la Recoleta. Un amigo, que consiguió un ejemplar del *Álbum de Buenos Aires*, de la casa

Witcomb, me dice que hay en él una fotografía del pórtico del cementerio de la Recoleta, visto desde la actual calle Ortiz, en la que no se ve
el gomero. La conclusión que saca el amigo es que el viejísimo gomero no es tan viejo, ya que el álbum ha de ser de fines del siglo XIX. De
que los gomeros crecen con rapidez hay infinidad de pruebas. Mañana
(27 de diciembre de 1985) iré a ver si el gomero está en frente del
pórtico.
Nota del 27 de diciembre: Está en frente.

Personas habladoras de extraordinaria inteligencia: Borges, Vlady,
Lucila Frank. Personas habladoras y bobas: Rinaldini (con persistencia de llovizna, según Gerchunoff), Battistessa, Abramowicz (amigo
ginebrino de Borges).

Solía decir a las mujeres que a él no le gustaban las de este o aquel
tipo. En realidad le gustaban las mujeres de todo tipo. Todas las mujeres.

Las mujeres jóvenes no rejuvenecen a los viejos, los deprimen con
reflexiones sobre la posibilidad de que ellos mueran sin dejarles nada.

La congoja por el fin de un gran amor duró del 26 de septiembre al
4 de octubre. Es claro que ella se había ido; con ella cerca, la congoja
hubiera sido más larga.

Computadoras. Mientras el hombre no tuvo más computadora
que el propio cerebro, lo cultivó. Sería lamentable que por disponer
de computadoras de mayor comprensión y rapidez lo descuide. Las
mejores máquinas de nada sirven en un mundo de tontos. Me pregunto si un temor parecido no se dejaría sentir cuando inventaron
los libros.

Ganas de ir a buscar a la amiga que veo en mis fotografías de 1963. Conozco el número de teléfono y la dirección donde encontrarla, en 1986; pero yo quiero encontrarla en 1963.

Idiomáticas. Es un poco ida. Es un poco falta, un poco tarada. No es completa, como decía Oscar. Dícese de personas un poco raras, o lentas, como la que me visitó y callaba, o como la que se distrae y mira hacia abajo, entre la máquina de escribir y su propio cuerpo, como si se le hubiera caído algo.

Sueños y moraleja.

I. En el sueño, mi casa está en la vereda de los impares (no en la de los pares, como en la realidad) y no en la calle Posadas, sino en una avenida, con una curva, que los automóviles toman velozmente. Yo estoy parado en la vereda de los pares, esperando a alguien, y no sé por qué temo que un auto, fuera de control, suba a la vereda y me atropelle. El portón de hierro de una casa está entreabierto. Me guarezco detrás del portón. Llegan en automóvil unos muchachos, que seguramente viven en la casa, y me preguntan qué hago ahí. Evidentemente desaprueban mi presencia (explico quién soy, digo que vivo enfrente y que todo el mundo en el barrio me conoce. Doy nombres de porteros, de vecinos, del electricista, del diariero, etcétera).

Ya despierto, pienso que en cierto modo —digamos, jurídicamente— los muchachos tenían razón. Que me desaprobaran era, de parte de ellos, bastante mezquino; que desconfiaran de mí, hubiera sido absurdo; pero yo debía reconocer que el verdadero motivo que tuve para estar ahí era increíble. No había antecedentes de autos que hubieran subido a la vereda y provocado víctimas. Por no encontrar razones para justificarme, no podía dormirme de nuevo.

II. Entro en la casa ajena en cuyo portón estuve en el otro sueño. Subo al primer piso, me dispongo a bañarme, abro las canillas del agua fría y del agua caliente, para llenar la bañadera. El cuarto de baño y el cuarto donde me desvisto tienen un zócalo alto, de madera oscura. Me recuerdan el departamento de mis amigos Menditeguy.

De pronto se abre una puerta y entra en el cuarto un muchacho, sin duda dueño de casa, que me mira con algún asombro.

Le digo: "Soy Adolfo Bioy. En casa me dijeron que viniera a bañarme acá".

Mi explicación le hace gracia y comenta algo, que tal vez no entiendo, sobre el prestigio. Le contesto:

—Busquemos la verdad y dejemos el prestigio al cuidado de una asamblea de locos. Si nos premian en el reparto, no debemos desairarlos ni envanecernos.

Me parece que pienso con facilidad y que mi interlocutor no entiende. No pone objeciones, ni da importancia alguna, a mi presencia en su casa.

Cuando despierto me digo que en el mundo jurídico no había excusa para una mínima desviación de conducta y que en el mundo de la gente inteligente la excusa no era necesaria.

La represión, la condena sobreviene cuando uno cree que está en un mundo y está en otro.

Mi tarde con J. Quiere verme. ¿Para qué?, me pregunto. ¿Para acostarse conmigo? (lo que prefiere mi vanidad) o ¿para conocer al escritor famoso? Aparece con una flor en el pelo: buen indicio, me digo. Nos sentamos en las mesitas del bar de La Biela, debajo del gomero. Un oasis de frescura, con un sutilísimo perfume casi cítrico, en el verano de Buenos Aires. Hablamos de esto y aquello. De pronto una señora, que estaba en una de las mesas vecinas, se levanta, se acerca, dice, en voz muy baja, unas palabras a mi acompañante, le deja una servilleta de papel en la que escribió algo, vuelve a su mesa. Mi amiga echa una mirada al papel escrito y lo guarda en la cartera. Está muy triste. El hecho me parece extraño. No lo comento. Hablo de diversos temas, trato de levantarle el ánimo. Creo que lo consigo. De otra mesa próxima se levanta una señora, se acerca, le dice unas palabras al oído, le deja una servilleta con algo escrito. Mi amiga la guarda en la cartera y de nuevo se entristece. Hablo de diversos temas, trato de levantarle el ánimo. Creo que lo consigo. Me dice que escribió un artículo para el periódico del hospital donde trabaja como psicóloga y que le gustaría que yo lo leyera. Le digo que estoy a su disposición. Abre la cartera y me da el artículo. Pienso: Le dije que estaba a su disposición, pero no creí que lo iba a estar tan pronto. El artículo contiene ideas de sentido común expresadas infantilmente en dos breves carillas. Le digo que está muy bien y no creo necesario sugerirle que *razonamiento* se escribe con zeta. Pienso que soy incurablemente vanidoso. Cuando una mujer quiere verme, ya lo dije, no veo más que dos posibilidades: que guste de mí o que le interese conocer a un escritor. El motivo siempre es otro. Toda la gente escribe y quiere mostrar un texto, para conseguir felicitaciones y elogios. Mientras pienso todo esto, de una mesa próxima se levanta una señora y le entrega una servilleta en la que hay unas líneas escritas. Me parece absurdo fingir que no he visto nada y comento en broma: "Parece que estuviéramos en la Viena del *Tercer Hombre*, en una película de espionaje".

Muy tristemente me pregunta si quiero saber el significado de esos mensajes. Le aseguro que no soy curioso (ay, la verdad) y que si se calla o si explica pensaré que hace bien, pero que noto su tristeza y que eso me preocupa.

—Me pasó una cosa desagradable —dice—. Me manché.

Me sentí avergonzado. Pasé la vida con mujeres y, como un chico estúpido, hago bromas con películas de espionaje. Qué manera de no ponerme en el lugar del otro. De la otra, mejor dicho.

Me dijo:

—No sé cómo voy a salir de aquí.

—Espéreme un momento —le dije—. Voy al negocio de unas mujeres amigas y le compro una pollera. Es acá a la vuelta.

—Bueno —dijo—. Talle 40.

Fui a La Solderia, donde en esos días (fiestas de fin de año) compré blusas para Marta y mi secretaria, y dije a mis amigas las vendedoras:

—Ahora necesito una pollera de talle 40.

—Ésta es lindísima —me dijeron.

Era una pollera colorada. No sabía cómo estaba vestida (había pasado más de dos horas con ella). Cuando vi que tenía una blusa negra, pensé "acerté".

Reflexiones acerca de una conversación de Solyenitzin con un periodista francés. Pasó por la guerra, el Gulag, el cáncer. Considera que al reprocharle que se aísle para trabajar y que no haga declaraciones ni conceda entrevistas, le reprochan que quiera escribir. No admiten que un escritor escriba. Obviamente comparto su criterio. Cree que todos los países pasarán por una pesadilla semejante a la revolución rusa. Es probable que eso ocurra, o que no ocurra. El énfasis que pone al expresar el vaticinio no es propio de un pensador; corresponde al estilo de los charlatanes. Agrega que no podemos responsabilizar a Dios por la cruel prueba a que nos somete, porque Dios nos dio el libre albedrío. También no habría dado la prueba esa. Dijo que desea volver libremente a Rusia antes de morir y cree que lo hará porque intuye que lo hará y porque ha comprobado que sus intuiciones se cumplen. De nuevo, al decir esto, me parece que emplea un énfasis de charlatán. En su lugar, una persona seria diría que por momentos cree en la posibilidad de volver porque lo intuye y porque ha notado que algunas de sus intuiciones se cumplen.

La música a la que no estamos acostumbrados suele llegarnos como ruidos caóticos. Martínez Estrada (*Panorama de los Estados Unidos*) se pregunta si la música de jazz puede satisfacer a un pueblo, a una ciudad, a un individuo. Mis padres, que no eran demasiado aficionados a la música, en una época en que yo los tenía un poco hartos con mis discos de jazz y de tangos, cuando puse en el fonógrafo el segundo concierto de Brahms no aguantaron la exasperación y dijeron que era demasiado.

Una larga unión con la musa. Solyenitzin se admira porque desde hace treinta y cinco años escribe... Yo no sé cuándo escribí *Iris y Margarita*, tal vez en el 25, tal vez en el 26. En el 28 escribí "Vanidad o Una aventura terrorífica", en el 29 publiqué *Prólogo*, en el 33, *Diecisiete disparos contra lo porvenir*. Desde el 30, en que empecé mi novela (inconclusa) del voluntarioso inmigrante y, con mayor dedicación, desde 1932, en que empecé a trabajar en los cuentos de *Diecisiete disparos*, escribo siempre, todos los días invento historias y medito sobre cómo contarlas. Puedo celebrar mis 56 o siquiera 54 años de escritor... Desde luego, soy más viejo que Solyenitzin; pero nunca, ni cuando tuve su edad, pensé que 35 años de escritura fueran muchos.

Santoral. Una paloma se posó en la cabeza de Severo, un tejedor. El hecho se interpretó como señal divina. Severo fue nombrado obispo de Ravena. Asistió al Concilio de Sárdica y difundió los decretos de fe de Nicea contra los arrianos. Este santo murió en el año 384.

Silvina. Baraja continuamente hipótesis erróneas y molestas.

Poema (de mi juventud).

"En la separación de las tordillas".

> *Ya tenían treinta años.*
> *Cuánto silencio, juntas.*
> *Pero Dios ejercita*
> *sus dones poéticos*
> *en las separaciones.*
> *Caída en un zanjón,*
> *muerta, inversa, enorme,*
> *una yegua se afirma*
> *en el oblicuo cielo.*
> *La otra está paciendo*
> *plácidamente, cerca.*
> *Arriba grita un círculo*
> *furioso de chimangos.*

Rincón Viejo, 1937.

Santoral. San Blas. El más famoso de sus milagros fue el de arrancar una espina de pescado, clavada en la garganta de un hombre. Es el patrono de los enfermos de garganta y de los locutores.

"No conozco mujer más exasperante". Frase aplicable a muchas mujeres y, con mayor justicia, a ella.

En el cementerio de Olivos. Gente que está limpiando, ordenando, poniendo orden en sus sepulcros. Plácidamente se asoman, para ver quién pasa. Como si vivieran ahí. Tal vez demuestran la irrealidad de toda tarea; la vocación de irrealidad, propia del hombre y necesaria para vivir.

Observación de un biólogo. De matrimonios de grandes caminado-res, hijos y nietos de grandes caminadores, suelen nacer hijos cuadrú-pedos.

Espagnolade.

> *Tras largar su palabrota,*
> *bailó con bríos la jota.*

¿La civilización llegará? La civilización nos habrá llegado cuando nuestros gobiernos pierdan la insolencia del cargo. Cuando muera un ministro y no tengamos que oír veinticuatro cañonazos y, lo que es peor, los discursos por todas las radios y todos los canales de televisión (sometimiento del país al pesar de la familia o partido reinante).

Comparaciones odiosas. Arnold Bennett empezó su excelente no-vela corta *Buried alive* un 2 de enero y la entregó a su agente, para que vendiera los derechos, el 28 de febrero (1908). Empecé mi cuento "El nóumeno" un 24 de noviembre (1985) y concluí sus veintidós páginas el 7 de febrero (1986). Todavía estoy corrigiéndolo.

Necesitamos un interlocutor inteligente. Yo siempre lo tuve. Drago, Borges, Vlady. Sin contar a Resta y a Wilcock. De Mastronar-di, César Dabove y Peyrou traté de sacar uno.

Quise poner como número clave 1616, porque no lo olvidaría: ese año murieron Cervantes y Shakespeare. Por ofuscación ante la má-quina, puse el año[22] de *Grace Abounding* de Bunyan, de *Le Misan-*

---

[22] 1666.

thrope y de *Le Médecin malgré lui*, de las *Satires* de Boileau y, *horresco referens*, del incendio de Londres. Con más placer hubiera puesto el año del nacimiento de Johnson, o de Boswell, o de Hume, o de Byron, o de Montaigne, o de Toulet, o de Eça de Queiroz, o de Italo Svevo.

Creo que un personaje de alguna novela de Jane Austen dice que la gente comete locuras para entretenernos y que nosotros las cometemos para entretenerla. Considero que ésta es una muy indulgente y agradable interpretación de la conducta humana. En cuanto a la verdad, sospecho que es otra. Los prójimos no se preocupan de entretenernos, sino de atormentarnos. ¿Hay alguien que no vea a quienes lo rodean como a sus torturadores? (Si me dicen: "Quiero hablarte" no siento curiosidad).

En un número de la revista *Letras* (Buenos Aires, octubre, noviembre, diciembre de 1980) descubro el artículo de Anderson Imbert, "Manuel Peyrou: las tramas de sus cuentos". Empieza así: "Siempre me interesaron los cuentos de Peyrou. Para hablar de ellos lo visité y desde entonces nos hicimos muy amigos". En estas páginas, seguramente escritas con afecto, Anderson Imbert examina, uno por uno, los cuentos y, por si fuera poco, las novelas, sin encontrar una pieza que realmente le guste. ¿Por qué escribió el artículo, entonces? Porque es un profesor, es decir un hombre a quien nada le gusta profundamente, para quien toda la literatura tiene igual derecho a ser analizada. No escribe, como uno, movido por admiración, o por algo que estimula nuestras observaciones y reflexiones, o siquiera para destruir un libro de más fama que méritos. De todos modos, porque el artículo hablaba de mi querido amigo, me conmovió.

Apuntes para "El fin de Fausto".[23] El cometa Halley.
1910. Domingo Barisane vende por 10 centavos de casa en casa entregas sucesivas de su folletín *La fin del mundo*. Gana mucho.

Un italiano Muzzio instala en Cuyo (Sarmiento) y Florida un catalejo. "Vea por 5 centavos al cometa de Halley y conozca la causa de su futura muerte".

Odorico Tempesta y Flavio Laguin ofrecen, en cómodas cuotas, trajes de goma, para protegerse de los nocivos gases (cianógeno) de la cola del cometa.

Francisco Tulio Míguez construye tres refugios, para guarecerse de esas maléficas emanaciones. Vende dos refugios, por $ 29.500 cada uno, y se reserva el tercero.

Cuatrocientos veintisiete argentinos se suicidan. Entre otros, Elvira Bernárdez, de veinte años, que bebe un vaso de agua en la que disolvió dos cajas de fósforos Victoria.

Peor que la cárcel es la vejez, porque no permite el consuelo tan necesario de preparar una fuga; o siquiera de soñar con ella. ¿Podemos imaginar algo más patético y ridículo que un fugitivo que se desploma al trasponer la puerta de su casa? Tal vez el gesto valga la pena.

¿Buscamos la fama? No, buscamos la verdad, siquiera el acierto y dejamos la tarea de repartir la fama a una asamblea de locos. Si la asamblea nos premia en el reparto, no la desairaremos, pero tampoco la reputaremos infalible.

---

[23] Tomados evidentemente de *La fin del mundo* [Buenos Aires: CEAL, 1971] de Lidia Parise y Abel González. [N. de DM]

Su belleza; sus ojos, su boca, su cara, tan expresivos de comprensión, de ternura, de tristeza, de resignación, de indignación, de alegría. Era una admirable actriz que sólo actuaba en la vida privada, y una mujer profundamente boba. Esa contradicción entre la expresión y la esencia (o índole) desorientaba y apenaba a su amante, que tardó años en descubrir la asombrosa verdad.

Llega un momento en la vida en que no importa perder oportunidades. Ya no importa que nos vaya bien o que nos vaya mal.

De noche, desde su cama, oye a la gente que habla y grita en la calle. Hace conjeturas y muy pronto cree en ellas. Son alarmantes. Cuando tardo en volver, hace conjeturas y cree en ellas. Son alarmantes.

Diario.

> *Milagro de porquería:*
> *lo que toco se extravía.*

Se equivocaba siempre. Decía *pied à terre* por *terre à terre*. *Madona de prostíbulo* por *madama*.

Frases de ayer. "Hijo mío, tu padre y yo hemos pensado que ya es hora de que regularices tu situación". Muchas veces los padres eran acometidos por la impaciencia, mejor dicho el prurito, de regularizar la situación del hijo con una amante a la que anteriormente se opusieron. Si hubieran reprimido esa impaciencia, un día las cosas se hubieran arreglado. No se aguantaron, y el hijo, tal vez por no creer demasiado en la realidad, se puso, para el resto de la vida, el yugo, la pechera, las anteojeras, el carro.

De acuerdo, nadie me quita lo bailado, pero ¿quién me lo devuelve?

Título de un libro en que Sabato reunió críticas y recortes sobre sus libros: *Una épica engendradora de eternidad.*

The useful book that knows, expresión usada por Borges, cuando yo le decía: "Vamos a consultar en el diccionario" (o enciclopedia, o el libro de consulta que correspondiera).

El argentino no usa la palabra *hierba*. *Yerba*, sí, para "yerba mate", para "yerbas medicinales" y para la expresión "y otras yerbas" (por ejemplo: Es un experto en Filosofía y otras yerbas). Leguizamón parece usar *yerba* por *pasto*. Yo nunca oí en mi país *hierba o yerba* por *pasto*. "Hay abundancia de hierba" me asombra, y si alguien dice "Hay abundancia de yerba" creo que hay abundancia de yerba mate.

Idiomáticas. Matasiete es un fanfarrón, pendenciero; *mataburros*, un diccionario; *matasanos*, un médico o curandero; *matarratas*, aguardiente fuerte y de mala calidad; *mataperros*, muchacho travieso; *matasellos*, el sello de correo que inutiliza las estampillas.[24] Cuando yo era chico, se hablaba de *matagatos*, arma de fuego (¿o de aire comprimido?) de poca monta.

Llaman los españoles *estampilla* a lo que llamamos *sello* y *sello* a lo que llamamos *estampilla*.

---

[24] Al revés, según el Diccionario de la Academia.

A una muchacha que se recibió después de acostarse con todos los profesores que le tomaron exámenes la llamaban "El cuerpo de profesores".

Tranquilo, sin mujeres.
Ay de ti cuando te enteres.

Mi amiga pondría el grito en el cielo, por el *ti*. Lo considera ridiculez incompatible con la poesía. Yo no soy tan nacionalista. Tal vez porque empecé mis lecturas por los clásicos españoles, no me sobresalto con formas que no son de mi lengua oral. Además, la ridiculez, si existe, alcanza al autor, no al texto. Pueden decir: "Qué hombre confuso. Se cree español o latinoamericano...". Pero si el texto saliera bien, ¿sería bueno en Madrid o en México y malo en Buenos Aires?

Idiomáticas. Alegrón. "Yo andaba medio alegrón" (achispado, borracho). "Me dio un alegrón cuando trajo el chivito". "Verla fue un alegrón".

La parte por el todo. Cuando yo era chico, para decir que una chica era virgen, se decía "Es virgo".[25] Desde luego corría también la expresión: "le rompí el virgo". De hombre empecé a oír: "Es virgen". Ahora nadie habla de virgos.

Explicación de caracteres inexplicables. Un personaje "muy visto" en la historia, en el teatro y en las novelas, es el viejo marido, con amante, que maltrata a mujer e hijos y cuando (según la expresión de la

---

[25] Es virginalmente entera. O: tiene su entereza virginal.

familia) se libra de la amante (tanto da que la deje o lo deje, o que ella muera) de nuevo es afectuoso con las mujeres de la casa. Probablemente, cuando tenía la amante, el hombre saciaba en ella su necesidad de proceder a la mímica del cariño; faltando la amante, debe volcarlo en otra o en otras mujeres: las de su casa, que sin amante que celar, se volvieron más queribles.

Doy a una amiga homosexual una biografía de Jane Austen. Lee: "La persona que más quería en el mundo era Casandra". Inmediatamente siente simpatía y hasta un vivo interés. Cuando digo que Casandra era la hermana, se desinteresa para siempre de Jane Austen.

Idiomáticas. Boca sucia. En épocas en que no era habitual el empleo de las malas palabras, a quien las empleaban lo llamaban *boca sucia.*

Pocos son los amigos, y menos los que se entristecen por nuestros infortunios y se alegran por nuestras victorias.

En la encrucijada, un remedio heroico. Cuando el asedio de reclamos de tu prójimo crezca y se vuelva irreparable, recuerda que la solución heroica es la fuga. Heroica y feliz. Te lleva a otra realidad, una nueva, que todavía no desarrolló exigencias a tu respecto. Mientras tanto el tiempo pasa y lo que fue inminente, perentorio, pierde actualidad, se vuelve un lejano ayer del que tus ex tigres no querrán acordarse.

Los únicos mimos tolerables fueron los actores del cine mudo. Ya no hay más.

La dificultad de huir. La huida, sin miedo, es difícil; cuando llega el miedo, es imposible.

En la Feria del Libro, chicos de escuelas y de colegios se acercaban a los escritores y les hacían reportajes, seguramente por indicación de maestros o profesores. Un chico de seis o siete años me
preguntó: "¿Cuál es la función social de la literatura?". Yo pensé
que en las circunstancias, con gente que me extendía libros para
firmar, no había campo para dar explicaciones largas, que mi interlocutor no hubiera entendido, y que debía contestar concisamente,
claramente, de un modo muy general. Le dije: "La literatura, como
el arte, exalta la vida; la vuelve más bella y mejor, y por eso va a
ayudarte a vivir". Un hombre que estaba entre el montón, sacudió
la cabeza y observó:

—Qué superficialidad. Yo creo que un escritor debe ser más responsable de lo que dice.

Sueño (vergonzoso). Voy en la punta del maratón, Cortázar me
sigue. Habrá que ver si no me alcanza poco antes de llegar a la meta,
que es en el pueblo de… Con alguna aprensión recuerdo, en el sueño,
el caso, repetidamente visto en televisión, de punteros alcanzados y
pasados en el tramo final. Cortázar no me alcanza. Entro en el pueblo
y me distraigo en conversaciones con el público.

Me entero al rato de que debí presentarme al comisariato para declarar mi llegada. A mí nadie me previno.

Después estoy con Cortázar (ya no existe el maratón del sueño).
Conversamos, como lo que somos: dos amigos, contentos de verse,
con mucho que contarse. Hablamos de una chica, una amiga común,
que ganó una beca. Yo tengo la condecoración azul que certifica que
nuestra amiga ganó la beca. Se la doy a Cortázar, para que pida una
renovación. La guarda en su valijita. Recapacito y le digo: "Como ella
murió, no es inútil pedir la renovación" [sic]. "Es claro —me dice—.
Te la voy a devolver, para que la guardes vos". Busca la condecoración

en la valijita. No la encuentra. Vuelca el contenido en un banco: hay ropa blanca y galletitas de agua. Está ocupado en buscar la condecoración, cuando despierto.

El competitivo maratón es la indicación de algo que en la vigilia no he sentido (conscientemente, por lo menos). En cuanto a la muerte, la transferí, en el sueño, de Cortázar a esa amiga común, que en el sueño los dos conocíamos y queríamos, y que en la vigilia no conozco.

Origen de la expresión cocktail. Bennett dice (*Journals*, 1º de enero de 1927) "a cocktailed horse is, I believe, a horse which has had its tail docked (cortada). Hence its tail flounces out gaily... hence a cocktail ought to be so-called because it gives you the jolly feeling of a horse with its tail up". Agrega, sin embargo: "But actually is it so-called for that reason? Nobody knows".

En casa de Lavalle Cobo, cuando yo tenía doce o trece años, estudiábamos Hernán y yo literatura española, con el padre Bessero. Este padre, el primer cura que frecuenté, debía querer bastante la literatura, porque sin dar pruebas de discernimiento para explicarla, supo iniciarme en ella.

El padre Bessero cometió el error de hacer confidencias a chicos. Todavía hoy, cincuenta y nueve años después, lo recuerdo casi exclusivamente porque me dijo que sentía tentaciones y que era seco de vientre. Reaparece en mi memoria, revoleando la sotana para cruzar la pierna y comentando, con su voz de cura, que el sacerdocio es duro, porque hay momentos en que las tentaciones debilitan la fe. O si no, llamándome embustero, porque una tarde dije que no tomaría mate porque me descomponía. "¿Quién te va a creer? —preguntó—. Está probado que todo el mundo es seco de vientre. Yo, si no tomo mi pastilla, no hago nada". Abrió una cajita de lata, sacó una pastilla y se la tomó. Aun en el caso (improbable) de que todo fuera una broma, y la pastilla de menta o anís, el pobre cura definitivamente quedó para mí como lujurioso y seco de vientre.

Cuento del que descubrió cómo abrir paso en medio de la vejez para reingresar en la juventud. Se es joven, realmente joven, mientras se crece.

El optimismo y el pesimismo son cuerpos extraños en el pensamiento.

Como el joven se resfría, el septuagenario muere.

El que se abriga con la manta del optimismo, amanece destapado y temblando.

Una chica muy literal. Una chica de once años me cuenta: "A una compañera de quinto grado quisieron degollarla en el subterráneo, y apareció en la escuela acompañada de un policía". Yo: "¿Por qué quisieron degollarla?". La chica: "Porque no hizo los deberes de francés. En todo caso, es lo que dicen mis compañeras". Quiero creer que las compañeras lo decían en broma; ella lo tomó en serio.

3 de mayo, 1986, 11 h. 40'. Las ganas de irme y la imposibilidad de irme alcanzaron hoy un equilibrio perfecto e insoportable.

De ella cabría decir: *not all her* no *are* yes.

11 mayo 1986. Murió Isidoro Ruiz Moreno. Profesor de Derecho Internacional Público en la Facultad de Derecho de la Universidad de Buenos Aires. Autor de un libro sobre *Derecho Internacional en tiempo de guerra*, que me pareció, cuando yo estudiaba derecho, mejor que otros que debí leer; también Ruiz Moreno me pareció mejor profesor que otros (en uno y otro caso, no mataba gran punto). Mi padre lo respetaba y lo quería bastante. Me contaron que, en la vejez, lo alegraba sobremanera que articulistas y tratadistas lo citaran; un hijo suyo pedía a colaboradores que le llevaban una revista de Derecho Internacional, de la que era director, que incluyeran alguna cita de un escrito del padre o que por lo menos lo nombraran. Fue ministro de Relaciones Exteriores.

Idiomáticas. Se me pasó por *me olvidé.* A una española le oí: "Se me pasó el santo al cielo". La significación está en "se me pasó"; el santo al cielo es un adorno, una compadrada o, mejor dicho, rúbrica.

Definición. Hombre. Animal gregario, no apto para la vida en sociedad.

Sigo leyendo la *Memoria personal* de Brenan. Descubro algunas afinidades. Después de un largo viaje por Italia, que le gustó mucho, pasó por Francia, donde ya había vivido, y pensó que para él nunca valdría la pena salir del campo francés y para aclarar su sentimiento recordó el comentario de Renoir cuando supo que Gauguin se había ido a Tahití: "Y, sin embargo, se está tan bien en Battignolles".

Una buena observación de Brenan dice que los escritores están siempre dispuestos a entenderse con cualquier clase de gente, pero que tienen cierta rigidez para admitir maneras de prosa distintas de la propia.

Algo más. Parece que su madre, que veía con desagrado victoriano el sexo, era muy amplia para tratar a las madres solteras y se oponía a que las hicieran casar contra su voluntad con el hombre que les había hecho el hijo. Agrega Brenan: "No creía que la respetabilidad fuera una meta del cristianismo. No me interesan mucho esas metas, pero me parece bien que la respetabilidad no sea la meta de una religión".

Sábado, 14 de junio de 1986. Almorcé en La Biela, con Francis. Después decidí ir hasta el quiosco de Ayacucho y Alvear, para ver si tenía *Un experimento con el tiempo*. Quería un ejemplar para Carlos Pujol y otro para tener de reserva. Un individuo joven, con cara de pájaro, que después supe que era el autor de un estudio sobre las *Eddas* que me mandaron hace meses, me saludó y me dijo, como excusándose: "Hoy es un día muy especial". Cuando por segunda vez dijo esa frase le pregunté: "¿Por qué?". "Porque falleció Borges. Esta tarde murió en Ginebra", fueron sus exactas palabras. Seguí mi camino. Pasé por el quiosco. Fui a otro de Callao y Quintana, sintiendo que eran mis primeros pasos en un mundo sin Borges. Que a pesar de verlo tan poco últimamente yo no había perdido la costumbre de pensar: "Tengo que contarle esto. Esto le va a gustar. Esto le va a parecer una estupidez". Pensé: "Nuestra vida transcurre por corredores entre biombos. Estamos cerca unos de otros, pero incomunicados. Cuando Borges me dijo por teléfono desde Ginebra que no iba a volver y se le quebró la voz y cortó, ¿cómo no entendí que estaba pensando en su muerte? Nunca la creemos tan cercana. La verdad es que actuamos como si fuéramos inmortales. Quizá no pueda uno vivir de otra manera. Irse a morir a una ciudad lejana... tal vez no sea tan inexplicable. Cuando me he sentido muy enfermo a veces deseé estar solo: como si la enfermedad y la muerte fueran vergonzosas, algo que uno quiere ocultar".

Yo, que no creo en otra vida, pienso que si Borges está en otra vida y yo ahora me pongo a escribir sobre él para los diarios, me preguntará: "¿*Tu quoque*?".

Me contaron que el padre del general Alvear fue a hacer trabajos de agrimensura en la zona de Yapeyú y que de sus amores con la señora Matorras nació San Martín. El viaje, en barco, de los dos hermanos, Alvear y San Martín, cuando vinieron de Europa a pelear por la emancipación de América, parece el primer capítulo de una novela.

Marcos Roca me contó que un senador por La Rioja, que era un gran espadachín, llegó de improviso a su casa y encontró a Martín Rivadavia en cama con su mujer. Fue a su cuarto a buscar dos espadas y le dio una a Rivadavia, para que se defendiera. Sin dificultad lo mató. Después le dio una pistola a su mujer y le ordenó que se suicidara. A un sirviente lo mandó a casa de monseñor Piñeyro, con una carta en que le decía que lo esperaba por un asunto urgente. Monseñor se presentó, se enteró del suicidio y fue a hablar con el general Roca, presidente de la República. Mandó Roca el cadáver de Rivadavia a su casa (de Rivadavia), con la irrefutable explicación de que había sufrido un accidente. Dio orden de que se dijera que la señora del embajador había muerto por una bala de un arma que ella se había disparado por error y al senador lo mandó a su (del senador) estancia en La Rioja, confinado de por vida.

Me contaron que desde que supo que Evita tenía cáncer, Perón no entró en su cuarto, por miedo al contagio.

Me contaron que Yrigoyen solía ir al Colón y a diversos actos públicos con sus hijas naturales, Elena y otra, que también era muy fea. Los periodistas, no sabiendo cómo designarlas, por no atreverse a llamarlas parientes, recurrieron a la palabra *familiares*.

Según Marcos Roca, una vez volvía en tren de su campo en Guaminí el General Roca, con una amiga. En el viaje se enfermó y se agravó. Le dijo a sú amiga: "Si noto que voy a morirme, hago parar el tren y la hago bajar, aunque sea en medio del campo. El presidente de la República no puede llegar muerto con su amante".

✗ Silvina Bullrich, por televisión, leyó en un papelito una lista de los premios que Borges había ganado y dijo: "Los escritores recibimos menos de lo que merecemos; Borges, recibió más". Dijo que lo que le debía al país era tanto, que al irse demostraba su ingratitud (si se habla de quién debe a quién, lo que no me parece necesario, ¿no deberá tanto el país a Borges como Borges al país? Sin duda, más el país a Borges). También dijo que Borges era impotente y que padecía de coito precoz. A los pocos días de estas declaraciones murió Borges. Ella reconoció que había estado mal, se quejó de los amigos que la habían censurado por lo que había dicho y a manera de excusa explicó: "Fue como si se me escapara un pedo". Para emplear un estilo que no desentone con el contexto, yo diré: el broche de oro.

El elogio exagerado es una forma de desdén.

✗ Ya no está Borges, y Ernesto Sabato es un gran escritor de obra mediocre, ¿a quién admirar, a quién dar los premios? A Bioy, por supuesto.

No creo que mi libro de anotaciones sea tan bueno como el de Geoffrey Madan.

De Borges pudo decirse: *Vivió y murió entre gente con la que no se entendía. Como todo el mundo.* Particularmente, sus últimos años me hacen pensar esto.

Siempre me gustó la hora de la siesta. Antes, porque dormía con mujeres; ahora, porque duermo.

Teddy Paz me recordó algo referente a mi primo, Enriquito Grondona, que yo debí de saber, pero que había olvidado. Era tan abúlico que mandaba al mucamo a lo de Mileo, el sastre, para que se probara por él.

Desde los años veinte suelo cantar:

Con un café con leche y una ensaimada,

el verso del tango "Garufa" y nunca averigüé, hasta hoy (12 de julio de 1986), en el restaurante La Biela, el significado de la palabra *ensaimada*. El mozo no lo conocía. Consultó con uno de los patrones, un gallego flaco y bajito, que dijo: "Son unas tortas que hay en España". El *Diccionario de la Academia* dice: "Bollo formado por una tira de hojaldre revuelta en espiral".

Me dijo que su placer predilecto, hacerle el gusto a la compañera, le estaba dando disgustos, porque la volvía exigente y despótica.

Sobre un traductor ruso que está viajando por aquí, alguien me dijo: "Hay que acordarse de que allá no los dejan salir, los tienen presos. Es un preso que está viajando solo". Otra persona comentó: "Qué claustrofobia, que no lo dejen a uno salir del país". Pensé: lo malo es que no lo dejan salir para tenerlo a mano si lo quieren meter preso.

Cisne, especie de pompón que usaban (¿y usan?) las señoras para empolvarse. Era un objeto femenino y suavísimo.

Almorcé en La Biela con Valeri Zemskov, del Instituto de la literatura universal Máximo Gorki, de la Academia de la URSS. Conoce bien la literatura argentina, se especializó en Sarmiento (admira el *Facundo*) y en Hernández. Me habló de Lugones ("*La Guerra Gaucha* es de prosa ilegible; pero a qué sencillez y tersura llegó en los *Romances del Río Seco...*"). De un cuento mío que leyó traducido al ruso hace unos años no recordaba el título, sí el argumento. Me lo contó y le dije: "En memoria de Paulina". Dijo: "La Argentina es un país de escritores. Los mejores escritores de esta época están acá". Me habló un rato de los libros de todos nosotros. Le dije: "Después de oírlo me parece que no somos tan malos". Le pregunté si la gente de la calle de Buenos Aires podría confundirse con la de Moscú. "Sí, aunque hay más trigueños. Además las muchachas ríen menos, acá. Parecen serias, casi tristes. Las rusas son más expansivas". Al rato me dijo: "Lo que me asombra es que todos aquí sienten inseguridad. No creen mucho en el mañana". Después de un rato dijo: "Nosotros también nos sentimos inseguros. De otro modo". "El nuestro es más casero", le dije. "Es cierto —contestó—. En Rusia, en Estados Unidos, la gente sabe que puede haber una hecatombe en cualquier momento. Después de lo de Chernobyl, más" (una usina atómica se incendió y diseminó material radioactivo). "Buenos Aires —me dijo— confirmó mi convicción de que nuestro mundo no tiene esperanzas". Cuando nos despedimos me dijo: "Tiene un amigo en Moscú".

Cuando estaba en la mesa de La Biela con mi ruso, me saludó Marquitos Roca. Le expliqué quién era. Valeri comentó: "Cuando le cuente a mi mujer que vi en Buenos Aires a un descendiente del general Roca ¡la Conquista del Desierto!, 1880, no me va a creer que haya tenido tanta suerte".

Los planes soviéticos sobre mis libros: hay tres ya programados: un breve libro de cuentos, a publicarse en el 87, *La invención de Morel*, en una colección de "noveletas" [sic] que dirige Zemskov, a publicarse en el 88 y un copioso volumen de cuentos, que se publicará en una colección de Maestros de la Literatura, en 1989.

En los Estados Unidos parece que aparecerán en nuevas ediciones todos los libros míos ya publicados (*The Invention of Morel and Other Stories*, *Journal of the War of the Pig*, *A Plan for Scape*, *Asleep in the Sun*, *La aventura de un fotógrafo* y acaso *The Dream of the Heroes* en la traducción de Diana Thorold). *The Dream* será el primer libro mío publicado en Inglaterra (por Quartet).

20 julio 1986. Muerte de Juana Sáenz Valiente de Casares. Mujer de mi queridísimo tío Miguel Casares. Cuando estaba por casarse, mi madre me llevó a visitarla, para que la conociéramos. Desde el primer momento me enamoré de ella. En la sala había una piel de tigre (con feroz cabeza, ojos, dientes, todo). Esta piel de tigre, la primera de mi vida, me predispuso favorablemente. Cuando vi a Juana quedé deslumbrado. Era joven, linda, con un cutis muy suave. Creo que la circunstancia de que en el nombre de mi futura tía figurara la —para mí— prestigiosa palabra *valiente*, también me predispuso a quererla. Ya casada, me trató como a persona grande. Solía llevarme (en Uruguay 1490, la casa de mi abuela) a su cuarto de vestir, un cuartito reducido, en la esquina, y me convidaba secretamente con cigarrillos muy finitos. Andaba muy bien a caballo. En mi familia se contaba que recién casados fueron a la estancia de Vicente Casares y decidieron salir a caballo. Se habló de qué caballo le darían a Juana, se mencionó un zaino y alguien dijo que era demasiado brusco para una mujer. Juana pidió que se lo ensillaran y, ante la escandalizada mirada de mi abuela (que nunca le perdonó el desplante) entró a caballo del

zaino en el hall (con piso de parquet y alfombras) de la estancia. Yo la adoré.

Vista por *ojos*. "El pobre ve por una vista sola. El médico le dio un tratamiento, pero no está seguro de que recupere la vista izquierda" (Mi amiga Anahí).

Un empleado de un banco, un día no se levanta temprano como siempre, para salir a las siete para la oficina. Cuando la mujer le pregunta por qué, dice que le encargaron que visite las sucursales, para controlarlas, y que tiene todo el día para hacerlo. Sale a las once, vuelve para almorzar y ya no sale hasta el otro día. Al tercer día no sale nada. La mujer se alarma, no cree del todo en sus explicaciones, llama al banco, habla con un amigo del marido. Éste le dice: "No viene desde hace tres días". La señora contesta: "Me ha dicho que le encargaron un trabajo nuevo: visitar las sucursales". El amigo le dice: "Aquí nadie parece enterado". La señora habla con su marido y le dice que no cree en su cuento del trabajo nuevo. Él protesta. Irá al banco. Pedirá explicaciones. Un trabajo que ha tomado, para ayudarlos, contra su voluntad, para ser útil. El marido se va al banco, según dice. Cuando vuelve, la señora habla con el amigo y éste le confirma lo que ella sospechaba: el marido no apareció por allá. Entonces lo encara; le dice que sabe que él le ha dicho mentiras, pero que no está enojada, que quiere saber lo que pasa y que está dispuesta a ayudarlo. El hombre dice: "Desde hace veinte años trabajo. He sido responsable hacia el banco y hacia mi casa. Ahora me cansé. No volveré a ser responsable". "¿Qué será de nosotros?", pregunta la mujer. "¿Qué será de mí y de los chicos?". "No sé", contesta el hombre. "Trabajé durante veinte años. A lo mejor ahora podrías trabajar vos". "Me ocupé de la casa". El hombre no se impresionó con eso. La mujer le mandó al chico menor, para que le hablara. El chico le dijo: "Tenés que trabajar, papá. Si no vamos a morirnos de hambre". "No puedo hacer nada. No soy más responsable". La mujer apeló al amigo. El amigo habló con el marido, que le repitió como a todo el mundo: "No soy responsable". Del banco le mandaron un médico. Lo encontró sano, pero irreductible. El hombre le preguntó: "¿Qué hacer con un hombre irresponsable?". "Lo internamos", dijo el médico. "¿Dónde?", preguntó el hombre. "En el policlínico bancario". "De acuerdo", dijo el hombre. "Intérnenme". Ahora está internado, repitiendo que no es responsable y, según le confió al amigo, por fin feliz.

Piri Lugones tuvo un hijo con Carlos Peralta. Cuando el hijo se suicidó, Piri le contó lo sucedido, por carta, a Peralta, que estaba autoexiliado en España. Peralta contestó por telegrama: "OK. Carlos".

Jerarquías por todos lados. En *La caza*, la película de Saura, los cazadores llaman *Sursuncorda* a un ayudante que tiene. El sobrenombre trajo a Jovita Iglesias recuerdos que por un rato no pudo precisar. Después recordó que *sursum corda* eran palabras de un responso barato. Le pregunté qué era eso de responso barato. Me dijo: "Muerto alguien, la familia elegía, según sus posibilidades, los responsos que el cura iba a decir. Había responsos baratos, medianos, caros y carísimos. El mayor lujo eran responsos muy caros, muchos curas diciéndolos y gran número de detenciones para responsos, en el camino entre la casa y el cementerio".
Contó, asimismo, que si en la aldea un enfermo entraba en agonía, la campana de la iglesia lo anunciaba, con dos tañidos largos y uno corto, y que luego, mejor dicho, a su debido tiempo, tocaban a muerto. Tocaban a muerto (Jovita imitó vocalmente la campana) durante los tres días del velorio. "De todas las aldeas vecinas la oían", dijo.

Mi prima Margot Bioy me cuenta cómo mi abuela regularizó una vez la situación de dos parejas de paisanos (Pardo, c.1860). Cuando podía, mi abuela llevaba a la capilla de Pardo a los que vivían en concubinato, para que el cura los casara. Una vez, en que había llevado a dos parejas, uno de los paisanos se le acercó después de la ceremonia, y le dijo: "Doña Luisa, nos casó cruzados".

 Nunca sintió la tentación de ser justa.

Le pedí a mi amiga que me describiera cómo siente la mujer el orgasmo. Su explicación no me reveló nada nuevo, porque tal vez no tenemos palabras para describir sensaciones. Habló del enajenamiento, de una exaltación que no es únicamente física y de una sensación ulterior de limpieza.

C'est un numéro. Es un tipo raro, un original. Había olvidado (a medias) la expresión.

I Furiosi. Tipo que se daba en el Buenos Aires de fin y principios de siglo.
—Plácido Avellaneda
—el nene Villanueva
—Carlos Becú
—Marco Aurelio Avellaneda. "Hombre malo y mimoso" (Autoridad: Pepino D'Amico, el peluquero del Jockey). A Marco Aurelio yo lo recuerdo con afecto, a pesar de su voz temblorosa, era un conversador amenísimo e instructivo, presidente de la Cámara de Diputados, presidente de la comisión del Interior (del Jockey Club).
—Sustarita. Jefe de Policía. Baleó al Presidente del Consejo Nacional de Educación, en su despacho.
—El coronel López, de la guerra del Paraguay.
—Iztueta, canfinflero.

Visita oída desde el cuarto contiguo. Tiene una voz que proclama una bobería superior a la suya.

Nombres de estancias. La Pacífica, El Tesoro, Dos Talas, Las Casillas de Bioy, Los Manantiales de Bioy, La Sirena, Fortín Brandsen de Bioy, Miraflores, El Amparo, El Ombú, Las Liebres, La Bizñaga, La Dulce, El Vino, La Dispersa, La Diligencia, La Mañana, Las Casuarinas, La Diana, El Emblema, La Florida, El Amanecer, El Verano, Los Grillos, La Panchita, El Jardín, La Fuente, La Nicolasa, La Silva, La Balsa, El Abrigo, El Paseo, Sol de Mayo, El Descanso, La Torcaza, La Italia, La Luz, La Cubana, La Clemencia, La Infiel de Vidal, Maizales, El Retiro de Jurado, La Rabona, La Flor, Los Paisanos, El Rincón Viejo, La Verde, El Candil, Tres Flores, El Atajo, La Pastoril, La Francia, El Callejón, La Armonía, El Boquerón, La Parda, Chima Lauquén, La Primera Estancia (de Pucheri), La Tomasa, La Cabaña Miramonte, La Dorita, Ufcó de Bioy, La Encadenada, La Segunda, Ojo de Agua, Curamalán, Curamalán Grande, La Vigilancia, El Mirador, San Nicolás, La Perdida, La Andorra, La Encontrada, La Tranquila, La Casual, La Cuadrera, El Mojinete, La Agudeza, La Cebruna, El Encuentro, La Invernada, La Madrina, La Manada, La Pilcha, Puesto Grande, Dos Robles, Greve, Sacastrú, La Zarca, La Reservada, El Pretal, La Encimera, La Estibera, El Estribo, La Yapa, La Rucina, La Repetida, La Resuelta.

Pude escribir en el sesenta y tantos: El domingo los trabajadores están con sus mujeres y los ociosos, por fin, sin ellas.

 La circunstancia de que nuestro último acto, el de morir, sea ocasionalmente engorroso, deja ver la inutilidad de la vida.

Días de 1986. La mañana es una cuesta empinada; después de la siesta me encuentro en una vasta meseta florida.

Idiomáticas. Fulo. Furioso. Palabra de señoras.

Septiembre 3, 1986. *Ciudadano ilustre.* En el Banco de Galicia, un empleado amigo exclamó: "¡Así que lo nombran ciudadano ilustre! ¡Hay gente para todo! Bueno, sea como sea, habrá que felicitarlo". En este desahogo no había nada contra mí. Los peronistas se mostraban muy contrarios al acto; algunos prefirieron no hablar. Vlady, en cambio, lo esperaba con entusiasmo. Francis me preguntó por qué no seguía el ejemplo de Sartre y rechazo el nombramiento. A mí me parece que en este mundo tan poco amistoso no debe uno rechazar expresiones de estima y de afecto. A las ocho y pico llegué con Marta y Florencio al Centro San Martín. Ahí estuve con Javier Torre, en su escritorio. Allí conversé con Pacho O'Donnell, con Orfilia Poleman, con Silvia Plager y con un rengo que resultó la única persona desagradable en la ocasión. Me dijo que a estos honores había que pagarlos y que esperaba que yo lo hiciera participando del Congreso Pedagógico. Me faltó fuerza para provocar un incidente donde todos (salvo el rengo) me trataban con tanta cordialidad y estima, así que dejé para mañana o pasado la tarea de sustraerme del rengo. No creo que el acto haya sido organizado para llevarme al Congreso Pedagógico. Javier Torre leyó un excelente discurso y O'Donnell habló también en el acto. Hermes leyó páginas muy cordiales. Yo me vi frente al micrófono y sin perder la calma dije palabras no desatinadas.

Un modelo para sacar conclusiones. Almorcé con Federico Brook, el secretario del Instituto Latinoamericano de Roma que me premió *Con e senza amore* (*Historias de amor*) e *Il lato dell'ombra* (*Historias fantásticas*). Mientras hablábamos de mi viaje de noviembre a Italia, para mí me decía siempre que Silvinita y la suerte lo permitan. (La otra vez, en el 84, cuando iban a entregarme el premio Mondello tuvo un espasmo cerebral y no pude ir). Después del almuerzo, pasé por casa, para lavarme los dientes, y le dije: "Voy al cine a ver *Hannah y sus hermanas*, de Woody Allen". Cuando ya salía, dice Silvina como hablando sola. "Todos se fueron. Me quedo sola". Temblando de rabia me quedé sin cine.

Oficios que desaparecieron. Herreros quedan en el campo, convertidos en mecánicos. *Carboneros*. Quinquela Martín era hijo adoptivo del dueño de una carbonería de la Boca.

Idiomáticas.

Bañadera. Tina para bañarse. Últimamente muchos se han enterado de que la forma correcta es bañera y así le dicen. Cuando aparecieron (por los años 20 ¿o 30?) unos ómnibus descubiertos, los llamaron *bañaderas*. A nadie se le ocurrió llamarlos *bañeras*, ni siquiera a los españoles, que entonces eran tan numerosos en este país. Bañera y más frecuentemente bañero fueron los que ayudaban a los *bañistas*, en el mar o en las termas.

Estoy pensando que si el idioma fuera coherente, *bañista* sería el estudioso de baños y no el simple bañante.

Bah, expresión que se emplea para restar importancia a algo. "Bah, no es para tanto".

Autores de copiosa obra que desaparecieron aun de las enciclopedias. Pitigrilli o Dino Segri, autor de *La virgen de 18 kilates* y de tantas otras novelas, del que hoy se puede decir que nunca existió.

Sueño de la noche del 23 al 24 de septiembre de 1986. Soñé que tenía una muchacha artificial, que todo el mundo suponía natural, ya que nada salvo la condición (secreta) de no envejecer, no morir, la distinguía de cualquier muchacha. Era mi madre (joven). Hablaba de todo con ella, aunque no de su verdadera índole, porque hubiera sido de mal gusto (penoso para ella).

En el cursus honorum. Al poco tiempo de ser nombrado Ciudadano Ilustre de Buenos Aires, de pronto me dije: "Qué raro que no me descubriera pensando: Ahora se levanta el Ciudadano Ilustre. Ahora avanza en dirección al baño, donde orinará, etcétera". Descubro indicios, pruebas casi, de gente que al verme formula no sé con qué claridad, pensamientos parecidos. Me consideran un ciudadano ilustre, una persona más importante, más que la del pasado. Sí, hay gente para quien los títulos cuentan. Ignoro por cuánto les durará el mío.

Forzado aprendizaje de mi posteridad. Se les va la mano. Hace unos años Jovita, con orgullo patriótico, trajo una revista española donde había una nota sumamente elogiosa de mí, sólo que necrológica. Aquel año (no recuerdo cuál fue) circuló por Europa la noticia de mi muerte. El *Diccionario Oxford de la Literatura Española* (y Oxford no se equivoca), la confirma. En el artículo sobre mí pusieron entre paréntesis, después de mi nombre "(Buenos Aires, 1914-1982)". El artículo concluye: "También escribió su autobiografía: *Años de mocedad*" (el segundo libro de recuerdos de mi padre). Ahora (septiembre 1986), Bergara Leumann me dedica una de las emisiones de su Botica de Tango, y como se convino que yo no aparecería ante las cámaras de televisión la tituló: *Recordando a Bioy Casares.* En elegir el 82 como fecha de mi muerte no estuvo tan desacertado el infalible Oxford, ya que en el 52 murió mi madre, en el 62 mi padre y en el 72 tuve una interminable y penosa combinación de ciática y lumbago, que duró seis meses y que me dejó en esta semiinvalidez (*Cf.* "Mono en motocicleta") en que vivo. Mi madre murió el 25 de agosto, mi padre el 26 diez años después y diez años después, en agosto, yo penosamente salía del lumbago. Felizmente la muerte del 82 pasó inadvertida para mí.

Amores de años. Report on experience. Primero nos abrazamos por atracción. Después por costumbre de los reflejos. Desde el día en que por cualquier motivo interrumpimos la costumbre, no volveremos a abrazarnos (espontáneamente). ¿No me ocurrió eso con Silvina o con Faustina?

La mujer a quien digas "Después de vos no quise a ninguna" encontrará tan verosímil tu aserto que pensará: "Por una vez no miente".

La long stager de la familia. Cuando me dijeron que Petronita Domecq cumpliría cien años en diciembre (y que está bien), me sentí confortado. Un buen antecedente, me dije, porque soy autocandidato a centenario. Después me enteré de que Petronita no es Domecq sino González o Fernández de Domecq.

30 septiembre 1986. Ayer tuve una prueba de que en la memoria guardamos todo. Una prueba, al menos, para una mente como la mía, racional y pragmática, pero desprovista de conocimientos científicos.

Cuando salía para una reunión de Estancias, a las 5 menos veinte de la tarde, mientras ponía en marcha el motor de mi auto, recordé las palabras *mascula siente*. Muy pronto recordé su origen: estaban en unos versos latinos que dictó —no parece que los estudiáramos, sino como curiosidad— Albesa, nuestro profesor de latín, de primer año, en el Instituto Libre (yo era entonces, en 1929, un chico tímido, que no sabía nada de latín); Albesa tenía gruesos labios protuberantes, que al pronunciar las palabras, las rodeaba de una suerte de vibrátil zumbido. No puedo, pues, confiar en la ortografía de las palabras que componen esos versos.

A lo largo de las horas de lo que restaba del día fueron recomponiéndose algunas líneas y esta mañana la estrofita íntegra apareció en mi memoria. Insisto: hay palabras que sin duda están mal escritas; no confío demasiado (léase: *nada*) en mi distribución en versos. Yo las había apuntado en mi libreta; nunca vio ni corrigió esos apuntes el profesor, y yo nunca las cotejé con una versión impresa. El único mérito atribuible a estos versitos sería tal vez el de ayudar la memoria. Parecen tener realmente esa virtud. Fueron inventados por frailes, hace quién sabe cuántos años con propósitos didácticos. Hoy sobreviven, por lo menos, en un viejo que no podría repetir de memoria ningún verso de Virgilio y que no sabe, ni supo, latín.

Una estrofa del mismo tipo y del mismo origen:

> *Anima, capra, dea*
> *famula, filia, liberta,*
> *asina, mula, equa,*
> *nata, serva, conserva.*

Latinajos de libro de Derecho: *Quo dicit de uno, negat de altero; inclusio uno, fit exclusio altero.* Otra: *non dari*, para "no da resultado", "no conviene".

Se conmisera de los peores canallas, pero es implacable con los inocentes.

"Tincho" Zabala explicó al kinesiólogo, mi amigo Quiveo: "Tengo los pies así porque las uñas se me encarnaron en el cuarenta y tantos y pasé más de seis años sin ir al pedicuro. En aquellos años una visita al pedicuro, para mí, estaba tan fuera de alcance como hoy una operación de corazón de Favaloro. La culpa la tuvo un calzado. Yo vivía en un conventillo de cuello duro, que todavía existe, en la calle México. Un día, al salir, veo en el tacho donde se juntaba la basura de todas las piezas, unos zapatos que me llenaron el ojo: de charol, punta fina y taco militar. Pensé: 'Se le cayeron a alguno' y 'Son del *Yiyo*'. Eran de cafisho y el Yiyo era quinielero y cafisho. Los recojo, le golpeo la puerta y me hace pasar. Le digo: 'Estos zapatos estaban en el tacho. Pienso que son tuyos y que se te cayeron'. 'Son míos —dijo— pero los tiré porque si te fijás los tacos están un poco torcidos'. 'Los tiraste…', le dije. 'Son tuyos', me dijo y me regaló cuatro pares iguales. Por eso me pasé una punta de años con zapatos que me quedan un poco chicos y angostos. En seguida me los puse, para domarlos. Me apretaron siempre, pero no me cambiaba por nadie cuando andaba así calzado. El charol me gustaba con locura".

10 octubre 1986. *Sueño.* En el sueño yo era un comisionado británico en una isla griega y mi primo Vicente Miguel, un insurgente griego. Yo era un hombre cetrino, de aspecto grosero, más bien robusto (soy flaco), de pelo negro y rasurada barba negra (fui rubio de pelo y barba, después castaño claro, después canoso); Vicente era en el sueño más joven y más flaco que ahora, y pelirrojo (es rubio). En la vida nos llevamos bien, es inteligente, buena persona, justo y cortés. En el sueño yo llevaba uniforme colonial de brin blanco y con casco de corcho, recubierto de idéntico brin. Aunque jefes de bandos enconados, nos veíamos con frecuencia, para discutir situaciones, como el intercambio de prisioneros y de rehenes, etcétera. En ese largo y frecuentísimo trato alcanzamos una camaradería, no exenta de respeto, sin comprometer nuestra intransigencia y nuestras lealtades. Des-

de luego hablábamos en español, como argentinos. Hacia el final
—en la vigilia recapacito que parecíamos dos artistas cinematográficos que hubieran concluido el rodaje— nos preparábamos para emprender el regreso a Buenos Aires. Comentábamos que tuvimos disgustos y satisfacciones, como la de conocernos mejor y respetarnos,
cuando comenté: "Lo que de nada vale disimular, son los malos efectos de esta isla sobre nuestro organismo. Nos hemos achicado" y a
modo de prueba extendí una mano abierta. Era minúscula, como la
manito de un chico. O de Estela Canto.

La Infiel de Vidal, de Maceiras, en Azul, cerca de Cacharí. El nombre de la estancia (del campo, más bien dicho) de Maceiras, sugiere
que debe de haber detrás una historia que ignoro y que valdría la pena
averiguar, sobre una india —la infiel— de algún Vidal, que viviría por
allá. No habría que remontarse muy lejos en el pasado para llegar a las
tolderías de la zona. Cuando yo era chico las vi, en forma de ciudad
satélite, o villa miseria, al borde de Cacharí, Tapalqué y Azul. (No sé
si entre estas localidades habría que poner la conjunción *y* o más bien
la *o*). En cuanto a *infiel*, en el sentido de *indio*, hoy tiene sabor a viejo.
Confieso que siempre creí (de puro atropellado), que la infiel de Vidal
sería una adúltera; hoy desperté de mi bobería y comprendí que la
palabra estaba usada en la acepción de "quien no profesa la fe cristiana".

11 octubre 1986. Muere Antonio di Benedetto, escritor mendoci-
no, de larga e injusta cárcel en los años del Proceso. Me entero de que
lo hicieron *profesor honoris causa* de la Universidad de Mendoza. Por
indicación de nuestra común traductora rumana pedí a Ruiz Díaz que
intercediera para ese nombramiento. No me contestó. Creí que no lo
había logrado. Di Benedetto fue un escritor imaginativo, que contaba
historias, a veces, truculentas y desagradables.

En algún momento le tuve rabia por una crítica, nada inteligente y menos generosa, que publicó en *La Razón*, sobre *Abisinia*, la novela de mi querida Vlady. Quizá descubrió Di Benedetto que el Bertrand de Vlady era Borges, que Irene era María y se enojó. Yo que a Borges lo quiero tanto más que él, no me enojé. Bueno, como dije, también quiero a Vlady y creo que el Bertrand de *Abisinia* no deja a Borges mal parado.

Menos poético, pero más ajustado a la verdad:

> *De todo te olvidas,*
> *cabeza de viejo.*

Idiomáticas.

Ente. Bobo. Usábase en Buenos Aires.

Tira emplástica. Expresión fuera de uso, que la gente de mi generación empleó en su niñez y juventud, por *tela adhesiva*. Nótese: la componen dos palabras anticuadas.

Tiradores. Aparejo para sostener los pantalones. El diccionario de la Academia no registra la palabra; sí registra *tirante*, para designar cada una de las dos tiras con ojales de que están hechos los *tiradores*.

Reverendo. Ponderativo y peyorativo. Gran, muy. "Es un reverendo sinvergüenza", "un reverendo cretino". Usábase en la Argentina a fines del siglo XIX y principios del XX.

El hombre ama a la mujer; la mujer quiere el matrimonio.

En el *Times Literary Supplement* leo una nota sobre *Misalliance*, que se repuso en Londres. Parece que en el momento de su estreno fue el peor fracaso de Shaw. El *Times Literary Supplement* transcribe una nota del *Times*, para la reposición de 1939, donde se lee: "With the lapse of time inclusiveness comes to seem a positive merit". Ojalá que eso ocurra también con *La aventura de un fotógrafo*.

18 noviembre 1986. En Roma. 18 y 30 horas. *But Jenny kissed me.*[26] Para olvidar un traspié voy al Babington Tea Room de la Piazza di Spagna. En la mesa de enfrente hay una chica de extraordinaria belleza. Tiene el pelo largo, es grande pero fina, de ojos, nariz, boca perfecta. Yo escribo en mi libretita: "[es] quizá inglesa, parecida a Zozie cuando era joven, y lindísima, pero más linda aún". Cuando sonríe se le iluminan los ojos. Me pregunto si no será Sonia, la hija de Zozie, y me digo que a veces la belleza de la madre no se perfecciona en la hija. Miro el reloj. Son las 6 y media. Tengo que irme porque Brook me pasará a buscar por el hotel, a las siete. Escribo en la libreta: "Propongo a los dioses que me la den a cambio de mi incredulidad". Llamo a la muchacha que sirve el té y le pido la cuenta. Me dice: "La señorita de enfrente le ofrece el té y las tostadas". La saludo, le pregunto cómo se llama. Me dice "Carol". Le digo que le agradezco, sobre todo por darme la ocasión de decirle que su belleza me cambió el día.

El autor sigue los pasos de su fotógrafo en La Plata.

La mujer fiel. Incapaz de atender dos amores a un mismo tiempo si el marido se va de viaje, aunque sea por pocos días, la mujer fiel corre a los brazos del amante.

---

[26] Alusión al poema de Leigh Hunt, "Jenny kissed me": "Jenny kissed me when we met/ Jumping from the chair she sat in;/ Time, you thief, who love to get/ Sweets into your list, put that in!/ Say I'm weary, say I'm sad, / Say that health and wealth have missed me,/ Say I'm growing old, but add/ Jenny kissed me". [N. de DM]

En Roma. Estoy en la peluquería. Entra un hombre de bigote galo. El peluquero exclama animosamente:

—Bongiorno, Maestro —y me explica—. El señor es un gran *regista.*

El bigotudo se muestra impávido. El peluquero vuelve a la carga, sin perder el ánimo. Me señala y le dice al regista:

—El señor es escritor.

La impavidez del regista se vuelve hostil. El peluquero le da un diario donde estoy fotografiado y "reporteado". Al verla, la cara se le ilumina al regista, que exclama:

—Es uno de los más grandes escritores del mundo. Qué feliz soy.

Me invita a comer. A la noche comemos en el restaurante del Hotel Santa Chiara. Hombre expeditivo, a la altura del primer plato ya me propone que adapte para el Teatro Biondo de Palermo *Seis problemas.* Le digo que no. Sospecho que él pierde interés en mí, aunque me asegura que en mayo o junio me invitará a Palermo y que en la biblioteca de su casa hay un anaquel donde están todos mis libros.

Nuestra patria es el error.

Domingo, 7 diciembre 1986 (Buenos Aires). *Correcciones de la memoria.* Entre los muchos versos que recuerdo de mis primeras lecturas hay unos de *A buen juez mejor testigo* que me gustan por su desmañada grandiosidad:

> *La tarde en ese momento*
> *tiende sus turbios cendales*
> *por todas esas memorias*
> *de las pasadas edades.*

Los versos que siguen son extraños:

y del Cambión y Vinagra
los caminos desiguales,
camino a los toledanos
hacia las murallas abren.

Se me ocurrió este domingo buscarlos en el tomito Zorrilla, *Com-*
posiciones varias (Vera Cruz-Puebla-Librería La Ilustración, 1982) y
con alguna sorpresa descubrí que siempre (o mejor dicho: desde quién
sabe cuándo) dije mal el primer verso. En efecto, el verso de Zorrilla es:

La sombra en ese momento

lo que no parece muy feliz, ya que en el verso siguiente leemos:

Tiende sus turbios cendales

que no son otros que la sombra, en plural. Sin proponerme una
corrección, yo dije:

La tarde en ese momento

que evita la tautología y suena mejor.

Verla, de lejos, me aburre.

Cuando seguimos un corredor de la memoria, no vemos lo que hay
en otros.

Paréntesis romano. El mozo, limpiando las migas de mi mantel:
"Questa sera vamos a preparar unas lindas milanesas".

Lo único seguro es haber escrito. Para el que sigue escribiendo,
inevitablemente el día llega, en que deja ver que es un idiota.

Me llegan unas cartas, con copias de otras, y a pesar de que en ese momento no tengo mis anteojos, puedo leer que son de la Academia. Me digo: "Me comunican que me recomendaron para el Premio Cervantes. Este Castagnino no para de ser cortés conmigo. Hay que arremangarse y mandarle unas líneas de agradecimiento". Cuando encuentro los anteojos las leo. Me comunican que tuvieron el honor de recomendarme ante sus excelencias el señor Ministro de Cultura de España y el señor Director General, etcétera, con estas palabras: "Nuestra Academia ha elegido por unanimidad como candidatos a tan importante premio [con mayúscula] a D. Ángel Battistessa, a D. Adolfo Bioy Casares y a D. Ricardo E. Molinari". Con tales compañeros el destino natural inevitable es el infierno de la literatura.

De nuestro Buenos Aires de ayer. Una calle con fama de amueblada. Mi amigo Domingo Ceruzzi, que vivió en Ayacucho y Arenales, me contó que hace unos cuarenta años Arenales era tan arbolada y sombría, que si llegaba a ella una chica del barrio acompañada de un muchacho, los vecinos hacían comentarios, como si la hubieran visto entrar en una amueblada.

Pobres diablos, cómo le creemos al médico si nos dice que no tenemos nada malo.

El italiano en el Buenos Aires de mi infancia. Me preguntaron en Roma si yo entendía italiano. Debí contestarles: una de las canciones que oí en mi primera infancia tenía el estribillo:

La donna è mobile
qual piuma al vento...

Corrección a Byron. El viejo puede dar y darse placer; no darse y dar.

Retrato parcial. ¿Atenta al prójimo? Si está en su camino, apártela de un brazo, porque sola no se entera de que usted quiere pasar.

Que la veas de lejos con alegría es un buen signo.

Juego de sociedad. Famoso juego de las mujeres. Usted se pregunta: ¿cuál es la mujer más gorda, más linda, más graciosa que tuve entre los brazos? Si encuentra respuesta cuando se pregunta cuál es la más noble, ha ganado.

El balance del año.
Marea de muertes: Pepe Bianco, Borges, Genca, García Victorica (u Ocampo), sin contar Ítalo Calvino, Juana Sáenz Valiente.
Por el lado de las letras, publico un libro de cuentos que tengo por bueno: *Historias desaforadas*. Por lo menos dos de sus cuentos fueron escritos en el curso del año: "El Nóumeno" (que algunas consideran el mejor del libro) e "Historia desaforada". "El Nóumeno" es un cuento escrito sobre una idea que se me ocurrió veinte años antes. En mi experiencia, las ideas largamente maduradas, dan buenos resultados. Otro ejemplo, "El perjurio de la nieve". Otro: "Planes para una fuga al Carmelo" (cuento de *Historias desaforadas*, escrito en 1985). Durante años viví con la idea; alguna vez acometí la narración, que llevó meses de trabajo; por entonces el cuento, casi una "nouvelle", se titulaba *Viaje al Oeste*; nunca lo concluí, porque me pareció evidente que lo había frustrado. Años después lo retomé; simplifiqué y comprimí la historia y, si no me equivoco, la logré. En 1986, trabajé en una novela corta, *El campeón disparejo*, que al comienzo llamé *El folletín*

de un taxista. Faltan los capítulos finales y una corrección general. Espero concluirla en el año 87.

Abundaron las satisfacciones de la vanidad. Premios (IILA) y honores (Ciudadano Ilustre de Buenos Aires, Socio Honorario del Pen Club, etcétera).

Hubo un viaje, una quincena en Roma, en que fui feliz y estuve sano.

Los muertos del encabezamiento me golpearon. Borges, Bianco fueron amigos de toda la vida. Para mí, el mundo no es el mismo después de la muerte de Borges. Claro que ya no era el mismo. Cuestiones de mujeres que realmente no nos incumbían, nos alejaron. No tanto, Dios mío, como la muerte. Mis amigos hoy son Drago (el de siempre, como siempre), Francis y Vlady. De todos modos, un hombre que vivió con mujeres, da, solo, sus primeros pasos por el mundo. Estoy bastante solo, lo que debe de ser corriente a mi edad, y si me dejara estar, también desocupado. Por suerte no me faltan temas para escribir.

De la salud no puedo quejarme, aunque los achaques acechan. Hoy siento dolor en las quijadas y en los carrillos y si me asomo al espejo me veo carrilludo como Hemingway. Si esto no es más que rastros del yodo radiactivo del 1º de octubre, no debo preocuparme.

Mi casa está ruinosa. Se descascaran las paredes, convivo con las cucarachas. El desorden progresa y cubre todos los espacios. Diariamente algo se extravía en el desorden. Silvina tiene las mesas tan atestadas de papeles que al pasar uno provoca desmoronamientos. En algún sillón del dormitorio hay un misceláneo monolito de ropa usada. Por lo menos cuatro cuartos principales están clausurados.

El temor de que importantes papeles de Silvina se pierdan, impide que voluntarios pongan orden. El temor de que un envenenamiento por el olor a pintura afecte los ojos y la garganta de Silvina, impiden que se arreglen paredes y techos. El tema de que un insecticida afecte la salud de Silvina, protege la salud de las polillas, hormigas y cucarachas. Al campo casi no puedo ir. Si me quedo allá más de un día, Silvina desespera. Si voy con ella y la hernia amenaza, sobrevendrá un mal momento. Pardo (el Rincón Viejo), el lugar de la tierra que más quise, ha pasado (en cuanto a lugar de estar) de mis manos a las de mi hija y de sus amigos. Un buen aprendizaje para la depresión, a la que todo final de vida tiende. Además, si los azares de la suerte me arrancaran esa estancia, me arrancarían algo que ya no tengo. Por lo menos, a su ausencia estoy acostumbrado.

Rulfo. Murió en 1986. Para juzgarlo con más fundamento, deberé tomar la decisión de leer sus dos libritos. Me parece increíble que un escritor haya escrito tan poco. Solamente podría explicarme el hecho atribuyéndolo a una serie infinita de postergaciones momentáneas. Así uno puede ocupar una porción de tiempo realmente enorme. Amigas inteligentes, lectoras de gusto más *catholic* que el mío, es decir de espectro más amplio, admiran a Rulfo. El espectro de una de ellas es tan amplio que admira a Onetti y a Castillo. Para "dorarme la píldora", me aseguró que Rulfo dijo que yo era el mejor escritor de esta zona o algo en tal sentido.

Idiomáticas.

Mala fariña. Expresión gallega, usada en el Buenos Aires de mi niñez, y que expresa pesimismo sobre algo presente o futuro.

Quedarse corto. Expresión familiar que indica que una cantidad juzgada o calculada es inferior a la real.

De vez en cuando, ideas persuasivas pero no muy buenas, ni largamente maduradas, dan origen a un buen libro. *Cf. Dormir al sol*.

Le mot juste. "Relativizan la incidencia del practicaje en los altos costos de nuestros puertos" (Titular de *El Gran Rotativo*, 7 de enero de 1987). Después del esfuerzo cumplido en la primera línea, flaquearon.

Premios literarios. Los premios son buenos para quien no los espera ni los busca y pésimos para el carácter y la integridad de quien trata de conseguirlos. Para mí provienen de grandes ruedas de tómbolas que giran a mis espaldas y de cuya existencia me acuerdo cuando leo en los diarios el fallo del jurado.

Mi secretaria. Escribió "Castañino" por "Castagnino", y "Seis Barral" por "Seix Barral" (en cartas que a ellos dirigí).

Para toda propuesta, tiene una contrapropuesta insensata.

Quisieron que sus epitafios los declararan milaneses Stendhal y el dibujante Mauzan. Según Alphonse Siché en el Cementerio de Montparnasse, en la tumba de Stendhal se lee el siguiente epitafio:

> *Arrigo Beyle,*
> *Milanese,*
> *Visse, scrisse, amò.*

La tumba de Mauzan, en Saint-Michel en Trèves, tiene este epitafio:

> *Lucien Mauzan*
> *milanés,*
> *vivió, diseñó, amó.*

Tengo una mala noticia para usted: van a poner un impuesto a la soncera.

Arte y literatura. Byron dijo que sus memorias estaban escritas "in my best Caravaggio style". Hoffmann tituló un libro *Piezas de fantasía a la manera de Callot (Fantasie Stücken in Callots Manier).*

Corrección de la memoria. Suelo recordar los versos de Charles Nodier, citados en el epígrafe de Kipling:

> *C'est moi, c'est moi, c'est moi!*
> *Je suis la Mandragore!*
> *La fille du printemps que s'eveille à l'aurore—*
> *et qui chante pour toi!*

Por segunda vez[27] descubro que digo mal el tercer verso. La lección correcta es:

> *la fille des beaux jours que s'eveille à l'aurore.*

Lo digo mal, pero lo mejoro.

Se diría que escribir narraciones ya es para mí una función natural; en cambio cuando escribo un prólogo o un ensayo me desdoblo. Me veo escribiéndolo, me pregunto si podré hacerlo y si lo aprobarán los lectores; me parece que preparo un trabajo para una mesa examinadora. No son éstas las mejores circunstancias para lograr un buen trabajo.

29 enero 1987. Tortícolis, que ojalá sea tortícolis.

---

[27] La primera fue en el 85 o en el 86. La recordé hoy, al leer la estrofa (Buenos Aires, 27 de enero de 1987).

Idiomáticas. Chiflón. Sutil corriente de aire. Expresión muy usada en Buenos Aires, hace cincuenta años, ahora en desuso.

Sueño y realidad. En la noche del 29, me acosté con un persistente dolor en el pescuezo. Tan vivo llegaba a ser, que para echarme en la cama debía sostener la cabeza con una mano. A eso de las tres y media, gradualmente desperté de un sueño en que me creía bien, sin dolor en el pescuezo. Me dije: "Estoy soñando que estoy sano; pero no lo estoy; no debo ilusionarme; estoy casi convencido de no tener más dolor; ¡nada más persuasivo que los sueños!".

Al incorporarme para ir al baño, advertí que ya no era necesario que sostuviera la cabeza con una mano. El dolor había desaparecido. La cura me pareció milagrosa.

Historias desaforadas salió a la venta el 1º de diciembre de 1986; el 18, Miguel me llama y me dice: "En Emecé hoy me dijeron que *Historias desaforadas* está agotado. Pedimos cincuenta ejemplares (para la librería Yenny) y no pudieron mandarlos". No está mal: 5.000 ejemplares, un libro de cuentos, esta época...

Unos diez o quince días después, Emecé me comunicó que lo reimprimirán.

Una idea, en dos versiones.

La de Emilia Pardo Bazán (*Los Pazos de Ulloa*): La aldea envilece, emprobrece y embrutece.

La de Eduardo Wilde (padre): El campo envejece, emprobrece, embrutece.

Si no conocemos bien los antecedentes, tomar palabras y actos del prójimo sólo como indicios.

Personas y afectos desplazan, dejan lugar, a personas y afectos.

Lunes 9 febrero 1987. *Todo nos une, salvo...* Iba apurado hacia el Sorrento, porque ya eran más de las dos de la tarde, y temía que no me sirvieran el almuerzo, cuando en Corrientes y Florida me detiene una mujer y ansiosamente dice:

—¿Usted es Bioy Casares? Qué suerte encontrarlo. Yo admiro mucho sus escritos. En España leemos sus libros y últimamente sus cuentos que publica *ABC*. Quiero decirle que en España lo admiramos mucho y siempre lo leemos, pero sin nunca entender ni palabra de lo que dice. Tiene que hacer algo, señor Bioy Casares, para que el lector peninsular pueda entenderlo. Nos gustan mucho sus cuentos y sus novelas, pero le pedimos que haga un esfuerzo para escribir en un español que allá entendamos.

Frase veraz que pone las cosas en su sitio. El infierno ya no está de moda.

Su paraíso bucólico. Hacía mucho calor, mucha humedad. El taxista me dijo: "En Buenos Aires ya no se puede vivir. Hay demasiada gente, demasiados automóviles. Pasamos quince días en el campo, en casa de un familiar. Qué tranquilidad, qué aire. Usted sabe, de noche abríamos la ventana y, desde la pieza, veíamos los faros de los autos que pasaban por la ruta. Una maravilla".

Un poco de sensatez no basta para que la conversación fluya.

Enceguecidos por la actualidad. Leo en *Cien años atrás* un suelto de *La Nación* del 17 de febrero de 1887, que anuncia la publicación en folletín de *La isla del tesoro* de Stevenson. Transcribo: "El solo hecho de haber sido elegida por la gran casa editora norteamericana

[Appleton] para seguir en el orden de sus publicaciones a *Misterio*, la gran novela de Hugh Conway, traducida por Martí, basta para dar fe de su mérito". Hoy parece increíble que alguien haya alegado como prueba de los méritos de Stevenson, el nombre de un editor y el de Hugh Conway, autor de *Misterio*.

Primera visita al doctor Chao. Harto de mi permanente tortícolis y persuadido de la ineficacia de quiropraxia, masajes, onda corta, infrarrojo, ultrasonido, para tratarla, decidí probar la anestesia sin química de la acupuntura y como me aseguraron que el doctor Chao la había aplicado en Pekín, como su padre, su abuelo y su bisabuelo, le pedí hora. Al consultorio se entra por un largo corredor que está a un lado del almacén del doctor; el corredor, bastante estrecho, sirve de depósito de cajones. En el fondo hay un pequeño patio abierto, al que dan la sala de espera y el consultorio propiamente dicho. En la sala de espera, con un fuerte ventilador, desvencijados sillones de cuerina, una señora china de unos cuarenta años, vestida con una jardinera azul y sin calzado, miraba televisión. Dos niñitas chinas, de cuatro o cinco años, jugaban por el piso. En la sala había un vago olor desagradable. Como aparecieron letras chinas en la pantalla, por un momento supuse (en qué confusión estaría) que habría un canal de televisión china. Después vi que se trataba de un film del Oeste, con vaqueros, malos y buenos, y con Clint Eastwood como protagonista. Evidentemente había ahí un pasacassettes y estábamos viendo una película americana con subtítulos en chino. Apareció de pronto otra china joven, con pollera y embarazada; las dos niñitas, que parloteaban en chino, la llamaron *mamá*. Por fin me recibió el doctor. Miró mis radiografías. Me dijo: "Quemado al hueso por los rayos infrarrojos. Un poco, buenos; mucho, malos". Con mano delicadísima, buscó dolores por mi cuerpo, desde los lados de los pies al arco del cráneo, preguntando: "¿Molesta?", a lo que pude siempre contestar: "No". Me aplicó por un tiempo brevísimo y con sorprendente levedad las agujas. Después me hizo sentar en la camilla y con sus manos me sometió a la más delicada de las tracciones. Cuando salí me sentía menos dolorido del pescuezo y mucho mejor de mi estado general.

Agradecería una descripción del estado de cosas en el minuto previo a la formación del universo.

Mi amiga, la profesora Mireya Camurati, comienza su estudio "El texto misceláneo: *Guirnalda con amores* de Adolfo Bioy Casares", con la frase "En 1979, Bioy Casares explicaba su entusiasmo por escribir lo que denominaba 'un lado de fermentos'". Y un poco más adelante que yo había publicado veinte años antes *Guirnalda con amores*, "texto que en sus capítulos de 'Fragmentos' responde plenamente a esas características". No me atrevo a escribirle que los "fermentos" que en 1979 me entusiasman, son una errata por "fragmentos".

Para alguna gente, la cultura es una superstición del siglo XIX.

El verbo *constatar* no figura en el Diccionario de la Academia.

—Tenés que contestarle al embajador —dijo.
—Estoy en eso —contesté.
Expresión tendiente a tranquilizar al interlocutor, sin ocultar la verdad; en este caso, el hecho de que estoy ganando tiempo para no hacer nada.

En la Feria. Me dije: "No seas pedante. Aunque parezca lógico, porque no los conoces, no les pongas un *atentamente*, a los que te piden que les firmes un libro". Dediqué *muy cordialmente* y, a personas agradables, sobre todo a mujeres jóvenes, *con mucha simpatía*. Al rato mi criterio para elegir la dedicatoria eran el turno y, en ocasiones, las rimas, que debía evitar. No iba a poner *Con mucha simpatía a María* y *Muy cordialmente a Vicente.* Reflexioné que explicarles mi criterio sería perder su aprecio.

Augurio de Pascuas. "¡Que coma mucho pescado!". Espero que no sea así.

Pasados los setenta, la enfermedad no es más que un pretexto de la muerte.

Felicitaciones, en 1987, por un libro de 1946.
—¡Una novela encantadora, *Los que aman, odian*!
—Qué extraño. Usted, o algún equivalente, no dijo eso cuando apareció el libro.
O podría expresar de otro modo mi asombro:
—Antes nadie pensaba así; ahora, muchos.

Una señora, reflexivamente:
—En Francia hablan el francés mejor que en Buenos Aires.

Sobre mí, Cristina Castro Cranwell: "Si en lugar de ser una amiga fuera una obligación te ocuparías más de mí".

No pierde inoportunidad.

Idiomáticas. Bocón. Lo que antes decíamos *estómago resfriado.* Algo se ganó con el cambio, pero no mucho.

Si no examináramos los resultados, podríamos recurrir a la social democracia, a mitad camino del triste y empobrecedor socialismo y del liberalismo próspero, brillante pero inhospitalario para los ociosos, los desdichados, los incapaces, contemplativos. Aunque estos últimos cuando se dejan estar, por lo general ganan, si hay liberalismo.

Idiomáticas.

Muy baqueteado. Con mucho uso, desvencijado. "Una mina muy baqueteada".

Sacar pisoteando. Poner en fuga.

Salir matando. Huir, correr a toda velocidad.

Lo llamaron de abajo. Murió.

Comprobación. Desde hace cincuenta y siete años soy escritor y ésta es la primera vez que escribo la palabra *inmanente*. Algún político de ésos, que está en los primeros palotes, la empleó en innumerables ocasiones.

Un lector me felicita por un párrafo de algún relato sobre un escritor que en su biblioteca tiene unos pocos libros guardados en un armario cerrado con llave, al que llama su botiquín. "Esos libros de efecto terapéutico son obras pornográficas". Al principio creí que estaba citando algo que yo no había escrito; después recordé: Escribí el párrafo con intención humorística. Me parecía cómico un escritor que atesorara libros pornográficos y se tonificara con ellos. Hay que tener cuidado con lo que uno escribe: las interpretaciones son imprevisibles. No andaba tan descaminado Xul cuando dijo que habría que inventar un signo ortográfico para sugerir el carácter irónico de un párrafo. Propuso la diéresis, para sugerir que algo no era auténtico: *escritör, pensadör, filösofo*.

En el taller literario de la profesora Bertolini una de las asistentes me dijo: Usted no tiene dudas sobre quién es o qué es. La profesora me dijo: "La dedicatoria a los profesores de la edición escolar de *La invención de Morel* marcó un cambio definitivo en mi trabajo. Ahora sí que la literatura es una fiesta".

El doctor Chao Che: "Chao el nombre de mi padre, de mi abuelo, de mi familia. Che, el mío. En China damos precedencia a los mayores y a los antepasados. Nosotros venimos después".

Escudé, en tiempos de la disputa por las islas y los canales fueguinos, escribió artículos en los que expuso las razones por las que pensaba que la tesis de Chile era la justa. Ahora está bastante preocupado, porque el gobierno de Chile, el gobierno del odiado Pinochet, quiere condecorarlo. "¿Cómo voy a rechazar la condecoración que el gobernador me consiguió de muy buena fe y con generosidad? ¿Cómo voy a evitar que la cosa se sepa, que los diarios la difundan? Voy a tener que irme del país si no quiero que me maten".

Amelia Biagioni trabaja desde hace años en *La Prensa*. En la sección literaria, es verdad, pero algo habrá aprendido de periodismo. No contenta con eso, va a Berkeley, por dos años, a estudiar periodismo interpretativo (cómo interpretar las noticias). Qué fe en la enseñanza de profesor y aula. Qué poca fe en el discernimiento propio. O qué ganas de pasar una temporada en el extranjero.

Yo también tuve algunas veces ganas de pasar un período en el extranjero, pero someterse a tan penosa bobada me parece un precio excesivo.

Alguien compuso una lista de "huevones" y colocó en primer término a los que vitorean a los reyes.

Hepax legomenon. Palabra que una sola vez aparece en la literatura, como *telefón*. Sólo aparece en el tango "A media luz":

> *un telefón que contesta…*

Como un verso trae otro, sigo

> *…una vitrola que llora*
> *y un gato de porcelana*
> *para que no maulle el amor.*

Observación autobiográfica: Cuando era chico no entendía por qué había un *gato* para que no maullara el amor. Ponía la atención en el gato y no advertía la porcelana.

Otras confusiones mías con la letra del tango "A media luz":

> *Corrientes 3-4-8,*
> *segundo piso, ascensor.*
>
> *[…] Juncal 12-24*
> *Telefoneá sin temor.*

Creí que el departamento era en la calle Juncal. El número era el del teléfono, y Juncal, la característica o central, en una época en que se distinguían por nombres y no números, como Juncal, Plaza, Avenida, Dársena, Callao, Mayo, Retiro, Loria. Otro error, si cabe, sobre el mismo tango: creí por momentos que se llamaba "El bulín de la calle Ayacucho".

Los lectores, sobre todo los psicoanalistas o psicoanalizados, ven el final triste de una historia como un claro indicio de una depresión, siquiera pasajera, del autor. No saben que los autores son desprejuiciados buscadores de finales eficaces. Cuántas veces con carcajadas celebramos el descubrimiento de la posibilidad de un final o de un episodio triste, o melodramático, o terrorífico. Queremos conmover al lector y poco nos importa que sea con un toque de tristeza: tiene que ser un toque eficaz y adecuado. Aquí el psicoanalista se entusiasma y me replicará: por algo recaen algunos en historias tristes. Sí, hay algo que puede vincularse a la concepción poética y no siempre a los estados de ánimo. Hay histrionismo en la literatura. Además: hay que ser muy hábil para describir la dicha y no parecer bobo. El autor se expone menos si maneja desgracias que si maneja felicidades y triunfos. La tristeza, aun imperfectamente expresada, conmueve.

El progreso no incumbe al arte. Comparado con Tiziano, Picasso resulta un desagradable caricaturista, y comparado con Fidias o con Miguel Ángel, Moore es en el mejor de los casos un tedioso chambón. En cuanto a las iglesias, como cualquiera puede comprobarlo, cuanto más nuevas más feas; los otros edificios públicos, también.

Los jueces naturales del hombre común son los médicos. Jueces que a sus horas ejercen la función de verdugos.

Idiomáticas. Larguero. Dícese de quien tiene tendencia a alargar sus explicaciones, sus conferencias, sus libros…

Nalé contaba horribles acciones de Arlt. "Estaba resentido por no ser estanciero, de buena familia, socio del Jockey, por no tener mucha plata y una regia bataclana. Estaba resentido porque no podía satisfacer aspiraciones estúpidas".

Contó Nalé que Arlt insistía para que tomara cocaína. "Yo tenía diecisiete años —explicó— y cuando me decía que si no me atrevía a probar no era hombre, el chantaje surtía efecto. Un día le dije que bueno, iba a probar. Sacó del bolsillo un sobrecito y me lo dio. Fui al baño, puse en los dedos un poco de polvo, lo llevé a la nariz y aspiré. Me sentí mal. Arlt me dijo: 'Ahí viene el coche de la policía. Si te ven así te prontuarían y ya quedás embromado para el resto de tu vida: no conseguís empleo ni por casualidad'. Me metió en una especie de roperito que había junto al mostrador y cerró con llave. Yo me desmayé. Soñé que había muerto. Cuando desperté, me creí en un ataúd. Me puse a golpear la puerta del roperito. La abrieron. Arlt, muy divertido, se reía de mi ingenuidad, de mi susto".

Por lo visto, el gran Arlt era capaz de inventar las más complicadas estupideces con tal de hacer una maldad. Nalé contaba otras mezquindades y bajezas de Arlt, que por ahora no recuerdo.

Sale en *La Nación* del domingo 17 de mayo una serie de preguntas seguidas de varias respuestas numeradas. Para todas las preguntas, la respuesta número 1 era la que me correspondía. Resultó que sumé 0 en depresión. Si admito que de vez en cuando pienso en mis achaques (siempre en la forma de qué bueno encontrar alguien que me libre de esto o aquello) tendré pronto 1 en depresión. Hasta 17 puntos, según el que hizo el cuestionario, la depresión es normal y no requiere tratamiento psiquiátrico.

A no pocos escritores habría que preguntarles cuando nos mandan sus libros si quieren hacernos perder la fascinación por la literatura.

Hay versos que sabemos de memoria porque los aprendemos en la infancia y que nos acompañan a lo largo de la vida. Por esta última circunstancia, les tenemos afecto, aunque sepamos que tienen escaso mérito literario. Para no ofender a nadie, no pondré como ejemplo los de nuestro himno. Otro ejemplo:

En el cielo las estrellas,
en el campo las espinas,
y en el medio de mi pecho
la República Argentina.

Oí estos versos por primera vez de labios de mi niñera Celia, cuando íbamos del galpón del Rincón Viejo al potrero 1. Yo debía de tener tres o cuatro años. Celia me señaló una mata de cepacaballo y me dijo: "Cuidado con las espinas" y a continuación recitó la estrofa, que no me pareció demasiado buena, porque a decir verdad en el campo que yo conocía las espinas eran incomprensiblemente menos numerosas que las estrellas en el cielo.

Por una carta de lectores de *La Nación* de hoy, domingo 24 de mayo de 1987, me entero de que el autor de los versos se llama José Piñeiro y que era gallego. Nació en Pontevedra, en 1874; vino a Buenos Aires en 1896. Fue peón de almacén, mayoral de tranvías, estudió los clásicos de literatura, se hizo calígrafo y publicista. Fue colaborador de *Caras y Caretas* y poeta del barrio donde vivía (México al 900). Escribió la famosa estrofa para su sobrina de cuatro años, Carmencita, para que ésta la dijera en la fiesta escolar de fin de curso. Medio país conoció la estrofa; nadie el nombre del autor.

Las precisiones sobre Piñeiro y su estrofa las tomo de una carta de lectores firmada Ricardo Alberto Marín, vecino de esta ciudad.

Idiomáticas.

Variante. "Ahora entró en la variante de faltar al trabajo".

Atropellado. Aturdido por el apuro, la impaciencia y la desatención. "Yo no sabía que eras tan atropellado", me dijo Cécile.

El artista sólo debe emitir juicios sobre lo que entiende —dijo

Chejov—. Según él, lo que entendía eran historias en prosa y piezas de teatro contemporáneo (Henry Gifford, en una nota sobre el *Chejov* de Troyat, en el *Times Literary Supplement* de mayo 8 de 1987).

Buenos Aires, 1987. "Me copa el Volvo" —dijo una chica a otra, cuando yo pasaba en mi Volvo.

El apuro de los demás, ¿quién lo tolera?

"Varios" queda menos lejos de cero de lo que supone.

Idiomáticas.

Premiación por distribución o entrega de premios. Italianismo, según sospecho.

Flebótomos. Sangradores. Hace cien años eran más numerosos, en este país, que los dentistas, que las parteras y que los farmacéuticos. Apenas menos que los médicos...

Misterio. En mi experiencia, cuando se menciona la calle Guise, suele ocurrir que alguien diga que le gusta el nombre. A mí también me gusta, pero si pienso un poco, advierto que se parece demasiado a *guiso*.

Con la nueva costumbre de donar órganos, ¡qué complicación cuando nos llamen para el Juicio Final!

En la comida de la Cámara del Libro me tocó estar sentado al lado de Canela, una azucarada animadora de televisión. No resultó en la conversación nada tonta, sin embargo quiso que la fotografiaran conmigo y cuando por cortesía ofrecí llevarla a su casa, me replicó: "Puedo hacerlo sola", que sonó como "Usted me confunde, joven" de otros tiempos.

Por lo que le dicen los lectores, cualquier autor sabe que en los libros cada cual encuentra lo que quiere. Me puse a releer *Breakfast at Tiffany's* de Truman Capote y recordé que al leerla por primera vez me atrajo la novela porque en la heroína descubrí un convincente retrato de Juno, de quien estaba enamorado. Para ser más justo, creí descubrir.

Mi diagnóstico sobre las causas de la decadencia de nuestro país. Entramos en la decadencia el día en que cesó la inmigración, es decir el renovado ingreso de hombres que buscaban (y creían en) la prosperidad por el trabajo y en que la administración de las fuentes de energía y de los medios de comunicación (electricidad, petróleo, gas, ferrocarriles, teléfono, telégrafo) pasó de manos extranjeras a manos argentinas.

La gente no ve razones fuera de su punto de vista. No puede ver la verdad, si no le conviene. El mundo está poblado de pequeños soldados que pelean solos contra todos los otros y que desde luego están encadenados a la derrota.

Idiomáticas. Atento. Modismo adverbial. En atención a. Muy del gusto de políticos. "Atento a un clamor de las masas, esta mesa resuelve".

Profesoras universitarias norteamericanas creen que para escribir novelas planeamos alegorías. No es Bunyan el que quiere. Además no quiero; aunque lo admiro a Bunyan, no quiero escribir el *Pilgrim's Progress* y menos *El Criticón*.

A mí me pareció siempre que mi madre exageraba su odio contra las convenciones. Yo no las defendía; me limitaba a considerarlas como parte de la comedia de la vida; estupideces de gente que uno no tomaba en serio. Estaba equivocado. Ahora, que las convenciones no están de moda, he reflexionado sobre lo estúpida y cruel que puede ser la gente convencional. Leí ayer, en uno de los diarios más austeros de Buenos Aires, que la campeona mundial de tenis celebró en Wimbledon su compromiso con una jugadora americana. Diez años atrás un periodista que hubiera dado esa noticia corría el riesgo de ser despedido del diario.

24 junio 1987. Mi amigo español me pidió, hace tiempo, que hablara en la presentación de su libro. Yo le dije que no y le rogué que no me pidiera eso porque me desagradaba hablar en público. Un rato después de la conversación pensé que mis "no" no habían sido como los nos de cuáqueros y que para asegurar mi tranquilidad debía llamarlo y decirle claramente que no hablaría. Por razones circunstanciales postergué el llamado y, cuando lo hice, ya era tarde, ya había invitaciones en que se anunciaba que yo presentaría el libro.

Pensé no ir, para dar una lección al amigo. Pensé después que si no iba se atribuiría el hecho a mi timidez, mejor dicho, a mi temor. Eso no me gustaba, sobre todo porque no sentía temor.

Pensé, pues, en media docena de palabras y me largué al acto. La primera persona que encontré me dijo: "Vine para oírte". Por más que lo tomé a la broma y le aseguré que oiría muy poco, la frasecita, no tengo más remedio que confesarlo, me intimidó. Me dije: "Es un buen amigo. En esto no se portó muy bien, pero... Por suerte en este libro se nota una reacción en su poesía: así que no tengo que mentir. Esto me hace pensar que tal vez convenga que yo sepa cómo se titula el libro". Alguien me lo dijo.

Mientras esperábamos que el salón se vaciara de los concurrentes a un acto previo, me presentaron a un señor español que también hablaría sobre el autor y su libro. De pronto dijeron: "¿Saben quién está? ¡Miguel de Molina! Viejito, muy viejito, es claro". Recuerdo que en sus buenos tiempos era una persona notoria por su vanidad, admirado por gente de algún jet-set, un bailarín andaluz, ignoro si bueno o malo, pero famoso por sus desplantes, por su homosexualidad y por su presencia en grandes fiestas. Ahora, como todo lo del otro tiempo, es mirado con afectuosa admiración.

Cuando se abrió el acto, me sentaron en el estrado, junto al señor español, que también hablaría. Lo hizo, largo y tendido, y leyendo. Se ve que pensaba: "Esperan de mí que sea poético, ya que presento el libro de un poeta". Hizo literatura, con la aplicación y el empeño del niño que escribe una composición. No sé qué habrá pensado el auditorio de las alhajas flagrantemente falsas que le ofrecían; sé que yo pensaba: "Después de lo que dice este tío" (dije "este tío" por contagio ambiental) "mis palabras van a parecer fuera de lugar por lo pedestres". Fueron peores que pedestres: desarticuladas y torpes. Aunque no estaba nervioso, pensaba como si lo estuviera, y no encontraba la palabra adecuada para concluir la frase. He llegado a una situación que vi en otros viejos. Sin preocuparse mayormente, hablan mal y olvidan lo que se proponían decir. Después de nuestros discursitos, bajamos del estrado y nos sentamos entre el público. El acto siguió por mucho tiempo. Closas leyó tres poemas del libro y dijo algunas palabras atinadas. Un actor argentino, Oscar Martínez, leyó bien poemas bastante débiles. Otros leyó Miguel de Molina. Benítez, el dibujante, habló a su vez y Cócaro habló y me llamó *Adolfito Bioy*. Yo me decía: "Con tantas personas con incontenibles ganas de hablar, parece demasiado injusto que hicieran hablar al que no quería".

La otra reflexión: los poemas en general no son tan buenos. Yo pensé que lo serían por uno, excelente, en que el autor habla de su participación involuntaria pero continua en una vida que no es la suya: la de su destierro entre nosotros.

Closas, cuando me iba, me tomó de un brazo y me dijo: "Quiero presentarte a un viejo catalán, un señor Bausilis, de ochenta y cuatro años, que desea conocerte". El señor Bausilis me dijo que en 1924 había viajado en el Massilia, con mis padres, Adolfo Bioy y Marta Casares, y que había guardado un muy buen recuerdo de ellos. Me elogió a mis padres y ese momento compensó todo lo absurdo y casi molesto que me había ocurrido allá. El viaje a Europa en el Massilia, de la Compagnie Sudatlantique, fue el primero de los cuatro que hice con mis padres.

El casamiento (no está bien que yo lo diga) debilita la unión de una mujer y un hombre. La debilita porque la afianza con actos oficiales, promesas, obligaciones. Por algo se habla de lazos matrimoniales. Son lazos figurados, que obran como lazos reales. Nadie quiere tanto recuperar su libertad como el que está atado. Sentir las ataduras y querer romperlas es todo uno.

Mi amiga advirtió cuánta razón yo tenía al predecir: aprobada la ley del divorcio, recrudecerán los casamientos.

Para decir que un caballo era blando de boca, se decía: "Il a une bouche a boire dans un verre", "his mouth is so fine he could almost drink out of a glass". Baedeker, *Manuel de conversation*, Leipzig, s.d.

En la peluquería.
CLIENTE: Cuando me miro en el espejo, después de un corte de pelo, me parece que rejuvenecí. Algo muy importante a mi edad.
PELUQUERO: Le doy la razón. A cierta edad hay que cuidar el detalle. Yo cada día me echo más agua de colonia...
CLIENTE: Yo no. Menos que antes...

PELUQUERO: Mal hecho. Un doctor me explicó que a cierta edad las glándulas, nuestras glándulas, ¿entiende? producen mal olor. Olor a viejo.

Según me dicen, expresión oída a libreros norteamericanos: "Un libro es como el yogurt. No debe tenerse más de quince días en los estantes". Después desaparecen.

Me contaron que el papel empleado para los libros desde los años veinte hasta hace poco, muy bueno para resaltar la letra impresa, tiene el inconveniente de pulverizarse por efecto de la tinta y que miles de libros desaparecerán.

Ofrenda a psicoanalistas. Hablé con mi amiga de camisones y pijamas y anoche soñé que mi madre y mi padre se disponían a salir con unas camisas muy cortas, sin nada abajo, de modo que se les veían los *pudenda*. Yo estaba avergonzado.

De camisones y pijamas. Mi padre (1882-1962) durmió siempre con camisón. No se avino a los pijamas porque no le gustaban y, sobre todo, porque no le gustaban los cambios. Yo, hasta pasada la adolescencia, dormí con camisón. Los pijamas no me gustan; cuando uno se mete en la cama, el pantalón se sube y enrosca (por lo menos en una pierna). Sin embargo, me pasé a los pijamas porque me importan las mujeres y temí causarles una mala impresión si me presentaba en camisón ante ellas. Según el señor Gieso, el pijama se introdujo en Buenos Aires entre los años 20 y 25. Tiene que saber de lo que habla.
George Moore, en "The Lovers of Oreley" (de *Memoirs of my Dead Life*, 1921), se disgusta cuando descubre que el mucamo no le puso pijamas en la valija. Está con Filis, con la que pasará unos días en una ciudad de provincia en Francia, y ¿cómo se presentará ante

ella? Dice que los pijamas son *the great redemption* y que veinte o veinticinco años antes no habían sido aún inventados...

En mi opinión, para el amor el pijama es visualmente superior al camisón pero "prácticamente" el camisón es superior. Acostarse con los pantalones puestos no es demasiado grato, sacárselos parece ridículo e incómodo. Yo resolví la cuestión acostándome desnudo, cuando estaba con mujeres. Sólo me acuesto con pantalones, para no tener frío. Mi amiga observó: "Conmigo siempre te acostaste desnudo". "Es verdad —le dije— pero contaba con tu cuerpo para abrigarme". Si hay también riesgo de frío cuando estoy con una mujer, bueno, corro ese riesgo, pero solo no quiero correrlo. Me acuerdo de Kaufman, que pidió otro plato de sopa porque su amiga probó del suyo; me acuerdo de la perplejidad de la amiga: "¿Aprehensión? ¿Cómo, si me besas en la boca?" y de la explicación de él: "Probar mi sopa es un riesgo; besarnos, otro; concentrémonos en el segundo".

Ahora me entero de que alguien comentó que un personaje de un cuento de Blaisten debió de ser viejo, porque dormía con pijama. Blaisten se enteró del comentario y quedó muy preocupado porque, según dijo, "yo también duermo con pijama".

Habría que averiguar hasta cuándo se usaron los gorros de dormir. ¿Hasta que apareció la calefacción central?

Domingo, 26 julio 1987. *Noticia merecida*. Fuerte inversión norteamericana para instalar una moderna fábrica de receptores de televisión, que funcionarán gracias a la energía producida por el encendido de media docena de velas de estearina, recambiables. Ideales para hacer frente a las tristes horas de los apagones, tan frecuentes en nuestra querida ciudad.

La gente lee lo que quiere leer. Marta Viti llamó a Silvina, desde

Córdoba, para decirle (con tonada cordobesa): "Lea en *La Nación* de hoy, el artículo de Silvina Bullrich, que dice que usted es la mejor escritora del mundo". Yo le dije a Silvina: "Es verdad" y busqué el artículo y estuve a punto de comentar con los presentes lo que dijo Silvina. Por fin encontré el artículo en el suplemento, no en la revista, donde lo busqué primero, y leí: "La casa de Adolfo Bioy y Silvina Ocampo, un dúplex cuyas paredes eran sólo una sucesión de bibliotecas, estaba abierta a la hora de comer para esos amigos dilectos. Allí discutíamos con tanto fervor que casi podría decir con furia. Yo alzaba la bandera de los poetas franceses; Adolfo y Borges la de los ingleses. Thomas de Quincey no podía ser comparado con Baudelaire sino por un hereje. Silvina contemporizaba, porque como todas las Ocampo y como yo, había sido educada en francés y lo decía dulcemente en sus admirables poemas, a través de los cuales podíamos recorrer Adrogué, en donde las estatuas con nostalgias de viajes y lunas delictuosas marcaron en sus pechos heridas arcillosas". *Bref, c'est tout.*

"¿Vivir con mi madre? Pero si no la aguantan ni las cucarachas".

El antiguo amante y sus amigas. Al verte ayer dijimos en coro: "¡Qué desteñido! ¡Qué encorvado!".

Primeros recuerdos. Estar en la casa del Rincón Viejo, en Pardo, mirando un bolón de vidrio, que tenía adentro un diminuto hombre a caballo, de yeso. Mirar la luna y descubrir en ella al mismo hombre a caballo.

Otro con la luna: Estar con los hijos de Enrique Larreta, mayores que yo, mirando el paso de nubes por la luna. Yo anunciaba: "Ahora va a aparecer", "Ahora desaparece de nuevo", "Ahora va a aparecer". Los hijos de Larreta me decían: "Es admirable como adivinás". Yo creía que lo decían en serio, estaba maravillado con mi don de adivinar, recién descubierto.

En San Martín, un primo y yo habíamos pedido a los Reyes Magos caballos de madera. En la penumbra vi, desde la ventana de mi cuarto, la llegada del vagoncito de las tordillas, que al final de la tarde traía de Vicente Casares las provisiones, la correspondencia y las encomiendas, y sobresalían de las barandas de la caja las cabezas tiesas, a medio envolver, de nuestros dos caballos.

Entre mis primeros recuerdos hay algunos bastante vagos de situaciones de sueños muy vivos de mi ansiedad, de mi espanto y también de mi fascinación.

Sábado, 8 agosto 1987. Trece años después de su estreno veo *L'Invenzione di Morel* que Emidio Greco filmó en Malta, con un tal Giulio Brogi, un inglés Steiner, Anna Karina y otros. Creo que mi falta de curiosidad no parecerá injustificada a quien vea el film. Al principio, cuando todo es posible, me embriagó un poco el "crédit" basada "en la novela homónima de Adolfo Bioy Casares". Muy pronto llegué a la conclusión de que, basado en un libro mío no tedioso, habían hecho un film tedioso.

Me aseguraron que tengo aspecto de escritor y que mi casa confirma la idea de escritor "clásico" (?) que se hacen de mí. Dijo esto Ornella Arena, en La Biela, hoy martes 11 de agosto de 1987. Como yo nunca traté de disfrazarme de escritor, reflexiono. Es bastante raro que esta vida tan corta sea suficientemente larga para que una profesión como la de escritor, de repercusión física moderada, si la comparamos con la de boxeador o la de herrero, modele nuestro aspecto.

Es prodigioso lo poco que necesitan las mujeres para ver pruebas de amor en la conducta del hombre que las rehúye después de haberse acostado (una vez) con ellas.

Buena parte de los achaques provienen de tratamientos para prevenir o curar males. En lo que a mí respecta, el lumbago, de origen hereditario, fue muy empeorado por movimientos gimnásticos que debían mantener la elasticidad de mi cintura; atribuyo la sequedad de la piel, a las cotidianas friegas de alcohol que durante años me di para insensibilizarla al frío; las alergias nasales fueron consecuencia de la operación de amígdalas; la tortícolis se volvió poco menos que permanente por exceso de rayos infrarrojos y por quiropraxia chambona (la magistral, del doctor Schnir, fue auténticamente curativa).

Idiomáticas. Hizo un buen casamiento. Se casó con alguien "bien forrado" pecuniariamente.

Frases de *illo tempore.* "Pueden hacer lo que quieran, pero no me pidan que los invite a casa, porque sería avalar una situación irregular". La que no se mostraba dispuesta a dar su aval, una mujer casada, en la ocasión estaba conmigo en cama, en una amueblada de Mar del Plata.

A cierta edad, firmemente del buen lado, pero con incipiente, secreta, disposición para mudarse al otro.

Un día pensé: "En casa de Chao Che, ese hombre sería chino". Variante: "Si estuviera en casa de Chao Che, ese hombre sería chino".

Idiomáticas.

No tener problemas. Oído: "Se lo pido a Juancho. No va a tener ningún problema" (Hará lo que le pidamos).

Está desubicado, es un desubicado. Por momentos se desubica: dícese de enfermos y viejos trascordados.

Bien forrado. Rico.

Oído en el hospital:
—Está con edema, pero bien.
—¡Perfecto!

La enfermedad ajena reprende; la propia golpea.

Una mente que funciona con lucidez, pero sin memoria, remeda la locura.

Letrero inútil.

Por indicación médica se prohíbe las visitas.

Nadie se considera visita; son todos amigos y parientes.

Frases lujosas.

Nuestras mentes, ínfimas luciérnagas perdidas en la noche, tratan de alcanzar una visión exacta del cosmos.

O bien:
Los filósofos que tratan de lograr una clara noción del universo, no son más que precarias luciérnagas perdidas en la noche.

En este país vivimos al servicio de los servicios públicos.

Novelas

La guerra y la paz, Sense and Sensibility, El Quijote, Robinson Crusoe, Tom Jones, A Sentimental Journey, El Vicario de Wakefield, Manon Lescaut, Genji Monogatari, El sueño del aposento rojo, Moby Dick, El primo Basilio, La cartuja de Parma, Adolphe, Old Wives Tale, The Adventures of Harry Richmond, La conciencia de Zeno, La isla del doctor Moreau, Cakes and Ale, A Passage to India, Chance, Du côté de chez Swann, Eugenie Grandet, La terre, Madame Bovary, La novia del hereje, Amalia, La octava maravilla, Fortunata y Jacinta.

Escribir. Dije que no sólo porque estoy convencido de que mi profesión es la mejor de todas (lo que puede considerarse un patético error muy generalizado, ya que lo comparte gente de las profesiones más diversas), sino porque la tengo por un seguro de felicidad, a todo el mundo le digo que escriba. Puntualicé:

—Mientras uno escribe se olvida de todo.

Vlady agregó:

—También se olvida de sí mismo.

Tal vez por esto último sea tan eficaz para olvidar cavilaciones y depresiones.

Vlady dijo que por lo general los escritores son floridos. Aun los que no lo son por escrito.

Patriotismo. Durante una seguidilla de días hizo mucho frío en Buenos Aires. Yo sentía satisfacción patriótica. Un ejemplo: me dije, cuando Bruno Peloso, el jefe de Editori Riuniti, vuelva a Italia, dirá "hace frío en Buenos Aires". Esta satisfacción era predominante en mi ánimo, aunque la casa estuviera helada y yo tuviera que abreviar las horas de sueño, para bañarme antes de las siete (después, como

toda la ciudad prendía estufas, cocinas y abría canillas de agua caliente, el gas y el agua caliente desaparecían). Esto me ayudará a comprender, me dije, a los que cifran su patriotismo en que los ferrocarriles, el teléfono, la nafta, la luz, el gas sean argentinos, aunque el servicio cueste lo que no vale y sea calamitoso. Cuando empecé a manejar,
lo confieso, ponía nafta en los surtidores de YPF y no en los de Esso
o Shell, porque me resultaban más simpáticos. Me resultaban más
simpáticos porque los otros eran colorados o amarillos, y los de YPF,
celestes y blancos, como la bandera argentina.

Soñé que había dos candidatos con muchas posibilidades de ganar
el Premio Nobel: Borges y mi amigo, el escribano Francisco (Pancho
Oliver). Lo ganó Oliver. Con Borges tratábamos de persuadirlo de
que no se cometió una injusticia al acordarle el premio.

Memorabilia. Entre Quintana y Avenida Alvear, por Ortiz, me
cruzo con una chica que me dice: "¡Mi escritor preferido! ¡Chau y
buena suerte!".

Los doctores. Me pregunté por qué serán los médicos los doctores
por antonomasia. Entre todos los técnicos, descuellan como los más
desprovistos del saber necesario para el cumplimiento de las tareas
que les corresponden. Por eso mismo, me dije. Porque no saben nada
y porque debemos creer que saben, si queremos curarnos. De lo que
no cabe la menor duda es de que el hombre siempre fue inteligente. A
los médicos, a los doctores quiero decir, los visitamos para que tras
auscultarnos con sagaz atención, confirmen los síntomas que sentimos y atestigüen objetivamente los procesos de la evolución y decadencia de nuestro cuerpo.

Creo que en una carta a Louise Colet, Flaubert dice: "Lo que es

natural para mí, no lo es para los otros: lo extraordinario, lo fantástico, el grito metafísico, mitológico". Después de *fantastique*, más le
valiera morirse. Ni una ni otra *hurlade* le queda bien. Ni a él, ni a
nadie.

Muy comprimida, la frase de Flaubert podría servir de epígrafe
para los capítulos de la autobiografía que tratan de mis libros.

El viernes 4 de septiembre de 1987, en el garage de Callao 1995
conocí a Ochipinti, amigo de Palacios, actualmente supervisor de ge-
rentes del Banco del Oeste y ex peluquero, en Alta Gracia. A su peluquería en más de una oportunidad fue mi padre, con un Gath y
Chaves blanco en la cabeza… Me conmoví porque lo hubiera conocido a mi padre, valoré el precioso regalo del término Gath y Chaves, y
por cortedad no me atreví a preguntarle qué significaba. Me imagino
que serían esos chamberguitos de hilo blanco, que mi padre solía usar
(fuera de Buenos Aires).

Silvina y la lengua francesa. Silvina conoce bien su francés. Sabía
(yo, no) el significado de *mousse*. Sabía que en *pastoureau* (como en
Complainte d'un pastoureau chrétien) no se pronuncia la s, pero que en
pastourelle, sí.

Fui un hambriento que no debió nunca privarse de comida para no
engordar.

La frase "Ya verás lo que es bueno" no anuncia nada bueno.

"Lo que yo quisiera hacer es un libro sobre nada" (Flaubert). Yo
también muchas veces pensé que me gustaría escribir un libro así. No
estoy seguro (para no decir no creo) que sea posible.

Byron dijo alguna vez que una carta que recibió de una lectora para él valía más que un diploma de Heidelberg. Parafraseándolo, yo diría que una afirmación de Flora Ledesma, que trabajó de mucama desde el 63 hasta el 69 en esta casa, vale más, para mí, que los premios y los honores recibidos. Una de las dueñas de la librería Letras, en cuya casa ahora trabaja y trabajó Flora antes de venir a la nuestra, le dijo a Vlady:

—Lo más importante para Flora, en toda su vida, fue haberlo conocido a Bioy.

Si en seis o siete años de vivir en la misma casa no me desacredité ante ella puedo sentirme conforme.

Cosas que me gustan. El agua. El pan. Mucho después la papa. El té chino, pero no demasiado ahumado. El agua de colonia extra-dry de Guerlain (antes la Jean-Marie Farina de Roget Gallet; influyó favorablemente la historia romántica del robo de la fórmula).

En el Jockey. Me señala a un individuo muy horrible y me dice: "Nunca trabajó ni pudo entender por qué la gente se afana trabajando. Ahora la realidad le da la razón. Los otros días me dijo: 'Todos estos, que van corriendo a la City, ¿sabés a qué van? Van a quebrar'. Salió así, porque en esos días quebraron varias agencias financieras. Lo llamaban el Pez Piloto, porque mientras esperaba que su padre muriera para heredar, armaba programas a tiburones que le tiraban unos mangos por el servicio. O tal vez les cobrara a las mujeres. A la noche nos reuníamos amigos en el viejo bar de La Biela y entre ellos estaba el Pez Piloto. A la madrugada solía pasar por Junín, con libros, bajo el brazo, Carlitos, su hermano, que preparaba con un amigo las materias de Derecho que iba a rendir en la facultad. El comentario del Pez Piloto siempre era el mismo: 'Pobre Carlitos. Sólo a él se le ocurre andar a estas horas con libros debajo del brazo'".

Al rato me saludó un señor que dijo tener ochenta y tantos años y que parecía lleno de vitalidad. Me explicaron que era el padre del Pez Piloto. Mi amigo me aseguró que no había preparado el "número".

Leo en el *Times Literary Supplement* del 11 al 17 de septiembre de 1987: "Para el ambicioso burgués (de Francia, en el siglo XVIII) el ideal de vivir noblemente incluía la tenencia de una o dos amantes".

Oído en la calle. Un transeúnte dice a otro:
—Si esta situación continúa, ¿me podés decir para qué vivimos?
Sospecho que no podría aunque la situación cambiara.

Idiomáticas. Trompezar, por *tropezar*, error de rústicos, hoy (13 de octubre de 1987) "actualizado" en esta casa.

Idiomáticas. Espíritu de contradicción. "Es el espíritu de contradicción", decíase (en tiempos de mi niñez y de mi juventud) de personas muy discutidoras.

Murió Daniel Bengoa, amigo de Silvina. Homosexual bastante culto, muy amanerado, que pedía aclaración sobre afirmaciones como "Lindo día" ("¿A usted le parece? —preguntaba—. "¿Por qué?"). Era joven. Eligió (muy bien) los textos para *Páginas de ABC elegidas por el autor* (yo, por descreer de todo proyecto, no me daba el trabajo de elegirlas). En una ocasión viajó en taxi, con Jorge Cruz, a Pompeya (en la ciudad de Buenos Aires). "A medida que nos alejábamos del Barrio Norte", explicaba, "la gente se volvía más chica y más fea". Enfermo de Sida, murió atropellado por un automóvil. Silvina fue una de las personas que invitó al entierro, en el aviso publicado en *La Nación*. El pobre Bengoa fue la primera persona enferma de Sida que he conocido; quiero decir, conocido mío, de cuya enfermedad tuve noticia.

Recuerda: Interpretar el carácter del prójimo por sus actos es casi tan inseguro como adivinar el futuro por el vuelo de los pájaros.

Lo mandó a pasear. Lo mandó al diablo, a la m.

Durante cuarenta años viví noblemente, es decir con dos queridas, en yuntas que se renovaban cada tantos años.

Antigua farmacopea argentina. Viejos avisos.

Tome Suseguina y déjese de toser (la gente decía: *de joder*).

Otro perro. En la embajada alguien me saluda: "Buenas noches, señor" y de pronto ríe, me estrecha entre los brazos y exclama: "¡Adolfo! Soy Sabato, Jorge Sabato. Cuando yo era chico, vos y Silvina me regalaron un perro Collie... Fui con mis padres a Córdoba y yo salía a caminar por las sierras con el perro. ¡Éramos tan amigos! Cuando volvimos a Buenos Aires, el perro no se hallaba y murió. Para mí esa muerte fue muy dolorosa. No quise nunca tener otro perro". Yo sentí que al amparo de ese collie nuestra amistad con Jorge Sabato era muy natural y muy profunda, aunque no guardara ningún recuerdo del episodio del regalo. Tampoco Silvina lo recordaba.

Un tal Belgrano Rawson dijo en una reunión en la embajada de España que entre sus libros preferidos el que más quería yo lo había escrito en colaboración con Borges: *El informe de Brodie.* Me divirtió el error, pero temí que alguien lo señalara y que el pobre Belgrano Rawson pasara un mal momento. Quizá yo sobrevalorara la atención que la gente seria concede a la literatura. Bien mirada, la anécdota (si se la puede llamar así) deja ver la nimiedad de las cuestiones de autoría. Belgrano Rawson podría justificadamente alegar que lo importante es haber señalado la excelencia del *Informe de Brodie* y que el hecho de que sea de A, o de A y B, sólo interesa a la vanidad de los autores o a la vocación por la minucia de los historiadores de la literatura.

—Señor, le recepciono un llamado —me dice una enfermera, menos fruncida que su frase.

Escribir es precisar el pensamiento. Un escritor superficial no escribe.

Receta industrial del famoso dulce de leche de La Martona, original de mi bisabuela Misia María Ignacia Martínez de Casares:
100 litros de leche
25 kg. de azúcar
40 gramos de bicarbonato.
Cocinar revolviendo constantemente.

Nombres de potreros de La Dispersa, antes La Vigilancia: Arriba, de izquierda a derecha: Del arroyo (sobre el río Rojas), La Paloma y 11 de mayo (sobre el arroyo del Sauce). Los cuatro de abajo, de izquierda a derecha, primero los dos linderos con Del Solar, después los dos linderos con Silvia Peña: El Silencio, La Ocurrencia y La Inés y El Saturno. De Vicente y Juanita: El Luisito, sobre el arroyo del Sauce, más abajo La Carlota, más abajo, La Enriqueta y Santa Rosa. En la fracción vendida estaban La Esperanza, El Progreso, El Lenguaraz y La Vigilancia en el extremo de abajo (sudoeste).

Donde se prueba que la fidelidad del micrófono es falible. A propósito de la clasificación de los hombres en históricos o filosóficos, le conté a una periodista una conversación que oí en casa entre Pedro Henríquez Ureña y Amado Alonso, con Mastronardi de tercero excluido. Ambos profesores se afanaban en breves descargas de menciones y rectificaciones, del tipo de "nació en Iquique, en 1903", "la primera edición de su *Policromías* es de 1932", "hay una edición del autor, de 1931", mientras Mastronardi, con su apagada voz entrerriana, murmuraba a modo de loro: "Datos, fechas, fechas, datos". Cuando hablo a un micrófono, a veces lo olvido. Quizá al recordar el comentario de Mastronardi, bajé la voz y para imitarlo, la alteré. Tal vez mirando para cualquier lado, salvo al micrófono. Lo cierto es que en la entrevista impresa el comentario de Mastronardi se convirtió en "Gatos, crenchas, crenchas, gatos".

No sé cuál es peor. Silvina está engripada, lo que en su estado no es bueno. A la mañana, pregunto a una enfermera: "¿Cómo durmió?" y en contestación, pregunta a su vez: "¿Yo?". La otra enfermera insiste en el riesgo de la gripe, y trata de parecer indispensable porque la situación sería gravísima.

Una racha. Primero me vino el dolor de muelas, al que muy pronto se sumó el lumbago, que dejó paso a un espantoso resfrío, con fiebre y malestares y congestiones, que me dejó un herpes entre el labio superior y la nariz, el todo regado con las abundantes lágrimas de mi incontenible llanto senil. Solamente a Dios se le ocurre hacer una máquina de carne, sangre, grasa, huesos, como dijo Borges.

Siempre dije que escribo para los lectores, pero la circunstancia de que siga escribiendo en esta época en que se extinguieron los lectores (anímicos, de plata) prueba irrefutablemente que escribo para mí mismo.

Idiomáticas. Ragú por *hambre.* "¡Tengo un ragú!". Por cierto viene del *ragout*, del *pays*.

Con la pluma por espada. Nunca admiré el verso, porque además del tono la imagen mental de un caballero que empuñaba una pluma, quiero creer un plumón, como espada, no me inspiraba respeto.

El sueño de su vida. Jörg Bundschuh, director de cine alemán, que tal vez filme *Dormir al sol*, me dijo que vino de Alemania en un barco de carga. Ese largo viaje por mar había sido el sueño de su vida. Embarcó en Hamburgo y muy pronto se maravilló por lo grata que era la vida a bordo, por las excelentes comidas que le servían, etc. Como él es un director profesional, resolvió aprovechar la travesía para filmar un documental sobre la vida en un barco de carga, para la televisión alemana.

Decidió entrevistar al capitán, a oficiales, a tripulantes. Notó, primero con satisfacción, después con perplejidad, que en esas entrevistas el capitán y los oficiales, insistentemente ponderaban la seguridad del buque (él la daba por absoluta) y que no parecían alegrarse de su intención de entrevistar a los tripulantes. Como estaba resuelto a cumplir su trabajo como lo había previsto, no tomó en cuenta estas insinuaciones. Los tripulantes, en un primer momento, no se mostraron comunicativos, pero después, halagados por el hecho de que los entrevistaran, hablaron abiertamente. El barco llevaba un cargamento de materias químicas tan explosivas que su uso en Europa está prohibido; países del Tercer Mundo, como nuestra querida Argentina, las compran porque son componentes baratos de plaguicidas e insecticidas. En caso de cualquier accidente, el barco explotaría, sin posibilidad de que nadie sobreviviera. Por eso los tripulantes contaban con tan extraordinarias comodidades a bordo y las comidas tenían los refinamientos y lujos de la cena servida a un condenado antes de subir al patíbulo. Todo el mundo, por estar en ese barco, recibía espléndidas retribuciones, salvo él, que había pagado el pasaje.

Las informaciones acerca del cargamento explosivo le llegaron cuando salieron de Lisboa y emprendían los diez días de travesía hasta el Brasil. Jörg Bundschuh se dijo que bajaría en el primer puerto que tocaran, aunque fuera Pernambuco y seguiría viaje, aunque fuera en taxi (si no había trenes, ni ómnibus, ni aviones) a la Argentina. Cuando llegó a puerto, se había acostumbrado al riesgo, y por pereza o fatalismo siguió en el barco hasta Buenos Aires. Poco antes de llegar se enteraron por el telégrafo de que un barco japonés, cargado con el mismo material químico, al salir de Portugal, explotó sin dejar sobrevivientes.

Un amigo me aseguraba que nuestros políticos, en el trato personal, son afables y gratos. Mi corta experiencia en la materia tiende a confirmar el aserto. El amigo observó, sin embargo, que en el desempeño público se muestran distintos: altaneros, hostiles y dijo: "En eso no se parecen a los políticos europeos, que son iguales en el trato personal y en el desempeño de sus funciones". "Parecería", agregó, "que los nuestros no alcanzaron la madurez".

Mi informante conversaba con un diputado radical. Éste dijo: "Por vacías que estén las arcas, vamos a echarle mil millones al Presidente (Alfonsín) para su proyecto de traslado de la capital". "Pero ese proyecto es una locura. Pensá lo que se podría hacer con mil millones. Podrías dejar un hospital al pelo". El diputado dijo: "Vos no entendés. El proyecto del traslado de la capital es un sueño muy querido del presidente y negárselo sería muy duro, hacerlo hocicar".

Creo que el sindicalista Ongaro visitó por los años sesenta a Perón en Puerta de Hierro. Cuenta mi informante que a lo largo de una prolongada conversación Perón sintió que congeniaba con su interlocutor. Éste vestía camisa y pantalón. A la hora de la despedida había refrescado y llovía. Perón fue a buscar un abrigo, no recuerdo si impermeable o sobretodo. Confuso por el honor, Ongaro, que era delgado y más bien bajo, murmuró:

—No, gracias, gracias. No hace frío. Además ha de ser grande para mí.

—No —repuso Perón—. Le va a quedar justito. A medida.

Pensé que la historia parece de una saga y que le hubiera gustado a Borges.

Idiomáticas. Périto por *perito*, dijo una entrerriana.

22 diciembre 1987. Como los radicales, redistribuyo la plata; pero no la ajena, como ellos.

Los pobladores de este mundo acribillado de catástrofes son tan estúpidos que prefieren el que hace daño al que no hace nada.

Llega la hora de parecernos a la familia de Gregorio Samsa.

24 diciembre 1987.

> *Hay pobres que celebran Navidad,*
> *como jugando a la felicidad.*

Confunden *festividad* con *felicidad*.

El relojero me dijo: "Nunca dé cuerda porque el reloj está en el pulso". Comenté con asombro la aparente sinonimia de muñeca y pulso. Florín, que estaba de visita, observó:

—Sin embargo se dice *pulsera* y *reloj de pulsera*.

Qué distraído habré estado para no advertirlo. Recurrí al Diccionario de la Academia y descubrí la primera acepción de *pulsera*: "Venda con que se sujetaba en el pulso de un enfermo algún medicamento confortante".

Idiomáticas. Atento a. Con motivo de, en razón de, teniendo en cuenta a, considerando. Modismo propio del estilo forense, y oficinesco, muy usado por políticos radicales y peronistas y aun en declaraciones de tono patético por la parienta más cercana de la víctima de un secuestro.

Era tarde. Estaba muy cansado. Tomé un libro cualquiera, por si tenía un momento para leer y al ver su tapa, azulada, recordé que Perrone me lo había dejado los otros días. Me puse a leerlo. "Caramba, qué torpeza", me dije contrariado. "Qué lástima que un hombre tan simpático escriba así". La sintaxis carecía de gracia y de precisión; el relato parecía la parodia de un relato que despacha un muchacho que está haciendo sus primeros palotes de escritor. Descorazonado cerré el libro y entonces vi que era *Historia de un amor turbio* de Horacio Quiroga. ¿Por qué me lo dio Perrone? Porque tenía un prólogo suyo. Me puse a leerlo. "Ah —murmuré—. Esto es otra cosa". Sin dificultad avancé por frases bien escritas, me sentí conmovido por la evocación del regreso de Quiroga a Misiones, con su nueva mujer, y de los terribles últimos días. No es por prejuicio que no me gustan las historias de Quiroga, sino por experiencia. Quisiera que me gustaran. Es un cuentista que inventa historias: un tipo de escritor con el que me siento emparentado. Además fui amigo —amigo del club de tenis, nomás, pero con agrado y afecto— de Darío, el hijo de Quiroga.

Nunca hablamos de su padre, ni de literatura. Para mí, era la persona más inteligente del club y con un admirable sentido del humor (con un dejo de pesimismo, que no me contrariaba). Un día —habíamos dejado de vernos porque Darío no iba ya al club— supe que se había suicidado. La vida de su familia transcurrió entre suicidios y muertes trágicas. Al padre del escritor se le dispara una escopeta y muere; la madre vuelve a casarse y al poco tiempo el marido se suicida. Quiroga mata accidentalmente a un amigo, con el arma que éste emplearía en un duelo. Su primera mujer se suicida. Él se suicida en 1937.

Voy a copiar un párrafo de una carta de Quiroga, que refiere circunstancias terribles, con un estilo torpe y ridículo. Habla de su mujer, con la que se había disgustado. "Y pensar que nos hemos querido bárbaramente. En *Les possédés* de Dostoievski, una mujer se niega a unirse a un hombre como usted o como yo. 'Viviría a tu lado —dice— aterrorizada en la contemplación de una monstruosa araña'. Mi mujer no vio la araña en Buenos Aires, pero aquí [en Misiones] acabó por distinguirla. Sin embargo, no la culpa mayormente; es tan dura la vida para quien no siente la naturaleza en el *ménage*". Nótese *Les possédés* por *Los poseídos*. ¿Creía que Dostoievski era francés? Para no repetir el verbo *ver* escribió *distinguirla*: no fue un acierto. En cuanto a concluir la frase acerca de la dureza de la vida con *ménage*, parece el colmo de la debilidad. No digo esto por ensañamiento, sino para justificar mi poca disposición a elogiar los escritos de Quiroga. Su vida y la de quienes lo rodearon fue muy cruel, lo que desde luego suscita mi respeto.

Decíamos ayer y Nicolás Crusenio. Averiguar quién es el italiano Nicolás Crusenio, que en 1623 habría inventado la anécdota, atribuida por él a Fray Luis de León, de *Dicebamus hesterna die,* con que habría retomado sus clases, después de años de prisión, en mil quinientos setenta y algo.

Drago no sabe escribir a máquina. Mi padre no supo.

Estribillo de canción de australianos, farreando en El Cairo, la víspera de embarcarse para Gallipoli, donde murieron:

> *England needs a hand,*
> *here it is,*
> *here it is.*

(Lo decían muy seguros, golpeándose alegremente el pecho).

Vuelta abajo. Conocía la expresión y la vinculaba con cigarros o cigarrillos. Creo que había unos atados de cigarrillos con ese nombre. Ahora me informo de que Vuelta Abajo es una región de Cuba, renombrada por el tabaco que produce.

Vuelta afuera decimos en el campo, a la que da el caballo hacia la derecha, cuando uno quiere montarlo. Más habitual es que dé vuelta adentro, es decir hacia la izquierda; más habitual y preferible para el que trata de montar.

Sin mujeres, sin literatura, cuesta creer en la vida.

Debo cuidar mis libros. Con mucha suerte, dentro de poco tiempo, seré alguno de ellos.

"Como país que se destaca por sus características particulares..." (Alfonsín, sobre Hungría, en un discurso para saludar al presidente de Hungría, que visitaba la Argentina). El rigor de nuestro chascomucense aflojó un poco.

En honor a la portera de una casona de la calle Paraguay, llamé *doña Leonor* a la portera de "A propósito de un olor". Casi puse el nombre en una broma con Genca (¡aunque Genca ya murió!). De pronto pensé que la madre de Borges, con quien nos quisimos tanto, se llamaba Leonor. En diversos ratos, uno está en bretes cuyos tabiques no permiten que recordemos lo que está del otro lado, en los bretes de los otros ratos. Nada más familiar para mí que Leonor Borges. No me acordaba de ella cuando pensaba en Leonor, la portera, de nuestra casa, Genca, de la calle Paraguay.

Me entero de que *aloof* es un término náutico, originalmente *luff-up*, *id est*, navegar contra el viento, alejándose de la costa.

Of making books there is no end (Eclesiastés, XII, 12). "De hacer muchos libros no hay fin" (versión de Casiodoro de la Reyna, corregida por Cipriano de Valera). Tendría que cotejar con la versión de Scio de San Miguel, en que leí por primera vez la Biblia, en el monte de Vicente Casares, hacia el 30 o 32, después de almorzar, en una hamaca paraguaya.

Cuatro americanos, sociólogos, creo que de Harvard, escribieron un libro en que explican que detrás de todo lo que pasó en el país, en la segunda mitad del siglo XIX, estaban los Casares. Esta increíble tesis divierte mucho a Francis, que no condesciende a darme detalles. A mí —¿por vanidad familiar?— tal vez me interesaría conocerlos...

Idiomáticas. A la que te criaste. Hacer algo a la que te criaste: sin esmero. La frase deja ver en qué estima se tiene nuestra casa, nuestra familia, quizá nuestra educación.

Dos palabras predilectas, con que se designa a las mujeres jóvenes, menoscabadas por el sentimental y erróneo empeño de disfrazar con eufemismos la realidad: *chica* y *muchacha*, que significan hoy *mucama*.

A la hechicera no dejarás que viva (Éxodo, XXII, 18). Según Bertrand Russell, por este versículo quemaron a tantas mujeres (supuestas brujas); sobre todo por el error de traducción, que puso *viva* donde debía decir *prospere*. Habría que consultar si realmente este *prospere*, tanto menos bíblico (en apariencia, al menos) que *viva*, es la traducción justa. "Thou must not suffer a witch to live" dice, *to the point*, la versión del rey Jaime. Admirable civilización la que cifra la autoridad en un libro que recomienda la matanza de dragones. Lo peor es que los fieles, al no encontrar dragones, debieron matar seudo-dragones.

"En aquella época todo joven poeta estaba obligado a imitar a Balmont". ¿Inmediatamente el lector identifica a Balmont? Los hombres no somos menos numerosos que los insectos ni menos efímeros. [Constantin Balmont (1867-1943), poeta ruso].

Video lupum se dice cuando aparece la persona de quien estábamos hablando.

"No soy contemporáneo de nadie", afirmó Ossip Mandelstam (1891-1942), poeta ruso.

Conversaban amas de casa. A una de ellas, tan indolente como inútil, le preguntaron: "Y, cuando estás en casa, ¿vos qué hacés?". "Miro por la ventana", contestó.

Cuando yo era chico, todavía se oía tanto *refalar* como *resbalar*. Si *resbalar* viene de *resvarar*, por la ley de Grimm la f sustituyó a la v, la s cayó y apareció en nuestro campo (¿en Pardo, precisamente?) *refalar*.

A un amigo. No transfieras la estupidez de tu mujer al lomo de tu amigo.

A Katherine Mansfield la tuve siempre por una Adela Grondona de la literatura inglesa. Acabo de leer unos comentarios suyos que me sugieren que no fue tan sonsa.

De E.M. Forster dice que "never gets any further than warming the teapot" ("nunca llega más allá de entibiar la tetera").

Las novelas de Gissing "se escribieron con los pies mojados, bajo un paraguas mojado".

La señorita Gertrude Stein ha descubierto una nueva manera de escribir cuentos. Consiste simplemente en seguir escribiéndolos (Miss Gertrude Stein has discovered a new way of writing stories. It is just to keep on writing them...). Imprevista sospecha, ¿mi mala voluntad para la señorita Stein, mejora mi voluntad para Katherine Mansfield? Estas cosas ocurren.

Vida cómoda. Los desordenados no viven cómodamente y los ordenados prefieren el orden a la comodidad.

¡Ay, la compañía no deseada! ¡La única, la generosa fuente de aburrimiento que yo conozco!

Leo mis *Diarios*. No olvidar, a lo largo de la vida, la admiración, el afecto que siento por Johnson.

31 enero 1988. Creo que llevar un diario fue providencial, ya que entre novela y novela, o cuento y cuento, estaba el *Diario*, para no perder la mano ni la disposición mental. Gracias al *Diario* mejoré mi escritura, como diré, espontánea (la del diario, de los borradores y de las cartas). En el *Diario*, para respetar la intimidad de las mujeres que me quisieron o por lo menos me abrazaron, cambio nombres. Ahora, en algunos casos, guardan el secreto, aun para el autor.

Por la manera de juzgar a los escritores contemporáneos, hay dos grupos de personas. Los que espontáneamente se agregan al abrigo del consenso (los más, señor de la Palisse) y los que juzgan por su criterio. Están en el primer grupo los que admiran a Roberto Arlt, a Quiroga, a Molinari, a Marechal, a Dylan Thomas, a Breton, a Sade, a Restif de la Bretonne, a Scott Fitzgerald, ¿a Brecht?, los que admiraron a Mallea y ahora lo ignoran; los que abominaron de Borges y ahora lo admiran; los que me ignoraron y ahora me toman en cuenta. En cuanto a los autores contemporáneos, para los del segundo grupo (los menos), no hay mayores dificultades. Las cosas se complican para juzgar libros antiguos y famosos. Si uno recurre a un cálculo de mérito literario (a imitación del cálculo hedónico, para la conducta), ¿qué clasificación le pone a la *Ilíada*, la *Odisea*, etcétera? En estos casos quizá no pueda uno proceder como con las obras contemporáneas; tal vez haya que recordar la literatura (la cultura, la tradición) que esas obras suscitaron. (Para los contemporáneos: cálculo de mérito intrínseco; para los clásicos, cálculo de mérito completo). Ver la frase de Wells a propósito de la cultura griega "con el sempiterno retumbante Homero" y también la de Francis Newman: "Tengo la convicción, aunque no me propongo persuadir con ella a nadie, de que si Homero, revivido, nos cantara sus versos, en un primer momento despertaría en nosotros el mismo agradable interés que una elegante y simple melodía de un africano de la Costa de Marfil" (*Homeric Translation, in Theory and Practice: a Reply to Matthew Arnold*).

Sofía Uriburu me dijo una vez: "No sentís ningún remordimiento por el tendal de mujeres que dejás atrás". Desde ese momento no fui el mismo.

La única ocasión de aprender empíricamente nos la da la única vida que recorremos. Al principio nuestra ignorancia es absoluta e inmensa; no parece inverosímil que en diversas etapas de nuestro progreso por la vida descubramos en nosotros errores que son parte y producto (más bien que residuo) de aquella infinita ignorancia original.

Hablamos para comunicar, pedir, evitar, prevenir algo, para divertir al oyente. La enfermera no sabe eso. Habla así: "Mi hijo está solito en casa. No es tan chico para no poder estar solo. Ayer a la mañana la abuela se quedó para estar con él en la casa, pero él se pasó la mañana con amiguitos en la calle. Hoy me dijo que va a esperarme con el mate y la factura. Yo siempre me acuesto a dormir a las siete de la mañana [pasa la noche acompañando a Silvina; cuando me asomo está durmiendo en un colchón en el suelo, bien tapada]. Hoy me voy a acostar después de las diez y no sé si podré dormirme. Ayer rompí una maceta. Venía de la azotea, de lavar, con las manos mojadas y se me resbaló". "¿Dónde le pasó eso?", pregunta Silvina, alarmada por sus macetas. "En mi casa" —contesta. Continúa—: "Ayer, en la calle no sé dónde, vi a una chiquita con un tapado marrón. Hermosa".

Noemí Ulla, muy resfriada, me pregunta por qué por lo general disiento con la mayoría en cuanto al mérito de escritores famosos o de moda. Le digo que hay gente que espontáneamente se acomoda a la opinión general y que hay otros que por pereza leen, reflexionan y juzgan por su propio criterio. Es raro que en una época todo el mundo admire a Mallea y que en otra, nadie; peor aún: que nadie lo recuerde. Hoy todos admiran a Molinari, a Quiroga, a Arlt; en otras partes se admira de la misma manera espontánea y quizá poco vinculada con la lectura, a Gombrowicz y a Céline. Confieso que yo no siento ninguna comezón por ingresar en ese ómnibus de admiradores, pero no es un prejuicio lo que me lleva a negar a esos inexpugnables. Molinari me parece un pésimo poeta y, como persona, la verdad es que no me causó buena impresión cuando estuve con él en jurados. En cuanto a Quiroga, su prosa me parece espantosa y sus invenciones mediocres. Arlt no es demasiado malo en *El juguete rabioso*, y algunas aguafuertes porteñas son de escritura moderadamente grata. Gombrowicz era personalmente histriónico y engorroso; literariamente no justifica el esfuerzo de sacar sus libros del anaquel.

Con las grandes obras clásicas no tan libremente puede uno apartarse del rebaño lector. ¿Vale la pena parafrasear a Wells y decir que Homero es un payador de baja categoría? La literatura que han provocado esas obras es una cultura, una tradición riquísima, en que participaron y participan los mejores escritores de muchas literaturas, a los que debemos horas felices y, en nuestra memoria, versos y frases felices.

En mis primeros amores más que los hechos me interesaba la imagen mía, la representación que por ellos alcanzaría Adolfo Bioy Casares, o Adolfo V. Bioy (como me llamaba entonces). Yo me decía: "Conquisté a una morena", "Salí con una bataclana", "Tengo que agregar a la lista una mujer casada", etcétera. Me fue mal en esos amores, como me fue mal con el tenis, cuando no jugué por el gusto de hacerlo, sino para que se dijera que yo era campeón. Tuve que pasar por dolorosas derrotas para descubrir que uno debe hacer las cosas por gusto, dándose a ellas no para el aplauso de imaginarios espectadores ni para la vanidad. Aunque yo era sentimental (y nervioso, y tímido), ese desdoblamiento vanidoso debía notarse. En todo caso, mientras lo practiqué fui desdichado y cuando me di por entero a lo que hacía me fue mejor.

La lectura de mis diarios me depara sorpresas. Tuve hipocresías; peor aún: hipocresías conmigo mismo.

Aunque me parezca ilógico, extraño a las mujeres. Por lo demás admitiré que para mí siempre fue imperdonable extrañar una enfermedad.

Benisseur no figura en el Littré. Creo haber encontrado la palabra, o una parecida, de igual significado, aplicada a personas hipócritamente bondadosas.

Imagino la sociedad como una montaña de racimos. Cada uno de nosotros apenas puede ver más allá de su racimo, que es su mundo. De chicos y de jóvenes vivimos en un racimo numeroso. Con el tiempo van secándose las uvas y quedan los pedúnculos desnudos. En mi racimo ya son pocas las uvas.

Febrero 1988. Es curioso que los homosexuales no hayan inventado un apodo peyorativo para los heterosexuales.

Asombrado San Agustín vio que San Ambrosio, obispo de Nápoles, leía silenciosamente. Por primera vez presenciaba entonces (*c.* 380) una lectura silenciosa. A lo que parece, la Antigüedad leyó en voz alta.

Idiomáticas. En la puta vida. Nunca. "Había un adivino indio, completamente ciego, al que le traían un caballo, lo palmeaba y decía su color". "¿Adivinaba siempre?" "En la puta vida".

Idiomáticas. Dos expresiones curiosas:

Total. "Total, ¿a vos qué te importa?". "No me ofendí. Total, no soy pariente suyo".

En resumidas cuentas. "Todo lo que me dices me parece perfecto, pero en resumidas cuentas, ¿la mina te largó?". Borges preguntaba: "¿Cuáles son esas cuentas resumidas?".

3 marzo 1988. Murió Beatriz Guido. Una de las personas más auténticamente encantadoras que conocí, inteligente, viva, buena, mentirosa impenitente y desorbitada, graciosa, cariñosa. Dijo que si escribía una nota sobre una de sus novelas, se acostaría conmigo. La escribí y nos acostamos, riendo de la situación.

3 marzo 1988. Murió Luisa Mercedes Levinson, conocida en una época como *Lisa Lenson*. Fue bastante linda, pero, desde hace un tiempo, se convirtió en un personaje cómico, de sombreros de alas anchas, cara pintarrajeada y vestimentas flotantes. Era muy buena. El progreso en su carrera literaria le importaba. Me aseguró Di Giovanni que últimamente estaba en campaña para alcanzar el Premio Nobel.

Un sobrino de Ulyses Petit de Murat me contó: Mientras manejaba el autómovil, se sintió mal; con cuidado arrimó el coche a la vereda, lo detuvo, paró el motor, se reclinó sobre el volante y murió. El sobrino, Garreton Petit de Murat, ponderó esa manera civilizada de morir. Convine con él.

Yo siempre creí que el plagio es como los fantasmas: algo de lo que se habla pero que no existe. Un colega y amigote me señaló como testigo para un juicio que le hacían por plagio. Yo fui al juzgado y declaré que no había plagio; entonces me preguntaron si yo tenía conocimiento de que éste era el sexto pleito por plagio que a lo largo del tiempo le habían hecho a mi amigo.

En el velorio de Mercedes Levinson, en la SADE, se tocó una pieza para flauta de Eric Satie. El día antes estuvieron buscando por todo Buenos Aires un flautista. Drago me dijo: "Todo lo concerniente a su entierro parecía organizado por la muerta".

Cuando iban a entrar el cajón en el sepulcro, los sepultureros le quitaron una tapa metálica que hay sobre un vidrio, a la altura de la cara del cadáver. Lo hacen porque la tapa sobresale un poco y les molesta para sus maniobras. Después vuelven a colocarla. Cuando descubrieron esa ventanita, Drago (hombre de *La Nación*) miró y, en lugar de ver la cara de Mercedes, vio *La Prensa*. Comentó:

—Qué raro. Está *La Prensa* adentro del cajón.

La hija de Mercedes le explicó:

—Pusimos adentro del cajón ejemplares de *La Nación, La Prensa* y *Clarín* por si en un día lejano lo abren sepan por las necrológicas quién está ahí.

También parecería que la querida Beatriz se ocupó de sus últimas honras. Hay un largo aviso fúnebre en que los amigos participamos del hecho e invitamos al entierro. Entre esos amigos hay algunos que tal vez nunca se enteren de que hicieron esa invitación: por ejemplo Alberto Moravia y Susan Sontag. Además, entre nosotros no tomamos en serio a la Sontag, Beatriz no era amiga de ella.

En la noche entre el 7 y el 8 de marzo de 1988 fui feliz porque me acosté, siquiera en sueños, con una muchacha que me gustaba mucho. Observación fisiológica: si a los dieciocho o veinte años tenía un sueño así (y sin tenerlo, a veces) me encontraba mojado, al despertar.

Ahora, aunque en mi sueño hubo cópula y toda la revelación del goce, desperté limpio. En la noche del 8 al 9 volví a los juegos con muchachas desnudas. Dos noches de consuelo después de un largo período sin mujeres en la vigilia y en el sueño.

Idiomáticas. Hacerse el sota. Hacerse el desentendido. No reaccionar ni intervenir. Sinónimo: Quedarse en la horma.

Buenos Aires, marzo 1988. Trato de encontrar ideas para mi discurso en Pescara. Lo que se me ocurre bordea consideraciones del tipo de "el saber auténtico tardíamente reconocido por el saber burocrático". *Non dari.* Tampoco me aplaudirán si digo que este título convierte mi vida en una fábula. Cuando en procura de un diploma o doctorado me presentaba a los indispensables exámenes, tenía ansiedad y miedo. Ahora, que no piso la universidad y que no aspiro al doctorado, me doctoran.

Me dicen: "Muy buenas tus respuestas al reportaje del suplemento del domingo". Mejor creer que leen.

Últimas palabras. El sueño de mi vida fue escaparme. Me parece que estoy por cumplirlo.

El cuerpo del viejo prepara su muerte. Cuando no lo hace, está distraído.

En cuanto a nuestra suerte, usemos el verbo *estar*, nunca el *ser*. Con indiferencia de lo que desea la mente, el cuerpo, cuando menos lo esperamos, planea una enfermedad o algo peor.

Hay que precaverse del *trop de zéle*, pero saber dónde está el justo medio no es fácil, requiere tino (algo que a torpes como yo excede los dominios de la voluntad). Por *trop de zéle* conseguí que explotara un disco de mi columna y convertirme en enfermo crónico. Sospecho (quiero creer) que, por *trop de zéle* en la limpieza de los dientes, logré un promontorio en la encía, detrás del último molar.

Lectura de mis *Diarios*. Algún hallazgo a costa de tristeza.

Apuntes historiográficos. Los exámenes del colegio y de la facultad se presentaron ante mí como un interrogatorio policial: me aterrorizaba la idea de que me hallaran culpable de ignorancia. En dos o tres años, para los exámenes del colegio, me sobrepuse al miedo y llegué a sentirme seguro de mí mismo. Con los primeros exámenes de la facultad, volvieron los terrores, con mayor fuerza que nunca; bastante pronto pasaron y fui de nuevo un estudiante seguro de sus méritos.

De todos modos, los momentos de terror debieron dejar un recuerdo más vívido que los momentos de seguridad, porque siempre tuve la fantasía de llegar a un país donde no me conocen, decir que soy un escritor y un hombre culto y, cuando "por formalidad no más" me sometan a un examen quedar como un impostor que no sabe nada de nada: no recordar el nombre de Lope de Vega, ni el de Hume, ni el de mi amigo Eça de Queiroz, ni el de Proust, ni el de Hilario Ascasubi.

Durante un período enfrenté los reportajes periodísticos muerto de miedo, como si fueran mesas examinadoras.

Cuando visité Oxford tuve la fantasía de que me invitaran a pasar un semestre en algún *college*. Uno o dos años después me invitaron a pasar un semestre en un *college*. Quien firmaba la carta de invitación era mi amigo David Gallagher. Laboriosamente redacté una carta amistosa y franca; alegué mi incapacidad para hablar en público y señalé sin faltar a la verdad con cuánta pena y con cuánta gratitud declinaba la invitación. Un año después visité Londres y David, que me invitó a comer, me aseguró que no había creído una palabra de mis "pretextos"; pensaba que simplemente no quise ir a Oxford. Traté en vano de convencerlo, pero finalmente lo dejé en el error: en el fondo yo pensaba que era un poco vergonzoso alegar la timidez. En mi fuero interno un desdoblamiento de mí reacciona y me reprende por tales debilidades; me reprende con una indignación que imita a las del doctor Johnson, por cierto sin lograr su expresión epigramática.

Fuite en avant. Inteligente expresión francesa. Estuve leyendo cuadernos de mi *Diario*, del 56 y 57. Podría titularlo: *Testimonio de una vida inútil*. Para quien no es miope, ¿hay una vida útil? Que los seguidores de Smiles protesten.

Borges, que no admiraba a Guido Spano, solía recitar con agrado la estrofa de "Nenia"

> *Por qué cielos no morí*
> *cuando me estrechó triunfante*
> *entre sus brazos mi amante*
> *después de Curupaytí.*

Idiomáticas. Ascuas. Estar en ascuas: en expectativa ansiosa.

En la noche del 3 al 4 de abril de 1988 soñé con mi padre. Era de mañana. Yo acababa de despertarme. Mi padre apareció vestido con un traje gris y se sentó en el borde de la cama. Le dije: "Estás jovencísimo". Me dijo tristemente: "Debo irme". O quizá me dijera que tenía que salir, pero yo comprendí que ese momento de estar con él sería fugaz, que ya entraba en el pasado, y que volvería a quedarme solo. Mientras lo miraba pensaba desconsolado en que el inmenso afecto que yo sentía por él no podía nada contra la muerte.

¡Qué idiota! Voy con lumbago al médico, pidiendo a los dioses que la visita sea milagrosamente curativa, y si el médico me trata bien, salgo contento, aunque el lumbago no amaine. Ayer pasó esto con mi visita al doctor Feldman. Cuando a la salida fui a pagar la visita, la secretaria me dijo: "A usted no se le cobra", salí tan ufano como si me hubieran sanado. Ufano, pero no por tacañería; por vanidad.

Me dijo que fue siempre un hombre con sentido imparcial de la justicia, y que las incontables libertades que a lo largo de la vida se había tomado a espaldas de su mujer, ahora habían levantado al unísono una minuciosa cárcel, donde ella era carcelera y él, recluso.

Me dijo: "Cuando chico yo me moría de ganas de ver un fantasma. O una sola prueba de que hubiera un más allá. Creo —me aseguró— que si Dios me hubiera hecho cualquier seña, yo la habría advertido. A Dios le prevengo, eso sí, que no quiera darme, como prueba, la fe. La tendría por un intento de estafa".

La voz de la envidia. Tras novecientos años de consagración al estudio, la Universidad de Bologna doctora *honoris causa* a Alfonsín.

Nuestros seguidores, que recogen y generalizan nuestras antipatías, nos molestan un poco.

Anotación para el *Diario de un viaje a Pescara y a Roma.*[28] Aquella

---

[28] Se refiere a su propio diario de viaje [N. de D.M.]

noche de mi viaje, yo estaba durmiendo en una hostería, en el campo. Me levanté a orinar. Abrí la puerta que daba a un pasillo y entré en el baño. Encontré en la pared la llave de la luz, moví la palanquita; la luz no se encendió; busqué la llave de luz del pasillo, moví la palanquita. Sentí algún malestar: la noche, el lugar desconocido, en un paraje perdido en la geografía de un país extranjero. Había en el pasillo otra puerta, cuya blancura se recortaba en la penumbra. Me dije: si la abro y me encuentro con un segundo baño, resuelvo la situación, pero si me encuentro con otra habitación y un pasajero que dormía y despierta sobresaltado puedo pasar un mal momento. En medio de esas perplejidades entreví un canasto de mimbre, lo reconocí, y con alivio comprobé que no estaba en una hostería, en un país extranjero; estaba en mi casa, en la calle Posadas. Por fin libre del sueño, que no interrumpí al levantarme de la cama, entré en mi baño, tiré de una perillita y prendí la luz.

Trac. Palabra de argot francés, que pasó a nuestro idioma, pero no al inglés ni al italiano. Una prueba de nuestra vinculación con Francia en el siglo XIX y en los primeros treinta años del siglo XX. A diferencia de *la traque*, *le trac* es masculino y argot (lunfardo y de teatro). Empecé por buscar inútilmente la acepción de intimidación paralizante ante el público, en *la traque* en el Littré y otros diccionarios; después lo encontré, con la grafía *trac*, en un diccionario de argot. Recuerdo que el porfiado y bobo de Moyano repetía, acaso para consolarse: "Es el trac. El trac". No, por cierto, *la traque*.

Líneas aéreas llevando a todos los rincones del planeta prestigiosos moribundos: los viejos escritores a quienes se agasaja y se mata con premios, recepciones, entrevistas, doctorados *honoris causa*.

El cuento del sádico doctor Praetorius que en sus colonias de vacaciones mataba a los chicos por medios hedónicos: premios, música, hasta la postración definitiva, anticipado por los comités que premian a escritores y, como también los hospedan y les pagan las comidas, tratan de que esos días costosos sean pocos y bien aprovechados.

Al error consuetudinario, podría llamarlo simplemente el consuetudinario, porque ya se sabe que se trata de un error. Por ejemplo, lo que me sucedió ayer por la mañana. Esperaba a la profesora Nicolini y llegó el profesor Daniel Martínez, director del Museo de Bellas Artes. Martínez, que resultó un hombre inteligente y simpático, me pidió que le dedicara su ejemplar de *Memoria sobre la pampa y los gauchos*. De reojo y con astucia miré un sobre donde estaba escrito el nombre del profesor. Cuando escribí la dedicatoria puse: "A Daniel" (y ahora no recuerdo si continué con el correspondiente Martínez o si influido por el recuerdo de un tal Daniel Moyano no le endosé este último apellido a mi admirador).

Cuando se fue, tomé el coche, me dirigí a la estación de servicio de Salguero y Libertador y lo dejé para que lo engrasaran. Caminé hasta la embajada italiana, donde entraría para saludar a Javier Torre, a quien le hacían una distinción a las 12. No quise llegar antes de la hora —evidentemente no había nadie aún, porque no se veían coches esperando— y salí a dar una vuelta. Al rato se me ocurrió consultar la agenda. La visita de la profesora Nicolini y el acto de Javier Torre estaban anotados en la página del jueves; en la página del miércoles, el día de ayer, sólo estaba anotado Daniel Martínez.

Quiero seguir viviendo. ¿Aun con estos cascotes y tropiezos que me pone en el camino mi mente reblandecida? Sí, aun.

Sospecho que mis amigas, que detestan Francia, la detestan porque no entienden bien el francés. Oír los sonidos de conversaciones en un idioma que no entendemos irrita bastante.

El cuerpo del viejo es un niño que juega con dinamita.

Observación de una vieja: "A la gente como yo la fotografía nos trata más duramente que el espejo".

Leí *Corto viaje a Pescara y Roma*. Qué tedio. Aunque más no sea para animar un poco las descripciones de mi vida habrá que retomar el trato de las mujeres. Que los almuerzos den precedencia a la cama. Ah, es claro, pero ¿usted sabe una cosa?

Las fotografías, como los vinos, con el tiempo mejoran. Las que hoy te sacaron son horribles, pero no las destruyas; cuando las reveas, dentro de dos o tres años, las encontrarás buenas.

Idiomáticas. Tallar.

> *Contra el destino*
> *nadie la taya.*

¿Nadie discute? ¿Nadie protesta? El "destino" para mí, en ese verso, vendría a ser el orden natural de las cosas. Envejecer y morir, por ejemplo. Que me pase esto, que me va a pasar aquello, me hace decir, contra el destino nadie la talla. Otro destino, ¿hay?

1988. Abril, mayo y ¿por junio, hasta cuándo? Los viajes, los honores, los premios, en lugar de la escritura.

Cuando el viajero llega a una ciudad que no conoce, suele ver en los primeros días una casa, un escaparate, que no volverá a encontrar.

Tras un mes de atribuladas hipótesis, he descubierto que en Italia a las chauchas las llaman *fagioli*.

Me corresponden

> *Vivir quiero conmigo, [...]*
> *a solas, sin testigo,*
> *libre de amor, de celo,*
> *de odio, de esperanzas, de recelo*

y

> *Deduke men a selanna...*

¿"Mano a mano" me corresponde?

Tan a gritos hablan que en algún momento uno se pregunta: ¿No estarán queriendo decirme algo? No. Hablan entre ellos.

En el viaje, no subestime el viajero los trechos de viaje propiamente dicho. Mantienen la original dureza.

El casamiento es la meta de las mujeres, ¿porque les asegura, para toda la vida, el cargo de cocineras impagas?

El viaje propiamente dicho es penoso y siempre lo fue, salvo en el intervalo de los grandes barcos de pasajeros. Entonces viajar en barco era viajar en una casa, en un hotel.

Era costumbre defendida entre los estancieros emplear, para referirse a sus campos, el nombre de la estancia ferroviaria más próxima y no el que ellos mismos, o sus padres, les habían dado. En esto veo una expresión del pudor de nuestros hombres de campo, que evitan cuanto pueda parecer alarde. Dirán "Voy a Tapalqué" y no "Voy a Manantiales", nombre que deja entrever una estancia. Ignoro si continúa la costumbre. Los nombres de estaciones perdieron su razón cuando los trenes se volvieron impracticables o inexistentes (el día que Perón los nacionalizó).

21 junio 1988. Silvina dijo que en la actual literatura argentina únicamente había dos tipos de escritores: los que imitan a quienes los precedieron y los que escriben disparates.

"No lo vi ni en caja de fósforos", se decía (cuando no había encendedores). Las cajas de fósforos, al abrirse, mostraban efigies de personas conocidas.

Términos referidos a la lluvia.
Chispea: caen ínfimas, livianas gotas; nunca intensamente.
Garúa. Cae una llovizna. "Ahí estaba Rinaldini, con su persistencia de llovizna"(Gerchunoff). "Que le garúe finito". Por extensión: "Que le garúe Finochietto".
Llueve, llueve a cántaros.
Chaparrón. Lluvia fuerte, de corta duración.
Qué llovedero este año. Qué manera de llover.

Hoy (1988) *high brows* y *low brows* espontáneamente coinciden en la admiración por Pessoa. Todo interlocutor, si se habla de literatura portuguesa, proclama, como su maravilloso descubrimiento personal, a Pessoa y se muestra satisfecho de admirarlo. Como decía Borges, la admiración de unos trae la descalificación de otros. Una italiana, profesora de literatura portuguesa, a quien hablé de Eça de Queiroz, con resignación esperó que me callara y, después de un suspiro de alivio, me reveló, en el tono de quien dice "ahora hablando en serio", su admiración por Pessoa. Un vehemente Pessoa hubo cuarenta años atrás: Lorca. Tenemos Pessoas de entrecasa: Quiroga, Arlt, Marechal. Hay un Pessoa norteamericano: Scott Fitzgerald. Un

Pessoa inglés: Malcolm Lowry. Uno irlandés: Synge. Uno galés: Dylan Thomas. Pálidos Pessoas franceses: Saint-John Perse, Claudel. Un irreprimible Pessoa polaco: Gombrowicz. Un Pessoa efímero: Juan Ramón Jiménez. Un Pessoa azucarado: Hermann Hesse. No descalificar a nadie por el hecho de ser, o haber sido, un Pessoa; tal vez, ni al mismo Pessoa (digo "tal vez", porque todavía no lo leí).

Porvenir.

> *Comeremos los últimos buñuelos,*
> *usted y yo, en el Rincón de los Abuelos.*

Noticias de Pardo. El de la estación de servicio comenta: "El pueblo se muere". El peluquero, el hospital, el herrero se fueron. Donde estaba el hotel hay paredes sin puertas ni ventanas pero con los respectivos huecos. Los trenes no paran en Pardo; algunos, de carga, pasan despacio; desde el furgón un empleado suele arrojar bolsas en el andén; las bolsas contienen las encomiendas. En la estación trabajan seis empleados. Últimamente abundan los suicidios. En una familia, la madre se suicidó de una cuchillada en el vientre; los dos hijos, hombres adultos, se suicidaron uno después del otro, con un intervalo de seis meses, colgados de una viga del techo. Ya no hay médico (va uno los viernes); hay farmacéutica y hay una psicóloga. "El que se queda en Pardo, sólo puede ser peón o domador", me dijo. "Y si es mañoso, alambrador".

Idiomáticas. De mala muerte. De poca monta. "Lucarini, un editor de mala muerte".

Ezequiel Gallo me dijo: "Éste fue un país organizado por el tren. Ese orden, que parecía tan sólido, desapareció de la noche a la mañana". Le conté que para la gente del sur, Buenos Aires era *Plaza* (por *Plaza Constitución*, como anunciaba la llegada, en el tren, el guarda que pedía los boletos). Me dijo que la gente del sur de Santa Fe, para referirse a Buenos Aires decía "la otra provincia".

Yo y las mujeres. En otro tiempo, de noche soñaba y de día me acostaba con mujeres. Ahora de noche sueño con mujeres.

En las paredes tiene fotografías de sus ex amantes, no porque las quiera o las haya querido, sino porque son la constancia de piezas cobradas en su vida útil de cazador.

No debe uno buscar la originalidad; debe encontrarla. La originalidad no se busca, se encuentra.

¿Enternecido conmigo mismo? En una tarjeta postal de una amiga [Nanette Bengolea de Sánchez Elía] a mis padres, fechada el 10 de julio de 1914, se ve una pareja y una niñita. La amiga le escribe a mis padres: "No crean que la niñita del paisaje es alusión. Espero que sea varón". El 15 de septiembre el varón nació (El que esto escribe).

Me dijo: "Creo en tu fidelidad. Más todavía: Después de verte almorzar, durante años, en la mesa 20 de La Biela, tallarines a la parisienne, un bife muy asado, con puré de papas y helado de frutillas con cerezas de tarro, comprendí la razón de tu fidelidad y no me gustó".

Minucias para la Historia de la literatura argentina. Roberto Giusti tenía una carota blanca y rosada, y ojos celestes, de italiano del Norte. A mí me parecía que tenía cara de bueno. O de bonachón.

Yo sentí particular simpatía por Giusti, porque en una de mis largas temporadas de ir diariamente a un sanatorio, donde estaba enferma mi madre o Silvina (no me acuerdo cuál) solía encontrarme con él en el corredor. Él, como yo, tenía un pariente enfermo, y su cara de bueno expresaba una ansiedad parecida a la mía. Creí que haber sido colegas en ansiedad provocaría buenos sentimientos recíprocos. Me equivoqué, en cuanto a lo de Giusti. Me ignoró siempre en sus artículos críticos; en su *Historia de la literatura argentina* se limita a citarme como autor del género fantástico; y desde luego no votó por mí cuando fue miembro del jurado, para el premio nacional. Nada de esto es muy significativo, pero no pude menos que notar cierta consecuencia en sus expresiones, o falta de expresiones. "Qué más quiero", pensé, "me veo libre del chantaje de los buenos sentimientos, puedo decir la verdad: sus libros no valen nada".

Mi flacura. Desde hará cosa de veinte años mi flacura era evidente. Cuando me encontraba con personas que desde un largo tiempo no me veían, solían comentar: "Te encuentro bien, pero un poco flaco". Yo, cuando volví de Italia, merecía por todo comentario la última parte de eso. A los dos o tres días me enfermé. Tuve una gripe de padre y señor mío; me deshidraté; perdí el apetito y un mes después, al empezar la convalecencia, pesaba cincuenta y tres kilos. Había perdido por lo menos siete kilos. Recuperé el hambre y comí mucho, con deliberación y tesón. Ya en el espejo no parezco un sobreviviente de Dachau. Los espacios intercostales se rellenaron un poco; mis huesos parecen menos puntiagudos; mis venas siguen a la vista, pero no tan prominentemente. De todo esto hablé con mi amigo Bild y con su mujer, la francesa Marisse, y les aseguré, con demasiado optimismo, que había recuperado seis kilos. Marisse, que tenía todo el derecho de estar distraída, luego de asentir, observó: "Es verdad. Te encuentro un poco más flaco que la última vez".

Proust, según leí no sé dónde, dice que para una situación desesperada las mujeres consideran que la única solución es la fuga. Qué inteligentes, qué sentido de la realidad. La fuga supone distancia, que evita ocasiones y tentaciones, y trae un cambio del mundo que nos rodea, algo muy favorable a un cambio de estado de ánimo. Yo creo como ellas que no hay nada mejor que la fuga. Lo malo es que la propensión a la fuga nos angustiará un día. En la vejez estamos en un camino de una sola mano, que inevitablemente nos lleva a donde ya no queda la posibilidad de una fuga.

Siempre fue egoísta. Ahora lo es ingenuamente, absolutamente.

Idiomáticas. Caer en la volteada. Caer con muchos otros. "Está sin trabajo. Cayó en la volteada cuando echaron a los inútiles".

Mi amigo ruso Valeri Zemskov me dijo "su novela española, de capa y espada". Se refería a *La aventura de un fotógrafo en La Plata.*

Estoy muy satisfecho, porque logré subir seis kilos y dejé atrás la flacura de campo de concentración. El amigo o conocido, quienquiera que sea, que encuentro en la calle, invariablemente observa: "Estás más flaco, pero mejor".

Silvina, sobre Borges. 1988. Hablaban Silvina y Vlady de Borges. Silvina dijo: "Qué lejos está". Vlady me comentó: "Es lo que yo siento pero que no supe expresar".

La enfermedad es el pretexto que da el cuerpo para morir. Los médicos lo saben; es una de las pocas cosas que saben.

Obra famosa, de título posiblemente inadecuado. *Essai sur les*

Moeurs et l'Ésprit des Nations de Voltaire: ese ensayo en cuatro tomos es una Historia de Europa y Cercano Oriente, desde la caída del Imperio Romano.

En medio de la apoteosis de Chieti noté que en mi alegría había una gota de amargura. Me colmaban de elogios, que nadie consideraba moneda falsa, salvo yo. De vez en cuando yo advertí errores anteriormente dichos por otros, ahora recogidos por mis alabadores. En una carta a Tom Moore, Byron lo felicita por alguna apoteosis y lamenta que no pudiera escapar del *surgit amari*: la gota de amargura. Las palabras *surgit amari* son una cita (*De rerum natura*, IV, 1133): "Todo es vanidad, ya que desde la misma fuente del encanto asciende una gota de amargura para atormentar entre las flores".

Vale decir que la amargura que en 1988 yo sentí en Chieti, la sintió, en 1819, Tom Moore, en Irlanda, y Lucrecio, en el siglo I a. de C., probablemente en Roma. Me alegré como Porson cuando supo que Bentley, ciento y pico de años atrás, había llegado a la misma conjetura que él, sobre un verso de Eurípides.

Curioso empleo de la palabra *valiente*.

—No sabe cuánto le agradezco lo que hizo por mí.

—¡Valiente!

Con exclamación moderada. Equivale a: Es lo menos que pude hacer... Usted se merece mucho más... ¿Qué mérito hay?

Según Emilse, un viejo señor solía decir, despectivamente, de un político:

—Valiente sinvergüenza...

Como también se dice: "Lindo sinvergüenza". *Lindo* en esa frase no significa *hermoso*. Equivale a "tamaño sinvergüenza", "gran sinvergüenza".

Cuando era chico (y no sabía que iba a ser escritor) prefería los claveles a las rosas, por el sonido de la palabra. Me encantaba el sonido de *clavel*. Tenía razón.

Puede replicar certeramente, con una observación graciosa, pero perdió la capacidad de cumplir procesos mentales, por simples que sean. Hoy fracasó en una dedicatoria; escribió: "Para con mucho cariño Noemí con mucho cariño".

Byron dice de Scrope Davies, que es "everybody's Hunca Munca". Marchand, el prestigioso, no cree indispensable una nota aclaratoria, quizá porque Hunca... es un personaje de un libro clásico: *Tom Thumb* de Fielding. De todos modos, pudo pensar que las cartas de Byron saldrían de las islas y a lo mejor llegaban a parajes donde los libros menos conocidos de escritores conocidos del siglo XVIII no se recuerdan circunstanciadamente.

30 octubre 1988. Yo me había puesto a comer un plato de fideos. Llamó el teléfono. Me dijeron: "Es de lo de Apellaniz. Pregunta si se olvidó de que lo esperan a almorzar". Tomé el tubo, dije que me había olvidado y que iba en seguida. Creo que en diez minutos estuve allá (me cambié de traje, volví de abajo para buscar la llave y los anteojos, que también había olvidado, tomé un taxi, me hice dejar en Parera y Quintana y corrí al número 83 de esta última). Marianito me recibió afectuosamente; los otros invitados eran Martín Noel, un Aldao y otro, más amigo mío que Aldao, pero cuyo nombre no recuerdo. Comimos en un comedor muy lindo, servido por un mucamo viejísimo, encorvado y lento. Estoy seguro de que arrastraba los pies.

Alguien dijo que Pérez de Ayala le dijo que en español los *vitreaux* no se llamaban *vitrales* sino *vidrieras*. Aldao confirmó el aserto. Tuvo que hablar de no sé qué *vitrail* en el museo del que es director, y "felizmente" Battistessa le previno a tiempo de que en español se llaman *vidrieras*. En tono de autoridad, ¿no estaba a la derecha de Marianito?, observó: "Para nosotros las vidrieras son lo que ellos llaman *escaparates*. Yo hubiera dicho *vitreaux* o *vitrales*". Creo que él observó: "Pero como me lo dijo nada menos que Battistessa, me avine a llamarlos *vidrieras*". Dije: "Qué sabe Battistessa", pero no me oyeron. Como en el Jockey Club, creen que Battistessa es el primer escritor argentino porque es, o fue, presidente de la Academia.

El pobre Martín Noel cometió una *gaffe*. Dijo:

—El viejo Aldao escribió un brulote contra Larreta. Creo que habían sido muy amigos, pero que hubo una cuestión de mujeres.

Aldao corcoveó:

—Ese viejo era mi padre, y puedo asegurar que nunca escribió un brulote. Era incapaz de hacerlo.

Martín enrojeció y deseó probablemente que lo tragara la tierra. El otro mantuvo cara de enojo por largo rato. Sospecho que la indignación lo ofuscó y no le permitió oír la última parte del comentario de Martín. Menos mal. Mi simpatía fue para Martín.

Con diversión he notado cómo ascendí en la consideración de la gente, por los premios italianos. A mí hasta hace poco no me ponían en el sitio de honor. Hoy yo hubiera pensado que el señor que tenía a mi derecha me precedería en la consideración social. Pues, no: a mí me pusieron a la derecha del dueño de casa y a mí me sirvieron antes que a nadie. Como a Flaubert, en la casa donde "lo conoció" el mucamo que después fue de Maupassant. Ya he notado que me remontaron por encima de señores que tuvieron cargos importantes. Me parece bastante cómico este respeto en gente que hasta hace muy poco me tenía por un holgazán al que se le da por escribir. No digo esto del dueño de casa del almuerzo de hoy. Con

Marianito nos une una amistad que empezó con nuestros padres y que nosotros siempre sentimos.

En ese mismo almuerzo opiné que, si no se hubiera muerto Justo, quizá no hubiéramos tenido el 4 de junio de 1943. Marianito y mi amigo innominable, en este sentido, me dieron la razón.

Mariano Apellaniz me contó que el general Agustín P. Justo estaba almorzando en su casa cuando apareció Liborio, su hijo, y le pidió que le diera lo que un día le correspondería de herencia. Justo se disgustó, le dijo que se llevara todo lo que quisiera, se inclinó sobre la mesa y murió. Tuvo una embolia.

Contó Mariano que para homenajear al Príncipe de Gales, cuando vino a Buenos Aires, el gobierno de Alvear hizo recepciones y muchos agasajos. Cuando se fue el príncipe, el ministro de Hacienda se mostró preocupado. Dijo:

—Se gastó 5.000 pesos. Los socialistas se nos van a echar encima.

—¿Para cuándo los necesita? —preguntó Alvear.

—Para la semana que viene.

—Los tendrá.

Dio orden a un secretario de que vendiera una esquina de la propiedad de Don Torcuato. Se vendió y Alvear entregó la suma al Ministro de Hacienda, para que la visita del Príncipe no costara nada al erario nacional.

Una muchacha le contó a Mariano Apellaniz que Enrique Larreta la llevó a su balcón y antes de entrar en la cama se excusó de que, probablemente por sus años, no podría hacerle el homenaje que ella se merecía.

Esto pareció ridículo a sus oyentes; a mí, no. Dicho por Larreta quizá lo fuera.

Mecánica de la fama. En mil novecientos sesenta y tantos, Marcelito Pichon Rivière me llamó el gran olvidado, en un artículo periodístico. La razón para el primer epíteto habría que buscarla en el afecto y para el segundo en una substitución debida a buenas maneras literarias. El olvido proviene de fallas de la memoria; la omisión, al encono, al prejuicio. La verdad es que no se me nombraba para no admitir a un hijo de estancieros, a un niño bien, en la literatura. Yo mismo me complací en descalificar a algunos renombrados colegas que para mí sólo eran señores o estancieros.

Ya conté una vez que en una comida de la Cámara del Libro, poco después de la muerte de Borges, me sorprendió el trato que se me daba. De un modo prácticamente unánime, como si todo interlocutor respondiera a una consigna, me vi —en sentido figurado, no se alarme el querido lector— sacado de la tropa, mi sector habitual, y ascendido a una cumbre solitaria. Se me ocurrió que la gente era ingenuamente monárquica; muerto el rey, ponían en su lugar al heredero que se les antojaba más adecuado. No por méritos, por razones sentimentales y casi hereditarias. Yo era el amigo más próximo a Borges, sin duda el escritor más próximo a Borges.

Los viejos enfermos, preferentemente moribundos, son mercadería de enfermeras; los prestigiosos, son mercadería de organizadores de premios y de homenajes.

Me dice: "En el *meeting* de River, Menem citó palabras de Kennedy, al que llamó 'un gran hombre del Norte'. Hubo aplausos y un solo silbido. Ni él ni nadie comprendió que eso era negar el fundamento del peronismo; el peronismo es desde su origen encono hacia los Estados Unidos.

"La llegada de la Señora desestabilizó el partido. Menem dijo:

'Tiene mi número de teléfono. Si quiere hablar conmigo que me llame'. ¿Te das cuenta? ¡El candidato a presidente!

"Si todo sigue así, la lógica indicaría un estallido, un baño de sangre. Pero a la realidad le importa poco de la lógica.

"Hace años, Menem fue a saludar a la señora, en la Puerta del Sol. Le llevó un ramo de flores y una caja de bombones. La mucama tiró flores y bombones en el tacho de basura que estaba junto a la puerta; por lo menos, después de la visita, cuando salió, Menem vio los bombones desparramados y las flores en el tacho sin tapa. Por eso ahora dice que si la señora quiere llamarlo, tiene su número. Qué gente.

"Angeloz no es mejor que Alfonsín".

10 noviembre 1988. Homenaje en el Club Francés. Amigo con Bacqué, ingeniero, ex combatiente de la Segunda Guerra Mundial y *pays*. También está Drago, elegantísimo, con un traje de Spinelli (¿qué estuve haciendo, comprando trajes de confección?) y un íntimo amigo de infancia, Toto Rocha, con quien desde los 3 años y el club KDT nos conocemos. Es verdad que Rocha y un Picardo eran enemigos de Drago, protegido por Visi (Visitación, su niñera); a mí no me molestaban, porque no les tenía miedo, o por lo menos no lo dejaba ver (por consejo de mis padres).

También estaba Miguel Santamarina, otro consocio del KDT que, según Drago, corría como si estuviera sentado. Ahora es presidente del club Francés y por un golpe que se dio camina con andador (dice que tiene para dos o tres meses). La conferencia de la señora Adriana Derossi, que lee interminables páginas tamaño folio, en que se dicen las cosas más tediosamente disparatadas sobre *La invención de Morel*, dura una hora. Sentados en primera fila, Drago cierra los ojos, soñador, y Toto Rocha duerme con oscilaciones peligrosas. De vez en cuando un espectador se levanta y se va. Entre los que se van contaré a Vlady. El público consiste principalmente en mujeres, por lo general no jóvenes. La única cara linda que vi fue la de Vlady, que me sonríe como cómplice, desde el fondo de la sala. Me dije: "No debo consentir más actos como éste. Actos que persuaden al mundo de que la cultura es aborrecible. Y algo contra *domo sua*: persuaden de que mis libros son pretenciosos, aburridos, confusos. ¿Alguien al salir de esta conferencia va a tener ganas de leer *La invención*? No parece probable". Me consideró, la señora Derossi, platónico y ansioso de cielos. Otra señora, por fortuna, se me acercó, después del acto, y me preguntó: "La eternidad que usted desea es terrestre, ¿no es verdad?". "Por cierto", le aseguré, con alivio.

Al volver hasta casa, converso con el taxista, boliviano, sagaz y agradable. Me dice: "Pensar que hace unos años yo me vine con mi señora y mis chicos, para vivir en un país próspero. Este año estuve en Bolivia. Mi pobre Bolivia es hoy un país rico, sin inflación. La Argentina parece pobre sin remedio. La enfermedad de su país, y no quiero ofender, señor, son los gobiernos. Uno peor que otro".

Al día siguiente di a Vlady un ejemplar de *La invención y la trama*. Quedó debidamente maravillada (por el aspecto físico del libro). Me preguntó qué significaba, en mi Cronología, "1976 y 1977. Años muy tristes en que entré a hacer pis/ en el Bar y Confitería San Luis". "Años —le dije— en que tuve alarmantes anuncios de prostatitis". "¿Por qué en el Bar y Confitería San Luis?" "Porque ahí habré entrado al Caballeros, y habré encontrado dificultades para orinar". Comentó Vlady: "En otra parte del libro decís que te has pasado la vida leyendo poesía. En vano, como tus dísticos lo proclaman, del todo en vano".

Francia en la Argentina de mi juventud. En el Rincón Viejo, gauchos que no habían conocido a mi abuelo bearnés, Jean Baptiste Bioy, pero sí a su capataz, el bearnés Juan P. Pees, llamaban a un carrito de dos ruedas para trabajos de la estancia, el *charret* (pronunciaban:

sharré). Sin duda masculinizaban *la charrette* (como llamarían a ese carrito mi abuelo y su capataz).

Lecturas imprudentes (tableau[29]). En ocasión de la entrega del premio a la mejor novela del año, un miembro del jurado lee un discurso en elogio del escritor premiado, que ilustra con abundantes citas de su libro. Cuando se calla este señor, otro se levanta y propone que el jurado se reúna y reconsidere la adjudicación del premio.

Recuerdo de mi llegada a Río de Janeiro, para el Congreso del PEN Club. Me habían reservado un cuarto en el Hotel Otón. Lo primero que haría al llegar a mi cuarto sería darme una ducha de agua fría. Me desnudé, abrí la canilla y el agua salía caliente. Ya me disponía a protestar por teléfono, cuando comprendí que hubiera ofendido a mi interlocutor. No había ningún desperfecto en las cañerías de mi baño. Lo que pasaba era que en Río el agua fría está caliente.

Según Alifano (*Borges, Biografía verbal*) a Borges no le gustaba oír su propia voz, y la describía como una mezcla de voz de viejo y "de bebé". Borges nunca hubiera dicho *bebé*. Decía *bebe*.
Otro error de ese libro muy rico y divertido: llama Reyes a Reiles.
En cuanto al título, sospecho que Borges observaría: "Toda biografía es verbal. Algunas pueden ser orales".
Quiero agregar que Alifano ha sido muy generoso conmigo. Las referencias a mí que hay en el libro me envanecen un poco.

El peluquero "escribió" un libro que se publicó el año pasado. Lle-

---

[29] *Tableau*. Suceso no ocurrido, en que no faltaron elementos para que ocurriera.

vó los otros días un ejemplar de regalo, a unas viejas señoras, que fueron sus amigas de infancia. Una de ellas exclamó:

—Cuánto has tardado en traérnoslo.

—Lo que sucede es que como no los vendo... —explicó delicadamente el peluquero.

Mi madre ponía su amor propio en gobernarse (más allá de enfermedades y dolores) y en manejar las situaciones. Cuando estaba cerca de la muerte le preguntó a su médico, Lucio García, si le evitarían dolores innecesarios. Lucio le dijo que sí. Mi madre todavía preguntó:

—¿De un sueño a otro sueño, Lucio?

—De un sueño a otro sueño, Marta —contestó el médico.

Y a propósito de sueños recuerdo uno que me contó en esos días tan tristes. Empezó mi madre diciéndome que no la compadeciera. Que la atendíamos admirablemente. Nosotros con nuestro cariño, las mucamas y las enfermeras con eficacia. De pronto se rió y me dijo que había tenido un sueño bastante cómico. Su cama era un trineo tirado por perros, tal vez por lobos. Ella tenía firmemente agarradas en una mano las riendas y, por si era necesario, en la otra tenía un largo látigo, que por lo general sólo hacía sonar en el aire. El trineo avanzaba con rapidez, pero quien manejaba era ella.

Un día le dije a mi madre que la persona que le tomaba la mano era mi padre. Sin ninguna severidad, ella me dijo: "¿Cómo crees que no lo sé? Aunque estuviera bajo tierra sabría que es él".

10 diciembre 1988. *¿Quién no?* Habló como un borracho y se arrepintió después, pero ya era tarde.

Vida. Algo desprovisto de significado, pero lo único que cuenta.

Punto de vista religioso.

La mente. Criatura predilecta de Dios, que reniega de él. Otra versión del hijo pródigo.

La vida. Entretenimiento liviano, con final espantoso.

La muerte. La única, auténtica fuga, de la que no es posible escapar.

De gustibus. El dentista, oliendo un alambre para el tratamiento de conductos: "¡Esto va mucho mejor! ¡Me gusta!".

Enero de 1989. En este mes murió Hal Ashby, uno de los grandes directores de cine, que describía inmejorablemente la vida americana. Le debo *The last detail*, *Looking to get out*, un film sobre lucha de mujeres y tantos otros. Haber visto algunos de sus films fueron buenos momentos de mi vida. Había nacido en 1930.

Sueño quizá demasiado literario. Volamos, en un avión, sobre el mar. De pronto empezamos a perder altura, a caer, Borges comenta: "El mar está en lo suyo, ingenuamente ajeno a nuestra caída". Ya cerca del agua, el avión se endereza, gana altura, recupera el vuelo normal. Silvina observa: "Si nos pasaba algo, la culpa hubiera sido de Cortázar". Vlady contesta: "Entonces el mérito de que no pasara nada también le corresponde". El piloto era Cortázar.

13 enero 1989. Muere Martín Aldao, escritor imperceptible, aunque no visualmente, por ser flaco y peludo. Una mujer que rechazaba mis avances, me previno: "Vas a ser como Martín Aldao, que se anuda el pantalón para que no se le caiga". Como escritor era también visible. En traje de baño (demasiado holgado) escribía en la playa, en el borde del mar. En el artículo necrológico de *La Nación* leo que escribió libros de ensayos, de cuentos y también novelas. Por lo visto no pueden mencionar ningún título. Lamento que estas líneas hayan tendido a la malignidad. Creo que fue un hombre afable.

En *La Prensa* de hoy, 15 de enero de 1989, hay un artículo firmado A.D.V., sobre la muerte de Rodolfo de Austria, en Mayerling, el 2 de enero de 1889. Según el artículo, Rodolfo fue asesinado por los secuaces de Elías von Raafe. La mujer que apareció muerta a su lado, no sería la baronesa María Valsera, sino una criada suya, una húngara, llamada Tania (fue enterrada en el cementerio de Mayerling, en una tumba con la inscripción: *"Aquí reposa, víctima de un accidente, la baronesa María. L. Valsera. En la Paz del Señor Jesucristo. Año 1889"*). La verdadera María Valsera sería una sor Angela de la Piedad del convento Paternostro, de Jerusalén. Cuenta todo esto un doctor Carlos Sobieski, en una carpeta (en cuya portada se lee triplicado) titulada *La tragedia de Mayerling*, y dedicada a la Señora Jacinta Elisa Requena de Müller (*El autor, con respeto, C.Sobieski, B.A., 1938*). Había también en la carpeta una tarjeta con el águila de la corona de Austria y escrito a mano, con lápiz: *Viamonte 1641*, y el teléfono *41-5929*.

Leo en mis *Diarios* conversaciones con Pepe Bianco. Pienso que nuestra amistad fue venturosa. Al principio lo veía con antipatía, por prejuicio contra su homosexualidad, por verlo como un secuaz de Victoria y hombrecito del grupo Sur; a medida que pasó el tiempo nos hicimos más amigos. Aumentaron el afecto y el respeto mutuo. Creo que esta progresión creciente de la estima y del afecto nunca se detuvo.

Hoy almorcé en La Biela con mi amiga y su escurridizo amante (de un solo día hace años). En el plan de ella, mostrarse amiga mía ante ese aspirante a escritor debiera ser un argumento persuasivo. Yo *in mente* llevaba un libreto, preparado por mi amiga. Demasiado pronto lo dije y, estimulado por el interés que ponía el hombre en mis palabras, me solté a hablar de cómo escribir, de la vida literaria, de lo que me dijo tal o cual colega. Pensé que a mi edad fácilmente uno asume el papel de escritor famoso. Tal vez uno siente que debe hacer esa pantomima para complacer al interlocutor. Lo cierto, me dije también, es que llevado por el halago del propio lucimiento, me olvidé quizá de mi pobre amiga. Ella generosamente me aseguró que todo salió bien. Me llamó por teléfono y me dijo que yo había causado muy buena impresión y que su candidato, en el viaje de vuelta, estuvo marcadamente más afectuoso que en el viaje de ida. *Oh, Bartleby, oh Humanity*.

Mi amiga me dijo: "En algún momento me pregunté: '¿Y si todo me sale bien tendré que quedarme con esta bazofia?'". No oculta que haría cualquier cosa para conseguir que esa "bazofia" la quiera (y generalmente no lo considera bazofia).

Cree en la astrología y cree saber lo que va a ocurrir. Es para mí el interesante caso de una persona que va hacia un futuro previsto. Mal previsto, sin duda, por el sistema del *wishful thinking*.

En La Biela me saluda mi viejo amigo Santamarina, casi irreconocible dentro de su gordura de bebedor. Cómo me cuesta recordar su nombre… Jorge, es claro. Porque no lo reconocí inmediatamente, me parece que lo saludé apenas. Cuando me voy, paso por su mesa y le palmeo la espalda. Me saluda muy afectuosamente, pero parece que me trata de usted, porque es Lóizaga, director de la revista *Cultura*. ¿O me trata de vos, porque es Jorge Santamarina? *Ignorabimus*.

Creo que podría decirse de mí, y espero no equivocarme, lo que Macaulay dijo de Ovidio: "Me parece que fue un buen tipo, quizá demasiado aficionado a las mujeres, pero benévolo, generoso y libre de envidia". Podría agregarse a todo esto, lo que Wilkinson dice en *Ovid Surveyed*: "[cuando escribe] se acuerda siempre del punto de vista de las mujeres".

Desencuentro. Como observó Drago, es un aceptable neologismo que no figura en el Diccionario de la Real Academia Española (en la edición decimonovena, por lo menos).

Manauta y su mujer pasaron unos días en Manzanares y se vieron mucho con Vlady y con Norberto. Pregunté a Vlady qué leía Manauta:

—*La Nación* —contestó Vlady—. Dice que está bien escrita, que tienen una posición tomada, la respetan y uno sabe a qué atenerse. Empezaba a leer *La Nación* a las nueve de la mañana y hasta la hora del almuerzo la leía. Después seguía leyéndola. El escritor no llevó a Manzanares ningún libro para leer.

Dijo Vlady que los escritores consagrados a una causa ganan bien pero están condenados: a la larga la gente se aburre de ellos. Además, el día que la causa triunfó, ellos se volvieron anticuados.

Le dije que todo lo que triunfaba por ser de actualidad envejecía pronto.

Le hablé de las vidas imaginarias que uno tiene en boca de otras personas. Por ejemplo, en boca de una vecina, yo suspiro por ella. Me dijo: "Eso no es nada. Según Kato Molinari, todas las tardes tomás el té con ella".

Hablaban de que del amor a los perros la gente pasó a los cementerios de perros. Norberto dijo:

—Como *Los seres queridos*.

—¿Qué seres queridos? —preguntó Manauta.

—La novela —explicó Norberto.

—Ah, no la leí. ¿De quién es?

Me llamó la vecina. Con no recuerdo qué pretexto se excusó y me dijo que "se decían" cosas horribles... Preguntó si yo estaba enterado; le dije que no y me dijo "mejor así, para no amargarte". Me aseguró que era necesario que habláramos y me propuso que un día la citara a tomar un café en La Biela o donde quisiera.

El primero de marzo, diversas personas, incluso el Ministro de Relaciones Exteriores, llamaron varias veces para que el viernes 2 fuera a una casa de la calle Juncal donde se reunirían los amigos de Beatriz Guido, porque era el cabo de año de su muerte. Llegó también una carta de Lilly O'Connor, con la misma invitación. Nadie parecía conformarse con mis aceptaciones por *interposita persona*.

El 2 fui a la casa de la calle Juncal, que resultó una dependencia del Ministerio de Relaciones Exteriores.

Caras desconocidas me desequilibran. Lo comprobé en Pescara y Chieti: pasé noches sin dormir, lo que es del todo insólito en mí. Me vi obligado, para restablecerme, a buscar el siempre hospitalario asilo de un cine y a no ver a nadie por cuarenta y ocho horas. Por cierto, en los tres días previos, recibí caras nuevas en dosis heroicas. La experiencia de toda mi vida no me había preparado debidamente para tan repentino aumento del número de personas con quienes hablar. Viví solo con pocos y asiduos amigos y con mujeres sucesivas. En mi pasado hay muchas horas de soledad y escritura, muchas horas de canchas de tenis, muchas horas de algún cuarto con alguna mujer. Vida pública apenas tuve.

Ahora la gente quiere verme, "tienen que hablar conmigo", o hacerme reportajes, o explicarme cómo adaptaron una historia mía para el cine. ¿Por qué suponen que su proposición me atrae? No les importa un pito que me atraiga o no. En cuanto a las adaptaciones, díganme por carta qué quieren y les contestaré, pero no me obliguen a leer lo que escribieron. No estoy interesado en lo que escribí sino en lo que escribo. Cuando se proyecte la veré, pero no con el adaptador, sino solo, para no tener que fingir (por compasión) que me gusta. Me fastidia que quieran verme. No dudan de su talento y quieren aplausos. Esa desaprensiva fe en sus escritos prueba que son incorregibles (unos y otros). ¿Por qué insisten en verme? ¿Porque soy un escritor conocido? ¿Dónde? En el país y un poco afuera. ¡Qué modestos! ¡Qué parecidos a las chicas de piernas gordas que rondan por el hotel Alvear en la esperanza de entrever, aunque sea de lejos, a un cantor mexicano. Pero, al fin y al cabo, las chicas obedecen en parte, quiero creer, al sexo que despierta.

El que ayer me trajo su adaptación (por más que protestara por los idiotas empeñados en verme y empeñados en obligarme a leer sus inepcias) en ningún momento se creyó comprendido por las generales de la ley. Él era otra cosa, su obra iba a interesarme; yo me daría el gusto de aplaudirla.

Pessoa comenta con alguna desconsideración a Virgilio. Qué bien se habrá sentido tras el valiente desahogo. Es claro que la poesía de Virgilio merece una consideración más atenta.

Para El fin de Fausto. Le hubiera gustado morir como Louise de Vilmorin, en su cama, con todos los de la casa llorando. Ella dijo eso (en contestación al cuestionario de Marcel Proust) y así murió, de un ataque cardíaco, el 29 de diciembre de 1969. *Cf.* el agradable artículo de A.D.V., "El legendario encanto de Verrières", en *La Prensa*, del domingo 19 de marzo de 1989.

En la noche del 30 de marzo (1989) veo por televisión una película, con Claudia Cardinale y Franco Nero, titulada *Los guapos*. Los guapos eran miembros de la camorra napolitana. El significado del término concuerda con el que le damos aquí; aunque allá designaba (¿o designa?) precisa y únicamente a los miembros de la Camorra; de esos guapos se esperaba, como de los nuestros, que estuvieran siempre dispuestos a imponer su voluntad, o la de sus protegidos, por el coraje y que tuvieran el sentido del honor a flor de piel, rápidos en tomar ofensa y en levantarla con arma blanca. El arma blanca de ellos era una navaja; de los nuestros, un cuchillo.

Aclaro ahora que la película no era doblada y que la palabra empleada por los actores era *guapo*. ¿Nada nuestro es nuestro? ¿También nos van a sacar el coraje criollo? El criollo del sainete que menosprecia a un pobre gringo, o tano, ¿aspira a merecer por su coraje un mote importado de Nápoles? Es claro que nos queda siempre una probabilidad de que los napolitanos hayan recibido la palabra de los españoles. En España el sentido del término parece haberse corrido hacia *apuesto*; en Nápoles y en nuestro país, se afianza en la acepción que primero da la Real Academia, de "animoso, bizarro y resuelto, que desprecia los peligros y los acomete". Por eso tiendo a creer que a nuestro "guapo" lo importamos de Nápoles.

Si la palabra hubiera aparecido en Nápoles muy a fines del siglo XIX, cabría la hipótesis, grata al patriotismo, de que un emigrante de vuelta a su país, la hubiera importado de la Argentina. En *guapo*, Corominas dice: "En España, bien parecido; en América, valiente" o algo de idéntico significado.

Las enfermedades de las mujeres son el *opprobium medicorum*.

Veo *Corregir* en Corominas. De *regere, regir, gobernar*. Qué cierto, digo. Al corregir uno rige, gobierna sus escritos; por eso no cabe esperar mucho de escritores que dicen: "Yo no corrijo, no puedo corregir".

En el Washington Park, en Portland, trabaja un grupo de estudiosos del elefante. Hay quienes ven con malos ojos la actividad de esa gente; creen que están aprovechando los elefantes, y martirizándolos, en aras del progreso de la ciencia. Uno de ellos (Schmidt) explica: "Nada de lo que aquí se hace es en beneficio de los hombres; todo es en beneficio de los elefantes".

Me parece admirable un mundo en que puede haber un grupo de hombres que consagra su vida y su inteligencia en una causa tan desinteresada como ésa.

8 abril 1989. Silvina entra en mi cuarto y me dice: "No sé qué hacer. No tengo nada que hacer. ¿Comprendés? Absolutamente nada".

Juan Bautista Bioy, mi abuelo, solía decir: "En techo viejo hay goteras". En cuanto a mí, las goteras no esperaron la vejez para aparecer; me acompañaron a lo largo de la vida.

Las primeras goteras que me llegaron fueron las de nuestra querida, vieja casa del Rincón Viejo, en Pardo. Yo las veía como la enfermedad de esa casa; una enfermedad implacable, que la condenaba. Debí de intuir que el hecho de que la casa se lloviera, sumado a la circunstancia de que el rendimiento del campo, administrado por mí por poco fuera inferior a los gastos, sería un argumento de mi madre para lograr que diéramos el Rincón Viejo en arrendamiento.

Desde 1926 no volvimos allá. Íbamos a la estancia de mi familia materna, San Martín, en Vicente Casares. En esa casa no había goteras. Cuando yo retomé el Rincón Viejo, en 1935, tuve siempre alguna parte de la vieja casa en arreglo. Mientras por un lado yo arreglaba la casa, que es grande y vieja, por otro se desarreglaba. Desde luego, no acabé nunca con las goteras. Acabaron con ellas mis padres, cuando volvieron a Pardo, después del cuarenta. En el 46, aproximadamente, reconstruyeron, desde los cimientos, la parte principal de la casa y le agregaron un piso alto. Las goteras desaparecieron, al menos por muchos años.

Ahora hay goteras en mi departamento de Posadas 1650. El metálico ruido de gotas en los cacharros que ponen para recibirlas me entristece. Ha de renovar en mí la angustia de cuando era chico y oía esas gotas con la desolada convicción de que me hacían perder el mágico paraje de Pardo.

Sueño. Un médico que descubrió el modo de rejuvenecer a la gente y que había leído mis libros, me propuso ensayar su tratamiento conmigo. Me rejuveneció, no tuve más lumbagos y volví a jugar al tenis. En un campeonato para veteranos, en Cagnes-sur-Mer, barrí con mis adversarios.

Poco después me encontré con Willie Robson y le conté esta proeza. Con aire reflexivo comentó:

—¡Cómo habrá bajado el nivel del tenis internacional!

La contestación, que estaba en carácter, de pronto me hizo recapacitar: Willie Robson había muerto —por eso mi triunfo fue para él una información reveladora sobre el actual nivel del tenis— y yo estaba soñando.

20 abril 1989.

MI AMIGA: De tu libro publicado por Tusquets me dijeron que se vende mucho, lo que me dio bastante bronca.

YO, balbuceando: A mí me parece una muy buena noticia.

MI AMIGA: A mí me da bronca porque prueba que la gente prefiere leer libros sobre novelas y cuentos, a leer novelas y cuentos.

Tal vez tenga razón, pero ¿cómo no comprende que para mí tiene que ser muy buena noticia que mi último libro se venda? ¿Cómo no comprende que esa bronca suya me irrita un poco?

Comprobación. Hace un tiempo mis amigas me preguntaban si llevaba un diario y expresaban la esperanza de que no las nombrara, ni dijera nada de lo "nuestro". Hoy, dos de ellas dejaron ver contrariedad cuando dije que en mi autobiografía no figuraban.

Quieren que las incluya. ¿No temen que diga algo que pueda molestarlas? Como los políticos y tantos otros, prefieren que las ridiculice a que las ignore. Además, ¿cómo alguien podría ridiculizarlas? Es triste que aun ex amantes nos quieran por nuestra fama, no por nuestras cualidades (*if any*).

Soy inconstante a largo plazo. Después de cinco años, me harto un poco de cualquier mujer y a los diez años no la aguanto más.

Un señor, extremadamente bajo, que no conozco, me detiene en el club y, mirando hacia arriba, sonriente y cortés me dice:

—Desde hace tiempo quería verlo, Bioy. Soy el doctor Fulano y le voy a dar un libro mío para que usted lo comente en *La Nación*. Es un Tratado de Derecho Administrativo.

—Yo ni siquiera soy abogado. ¿Cómo cree que puedo escribir sobre Derecho Administrativo?

—Estoy seguro de que puede hacerlo. A mí me interesa que usted escriba sobre mi libro porque usted es una persona conocida. ¿No sé si soy claro? A mí me conviene que salga una nota sobre mi libro, que lleve una firma acreditada, como la suya. No sé si me explico.

En 1988 viajé dos veces a Italia, primero para recibir el doctorado en Chieti y después, el premio en Capri. En esta agradabilísima ciudad me agasajaron tanto que no pude menos que aceptar la presidencia del jurado del premio de 1989.

Los agasajos continuaron en Roma y, el último día, el presidente del jurado que me premió, en el momento de la despedida, puso en mis manos cuatro o cinco novelas suyas para que yo le buscara un buen editor en la Argentina o en España. Me dije: "Me pasa la cuenta por el premio y las atenciones". Como ningún editor se interesó en esas novelas, me pregunté si realmente me ofrecerían la presidencia del jurado y si yo viajaría a Italia en 1989.

El 8 de mayo de este año, a la hora del desayuno, sonó la campanilla del teléfono. "Lo llaman de Roma", me dijeron. "Voy a pasar la comunicación a mi dormitorio", dije, porque no quería tener la conversación sobre el próximo viaje delante de Silvina. Mientras iba al dormitorio pensaba: "Tendré que apenar a Silvina con la noticia. Qué pereza me da la presidencia del jurado: uno premia a uno y deja de premiar a muchos. Qué pereza los viajes en avión, tan cansadores". Pasé la comunicación y desde mi dormitorio recibí el llamado. "Soy fulano de tal", me dijo una voz. "Soy un joven cineasta y quisiera filmar *La aventura de un fotógrafo*". Le dije que los derechos estaban libres y que esperaba su carta. Volví al comedor a concluir mi desayuno, un tanto desilusionado, porque el viaje a Italia seguía esfumándose. Cuando me felicitaron por la posibilidad de una película comenté: "*Joven cineasta* seguramente debe traducirse por *estrechez de fondos*".

Ya me pasó varias veces. Al ver una fotografía que apareció con un reportaje en *La Época* de Santiago, por un instante creo que es una fotografía de mi padre. No: es mía. Me digo que he de parecerme a mi padre, lo que me alegra.

Hasta lo que va del año me invitaron a la Feria del Libro de Miami, a las universidades de Colonia, de Dusseldorf y de Bonn y a México (por el Fondo de Cultura Económica). No acepté. Por los derechos cinematográficos de *La aventura de un fotógrafo* me llegaron pedidos de un joven cineasta de Roma y del cómico Gene Wilder de Hollywood. Todo en 24 horas.

Que la copulación empalidece tuve de sobra pruebas *contrario sensu*. Quiero decir que en el 79 yo estaba excesivamente pálido y ahora, capón, me felicitan por el buen color.

14 mayo 1989. Estoy en la cola de una larga cola, frente a una de las mesas del comicio. Una muchacha bastante linda viene desde la mesa y me dice: "Le rogamos que pase primero". Como yo me resistía, la muchacha me dijo: "Por unanimidad la mesa lo invita". Acepté, bastante confundido. El presidente y todos los que estaban ahí me dieron la mano y me dijeron que era un honor para ellos que yo votara en su mesa. Me dije: *This is not what we were formerly told.*

14 mayo 1989:

> *Gran victoria del Frejupo.*
> *Es la suerte que nos cupo.*

Los pueblos recuerdan con gratitud a los políticos que los empobrecieron; a los que intentan, y no consiguen sacarlos de la miseria, no los perdonan.

Si los seres humanos fueran únicamente automovilistas, no nos quedaría otro remedio que aborrecer a las mujeres. Coro: "Y a los viejos también".

Un señorito.

Me dijo: "Apurarme no me cae nada bien, así que mi reloj está atrasado veinticuatro minutos. Llego tarde a todas partes, lo admito, pero voy a vivir más".

Me dijo que él, como todos los redactores de santorales, pasaba un momento difícil. Antes podían contar milagros, porque los milagros eran la admitida causa de consagración de los santos. Con el tiempo, no sabía explicar por qué, los milagros fueron menos creíbles, para decirlo francamente, se convirtieron "en burdos embustes, para la óptica de los lectores". Desprovista de milagros, la santidad de los santos parece menos justificada. "Hemos convertido a los santos, créame, en burócratas clericales, demasiado afortunados para sus méritos. Una situación nada satisfactoria desde nuestro punto de vista".

Cuando llego a Europa, después de un viaje en avión, nunca duermo bien la primera noche. Me preguntaba por qué me pasaba esto. ¿Por cobardía? ¿Tendré miedo de estar solo, en una ciudad extraña? Hoy, 30 de marzo de 1989, en una tira de divulgación científica publicada en *La Prensa*, encuentro la explicación. El reloj biológico que regula nuestro sueño se desajusta después de un rápido viaje, pero a los pocos días vuelve a sincronizarse con la rotación terrestre.

3 junio 1989. En las últimas noches, agradables sueños eróticos, que veo como una confirmación de que todo el hombre está vivo.

El sábado 3 de junio de 1989 fui a la recepción que daba, en su casa, Quiveo, después del casamiento (ceremonia religiosa) de su hija Jimena. El cuñado de Quiveo insistió demasiado en que el haber estado a medio metro de mí iba a ser para él algo inolvidable y en que no lo decía por obsecuencia. Un primo de Quiveo me dijo que había tenido de profesor de matemáticas, en el colegio Mariano Moreno, a Felipe Fernández. Había algunas mujeres viejas, bastante agradables, entre otras una que se complacía en suponer que "la inspiración era algo tan romántico...". Me llevaron a lo de Quiveo Roberto y Daniel; volví en un taxi. El taxista resultó muy simpático; me preguntó qué era —un dramaturgo, un ensayista— y me aseguró que yo era el segundo escritor que había llevado en su taxi; el primero era Dalmiro Sáenz.

Soñé con las viejas señoras de la reunión de anoche. Particularmente con una que para ser fina fruncía los labios. En el sueño, esta señora pinchaba con el tenedor mi trozo de budín inglés. Yo sentí la necesidad de protestar, y para hacerlo con galanura dije: "Preferiría que mordiera mi carne". Cuando sus dientes grandes, amontonados y amarillentos avanzaban hacia mi cara desperté despavorido.

Mis dísticos. ¿Qué me impulsó a escribirlos? La costumbre matutina de versificar sobre lo primero que se me ocurra. ¿Y a conservarlos? La manía de pasar a estos cuadernos casi todo lo que escribo y una consideración hacia los lectores del futuro: tal vez, como a mí, les diviertan los epigramas de escritores contra escritores.

Envío.

Haz mañana, Bioy,
lo que puedas hoy.

Posfacio

"Jugamos a que nada nos gusta tanto como [...]
escribir en cuadernos de papel cuadriculado y suave".
Guirnalda con amores.

Durante más de cincuenta años, desde 1947 y hasta poco antes de su muerte, con "la inteligente y dulce urbanidad que permite escuchar con indulgencia la expresión ingenua de sentimientos bajos", Adolfo Bioy Casares registró la memoria de sus días y sus opiniones acerca de sí mismo y de su círculo, primero en diarios de entradas cotidianas, después en cuadernos de apuntes que "no siguen el orden del calendario". Por su asunto y por su estilo, estos cuadernos se destacan nítidamente dentro del dilatado conjunto y, de hecho, fue el mismo Bioy quien decidió reunirlos bajo el título común de *Descanso de caminantes*.

El examen atento de los diarios descubre que el abandono de las entradas cotidianas, a mediados de los setenta, se corresponde con la desaparición de algunos de los principales interlocutores de Bioy: la muerte de Peyrou en 1974, la de Mastronardi en 1976, y sobre todo el gradual alejamiento de Borges después de la muerte de Leonor Acevedo en 1975. Libres de la férrea imposición de lo inmediato, los cuadernos fueron inclinándose hacia la evocación, a menudo crítica, de la propia conducta e incluyen desde "una observación, una reflexión, una conversación" hasta "sueños y proyectos para cuentos". Generosamente misceláneos, pertenecen a esa categoría de *obras de varia lección* tan apreciadas por Bioy y de la que forman parte los *Note-books* de

Samuel Butler y los de Geoffrey Madan, pero también los *Essais* de Montaigne, las *Causeries* de Mansilla, las *Historiettes* de Tallemant des Réaux o las *Noches Áticas* de Aulo Gelio.

Aunque Bioy no llegó a dejar indicaciones demasiado precisas acerca de la edición de *Descanso de caminantes*, para establecer qué fragmentos debían ser incluidos conté con la ventaja de haber preparado con él, dentro del plan general de publicación de sus papeles privados, la edición de tres de sus libros —*En viaje (1967)*, *De jardines ajenos* y *Borges*— y de haber podido discutir entonces sus criterios y puntos de vista. Fuera del resultado de la aplicación de esos criterios, por regla general he suprimido todo aquello que el lector hallará en *De jardines ajenos* y en *Borges;* no así lo que Bioy publicó en vida pero no recogió en sus libros, como los fragmentos aparecidos en la prensa periódica o los que me ofreció en 1988 para el *ABC de Adolfo Bioy Casares*.

Si uno de los encantos de estos cuadernos ha de buscarse en el placer de la digresión, otro radica en la escéptica coherencia que los recorre: la creciente preocupación por el ominoso paso del tiempo y por los síntomas de la decadencia física —preocupación que asoma en medio del inagotable repertorio de anécdotas, discusiones lexicográficas y de sueños revisitados— nunca cede a la melancolía. Rechazarla con gesto cortésmente irónico, con esa amable sinceridad que, como quería Rousseau, puede proponer inexactitudes para mejorar una anécdota pero nunca para encubrir un vicio o para fingir una virtud, es un encanto más, acaso el supremo.

Daniel Martino

ÍNDICE

Esta edición de 34.800 ejemplares
se terminó de imprimir el mes
de junio de 2001 en
A&M Gràfic, S. L.
Santa Perpètua de Mogoda (Barcelona)